叢書・ウニベルシタス　795

世界の尺度

中世における空間の表象

ポール・ズムトール
鎌田博夫 訳

法政大学出版局

ベルナールには、
半世紀がものごとの単位になる

はしがき

　思いだせるかぎり昔にさかのぼると、私は歴史の本と旅行の計画に夢中だったと思う。これはおなじ欲望の両面であるが、私の人生では長いあいだ、別々の欲動になっていた。一〇歳のときに、古い中国における秦の始皇帝の年代記（父の本棚にまぎれこんでいたイエズス会伝道師の古い旅行記によるもの）を懸命に読んだが、結局、かの有名な「万里の長城」を構築し、自分の治世以前につくられていた世界の組織全体を、強権でもって廃止させたほど非情な偉人の墓に詣でるには、七二回目の誕生日を迎えるまで待たねばならなかった。この皇帝は「空間」を閉鎖し、「時間」の流れを遮断したのである。まさに多くの歴史家たちの、多少とも漠然とした願望に倣ったかのようだ。

　そのあいだの長い期間、私は中世の研究に専念し、われわれの過去の一面にきわめて強い興味をもって没頭したが、その時代の性格については一三年前に発表した小著『中世を語る』で述べておいたとおりである。それに加えて、一九六〇年ごろから仕事の都合で世界各国を旅行することになった。たとえば、北アメリカやヨーロッパ以外でも知らない国は少なく、ブラジルからアフリカやインドまで、日本からオーストラリア、北極から中央アジアと太平洋にかけての地域だけが、今日、私にはまったく未知の世界にとどまっているくらいである。マルコ・ポーロの足跡をたどってシルクロードを回ったこともあり、クリストファー・コロンブスにならって大西洋を船で横断したこともある……　一九八〇年代に友人や教え子のグループが私のために「記念論文集」をまとめてくれようとしたとき、その共通テーマとタイトルを考えてほしいと頼まれた。私は即座に『時の多様性』を提案した。実際、(今日でもます ます)歴史にたずさわる者なら誰もが感じる「時代特有の固定観念」を超えて、あるいはその内側で、時間的経過に無関係で、きわめて意味深長な律動が聞こえるように思われた。それは固く乾いた土塊《つちくれ》に、見えない鍬をぶつけるときに感じるような純粋な存在である。耳を傾けると、もちろん時代の息吹が感じられるが、それでも明らかに空間的な広がりを生みだしている。

人類を覆う空の下で、その人類を支えている地面に歴史を刻み込まないなら、また固有の場所に歴史を根づかせないなら、またそのようにして時間をかけ、愛情をこめて世界の尺度を当てるのでなければ——平凡な言い方だが——、誰も「歴史を書くこと」はできない、ということになるのではなかろうか。なぜなら(歴史を書くことは)、われわれのうちの誰もが万物の絶え間ない変化を感じとり(ましてその悲惨な残酷さ全体において理解し)、したがってわれわれの母なる大地、つまりわれわれから決して完全には切り離せない母体への融合を更新することだからである。

一九九三年一月

モントリオールにて

目次

はしがき

序　論 …… i

1　知覚されること　3

空間と時間／感覚的なものから神話的なものへ／身体の例／空間と言語／歴史的展望

2　「中　世」　24

「多重的精神性」／意味ある身ぶり手ぶり／社会空間／認識の対象

第I部　居住地 …… 43

3 場所と、場所でないところ 45
人間とその場所／神聖な場所／「ここ」と「他所」、「内」と「外」／荒野
4 郷 土 66
人間と土地／郷土、領土／農家、家／風景
5 建造すること 91
建物のある場所／教会堂と修道院／城と宮殿／庭園
6 都 市 114
「典型的な」特徴／潜在的な意味／対照的空間／俗と聖／人間の反応
第Ⅱ部 騎 行 …… 151
7 開かれること 153
視線が世界へ／政治的空間／周辺人と遊牧人／「旅する人」

8　道　178
旅行者／移動と征服／植民地開発
9　巡礼者と十字軍参加者　197
巡礼／巡礼地の道路網／「聖地」と十字軍
10　遍歴の騎士　217
類似性／遍歴／騎士の儀礼
第Ⅲ部　発　見……235
11　宇　宙　237
宇宙論／地球を知る
12　大いなる躍進　254
辺境の世界／広大なるユーラシア大陸／大西洋
13　他の空間　283
怪奇なものへの恐怖／怪物と不可思議なこと／他所の人間

14　見えない世界　310
至福千年説の夢／あの世／墓碑

第Ⅳ部　形象化されたもの……325

15　旅を語る　327
語り手たち／語り方のタイプ／想像的社会から理想的社会へ

16　地図の作製　349
世界地図／象徴から数へ／プトレマイオスの介入／地図と装飾

17　絵　図　381
現実と絵図／平面図／空間を彫る

18　作品の空間　401
口誦空間と書記面／修辞学と運動／ジャンルと空間／表象

エピローグ……433

19　調和と光　435
世界の可視性／数の力／破裂した空間
訳者あとがき
原　註／参考文献追加分

序論

1　知覚されること

空間と時間

時間は与えられるものではなく、避けられないものである。空間は与えられるものである。少なくとも、この二〇世紀末ではそのように考えられている。しかしどうしてそうなのか、またいかなる代償をもってか、を知ることは別問題である。この問題がわれわれを歴史に立ち戻らせる。

哲学は空間の問題よりも時間の問題に関わることが多かった。というのも、事実、時間は議論の余地なく人間の支配者であり、人間は記憶によってきわめて親密に時間と関わっているからだ。ところが一方、人間と空間との関係は逆であり、希薄である。おそらく時間に対して受動的、空間に対して能動的な立場で、われわれは時空を生き、それでもいっしょに両者を知覚している。あらゆる生命を生みだす活動は、この両者を不可分に包含している。われわれが両者のいずれにも関わっているという意識には、連続性と断続性、全体と区別という印象が対立し合い、その印象のおかげでわれわれは自分を感じ、物事を認識しているのである。疑う余地なく、人類の悠遠な起源このかた、世界についてのいかなる談義もその対立性にもとづいていた。幾世紀ものあいだに、みずからの時空性に興味をそそられたわれわれの知性が生みだしてきた学説の大部分は、おなじ疑問に裏打ちされている。つまり空間と時間は事柄か観念か、理解の仕方の具体的な形態かカテゴリーか。われわれの精神において、両者は基本的な前提として浮かび上がるのか、それともっと深い推進力、さらには唯一の推進力を示すにすぎないのか。

人間と時間のあいだに保たれている関係、そして時間についての「感覚」は、当然、心理・生理的な経験からきているが、必然的になんらかの合理性を含んでいる。それに反して、われわれと空間との関係は原初の生物的欲求においてもっと直接的に表明される。だからこそ動物において、また動物のたとえ微小な、あるいは皆無の知覚のうえで、時間のほうが重要なのである。人間社会においては、その対立がさまざまな方式にしたがって、各時代と各文化を分けている。おそらく、時間・空間の両概念に関して西洋の伝統がおこなってきた区別は、われわれの大多数の精神にはかなり最近になるまで浸透しなかった。それに反して、二〇世紀の第2四半期以来、空間に関する問題が一般的意識の分野にまで広がる傾向にあって、普遍的な時間性が軽視されている。それこそ、疑う余地もなく、世界人口の急速な増加が引き起こす恐怖というよりは、むしろ深刻な不安の結果である。

いかなる生きものにもそれぞれの空間があり、時間がその空間を貫いている。日常的に経験された空間はいつでも引き返せるが、時間はそういうわけにはいかない。つまり、さまざまではあるが、われわれにとっては多様に結びついた悲痛な経験を表わしていて、多くの人間社会が、時を不動性の典型の投影とみなすか、それとも時間を救済儀礼のうちに空間と混同してしまうことによって、経験の相違点を目立たなくしようと努めてきた。さらにもっと一般的に、両者をわれわれの尺度に合わせようと努めた。「いま、ここで *hic et nunc*」というラテン語は普遍的にゼロ地点とみなされ、われわれの西洋語で証明されている。その語を二つの同心円が囲み、それが事柄の測定に役立っている。ひとつの円は日常的に使用されているものであり、集団であろうと個人であろうと構わない。つまり感覚と思い出であり、各文化が考えだし発展させている段階に応じて身近なものと縁遠いものになる。宇宙的展望が、もっとも安定した基準的外輪を描く。つまり昼と夜であり、天と地であり、四季であり、人間が当然到達できるものと人間には近寄りがたいものとである。

しかし、すべての宇宙的尺度には一線が画されている。たとえば時間を測る尺度には、原則としてその尺度を生みだす神意ともいうべき絶対的な厳密さがあり、また空間に関わる尺度は、さらに具体的であるとともに、あいまいである。それらの尺度は、社会が一定の技術的発展に達してそれらの基準を定めようと試みた後、たとえば砂時計や日時計から暦にいたるまで、測量術から宇宙進化論にいたるまで……つまりギリシア人が幾何学を発明し、世界で最初の天文学的算出に専念した後でさえ変わらなかった。しかし、状況が変わった。時間の経過を数字的に表わせる最初の機械式時計が現われるには、一四世紀を待たねばならなかった。そこからある歴史家たちに感じられたのは、太古の人間は空間を時間によって測ったが、近代の子孫らは時間のおかげで空間を測れるようになったということである。その点に関して、実際に、視点の転換が起こったとすれば、それが生じたのは、徐々にではあるがわが「中世」の時代を通じてだと思われる。

感覚的なものから神話的なものへ

われわれの祖先が（比較的近い過去まで）、自然の広がり、つまり抽象的ではあるが、それなりに意味ある広がりに与えられた全体的な形態としての空間を生きていたという感覚はもはや失われた。私の目はその広がりを見ても、最初の接触の瞬間から、その空間を掘りくずし、さまざまに組織されているものを識別する。したがってそれらのものから離れ、距離をおき、遠ざけ、あるがままの状態にして、はじめて理解できるのである。[1] しかし距離は引き離すと同時に結びつける。だから空間は、この二つの作用を意識することから生じる。それでも、空間をそれ自体において知覚するのでなく、空間は私にとって事物や私自身の一様態にすぎない。そのように知覚されるものは、前‐概念的な多くの印象がまだ生々しすぎるので、私に平和も能力も保証してくれない。しかし私の精神の象徴能力はそれを把握していて、知覚された空間は整理され、組織化され、「表象的」空間（ピアジェの用語による）は私の想像的なものの投影に向かって開かれる。ある疑いが残るが、それはすべてが本当に意味あるものか、という問題である。空間が残っていないだろうか。そして、その空虚なところだけが、おそらく意味あるのではないだろうか。生じたイメージと、そのイメージが与えるか隠すかしている意味のあいだには、つねにずれ、欠落がないだろうか。[2]

　私が動き回る空間以外に「現実的な」空間は存在しない。私を環境に結びつけているきわめて複雑な関係は主観的なままである。私が身を置いている空間の広がりは、つぎつぎに、あるいは一挙に、また時と場合によって極度に濃厚になったり、空虚になったり、行動への呼びかけになったりする。近くの空間はすべて、私には形成の場であり、その向こうは、すべてが無限へ開かれている——断絶なく、というのも私が生まれたのだから。また一方では（世界と個人的主体のあいだの連帯性が現象学によって確認されていようとも）、多様な意味作用が自分のうちに自分の目標が割り込むときに生じる。

　しかし、そのように神秘的な「空間」との重大な関係から生じる誤解は別として、最初の一瞥の記憶が存在する――われわれの感情や意志に溶け込んだ意義あるものとして。それは確認であると同時に認識であり、普遍性に達する個性の拡張であるが……また萎縮、自己喪失でもあり、物体、さらにわが身の生硬さとの衝突でもある。それに口を近づけても、すぐに手が私を引き離す。手がつかんだ物体は、私が引き離されていることをしだいに悟らせてくれる。しかしながら、私の網膜に刻み込まれるものには、それ自体として、いかなるまとまりもない。したがって、すべての物体とそれらを引き離す空間的広がりは、現実のおなじ次元に属していないようである。私は急いでその混沌《カオス》に秩序を与え、いくらかの特徴を選び、それに知覚を集中させ、自分の生きる欲望に応じ、また世界に対して必要な信頼に応じてその知覚を調節する。(3) かくて私は自分の「生活空間」に根を下ろすが、そのささやかな存在空間で、自分の時間とじかに触れ、またそこだけが充実感を与えてくれるだろう（いつかそこまでたどりつけるなら）。ところが私は、人間の世界へ荒っぽく放たれ、暖かい安全性から見捨てられ、意欲も失い、期待もなしに身を置いた。そしてほかならぬそのような状況のもとで、私は自分のうちにまだ潜在している能力を発揮できるチャンスに恵まれるだろう。

人間の集団についても、とうぜん同様である。自分の兄弟、友人、同胞との関係は同時的存在として、空間的にしか考えられない。たとえば、現実の地上で集団的行動が展開される空間、また同時に、集団の組織が投影される空間（同一のものとはかぎらない）においてであり、さらにその組織の象徴的活力とその展開の空間において、でもある。つまり幾年か前から、集団がみずから話しだし、自分に語るというような言説路線が示される場としての、「社会的空間」と呼ばれているもののすべての部分においてである。幻想機能が（生の激しい欲動から発して）はたらくのはそのような空間上である――その機能が空間の形成と維持に協力し、またその機能のおかげで、空間に期待効果を与え、想像力の走行線を描き、さらにそれらの線を、上昇や下降、表層や深層、反復や回帰といった統括的な形式の次元で決定しようとする同一性意欲が示される。

そこで空間は神話を生みだす。光によって知覚され、性的要求を加えた世界発見における最初の獲得、また宇宙《コスモス》と混沌《カオス》のあいだの両義的なゾーンとしての空間は、火や運動やリズムや歌や愛に結びつく。[4]直接的知覚と精神的思索とのあいだにうがたれた空所にさまざまな疑問が出現する。たとえば「それは何か」、「どのようにして」、「なぜか」というように。手引的なやり方が、出発、移行、同化としての答えを示す。しかし空間をどのように獲得しても、非合理的で幻想的な面が含まれる。たとえば諸国民の歴史に見られるとおりであり、開拓者たちの精神においてアメリカ大陸がどうであったかは周知のとおりである。幾世紀ものあいだに、諸国の文明はみずから所有する古い儀礼の様式と用語を無限に変えてきたが、それでもやはり、その足跡はわれわれが抱く空間の概念や、その空間を表わすイメージの背景に存続している。

そのために本書では、便宜上（また中世における想像的世界の特性を考慮して）、検討可能な三分野が挙げられる。つまり、

――イメージという明確な分野。そのイメージによって言説は空間的現実性を獲得し、その現実を支配しようとする。それは、言葉または模倣芸術によって作用する概念的または形象的「イメージ」である。

――理論的には前者に潜在するが、抽象化の程度によって、あるときは図式、あるときはモデルとして、またときには（用法の普遍性に関連し）タイプとして示すことになる分野。

――最後に、要素的、母胎的で、感情的潜在力に恵まれた形態、そして図式、またそこからイメージに（素描または構造的原則として）残っていて、活力を与え、意味内容を決定する形態の分野。私はこれらの形態に、ユングというよりはむしろG・デュランにしたがって元型（*archétypes*）〔または古態型〕という名称を与えたい(5)。なお必要なら、生成言語学のアルゴリズムに近い非神話的な記述を提供する。本書のテーマの性質も、そのような慎重さを要求するように思われる。元型がそのように理解されるなら、神話とは次元が異なる。後者はその本質において語りであるが、前者はそうではない――きわめて古い経験の、個別的で、純化され、溢れるような想像力の高まりに還元された記憶の足跡と解釈されてもよかろう。

身体の例

われわれが空間を表象するのに参照する元型は身体意識から生じている（そう言われ、繰り返し言われている）。身体はわれわれの基本的な場であり、まず母の場と混同され、つづいてそこから脱し、またそれに関連して秩序が生まれ、広がりが空間となり、一方、その空間にさまざまな価値が与えられる。一〇〇〇年来の、ほとんど普遍的な伝統が、身体というミクロコスモスを世界のモデルとし、また構造を形成しているが、それを研究することは神秘主義の「道」へと通じる。われわれに親しい諸言語は、今日まで、すべてを生みだした最初の知覚の記憶、つまりここで議論の余地なく、自我にこめられたあるものの記憶、究極的基準になるものを保存してきた。たとえば「自分の皮膚のなかで快適だ *être bien dans sa peau*」（くつろいでいる）、あるいは「自分の皮膚から飛びだす *to jump out of one's skin*」（びっくり仰天する)。近くは、空間との果てしない対決がきわめて技術的な様相を帯びるようになって、事実上、元型の明快さを混乱させ、おそらくわれわれの想像的世界からそれらの元型を排除させせようとしているほどである！　本書で扱われる古い時代ではそうではなかった。一〇世紀の人間、さらに一五世紀の人間にとっても、自分の身体はほかならぬ時空的存在形態であり、空間に置かれているか動いているすべてのものの物体的で概念化できる実例にほかならなかった。それに反して、時間というのは、あまりにも多くの宗教的解釈を押しつけられて、ほとんど完全に類推できない存在であった。

身体は、その点で隠喩を生みだせない、あるいは生みだすだけではない。身体は〔それ自体が〕計器になり、さらに言葉の要素となる。[6] 意味的対立、生理的または病的なことの対立から象徴性が現われる。たとえば「寝ている」に対し「起きている」、「曲がっている」に対し「まっすぐである」、「柔らかい」に対し「硬い」、「窮屈」に対し「のびやか」、「寒い」に対し「暑い」、その他、変化する強度、また典型的な図式で示されることが多い対立、たとえば熱の場としての心、冷寒の場としての頭、かくて手や足、見るとか聞くとかの感覚器官とその活動は特にそうである。身体は、われわれの言語の用法において（知らないうちにか？）含ませる概念に、その形態とエネルギーを与える。そこにすべての国の文化に観察できると思われる事実がある。近代にいたるまでの、プス〔親指の長さ〕、一わたり〔広げた手の平の親指の先から小指の先まで〕、クデ〔肘から中指先端まで、約五〇センチ〕、一歩、さらにマイルというような尺度の用法についても同様である。

事実、身体は表示である。それは見えないものを表現し、それを感覚的な知覚に提供し、そうすることで集合的な経験に同化させるのである。いかなる存在も身体に関連して決定され、その関係を表わし、その関係が表わされるどんな単純な言葉といえども判断や観念に関する語彙、たとえば、（com）prendre〔ともに－とる〕理解する、(é)motion〔外へ－動かすこと〕感動、ouvrir〔開く〕始める、pénétrer

〔入りこむ〕洞察する、というような語の基礎を形成している。このように私の身体は客体化され、架空的に自我から隔たり、自分にも他人にもモデルとなる。おそらくそのために化粧品、装飾、仮面というような装い、つまり社会的役割のために自分を非身体化するものがどうしても必要になる……たとえその社会的機能が、心のなかでは、単純にひとから愛されたいということだけであろうとも。そこから、身体の典型的空間を支配しようとする儀礼形式（その形式もまた多様ながら普遍的である）が生じる。啓蒙主義時代の人相学、あるいはアリストテレスによって考えだされ、一五〇〇年ごろにヨーロッパで再発見された「情念の学」――それは一七世紀の雄弁家らになじみ深い――が、（通説とは逆に）前時代から無視されてはいなかった身体雄弁術という概念を生みだす。身体は魂を空間へ投影し、みずから感じること、そして伝えることを自己の領域内で評価し、人間関係が調和する範囲内で理想的な距離をわきまえている（その集団固有の慣習によって媒介されるおかげで）。つまり一九五〇年代の初めから、いわゆる近接学《プロクセミクス》〔人間や動物が個体相互間でとる距離、空間における距離関係を通して、文化や種の特質を研究〕の理論がその事実を子細に吟味している。

かくて広がりは、身体の周りで身体と関連しながらシステムとしてまとめられる。このシステムは、生成のときから四基軸にまとめられ、「内部」を「外部」に対比し（中身を入れ物に、客体化を主体化に）、「いっぱい」を「空っぽ」に対比し、それから「こちら」を「あちら」に、ただしこれはすぐ「近くに」を「遠くに」と変化させて対比する――個人的なことから一般的なことへ、個人と集団にしたがって変化する間隔度を示すが、それぞれの距離に規則と禁制がつけられることもある。(7) それらの語から、ある言い方が練り上げられるが、その最終的な意味内容は人間なるものにとどまり、経験的現実性の若干の領域はシステム外に残され、したがって言い表わせないとしても仕方がない。このような形式化のアルケオロジーでは、人間独特の直立姿勢と、転倒という幼児的不安は、上と下、垂直と水平のあいだの単純なコントラストをいっそう意義づけたように思われる。そこから生じ、また本質的には、われわれの感受性や言語に今日まで存続してきた価値は、幾度にもわたって整理分類されてきた(8)。たとえば、上は超人的な存在(「至高なる神」など)、人生、愛、悦楽的境地、「善」に結びつけられる。だから神々にいけにえを捧げる祭壇は高いところに置かれるのである。それに反して、下は悪魔、死(「彼はいまにも死にそうだ」)、性器や肛門の機能で象徴されるような隠微で不潔な活動、「悪」につながる。西洋の歴史において、中世はちょうどそのような元型がもっとも強烈に表現の場を満たす時代として現われる。そこから、当時、空間の人格化が生じる——空間を非人格的と考えさせる反動とはきわめて対照的である。

人間の体形はほぼ長方形または円形であり、その左右対称と左右相称とでもって幾何学的図形に合っている。その体形は前後の区別をさせるから、当然、左右の区別も必要になる。その結果、きわめて古い時代から、今日でも用いられている宇宙分割法、つまり東西南北という四方位点、および東西と南北を分ける二つの軸、それに加わる天頂、そして天頂へ向かっているわれわれの頭、さらに天底があり、それに向かって沈むわれわれの両足があり、以上が整理分類された文化のうちで、おそらく現実的というよりはむしろ明白で、きわめて稀な例外しかないように思われる構造である。ただし意味上の違いは残る。たとえば、古代ギリシア・ローマでとくに(右に対する左という)評価されたのは一側優位だが、中世では、上昇と深遠である(9)。しかしながら、太陽が東から上るというのは生命の勝利を意味し、それは中世の教会堂がその後陣を東に向けていたからであり、これはギリシア神殿建造の伝統を引き伸ばしたにすぎない。西は凋落であり失墜である。北は暗黒、戦争、そして死である。多くの国の文化において(たとえば古代中国人、トルコ人、多くの遊牧民において)、以上の象徴性は雄と雌、吉と凶、白と黒の対立を含み、また複雑な規則でもって家や天幕の配置の仕方を定めている。それは中世の社会にどれほど影響を与えたか。ゲルマン語圏の諸国民がはじめてロマンス語圏の世界と接触をもったときに受け入れたか、名づけた地名にも関係がないとは言えないようである。たとえば八世紀のキリスト教化時代に、オストファリア人は、北のノルトアルビンゲン人やウェストファリア人と区別される。まだ異教徒であったアングロ-サクソン人はまもなくミドルセックスを中心にしてエセックス、ウェセックス、サセックス、ノーサンブリアなど[10]のイングランド王国を建てた。

事実、位置決定には中心を前提とし、それが視線の広がりによっては、自分の心（普遍的な姿）、自我、ここ、地上、――世界のあらゆる分野の形而上学的にして神秘主義的な根拠になるだろう。しかし中心は点ではなく、多少とも広がった場であり、そこに関連して周囲と偏心も定まる。また、これらの概念も当該次元の尺度に応じて変化する。それでもなお中心は、四方位に加算されて五という数字を生みだし、さらに垂直軸が含まれると七という数字に変わる。この数字的な価値の豊饒性は中世の慣行において、あまりにもよく知られていることではないか！

身体（その幻影はつねに知覚に影響する）の空間は、こうして生じた立体に包まれながら二分される。つまり一方では、自分の身体的存在が外部の広がりに対立し、他方、動くことによって外部の一部分を占めることになる。ここ二〇年来、多くの研究は身ぶり手ぶりが意味を生じ、またある芸術がその効果を形式化したとして、身ぶり手ぶりの表現を検討してきた。したがって、ここでは空間に関するわれわれの身体的経験に、空間的な広がりを意識しながら動きまわらせる活力とともに、未知の限界にいたるまでの連続する地域をわれわれのまわりに形成できる安定性も含まれていることに注目したい。

かくて上下の軸は、上昇と下降のイメージを意味づけ、同時にそれらのイメージによって意味づけられる。たとえばイカロス飛翔の神話とバベルの塔の建造は、現代までのわれわれの伝統では、そのあいまいな関係をよく説明している。上昇的飛躍は、降り注ぐ光、地上的なものの彼方へのあこがれ、浄化、本質あるいは英雄的行為と聖性の厳しさへ還元されるものとして感じとられる。精神現象全体がそのような図式にはめられ、失われたなんらかの力強さを取り戻したいと欲している。つまり、そこに錬金術的作業がみずからの操作言語をつくっているのである。反対に、降下は司牧語で「原罪」を表わす語とされ、不安であり、むかつくような、あるいは悪臭や腐臭の中での苦悩であり、深淵からの呼びかけである。これら象徴性のいずれにおいても、攻撃的なエネルギー、つまり絶え間なく戦争を起こさせるエネルギーが循環している。わが国の一一、一二、一三世紀の武勲詩《シャンソン》において、どの詩人からも「光」と「闇」、「悪魔に対する神」の果てしない戦いの時代として構想されていないような叙事詩的戦闘の場面はないと思われる。

しかしながら、この軸が中世の想像的世界の構造にとって重要ではあるとしても、すべての変動がその視野に入るのではない。その変動の多くは、単純な幾何学的な形象、たとえば円形や球体、三角形、そして四角形のような形に還元されるような元型的イメージによって生みだされる。あるいは、それらのイメージを具体化した図式、たとえば車輪、十文字、はしごでもよく、さらに洗練されたイメージの形として樹木でもよい。きわめて古い伝統が、そのような思想や表象の体系の基礎に残存している。

閉ざされた形、たとえば四角形や円形だが、前者は内的で抵抗する力、身体の全体像を喚起させ、後者は治世の安定と完全さを喚起させる。これら二つの形式のいずれかに、後述するように、一〇、一一、一二世紀のヨーロッパ芸術における大部分の都市形態が帰着する。それらの基本的形式、つまり要素の集中と調和の形式に「三位一体」としての三角形が加わる。円形は球体、つまり神の手または皇帝の手に託された宇宙のイメージを生みだす。円形は車輪のような遍在的図式において表わされる。なぜなら絶えず復帰し、黄道帯のように時空全体であり、「運命の車」であり、モラリスト、作家、画家、彫刻家らに提供される無尽蔵の中世的テーマになるからである[11]。

開かれた形、たとえば十文字形、これは「中心」、つまり勝ち誇った普遍性を完全に表わしている。六世紀以来、キリスト教はこの宇宙的象徴(「キリスト受難」の思い出によって歴史化された)に処刑された救世主の身体を釘付けしていた――しかも、一二世紀までではないとしても一一世紀までは、その容姿が芸術家たちから勝利の輝かしい標章で囲まれることになる。キリストの十字架は立てられた木である。一二、一三世紀にたいへん普及した伝説では、その木の原木の物語が述べられていて、そのもっとも洗練された語りの部分では、その木が「エデンの園の木」と同一視されている[12]。主の昇天の元型と結びついて、その木は生成と生命を表わし、時を測定させる。そのような連想は急増した。その木には、根から梢の先にいたるまでのすべての系統が記されている。だからエッサイの家系図は、キリストを予示するまでの聖書物語の全体を描いている。一二世紀から一三世紀までの叙事詩や、多くの物語詩において、国王の会議や勅令、また英雄的あるいは愛情的な行為は木陰においておこなわれている。ピレネー地方の古い「聖女フォワの歌」(一〇五〇年ごろ)を歌う者は、この物語の権威を高めるために「まさしく松の木陰で」聞いて覚えた歌だと主張していた……

空間と言語

それでもやはり、以上のイメージには言葉の媒介が必要であり、また別の問題も起こる。言語と、空間に関する精神的表象ならびに知覚とのあいだには、いかなる関係があるのだろうか。直接、その関係を示すような言語形態が存在するのだろうか。話し手はいかに限定されるのか。言葉は幼児的経験から引きだされた全体的能力を体系化するだけだから、よく言われるように、言語より概念のほうが先行したのだろうか。これらの理論的疑問は歴史家の興味をあまり惹かない。というのも歴史家は、概念と言語行為が有害な手段を使わずには分離できないという領域で仕事をしているからである。それでも、ある文化を研究するにあたっては、やはり一般的な言い方で話される言語能力と自然言語の個人的な使い方とを区別する必要がある。話者が存在するのは後者の使い方においてであり、またそれによるのであり、その言語体系によって話者が成り立つ。彼が自分固有のものでなく、おそらくただ存在するだけで、当然その含意もわからない象徴的世界の断片を伝達する語や文を利用するのでなく、そのまま用いることで、何をわからせようというのか。

経験の単一性において、空間と思想と言語はいっしょになって身体に関わり、身体の周りに世界が創られる。それを知覚する視線は言葉に訴える。それは知覚によって加えられる暴力への拒否である。なぜなら、もし言葉がそのような劇的な関係を逆転させないなら、主体は空間に支配され、空間に吸収されるからだ。推測されるように、そのために多くの神話が言葉と光のあいだに同一性をつくりだしている(13)。

コミュニケーションという行為も、発話とその受容において同じような要素が存在することを意味している。つまり、主体とその「視点」——わ《・》れ《・》——こ《・》こ《・》——い《・》ま《・》、という指呼詞によって与えられ、いかなる言説にも必要な指示機能であり、さらにそれらの指呼詞から生じる知覚的空間である。そこから伝統的に言語学的分析が参考しなければならない概念の多くがきている。たとえば関係、接触、さらにほかにも空間性のイメージに強く結びついたものであり、まさしく一世紀このかた、われわれの言語に生じている用語がそうである。たとえば、面〔平面〕、網目〔道路網〕、大きさ〔次元〕、足跡、田野、領地のように隠喩ではない言い方であり、物の原義からきている語である。さらに感覚、意味、方向などを表わす語 *sens* はあまりにも古くから用いられ、またあまりにも多義的である……しかしながら言語が言うことは、まとまった全体的空間‐時間に支配されている。言語はそれに順応し、どれも完全ではないいくつもの解答をつくっている。言語はその形式のあるものを、むしろ空間に向けたり、他のものをむしろ時間に向けたりする。かくて、インド‐ヨーロッパ言語は行為を表わすのに動詞を使い、物事を示すのに名詞を使い、時間を表わすのにむしろ前者を当て、空間には後者を当てるようになっている。しかし名詞のうちのあるものは、それらの意味作用において、それら固有の位置決定を含んでいるが、そうでないものもある。多くの動詞は、どの言語においても、空間表現において特殊化され、またその使い方はおそらくなんらかの一般的規則にしたがっている。たとえば、「行く」と「来る」のあいだの対立において優先する規則は、移動方向の指定である。それでも、ときには中性的な基本的意味内容と、問題の語に最終的な意味を与える文化的寄与を区別しなければならない。

名詞と動詞は文のなかで結ばれ、文は体験を表現するものとして出来事を示すが、たいていの場合、前置詞や副詞という多少とも不安定な全体に頼っている。[14] これらの語も、中世フランス語においては、本当の身体的隠喩をごまかしていると思われることがある。たとえば「下へ、沿って *contreval*」（谷のほうへ）、「そばに *encoste*」（横腹で）、その他。ときには、この方式は樹形的に発展して、表現をますます微妙に変化させる。かくて、ラテン語においては奪格と対格との対立、またドイツ語においては対格と与格との対立が、スペイン語における **en** と **a** の異化性と同様に、静止と運動を区別する。ジェラール・ジュネットは、語順という、文に内在する空間に関して一八世紀のフランス学者らを刺激した議論を再検討したことがある。つまり語法を支配した語順（主語‐動詞‐補語）は、視線が把握に先行し、主体が客体を従属させるという前提のおかげで自然の順序とみなされていた[15]。しかし、その少し前の世紀では、中世フランス語の用法は違っていたのである。つまり動詞をめぐって、変化する視点にしたがって文の各要素が置き換えられていた。つまり出来事に対処する視点、示されるそれぞれの空間性によってであった。たとえば直視的な視点、逆転、視界のずれであるが、それらは文の節が主語、目的語、あるいは状況補語の発話で始まるか終わるかによって変わった。近代の統辞法は一三、一四、一五世紀を通じて徐々に制限と規格化によって成立した。

発話者との関係で言述の対象の位置を決定する機能語として「転位語」と呼ばれる若干の語を明確にしたのは、わが西洋語の一般的特徴である。たとえばフランス語では「ここ」「あそこ」「近くに」「遠くに」「右に」「左に」、等々がある。最近、M・ペレは一四、一五世紀のフランス語において、特定の空間（「ここ」）、あるいは局部的な場所（「そこ」）に、言語行為の各相手方をそれぞれ位置づけられるような柔軟で繊細な方式の機能を研究した[16]。しかし一五世紀の終わりごろから、それらの形態（たとえば、副詞「ここ çà」）のあるものは固定化するか、それとも意味を変えたが、これは全体のバランスを失わせ、結局、全体を解体させることになった。だがこのような方式はつねにいつかは、ほかの基体で、また思いもよらない方法で――精神性と想像的世界の変化と同時に（それが原因か結果かはわからないが）――新たに合成される。

実際、言語の原初的機能のひとつは、どんな発話状況においても、主体の「位置」、つまりその言葉が生まれた場を示すことであるように思われる。それは多くの言語要因によって決定され、明示される。

たとえば、以前に述べられた言葉の記憶であり、言語的表現形式の社会階層化であり、しかじかの状況における個人間の言い方に要求される制約である。これら所与のことを空間的に限定することは完全に、または主として隠喩的になるかもしれない。なぜなら、現代社会においてはそのとおりであり、一般法則として、「地位」は具体的な場と混同されないからである。中世時代におけるように身ぶり手ぶりの文化で言述が表現され、話し手に「代わるもの」が話し手のアイデンティティを示すのに役立っていた時代では、はるかに違っていた。

各国の言語が空間を表わすために頼った語彙範疇は、事実、論理学にも抽象的幾何学にももとづいていない。人間の体形に準拠することは、純朴な生理学の確認事項や、抑えがたい信仰心に混ざっている。たとえば、C・ヴァンドロワーズはフランス語におけるごくわずかな操作概念を指摘したが、その概念によって言語は空間的存在を把握し表現する。つまり対象が知覚に及ぶか及ばないかによって、またその対象が別の対象と直接に関係するかしないかによって、さらに入れるもの－入れられるもの、また運ぶもの－運ばれるものという一般的な方向または関係にしたがうのである。しかしこれらの特徴のどれもが必要でも充分でもなく、そのために近似的で総括的な観念間の交換や結合が生じる。またそこから、歴史を通じてつぎつぎに起こる構造の全般的な揺らぎが生じるのである。

このような不安定もまたおそらく空間と時間が分離できないので、言葉が悪戦苦闘しているような状態からきているのだろう。「人生 *spatium vitae*」という古い隠喩（本当に隠喩だったかどうか、わからないが）は、現代語「生活空間 *espace vital*」とは、語呂合わせ以外に共通点がまったくみられない。それでもわれわれは、「三日後に」と言うように「二〇年の空間内で *en l'espace de vingt ans*」と言う。すべての西洋語におなじような言い方がある。それだけに、このような言語的逸脱において、（しばしば指摘された(ように) あたかも言葉のほうが何よりも空間的現実をとらえるのに適しているかのように、時間が空間へ移行するのは注目すべきである。空間の経験は明らかに、人間的存在が「現実世界」の他の領域によって概念化される基礎になる。ただし、いま括弧内で示したこの語は、以下においても、素朴で直接的な意味が残されていて、部分的にはその語を決定するかもしれないような幻想を排除するものではない。ところで、この隠喩的拡張はおなじ文化に属する諸言語においては一定の図式にしたがって起こるように思われる。中世西洋の言語において、その隠喩的拡張は、いかなる限定をも、いわば拒否したことから生じた言述の一般的な相互浸透の現われにほかならなかった[17]。中世の言葉は、共通した広い言語的母体のなかに浸りながら、多機能性のなかにあって、移行し、回復し、しがみつき、転移し、ついで復帰するときは、包括的で、異議なく、権威的な「言葉」、たとえば聖書、ラテン語、あるいは「天地創造」の範囲で維持する権利的または事実上の関係によって、いかなる場合にも揺るがないものになる。

歴史的展望

われわれの日常語は、通俗的な事柄の複雑な特殊性と、われわれの言語によって必然的に規制される法則とのあいだで絶えず妥協しなければならない。ただし、その言語はわれわれの思考機能に作用して文節ごとに意味上の束縛をするが、経験的「現実」はその束縛を受けない(どの程度かは測れない)。ある社会において、その現実を知覚させるような表象的図式についていえば、それらの図式は普遍性に達しない複雑で不安定な格子を形成している。このことをE・パノフスキーが絵画における遠近法に関連して指摘したことがある。(18)また、時代から時代へ、一文化から他の文化へ、そしてまたそれぞれの場合においても、社会的使命、経済的・政治的立場、あるいは知的教養によって分けられる各集団のあいだで、ときには著しい変化が想像的・観念的な領域に影響を与える。これらの変化は、生《なま》の感覚を越えて、空間と時間、および当該社会構造との関係で直接的解釈にまで影響する。内的空間と外的空間のあいだ（これは男女の仕事分担のように社会的に活用されている）、もっとも近しいひとと、もっとも隔離した者とのあいだに関係が生じる。そこから、人間の集団にとって、歴史的状況がどうであろうと、それが自分の空間についての概念の可塑性（出来事において絶えず再検討され、再現実化される）が生じ、つくられるすべてのイメージに絶え間ない可変性が生じる。

個人の行動は受け継いだ形態を見直し、それ自体では古くさくなっている手本を創造的に、かつ思いがけなく「実現」する。事実、ある文化の歴史的慣行には、その文化で暮らし、その文化を生きる人びとの各自特有の計画、それぞれの決定、外的世界との個人的な対決の仕方が含まれる。したがって、個人はどの瞬間においても、どの行為にも、集団から与えられる意味と見せかけた文化的カテゴリーに属する事柄になんらかの危険を冒させる。そこから歴史の不均質性が生じ、またそれを生む社会のつねに多元化すべき想像的世界の不均質性も生じる。そして各文化は、表現と欲望の不安定な形態、つまり思想と感情の近似的共通性から生じるのである。退行的、または硬直した、または抑圧されてもなお生きている多くのイメージの混乱状態から、もちろん、優勢な結晶が現われるが、それも間断なく、不規則な、部分的変化があり、また（われわれの技術時代以前には）長期間経た後でなければ感得されるようにはならなかった。

かくて二〇世紀初めまで、古い農民的精神性が活力を保っていた西洋において、原始的にして、ほとんどむき出しの空間概念が思いがけない衝動で、幾度再現したであろうか。中世時代を通じて、そのうちどれほどの部分が公然と存続していただろうか。キリスト教だけで、無学な一般大衆の意識に空間性を時間性に結合できただろうか……。他方、空間性の絶対的な優勢が、歴史的視野の欠如を招きながら「原始社会的状態」(19)の特徴だとみなされているではないか。かなり深く変化していても、きわめて古い儀礼的思い出に培われた想像世界は、古代末期からアリストテレスに学び、しかもあまり整合性のない概念とのあいだで、矛盾しないとしてもまことに対照的な関係を保った。今日では、空間を短縮すると同時に破壊し、歴史上はじめて、「時間」に食われる「空間」の神話としての「速度」をつくりだし、おそらく簡単にそれらの絆を断ち切った。

確かにこの変化は、空間という語の意味(あるいはフランス語以外の西洋語でそれに相当する語)、またそれに相応する観念を示すもの、つまり多義的な現実性、複合観念、隠喩に派生してやまない言葉の不確実性からきている。おそらく、「現実」の可能なかぎりの切断面とおなじ数の空間を計上しなければならないだろう。今日、空間は物理学とともに生物学や人文学にも属していて、それらの学問のいずれも、空間をそれぞれ固有の理解領域に同化させている。だから文化史家はその空間を、宇宙の断片における人間の条件に関わる非合理的範疇としてしか把握できない。というのも、人間はその範疇のおかげでその断片を判読するが、他方、その行為において、人間はそのように考えられた自然との補完的または対立的関係において、象徴的な環境をつくりだす。そこで、明らかに空間についての効果的な言述だけで一種の語りになるのである。ちょうどそれが子供の口から話されるように。つまり語の本来の意味における神話である。それ以外の言述はすべてその神話に近いだけであり、そのときの前提または必然性によっては、ますます分離観念または同化観念、運動における永続性の観念または変化の観念に執着する。そこから、今日はびこっている比喩的表現の頻発が生じる。たとえば「文学空間」とか「可能性の空間」とか、隠喩があらゆる方向へ広がっているのである。本書では、そのような半虚言の罠を避けたい。しかし、つぎのように自問することはできる。半虚言といえども、物のひとつに大きさも与えず、それぞれの物をその形態において世界の再生ともみなさないような、われわれが置かれた存在論的不可能性しか示さないのだろうか。証人として引きだされた中世文明なら、そのとおりだ、と答えるように促すだろうが。

2 「中　世」

「多重的精神性」

いかに短期間であろうと、歴史のいかなる時期についても、過度な単純化をしなければ統一ある全体として語ることはできない。それはとくに「中世」について言えることである。この中世という呼び方は、幾世紀にもわたるかなり長い時代を無造作にまとめているので、便利なようであっても、ごまかしである。いささかも理論的ではないが、それでも観察された出来事に依拠して、本書ではヨーロッパ諸国の最初の形成から一五〇〇年ごろにおける急激な地理的発展にいたるまでの持続期間を扱いたい。つまり五〇〇年ほどの期間であり、そのあいだに風俗習慣や観念のうえで、わが西洋社会の活動において絶え間なく変化と変動を招くすべての要因が働いたのである（普及する版画で示されているよりもっと強烈に）。七世紀から一〇世紀にかけて、カロリング王国——さらにアングロ‐サクソン諸国を加えて——を形成した領地を示すための「中世」とか「西洋」というような表現、またロマンス語、ケルト語、ゲルマン語、スラヴ語の領域を総括するための「ヨーロッパ」という表現を以下に用いるのは、そのような変動性を考慮している。その点で、ニタールのペンで述べられた九世紀、ついでふたたび一四世紀に、両義の前者に与えるべき語義を後者に与えるような中世的用法は、意識的に避けたい。なぜなら、その語義が拡大するには、一五〇〇年よりわずか前の歴史家コミーヌの時代を待たねばならないからである。

人類が宇宙的環境とその環境への依存について考えようとして参照したモデル的な全体像は、まず、きわめて緩慢にぐらつき、ついで神学のように「おおまかに」定義されるものから哲学へ、かなり急速に変化した。つまり都市環境の、経済的で政治的な発展と合致した進化であり、抗しがたい人口増加から生じたものである。たとえばA・ボルスト(20)によれば、七世紀から一四世紀にかけて、西ヨーロッパの人口は三倍に増加した。中世初期の人間が地上における自己の状況を規定し、理解するために用いたすべての規準はつぎつぎに消滅し、新しい現実を把握するのにますます役立たなくなった。かつては、空間は所有地とか征服すべき広がりではなく、神の賜物だとみなされていた。そのようなものとして、空間は、その賜物を受けとった人間をしっかり「世界」のなかに落ちつかせることで象徴的な意義を帯びていた。申すまでもなく、「創世記」によれば、人間は「世界の所有者にして支配者」としてつくられた。たとえば一二世紀の神学者ユーグ・ド・サン゠ヴィクトールがそのことを想起させた。しかし当時、その言い方にはわれわれが理解しているような意義はなく、庇護と助け合いの義務を喚起させていた。

その後、人びとの心は徐々に自然を純粋な客体とみなすようになり、その所有者が主体となる。というのも、その観念は一七世紀の思想家たちから認められる以前、アメリカ大陸征服時代において支配的になるからである。しかしながら紀元一〇〇〇年ごろでは、西洋に分散していた人間社会は、一二ないし一五世代以前から、窮屈なほど人口の密集した広がりの締めつけをゆるめはじめていた。やがて孤立は自然的条件ではなくなるだろう。そのとき以来、次第に空間は征服され、空間概念は生存と一致する。

通商が復興し、道路や橋梁（一三世紀には、古代ローマ人にならって石造りのものがつくられるようになる）が修復され、都市から都市へ隊商が往来し、すでに遠征の計画が浮かび上がっている。有力者らのあいだで、書く行為が将来、声に取って代わるまでは、声の権威を支えるようになる。声は、あいかわらず命令や教育の機能を果たしていたが、急に外向的になった世界にとっては、あまりにも神秘的な内面的世界からきている。これまで思考の正当性を支えてきた逞しい象徴化能力は伝統的な沈黙とともに衰微してゆく。一二世紀になると、分類と測定の意欲が生じ、この世でも、あの世でも（ジャック・ル・ゴフが煉獄に関して指摘したように）、空間と時間を記号化し、そこに地上の規定と終末論の確かな解読法を見出すための知的手段の探求が始まる。

幾世紀も距離をおいてみれば、知覚されるものと確実なもののなかに、ひとすじの裂け目が現われるように思われる。かすかに乱れた表面下で生じる激変が、一六世紀の宗教改革における徴候とおなじほど著しく、長期にわたって起こったのである。一二一〇年につづく五年間に、一連の政治的で軍事的な事件が起こっているが、これはその急変の激しさを示しているようにみえる。つまり一二一二年にはイスラーム世界の運命を封じ込めるラス・ナバス・デ・トロサでの勝利、一二一三年には中世初期のもっとも輝かしい文明が崩壊するような、ミュレにおけるオック人の敗北、一二一四年にはブヴィーヌ戦場とともにロシュ－オ－モワーヌ会戦、一二一五年にはマグナカルタ（大憲章）発布。それ以来、君主制国家の支配が確立し、巧妙にブルジョア階級の支配が樹立され、決定的な知識「大全」を編纂しようとする学者らの主張が確定する。それから三〇〇年経っても、まだ目標には到達できず、あいかわらず人間をその祖先伝来の精神性や、揺らいだ伝統に拘束する絆は強い。知識が長い夜の眠りから目覚めたように思われる領域においても、疑惑によってしだいに乱されるようになる。西洋はみずからの文化を普遍的だと考えられるほど固まっていない。つまり、そのような信念を装うことも押しつけることもできないのである。空間における人間像、また人間が自分について語る言述の構造も一五世紀には後戻りできないほど変化した。共通した意識において、人類の「決定的終末」という概念も、航海者や征服者によって広げられた視界からしだいに消えてゆく。

はるか後になって、挑戦という考えがその空白に代わる時代がくるだろう。一三世紀から一七世紀にかけて、空間は人間の内面的世界から抜け出て、完全に外在的存在となる。一三五〇年から一四五〇年にかけてヨーロッパ社会は方向転換をしたが、それはただ一二五〇年以来、またある面では一一五〇年このかた始まっている運動を加速させたにすぎない。それ以来、道徳的で社会的なすべての目的は能力と富の無限の増大という見通しにおいて、技術と経営の目的に従属するようになる。勘に頼り、あまり儲けにならない方法による伝統的な慣行は、実用的で有力な知識を前にして後退する。まだ拡散的な一連の特徴が資本主義の最初の覚醒に現われている。たとえば合理性という仮想の全能性、同時に擬人的モデル〔神人同形論のように〕の普及、体験された味わい深い不特定性〔たとえば両義性〕への拒否、そして事実の観念（きわめて近似的）。空間の知覚は、そのような新機軸のどれかに関係があるとみなされ、またその空間に与えられるべき表象も同様である。気象学から教えられるところによれば、一六世紀から一九世紀にかけて地球は「ちょっとした氷河時代」を通過したとか。そのような出来事とわが文明史とのあいだになんらかの関係があると推測したら悔やむことになるかもしれないが！　それはともかく、この状況――われわれの予想を水平状態へ単純化する――を「モダン」（とはいえ、一一〇〇年ごろの造語）と形容すべきだろうか。そのような言い方を採用するなら、おそらく今日を「ポスト‐モダン」という流行語で表わさねばならなくなるが、それなら――不確かな経験や未完成の思想や幻滅がつづいた幾世紀の彼方に——事物のヴィジョン、さらにどんな閉鎖的形式主義にも無関係な文書の解読において、中世的だった外形が明らかに再現していると言えるだろう。

そのような変動する環境において、O・カピターニから「多重的精神性」と名づけられたものが形成され、そのため、矛盾する一体性のなかで文化の不均質性に依存しなければならない。その源泉と表示において異質だった文化が強烈な集団的願望、同一の場に統合されたい意欲によって統一される。歴史の裏切りとは、結局、こんどはその場が倍増したことであった。記述的というよりはむしろ象徴的な言い方をすれば、中世的な「多様性」は、聖職者と世俗者、教養人と文盲に帰されることが多く、個人のあいだでも知識人とそうでない者、文化面でも「学者」と「庶民」とに区別された。『文字と声』（一九八七年刊）を出したあとでは、そのような区別の単純化に戻らないでおこう。つぎのことを指摘するほうが正当だと思われる。中世の社会を構成したどの集団も、またキリスト教会でさえも（きわめて表面的でないかぎり）、全体に対して覇権を行使しなかった。つまりどの集団も、みずから設定した知識をめぐって、「常識」を生みだすような同意や、整合性のある生活観と世界観を生みだそうとはしなかった。そのような支配的団体が構成されるのは、一六世紀と一七世紀からであり、君主政体と都市ブルジョア階級の影響力によるものである。かなり上から眺めると、中世の文化はむしろ脱‐自動化へ向かう寄せ集め的意見や型どおりの行動として現われているようである。意見や行動は矛盾するときもあるが、かなり柔軟あるいはあいまいであるから、言述の自由や実践の効果を長いあいだ完全に阻害するほどではない。そこから若干の全般的特徴が現われるが、それは「現代性」とされるものとはあまりにも対照的である。たとえば、

——われわれが理解しているような言説的専門化を禁じる思想的統合（そこで哲学と違った言い方で

政治は語れず、また神学と違った言い方で美学は語れない。われわれにとって明確な区別は意味をなさない)。

——理性の行使における精力発揮の優位。

——理性の展開がよくたどる迂回の明白な非合理性。ただし異なる合理性がいつも存在し、コミュニケーションを確保している。

——抽象性と具象性の絶え間ない相互浸透。

当時の人間は、われわれのような、人間的ならざる別個の「物質」が存在するという感情はもっていない。もちろんキリスト教は、「肉体」と「精神」を区別しようと最善をつくした。しかし両者は、宇宙とともに生活意識のなかに包含されていた。だれもが暗黙のうちに、大地と熱烈な了解を保っていた。それは今日のわれわれには失われているだけでなく、ほとんど想像もつかないほどである。中世の農民にとっての空間は、都会人や領主や高位聖職者らの場合と同様に、われわれの空間、つまり立体的で、一律で、測定できる系列のものに分けられ、材質から独立した性質を帯びているものとはまったく無縁であった。中世の空間は抽象的でもなく同質的でもない。われわれなら、宣伝文句のように、それは「人格化」されていると言うかもしれない。つまり具体的で、個性的で、異質的だが、親しいものである。その空間は中性的環境としてではなく、生命を動かし、それを包含し、それを決定し……それを魅了する力だとみなされている。だからこそ、もっとも知覚しにくく、評価しにくいものだと感じられるのは距離である。その点で〔キリストの〕「受肉」、つまりみずからの創造物における神の時空的存在を言明する宗教的教義の影響力がどれほどであったかを問うこともできる。中世の空間は知覚されるというよりはむしろ体験されている。だからこの領域において、歴史家にとっては、さまざまな観念を検討するよりはむしろ多くの言説に耳を傾けるほうが有益である。そのことを本書で試みたい。また言語的行為や語りの交換の核心に入り込み、ときには実用的な規則が芽生えはじめ、日に日に、またイメージからイメージへ移りながら文化の虚構が生まれる十字路に身を置くつもりである。

　こうした中世の精神的で知的な特徴のおかげで「放浪生活」について（今日では、G・ドゥルーズ、K・ホワイト、そしてI・スタンジェによってより広い視野から）語ることができるようになった。世界を変える欲望に動かされるよりは、むしろあるがままの世界に専念する「放浪的思想《ノマディスム》」（ドゥルーズ）、「放浪的《ノマドの》精神」（ホワイト）は、因果関係には無関心であり、好んで無政府主義に接近し、ある観念が真実だとみなされているから、それを理論化する必要もない。そして面白がって批判的部類のことを混ぜ返している。放浪者にとっては、どんな認識にも不可解な面がある。しかしながら認識は、命令または祈りのように人間の声で伝えられ、尊重され、その鳴り響く権威は空間のすべての方向へ見えない形で波及する。「放浪者」の傾向として、彼は観念的なものを放棄し、「普遍的理念」に根ざすことなく教義を愛し、異様な世界を放浪し、そこでは自分の存在の周りに、真実と呼び、また事実それにふさわしい実力の場が現われる。彼は体系的な緩慢さよりは、むしろ知覚される現実的なものがじかに生じる宇宙的ヴィジョンを高く評価する。ホワイトが叫んでいるように、それこそ「宇宙的感覚」である[21]。放浪者がなんらかの全体性にあこがれるとすれば、それが実現できると思うからであり、反省の対象にするためではない。彼が使える技術の初歩的性格は、当時の人間に自然が自我の延長であるという考えを植えつける。このような対照的関係を直観的に知覚することが、一三〇〇年ごろ、国王ルイ九世の生涯について語るギヨーム・ド・サン＝パテュスに、生存の二面性をはっきり区別させている。つまり住居と騎行である。一方から他方への緊張感が生じ、劇化し、ついで果てしない闘争として激化する。その不幸な変遷が本書の対象でもある。

そのことは語り物（コント）や伝説によって伝えられたり、多くの詩で描かれるイメージを通して浮かび上がる。たとえば移動性、旅、明確な合目的性の拒否、平面あるいは視野の断絶、説明しがたい急変などを含んだテーマの多様な表明である。さらにもっと一般的には、社会的な言説に輝くモデル、上昇の図式、開通と空間的飛躍のイメージが急増した。ベルナール・ド・クレルヴォー以来、キリスト教的神秘思想が高揚の観点から表現される。ユーグ・ド・サン＝ヴィクトールは、その『秘跡論』（巻二、一六、四）において「高」と「美徳」、「低」と「悪徳」を同一視している。「王位」は「杖」の垂直性と一致し、秤《はかり》の型は救いの「十字架」、つまり罪人《つみびと》の度合いに適用され、ちょうど宮廷詩人の「愛の度合い」でないとしても禁欲の進み具合や美徳の励み具合が測れるようである。鳥の型は紋章に多く現われ、一方、キリスト教会の伝統では、白鳩の飛翔は聖霊を表わし、また「創世記」では、大地がノアとその子孫に返されたことを意味している。かくて武器も意味を帯びる。たとえば矢は空間を征服し、大天使ミカエルの剣または槍はわれわれの周りを徘徊している怪物を突き刺す。一〇世紀から、聖職者の考えにも、社会的慣行においても、土地と人間の統治法、さらに財産権に関連する血統の観念が支配的になった[22]。しかしそこで問題になるのは、安定した構造というよりはむしろ上から下へ、下から上へという絶え間ない行列的運動であり、垂直の放浪であり、それにつれて物事や人間の不平等が調和の形式として現われ、また身分差が無視できない当然の事実として現われる。そこから謝肉祭の威力が生じ、それは一時的な方向転換であるが、展望の解放でもあり、形式や意味や空間への恐るべき暴力となる[23]。こうしてイメージや紋切り型の世界が形成され、それは部分的にはわれわれの時代まで残存しているが、他方、一五世紀や一六世紀のすべての大発見がそれらの不可思議さの危険性を除去しながら、ついには逆説的に精神の放浪に終止符を打ったのだろう。おそらくそのような帰結は、一四世紀半ばから、たとえばペトラルカがヴァントゥー山へ登り、たどりついた頂上の高みから平坦な下界を眺めていたことを語っている手紙のような文書で告げられていただろう。

意味ある身ぶり手ぶり

中世における「放浪生活《ノマディスム》」は、J・-Cl・シュミットが主要著書において「身ぶり手ぶりの表現」と呼んでいるものと部分的に混同されている。少なくとも九世紀以後の中世は、身ぶり手ぶりの文明だった。この特徴は、その文明の統一性をもっとも適切に定義するのにふさわしいものである。それはキリスト教的信仰の核心において聖体拝領の儀式に根ざしている。しかしその特徴は、生活全体にあふれだし、個人的な表現を促し、社会的な関係を強める。ジャック・ル・ゴフはその視点から封建制的契約を研究し、かくてドイツの『ザクセン法鑑 *Sachsenspiegel*』の挿絵は裁判の機能を明らかにする(24)。身ぶり手ぶりは表象であり、またそのまま、形姿であるとともに象徴でもある。カロリング王朝の時代から画家や象牙細工師はそのデッサンを模写しようと試みる——大づかみなものだが、それだけに暗示力は大きい。最近、多くの研究書が芸術家たちによって描かれた身ぶり手ぶりの表現力を取り上げている。しかも声が支配するこの世界においても、身ぶり手ぶりが別の言葉をつくるのではない。それは考え方や思いつきにしたがって発揮されるのであり、したがって一種の道義を含むことになり、それを形式化したのが一二世紀のユーグ・ド・サン-ヴィクトールの『修練士教育論』である。当時、キリスト教会人は身ぶり手ぶりのあいまいさが決して無意味ではないと注目しはじめている。たとえば、悪魔にとりつかれた「悪魔つき」の興奮状態も身ぶり手ぶりである。旅芸人の「物真似」(聖職者たちのあいだで軽蔑して言われたような)は罪へ導くだけである。身ぶり手ぶりは、その空間をすっかり奪うことになる舞踊において消滅する。六世紀ないし七世紀以来、その証拠は舞踊の普及とともにたくさんみられる。たとえば集団的な娯楽があり、また同時に、心情や感覚の名状しがたい動きを表現するとともに集団的な連帯感をも表明できる。五〇〇年以上にわたって、さまざまな典礼的舞踊があげられているが、そのうちの禁じられた運動のほかに、今日の行列もそこに由来している。キリスト教会がいくら監視しても無駄である。しかし一五〇〇年ごろ、魔女に対する異常な恐怖が広がると、舞踊は魔女集会の一種とみなされるようになる——同時に、身体を社会化する絶好の劇場、場所、そして機会、したがって罪に対する聖職者の罵倒が長いあいだ続くことになる(25)。そのとき以来、身ぶり手ぶりの自由とその意味する能力は徐々に失われてゆく。

身ぶり手ぶりは、身体全体を含めた行為の空間を示す。「身ぶり手ぶりの表現」の根底には、人間が自分の経験的な世界認識の根拠になる身体の存在、権威、感覚に対する厳しい意識の目が光っている。私としては、以前の著書において、一四世紀から一五世紀にいたるほとんどの詩や「文学」の形式が身体芸術とみなせる点を証明したつもりである(26)。

身体の意味は二重に表現される。まず、人間はある態度を示すかぎり、場所を占めるか変えるかする。一一世紀の半ばごろ、騎士階級はそのことを意識している。だから貴族は自分の身体をスポーツ的(騎馬のときや戦闘のとき)であるとともに、すらりとして長身であるように美的な理想にしたがって格好よくしようと努め、同時にもっとも身近な空間的被いとしての衣服の素材や形や色を身分の象徴として飾り立てようとするのである。しかし、この身体的容姿の意味づけは人間についての総合的概念化に包括されている。つまり人間は宇宙の一部であるから、その縮小された見本であり、宇宙の調和と厳密に類似しているのである。この考えは、古代からきていて、一二世紀には思想界、また一六世紀までには錬金術、占星術、医学の思索、さらにはレオナルド・ダ・ヴィンチの『手記』で証言されているように、ルネサンス全盛時代の解剖学をも支配した。キリスト教会の教父たちを知らないはずがないユダヤ教的伝統も、その思想を「純」「不純」についての神秘主義的宇宙論に合致させた。一四世紀、一五世紀においては、ドイツの小論文が、後に暦に採択されるが、黄道十二宮を「人体図」で表わし、頭は「白羊宮」、四肢は「双魚宮」、その他、各部位に分けられた特徴が示されている。

　中世は、医学的な知識において不完全なところがあったとしても、組織的で、部分的には象徴的であるが、完全な整合性のある生理学をつくりあげていた。つまり説明できないようないかなる器官も、いかなる機能も、いかなる障害もない。一三世紀末にボローニャで最初の人体解剖がおこなわれたが、きわめて長期間、事態は変わらない。長いあいだ、生殖についてはまったく知られていない。ただし性行為については別である（「性交」論は存在したが）。しかし女性の体については、聖母の姿のように、固有の内面性にゆだねられる。男性の体は、[27]創造主の計画にしたがって人種の永続性を確保する領分に入れられる。そこからすべてが生じるのである。

　それでもやはり身体は多義的である。その裸体像は部分的であれ全体であれ（風習によっては羞恥心もなくさらけだされる）、状況しだいでは象徴的な広い価値を帯びることになる。それでもキリスト教会側の説教では、魂を取り込んでいる肉体は先験的に疑わしいものであるから、そのような肉体を喜ばせることは拒否すべきであり、告発しなければならないとされる。流布している画像が明瞭に決断をくだしていないとしても（画家たちによって魂は小人《こびと》のように描かれている）、身体は精神の罪のために償わねばならない。したがって、そこから地獄に落ちた人びとを罰する拷問とともに考えだされたサディズムが生じ、またそこからたしかに神明裁判や刑法の処罰的切除が由来し、ある切除は明らかに意味深く、たとえば多くの地方で盗みを罰するために耳をそぐ刑罰があり、また社会的コミュニケーションを確保する器官を奪うこともある。

一四、一五、一六世紀、さらに地方によっては一七世紀から、すべての伝統的な価値観がつぎつぎに徹底して疑問視されるなかで、人間とその身体をめぐって疑念が深まることになる。フォークから寝巻きにいたるまでの普及や、バター入れの発明から浴場の閉鎖にいたるまで、生理的現実を隔離し、自己の外へしめ出すが、それは意味の最適な源泉としての自己の知的存在を確立させることになる。それが、後期中世の「主観性」と呼ばれたものを指す言い方である。つまり生けるものの二分法であり、存在と精神の等式設定である。空間は身体において経験されなくなる。身体は主体に対して「客観化」され、三、四世紀のあいだは状況的要因という規定に落とされる。しかも、その変化の結果は啓蒙主義時代にならないとすっかり現われないだろう。

社会空間

それ以来、個人の一般的束縛からの解放と考えられることが（ある程度の年代的なずれはあっても）、以前の時代には「社会団体」の基盤となっていた連帯感の断絶をともなうことになる。中世では（「他者」、集団、共通的模範との）一体化欲求が、今日のわれわれにも宿っている個人的アイデンティティの願望以上にその社会団体を動かしていた。ただ支配階層のごくわずかな人びとだけが一二世紀以来、徐々にそのような条件から脱する。その意味で、カロリング王朝時代からヴァラーフリト・シュトラボやジョナス・ドルレアンのようなひとたちがキリスト教会の「団体」について語り、したがってその教会を統一的事業の集団とみなし、また一二世紀には、ソールズベリーのヨアンネスが隠喩を俗化し、国家について隠喩を用いることになろう。(28) 中世の世界はG・デュランから「非個性化力」と呼ばれるものを著しく発揮しているが、これは他人の視線のなかで、または視線によってしか生存を許さない。そこから、社会団体の強固さが生じ、この「われわれ」は、時期的に実現すべき歴史的計画というよりは、むしろその場所に即した集団儀礼——またその儀礼に含まれるものによって統合される。それは本来の意味での親和力であり、激した情念にあっさりひっくり返されるような感情的参加の常であり、自我の進展をなんとなく感じる意識である。そこから、情動性と行為の、一般的領域と私的領域の結合しやすさが生じる。たとえば前者は上層階級の反映として考えられ、後者は一般的な人間の条件を反映している。また前者は絢爛たる意志と美徳に動かされるが、後者は形式主義と穏健さに規定される。犯罪者にとって、自分の過失の最悪の効果は暴露から生じる恥辱であり、それが彼の心の平衡を混乱させる。本来、犯罪行為は公共的なことである。個人的責任という概念は一二世紀全体を通じて徐々に明らかになってゆく。ソールズベリーのヨアンネスは『ポリクラティクス』でアウグスティヌスの考えを取り上げているが、彼にとって、君主の権力が行使される公的行為の領域は、「過失」によって人間に生じた暴力の結果が、ある程度は矯正される空間を形成する。(29)

こうして、地理的な広がりのうちに、別の、精神的にして歴史的産物としての広がり、つまり従属的または依存的な感情が広がり、交換または相互作用が生じ、階層が構成されるような広がりとして、人間と集団の配置から生じる「社会空間」がつくられる。ところで、中世における社会空間は、近代の場合よりもはるかに一種の地理に投影され、そのうえに司牧語の重要な隠喩が立脚する。たとえば「権利 *droit, recht*」は自己の前方の視界をさし、「過失 *tort*」は「湾曲」を意味し、またラテン法学者らの「違反 *transgressio*」は地形破壊を意味している。いかなる集団機構も、都会において、町において、また村においてさえ、空間的に人間の行動を規制することによって、多くの情動が供給されていて、たくさんの利害が入り混じり交錯する、小さな表面における平和を確保しようとする傾向がある。

大方の社会的範疇は、現実的な、きわめて強い絆で一定の場所に結びつけられている。親族、友情、職業上の絆は普通、近所に住んでいるという関係で結ばれ、維持される。その上に政治的権力から生みだされる絆が重なる。したがってすべての絆は空間化され、またどの空間も社会的観念を表わそうとする。文化全体が地面に刻み込まれている。いかなる重要な出来事も空間に記念される。たとえば十字架や石碑は、そこで起こったことを示している。新しい地名がその場所を表明する場合が多い。たとえば「ロランの岩」、「うずらの丘」あるいは「妖精の湖」など。かくて一六世紀から一九世紀にかけても、新世界〔アメリカ大陸〕では幾千という地名が洗礼を受けた。いたるところで、人間にはその機能的な空間がある。たとえば都会には「市場」の広場、教会堂、しかじかの専門職街、民兵が訓練する弓道場、掛け声と値切りが雄弁と思案の快感をつぎつぎに生じさせる店があり、また田舎の村には、水汲み場、共同かまど、領主の牧場、つねに個人が明瞭な個性、容姿、あだ名、長所、そして評判の悪い癖とともに、いつも完全に正体を現わすなじみの場所がある。場所というものは、個人とその同類の者らのためにしか現実性をもたない。社会的な場所は決して人間たちに無関係ではない。事実、そのような結びつきが一三世紀からきわめて徐々にくずれはじめる。それでも当時は、われわれのオフィスビルやスーパーマーケットを予告するものは何もないだろう！

社会空間は、鏡で映すように自分の上に自分を投影し、映しだし、自分を再現しようとする傾向がある。祭典、集団的娯楽、市民的儀式、謝肉祭での馬鹿騒ぎがそうである。とくに、都市的環境では劇場で行なわれる。これは当時の文明の主要な建造物であり……キリスト教会の建築に劣らず、またその建築から劇場が歴史的根拠と機能を引きだしている。〔アラス生まれの〕アダン・ド・ラ・アル作の『葉陰の劇』ではアラスの街が熟視され、演じられる。それから二世紀半後には、フェラーラの街もアリオスト作の『レーナ』に自分を見ることだろう。笑劇《ファルス》もおなじような効果を生むが、表現が俗化したために効果が薄れる。たとえば弁護士「パトラン」の相手の商人的空間はパリだろうか。少なくとも舞台の構成には商人的空間が露呈されている。アラスの芝居につきものの居酒屋にしても同様である。いつも、まるで換喩のように、技巧が存在的空間を再現し、観客という一般人に空間の威力を感じさせる。一五世紀と一六世紀の偉大な「聖史劇」にあって、人間がありありと見えるように向き合うのは、天のはかりしれない広大さと地獄の底なしの深淵である。

効果的構成は真実らしく仕上げた場所と人間との関係を体系化しようと試みた。そこで宇宙的調和の表象として、天国から地獄まで段階的に並べられた「舞台」（文字どおりには「住み処」の意）で上演されるのである。司教館や魔法使いの住む洞窟は、その空間的特性を失うことなくエネルギーとなり、正規に現実的なものを意味するすばらしい力を獲得した。幾世紀ものあいだ、イギリスからボヘミアやスペインにかけて多様化した舞台技術は、経験された空間の内破を誘発しようと努めた。この点については、E・コニグソンの代表作を参照しよう。動かないでいる観衆に沿いながら、天地創造の崇高さをわれわれに教えるために、われわれの周囲で厳かな踊りを舞う天球のように見世物を移動させる行列。

この祭典のために呼び集められた信者の群れを前にして、ラテン語の歌のなかで、教会の内陣やポーチで、シュロの枝を持った、白衣の厳かな人物たちのあいだで交わされる対話。国王「到来」の生き生きした光景。公共の広場に設けられた芝居小屋はそれが存在するだけでその空間の意義が一変し、またその時刻にそこで展開されることが、われわれのばらばらな生活の限りない多様性を唯一のアクションとして現わし、また神の摂理の効力を明示する。たまたま、観客の階段席が舞台を中心にして円形になっているなら、宇宙との類似によって芝居の意図に比類ない深みと効果をもたらすことになる[30]。一四九二年のクリスマスのために（コロンブスのカラベル船〔小型帆船〕がヒスパニオラ島の暗礁で難破していたのとちょうどおなじころだ！）、ファン・デル・エンシーナはアルバ公の城の広間で二編の「エグローグ」〔短編牧歌〕を上演していた。これは屋内で上演された最初の例である。一六世紀には、この種の演技が普及する。都会の中心部においてではあるが、外部とは絶縁された場所で、演劇はかつての強力な象徴化能力を失ってゆく。つまり、観客の身体そのものにじかに訴える効力の多くを失うことになるだろう。このように屋内という新しい環境で演じられるアクションは、（巨大な既得権を失わないように）表現の新しい可能性をつくりだし、一義性を活用して、そこにアクションを単純化した。数十年のあいだに、演劇は文学となることによって新しい道を発見しているだろう。

　演劇が典型的である。中世の集団はみずからつくった空間に「へばりつく」。したがって、まるで人間が全面的に寄りかかっている大地とおなじほど長い時の経過に溶け込んでいると思うかのように、当然だと思われる道理に素直にしたがい、絶えず前例を探し、急激な変化を信用せず、偏狭な法規万能主義が生じるのである。そのように人間の記憶は機能するが、その記憶は個人的であり、また劣らず集団的でもある。周知のように、「記憶法」という古い伝統がスコラ哲学の全盛時代にふたたび浮上する。

それは徹底した記憶術であり、主要観念が置かれた若干の具体的な遺跡を精神的表象の根拠にしている。[31]

認識の対象

近代の初頭まで西洋人が抱いた「世界観」(物体との関係)は、以上のように空間の経験に支配されている。それは一三世紀半ばから、きわめて漸進的に質量ともに変化する経験である。それでもやはりその経験は混乱状態のままである。たとえばそこから特徴的な観念はまったく出てこないだろう。人間の精神は空間と自然を識別しないばかりか、自然を勝手な尺度で解している。かつてパノフスキーは、ヨーロッパ人の視覚が(造形芸術の作品でわかるように)メロヴィング王朝時代と一五世紀のあいだで変化したと証明した。つまり個々の物体すべてが周囲から離脱し、自立しているが、それでも出現の背景を一種の全体とみなしている。[32]空間は思索の不変的対象ではなく、たとえばジャンでもトマでもギヨームでも、自分らを取り巻く宇宙に向けた視点から生じる。つまり各個人、それぞれの社会的役割、諸状況によって視点は変化するのである。空間はもっぱら時間とともに経験される。あるものに固有の範疇は他のものの範疇を解釈するのに役立つ。たとえば「前へ」は「未来」を表わし、「われわれの後ろ」は「われわれの過去」を示し、その他も同様である。そこから、どんな思想をも彩る終末論的なニュアンスが生じる。そのことについては、ユーグ・ド・サン-ヴィクトールも『ノアの箱舟 *De arca Noe mistica*』で立証している。この特色は、プラトン哲学に由来し、一三世紀までは支配的だった傾向、つまり科学を「詩的」な言葉で語るような傾向によって明らかだと思われる。詩的とは、演繹的というよりはむしろ類推的であり、事実確認には適さないが、おのずから説明的であると言いたい——そこから驚くべき創造力が生じるが、これは逆説的であり、今日では誤解されやすい。一三世紀から一四世紀にかけての「商人時代」(J・ル・ゴフの表現)[33]の出現は――わが文明の技術的な発進をあいまいながら可能にする――離脱の口火を切った。この「進歩」はそれでも、ますます公然と象徴化する伝統の力を実際には発揮しなかった。その伝統にとって一六世紀まで、それ以上は越えないとしても、広がりは歴史を意味するようになるか、ならないだろう。

この二つの領域において、キリスト教は宇宙の延長的展望を優先させた。神学がすべての知識を包含し、正当化するように、おなじく神の永遠で測りがたい広がりが、正式に規制された行列において、すべての時、すべての場所を包含している。だから総合の必要もない。一三世紀と一四世紀の「大全」はむしろ百科事典に似ている。知性が求めるのは、事実、総合ではなくむしろある世界の理解である。そのためカロリング王朝以来、『アレオパゴス会議大全』のラテン語訳がその観念を強要した。それはまったく神霊的だが、宇宙の物質性を従属させ、同化していた。偽ディオニュシウスとその注釈者らの哲学はもっと一般的な思想を確立したが、それは教父学からきていて、司教たちによって広められた。つまりいかなる現象も、それがなんらかの聖書的な根拠を発見できないなら、真に精神を動かさず、関心も生まず、まして確信も生じないということである。かくてその世界は生きものと物体を結びつける連帯性を、それぞれの規定に応じて水平的に、また所属階級にしたがって垂直に設定する。

しかしながら、一二世紀には、ある種の価値観、ある種の形式、ある種の私的または公的な機関が世俗化した。一三世紀には、その動きが止められなくなっているだろう。ただし君主制と、形成されつつあるブルジョア階級によって部分的に抑制されるが。しかしそれ以前(そして民間宗教のすべての信仰において近代まで)、まったく明確な境界が聖なるものと俗なるものを区別せず、神的なものの内在性という強烈な本能が身近な周囲から目をそらさせ、自然と超自然が相互浸透する深遠なものへ目を向けさせる。(34) そのような混乱、つまり熱烈であったり冷淡であったりする混乱状態において、生きている人間はどこに置かれているか。世界における人間の位置は他の人間に結びつけられる絆によってしか決定されない。一六世紀か一七世紀ごろ、いや、おそらくもっと後になって個人が自己を中心として知覚するようになるまでには幾世代も待たねばならないだろう。そこから、その遅れてくる転換に先立って、驚異的な事件においては不可思議なことを受け入れ、奇跡を信じるように促す傾向が生まれる。それは心を和ませる準拠になる。そのおかげで象徴的に周囲の偉大なる「神秘」の認識へ通じるようにしてくれるからである。だからこそおそらく当時の人間は、難しい生活条件や耐えなければならないあらゆる試練にもかかわらず、不安を感じなかった（われわれが判断できるかぎりでは）。人間は自分の運命の未開性を合理化するというよりは、むしろその状態になじんだ。「無限の空間」を前にしてパスカルのような人物が極度の不安に陥ったことなどは想像を絶していた。なぜなら、世界が閉ざされていたからである。無限というような概念は、哲学者らが神だけに用いた言葉だから、まったく想像もつかないことだった。

第I部　居住地

3　場所と、場所でないところ

人間とその場所

中世諸国語には、たとえ近似的でも、われわれが考えるような空間を表現できる語がなかった。まずその点を解明しておくべきだろう。ロマンス諸語はすべて、ラテン語 *locus*〔場所、国、地方などの意〕、あるいは（スペイン語やポルトガル語のように）その派生語のどれかを受け継いだ。したがって、そこから生じた言葉は特定の物が置かれている場所をさしている。ゲルマン語の *rum* は、ドイツ語の *raum*, オランダ語の *ruimte*, さらに英語の *room* の語源であり、本来おなじ意味をもち、前－近代までそれらの言語に残っていた。他方、フランス語では、後期ラテン語の *platea* から *place* という語を引きだし、人間のいる場所を表わした（ドイツ語の *statt*, 古期英語の *stede*, アイスランド語の *stadhur* のように）。また英語とオランダ語は、その語を借用して *locus* の一般的な意味を与えた。その代わり、*spatium* という語は決して一般的な用語にならなかったようである。つまり知識人の語で、フランス語にだけ移ったが（その後、他の言語にも採用された）、一六あるいは一七世紀までは、二つの指標を分ける年代的または地形的な間隔を示した。一一七五年ごろからみられる *sans espace*〔直訳すれば「空間なしに」〕という言い方は、平凡に「すぐに」

を意味している。

したがって中世の「空間」は二者のあいだにあって、満たすべき空所である。それを存在させるには位置を散らせるしかない。場所のほうは実際的で、安定し、豊かな意味に満ちている。たとえば、場所は不連続的であり、広がりにおける異状であり、滞在している土地の一片であり、そこから出ていったり、戻ったりできる。だから、その場所との関係で生きものの動きが配置される。場所は、分割できない。なぜなら場所は、その構成要素と関係を総合しているからである。記号全体がそこに累積し、単一で複合的な大「記号」として組織される。そこから文書のように、場所の整合性が生まれる。実際、それは文書であり、歴史がそこに書き込まれている。そこには路線が交錯し、それらの路線にしたがって自然の物質的で象徴的な特性が構成される。その意味においてトマス・アクィナスは、アリストテレスの『自然学』を注釈するときに *locus* を「一種の器《うつわ》」と定義し、またドイツ語の *gestattet* も文字どおりには「場所に置かれる」が「許された」を意味するのである[35]。この瞬間に私が根を下ろしていると感じる宇宙のこの場所の周りに、私は同心円的範囲で、他の人びとを知るか、あるいは想像する。近親者や友人たち、遠いひとや外国人、未知で、面白いのか怖いのかわからない人びと、結局、自分の欲望あるいは恐怖によって架空の有力者にしてしまう人びとである。

どんな人間も生涯を通じて多くの場所を知る。事件や思い出が、感銘の度合いに応じて序列化されるはずだ。しかし一方では、どの場所にも固有の価値がある。なぜなら、それをあるがままに定着させたのは人間の存在だから。他方、私の場所と呼べるものはすべて、ある意味では私が最初にいた場所、つまり母胎からきている。そこが私の住み処であり、他のすべての場所はおそらく隠喩的存在にすぎず、またP・カウフマンが「場所の驚異的な威力」について語るときに援用する「特権的固有性[36]」という固定観念もそこから生じる。中世の詩には、当時の人間がそのような関係をいかに強烈に感じていたかが表わされている。ある場所は、「そこにいる」者にとっては決して意味のないものではない。その場所には出来事を時間のなかに取り込んでしまうことができるだろう。ただしフランス語の *avoir lieu,* ドイツ語の *platz finden* のような表現が信じられるならである〔それぞれ「起こる」、「許される」であるが、いずれも「場所」を表わす語が使われている〕。この深い基準から古期フランス語の *demeure* という語の意味もきている。語源的には持続の概念から派生していて（ラテン語の *mora*）、非時間的に「そこにいるという事実」、つまり一種の場所の吟味である。

マクロビウスや古代の医者から得られた観念は、学者らに、生きものと生きものの住む場所とのあいだに外観と気質に現われる同等関係の存在を確証していた。生きものの場所も物体の場所もおなじくその物体、その生きもの固有の性質とみなされる。実際には徐々にではあるが、場所のうちに地形的な偶然性しかみられなくなる。しかしこの変化は一七世紀でないとしても、一六世紀以前では、すっかり完了していない。

自己確認は、場所の獲得や、身近な環境への適合と切り離せない。ドイツ語の *Dasein* は、文字どおりには「そこにいること」だが、一般的用法では存在観念を表わしている。アイスランド・サガ〔中世の物語群〕にみられるスカンディナヴィアの古い叙事詩は、主人公を紹介するときは必ずその出身地を明記している。大陸では、かなり一般化した習慣として（名字が遅れてつくられ、普及するまでは）、よそからやってきた外国人を同様に示し、その土地の名をレッテルのように貼り付けた。だから当人が自然にその呼び名をいただいたことは疑う余地もない。そのような関連性の影響力はおそらく時代とともに変化し、またある時代においては（われわれの時代のように）、そのような要因を排除しようとする。これこそ、私が中世の放浪生活と名づけたもののパラドックスである。つまり、前章において列挙した精神的特徴は場所による絶え間ない自己発見を妨げない。すでに八〇〇年ごろには、パウルス・ディアコヌスが自分の曽祖父を彷彿させるような話を語っていた。というのも、彼の曽祖父は侵入した蛮族に捕えられ、知らない地方へ連れて行かれたが、うまく逃げて家に帰ろうとしても、どこを探せばよいのかわからない。まったく奇跡だ！　神が一匹の狼を遣わして道案内をさせるとは……。そのような絆は直接、神からきていて、神の摂理的次元を示している[37]。土地に深く根ざした農民や職人の集団にとって、至福千年説に向けて授かったような特権もそこからきている。たしかに彼らのうちには反抗した人びともいたし、農民一揆も幾世紀にもわたってつづいた。また一一世紀末からは都市の反乱が起こり、一四、一五世紀には拡大した。だがそれは「革命主義的」預言者らによって集められた信奉者からなる周辺人、孤独者、無職者、無宿人らのあいだから起こったのである[38]。

この状態が「自然」を築き、維持する。自然という名詞はラテン語の *natus* からきていて、誕生を指している。場所のうちで情動的序列の最高位にあるのは生地であり、そこに価値全体が高揚する。しかしながら中世の人間には、存在なくして場所はない。今日では、この至極単純な事実が理解されがたい。われわれにとって、場所はほとんど通り道にすぎなくなっていて、あまりにも「窮屈な」慣習から脱出するために観光産業が生まれた。中世の場所は、出会いを意味していた。出会いには名付けられる値打ちがあった。つまり、出会いを意味深長なものにするためである。たとえば、出会いに含まれた知覚的なものと知識的なものの複合全体を総合した地名によって言語として定着させ、またそうすることによって、散逸しかねないものに統一を与える値打ちがあったのである。場所に名を付けることは、その場所を獲得することである。その観点からすれば、一一、一二、一三世紀の人間はまだ原始に近く、その状態に執着していた。紀元一〇〇〇年ごろから領地を広げはじめた緩慢な開墾が進むにつれて、人間は数えきれないほどの新しい場所に名を付けねばならなかった。その幾世紀間の人間は、知らず知らず、昔、ユーラシア大陸のあの小さい半島に住んでいた最初の人類とおなじ役割を繰り返していた。新しくつくられた村や土地での注目すべき出来事、近くの森林地帯、あるいは耕作できる地域に付けられる名はすべて（われわれがいまでも都市の通りに付ける名のように）、宗教的または英雄的な思い出に満ちていて、それは名づけた者以外にはおそらくわからない記念であったろう……

そこから各場所の特異な個性がきている。それは、個人や、残りの集団、さらに共通の文化によって維持されてきた不安定な関係から生じる社会的な想像の産物を植えつけ、その文化の利用者は、それぞれ各瞬間に自分の個人的な計画にしたがって既知のものを解釈し直す。そこからまたしても、一二世紀から一五世紀にかけて、民間、そして知識人のあいだにおいても、土占い〔一にぎりの土を地上に投げてその形で占う〕が流行し、ラテン語や俗語で書かれた占いの手引書が多く残される。それはおそらくイスラーム教からきている神秘学であり、その占い方は場所の意味的特性にもとづいている。

神聖な場所

どんな集団にもそれぞれ「神聖な丘」がある。高い場所は中心的容姿であり、外観としてはある人びとには奇怪に映るほどユニークであるが、法律の条文というよりはむしろ詩の作品のように現実を創造している。古い文化では、地上で、恵まれた場所と不吉な場所とが区別されていた。大きい組織の宗教はそのような伝統を有利に利用した。カトリック教は正統派であろうと分派であろうと、万物有霊魂説《アニミズム》の記憶が中世の民衆のあいだにまだ根強く残っているかぎり、対照的なそのイメージでもって人心を育成しようと力を尽くした。

聖なる場所と言われるにふさわしい場所はいたるところにある。とりわけ視界にそびえ立ち、俗っぽい現実的な平凡さを打ち破るような場所、丘、山、巨木、あるいはわれわれの心のなかで向上と成長を望む気持ちをかき立ててくれる何か自然の驚異、または驚異的な建造物である。たとえば、一一四〇年ごろ、ギヨーム・ド・サン゠ティエーリにとって鐘楼は突っ立った岩と同様に神への期待を意味している。九世紀から一三世紀にかけて、とくにスペインでは、昔の羊飼いが、他所へ移されるのを拒んだらしい、奇跡のような聖母マリア像を発見したという場所に多くのマリア聖堂が建てられた。このような伝説は多くあるので、「羊飼い物語群[39]」と呼ばれたほどである。疑う余地もなく、それらの場所のなかには、神聖さが絶えることなく、きわめて古い昔から続いているものもある。中世初期の多くの修道院は、ガロ゠ロマン人やケルト人の礼拝所の跡地に建てられた。たとえばマルセイユのサン゠ヴィクトール修道院のように。一二世紀には、シトー修道会士らはその慣習を復活させ、おなじような場所を探したらしい。エーヌ県のヴォクレール修道院の跡地はラ・テーヌ〔スイス〕の時代からフランス大革命のときまで、つねにおなじように利用された[40]。聖人伝では、後期ローマ帝政時代における伝道師らの配慮が示されている。たとえば、ローマ人やゲルマン人に対する彼らの伝道活動は、その郷土に存在する場所をキリスト教化しようとしていた。たしかに、新しい宗教は他所からきても、遠い発祥地への礼拝を促した。そこから巡礼もきているが、これについては後述することにしよう。しかしヨーロッパにおけるキリスト教団の最初の創設者らは、むしろ自分らの信仰をすぐ近い地理的実情に合わせようと願った。そこから、取り壊された神殿の廃墟の跡に礼拝堂が建てられるようになったり（いけにえの儀式的空間を救うためである）、地元の神に洗礼を授けて、天国の聖人に変えたりするようになった。

その縁起がどうであろうと、神聖な土地が人間にかかわり、人間の感動しやすさ、想像力、知性に訴えるのは場所としてである。神聖であると感じるのは視覚、聴覚、触覚による。だからこそ、つねに祝福された場所は信者たちから崇拝されるもの、たとえば議論の余地もないようなものを含んでいる。また、そのものの実在性のほうが地形的信憑性を凌駕するほどである。こうして大部分の信者が出かけるには遠すぎる有名な聖地が複製されることになる。たとえばイギリスで展示されたナザレの〔イエズスの〕家、あるいは西洋を通じて一般の信仰に提供された多くのエルサレム〔のキリストの〕聖墓がある。[41]ときには、その場所のありのままの様子、あるいはその場所を本当らしくしているものの様子が、驚愕、さらには畏敬の念を生じさせ、跪拝や祈りを促す。たとえば土地が崩れ落ちたように見えるロカマドゥール渓谷地帯、あるいはコンクには、宝石をはめ込んだ聖女フォア像がある。それ以外の場所でも、仰天するほど称賛すべき存在感に呼び覚まされる記憶、たとえば聖人の墓、あるいは明らかな奇跡の跡がある。いずれの場合にしても、人間が神聖なものから経験したことは、まことに現実的な地形と切り離せないが、そこには空間に時間が投入されていて、地上に天界の形状を再現している。そこでは見えるものが見えないものに結合して、いつも「不可思議なこと」が起こりうるほどである。

しかしながら、そこでもやはり序列が示される。敬虔さや世論がそれらの場所のうち、しかじかの場所にあまりにも強力な霊験を与えすぎて、人びとの心をすっかり終末論的な幻想へ導くほどである。たとえば、一二世紀の『サンティアゴ・デ・コンポステーラ巡礼案内』で「至聖所」と名づけられているところがそうである。そのような視野に立って、パレスチナにおいて聖書的で福音的な旧跡を正確に識別し、道順を決定するために一四世紀のフランチェスコ会の修道士らがどれほど苦労したかを評価すべきである。そこで当時「霊地」から「霊地」へと、それぞれの縁起を口実に神秘的な意味を盛り込んだ各所を訪ね、エルサレムの「旧市街」を練り歩く「十字架への道」の順路が定められた。

人間を不気味な地下の神性へ向かわせる場所もある。たとえば教会堂にある納骨堂のような地下の場所は底深い闇へ沈んでゆくが、かえってそのために加入儀礼に満ちた暗い「霊験」内での誕生を意味する。鉱山はいっそう暗く、悲惨な奴隷の作業のおかげで「母なる大地」の体内から金属が掘りだされるが、彼らの上に君臨する鍛冶屋は恐ろしい伝説のとばっちりを受ける。たとえば一二世紀にはまだ盛んで、一五、一六世紀には錬金術に奪われるようになる民間伝承の伝統的な、火の支配者としての半神の伝説である。一四〇〇年以後は、とくにドイツやボヘミアにおいて、鉱石の採掘が産業化されるようになると、それがやはり不安をそそるような絵画的テーマになるだろう(42)。おそらく伝説的であろうが、埋蔵された宝物の隠し場所もまた劣らず神秘的で、おなじく興奮をかき立てたのであるが、その宝物を求めて、いかがわしい者たち、いくらかは魔法使いたち、つまり、ちょうど一八世紀半ばになってもまだポルトガルの宗教裁判官がかかわっていたような魔法使いたちが活躍する。

しかし、神域を厳密に仕切る境界はまったく存在しない。一一五〇－一二〇〇年のあいだに、人びとの想像力に侵入し、フランスやその近隣国の詩風を変化させた魔法が大流行したとき、物語の多くの主題は（好奇心を刺激し、驚愕を惹起し、俗っぽい光景を見捨てるように仕向けるため）古い聖域の〔イメージの〕残映を持していた。ブロセリアンドの森〔円卓の騎士物語に出てくる伝説の森〕にまつわるモティーフがあり、一一五〇年ごろ、まじめな知識人で批評家のワースは驚異的なものを確かめるためにその森を訪ねたほどである。かくして、一二世紀から一七世紀にかけて洞窟という自然の場所に付与されたイメージが生じ、詩人や画家に属する秘め事が起こる。たとえばゴットフリート・フォン・シュトラスブルクの『トリスタン』や、多くのバロック様式の詩人らに「愛の洞窟」がみられる。寓意作品や文学的な思い出を媒介にして『バラ物語』の「愛の泉」もつくられたのであろう。おそらく多くの西洋人にとって、近代初めにいたるまで、権威ある場所は（少なくともなんらかの状況において）おなじようにすばらしく、恐るべき世界に属していた。たとえば、地方の平民にとっての城とか都市、都会の庶民にとっての鐘楼のように。

「ここ」と「他所」、「内」と「外」

人間の場所は閉ざされたところとして経験される。それを排除するには近代的な空間の激変が必要だった。というのも、われわれには幽閉の観念自体が不毛だから[43]。開かれた空間には変化する神話が結びつくが、伝統的な場所はそれ自体あまりにも閉鎖的であるから、普遍的な元型像を安定して支えることになる。それらの様相は根本的で明白な二つの対立に帰し、そこからイメージの準‐無限性とともに、さまざまな図式が生まれる。たとえば「外」に対する「内」、「他所」に対する「ここ」であり、いずれも三番目（「閉じられた」に対する「開かれた」）のものを含んでいる。

「外」と「内」は現実において「はい」と「いいえ」のように截然とし、「肯定と否定」、存在と非‐存在の「すべての考え方を生じさせる」とバシュラールは言った[44]。これは極端な見解である。というのも、状況が現実であろうと空想であろうと、それほど明白であることは稀だから。それでもこの二項の対照はやはり前近代社会、言葉、民話、多くの詩形における基本的構造の基盤になっている。かつてプロップは「民話の形態」の本質をその対照に根拠をおいたが、それは騎士道恋愛物語（ロマン・クルトア）の一部分でないとしても、ファブリオー〔風刺的寓話詩〕のような中世の膨大な文学作品全体に適用できよう（ただし慎重でなければならないが！）。C・ヴァンドロワーズは当時のフランス語において、「……の中で *dans*」と「……の外に *hord de*」によって形成される体系を研究した。たとえば、古語は幽閉と除外を想起させるような暗示的意味に強烈な力点をおいていた。場所に関連する語として「……の外に、……を除いて *hors*」と「外に、外観 *dehors*」は、近代語の「……を除いて *sauf*」の意味に近い *fors* および *defors* と完全には区別されていなかった。それに反して、内包と所在を表わす語は本当の冗語法で表現され、あたかも地形的な内在を強調することが重要であったかのようである。たとえば「……においてて」はどんな比喩的用法にも適した中性的な前置詞であるが、一般的な慣用としては、ラテン語の *intus in*（文字通りには「……における中で」）を引き延ばして「……の中のなかで *enz en*」が好まれた。「……の中で」については、一六世紀までは珍しく、ほかのロマンス語には見当たらないが、これはラテン語 *de intus* にさかのぼる「内部で *dedans*」から来たと認められている。[45] そこから、この語は詩において付加限定を受けることになる。『バラ物語』、そしてさらにその二世紀後の詩人ヴィヨンにおいても、外と内という存在論的な不一致が、語りの反復テーマとして、その不一致性をわれわれの運命の姿にするのである。

もし「内」が閉鎖の意味を含んでいるとすれば、「外」は行動への誘いとなる。この二項の対立にもとづいたいかなる体系にも「入口」と「出口」、つまり限界と通過が含まれる。それでも限界という観念はあいまいである。なぜなら確たる特徴が自然環境における人間を捉えていないからである。限界は、堅いか穴だらけか、つづくか切れるか、今日は障害でも明日は通過とみなされ、限界は壁であったり、敷居であったり、ドアであったり、窓であったりする。ある者には離別のしるしであるが、他の者には接触のしるしである。一二、一三世紀の物語作者は、この両義性を感じとらせようとして、たいていの境界に水を引き、水はときには死者の世界から宮廷の世界を引き離す。たとえば海、川、浅瀬、つまりベルールの『トリスタン物語』に出てくるモーパの浅瀬がある。つまり対岸へ渡れるチャンスはいつでもあるが、水という流動し、予測できない危険を覚悟しなければならない。限界はたくさんある。そのうち、変化するものもある。教義や慣習によって定められた限界は外見上、不動にみえる。封建主義的な絆から生じる限界は周期的で不安定である。われわれの多くの限界の一つ一つが独自の領域で線引きされていて、必ずしも他の限界とは一致しない。したがって生き物と物体とのあいだには、明確な障壁というよりは、むしろ多かれ少なかれあいまいな地域が広がる。それもまた中世における「放浪生活《ノマディズム》」の特徴に属している。そのために国家概念の出現が遅れ、他方、道徳が一種の決疑論になった。

適切な照明の手段を知らない文明にとっては、見える限界は闇夜のあいだ、すっかり消えていた。祭典文化にとって、階級序列や社会的価値の見えない限界は共通した歓喜が破裂する幾日間かは曇らされていた。一片の疑惑でも観念を損なった。私の限界は、私でないものに私を結びつけ、おそらくその外部と交流させてくれるだろう——なんらかの互換性が私自身の統一を乱さないと保証してくれる、という条件でなら。そこから外出、飛翔、他者を「自我」に受け入れ、自分のものにしたいという絶え間ない、一般的な欲望が生じるのである。

限界の不安定さは「ここ」と「他所」の対立をやわらげる。「ここ」は空間を集中させる。空間に関することはすべて主体がいる場所に関係する。「ここ」は中心点である。おそらく現実的な唯一の中心である。「ここ」はそれ自体しか示さない。「他所」を否定する。とはいえ、その明らかな矛盾は明確さを失い、中心をその周囲から区別するような、たんなる対比にすぎなくなってしまうこともある。中世の言語は「正面に *en face*」を意味する若干の副詞を使って、完全に「ここ」でもなく、また「他所」でもないもの、たとえばフランス語の *contrée*〔地方の意〕（contre〔向かっての意〕から）、ドイツ語の *Gegend*〔地方の意〕（gegen〔向かっての意〕から）をつくった。このように標示された地域の内側と外側で、地形的な近接または遠隔は、精神面ではおなじ場所と他の場所のイメージを、言語面では、決して完全には明白でない相違を表わすのに役立つ表現を提供している。

中世での「他所」、それは広がりのなかで知られていない部分である。それは未知であり、その存在すらときには疑わしいほどである。偶然の通行人、頭陀《ずだ》袋を下げた姿で一夜の宿を乞うよそ者が突然、霧の中から現われ、彼らの話は一瞬、ここでは他人たち、つまり明らかにわれわれとは同類ではない人びとという感じを起こさせる。それからすべては闇夜に戻る。ただ、あるとき、その静かな夜が情報の伝播、「知らせ」の伝達、つまり事件の現状に関する知識の伝播によっていくらかは破られることになる。たとえば一三世紀半ばから、そのような発展が都会的環境にもたらされ、詩人や歌い手がときには初期の報道者の真似をする。たとえばルイ九世治下のパリにおけるリュトブフ〔ヴィヨンの先駆をなす詩人、劇作家〕のように。一五世紀になると、伴奏つきの詩人らを雇う王侯も現われる。たとえば一五〇〇年ごろにピエール・グランゴールを雇ったルイ一二世のように。一種の世論が形成されようとしているので、それを抑制することが重要である。西洋諸国を通じてバラッド形式の詩が流行し、その詩の多くが最近起こった犯罪、火災、暴風雨、洪水、魔女裁判、イギリスの「バラッド売り」、ドイツの「大道演歌師」、自作の詩を記したプラカードを掲げて行く者、そしてやがてはフランスでパリのポン-ヌフ〔橋上〕でのような庶民的な歌い手が、恋のロマンス、卑猥な話、さらに聖母マリアへの賛歌を混ぜて国民生活を劇化した詩を歌い歩く[46]。一五世紀から一七世紀にかけて、ひなびた田舎を除いて、いたるところで徐々に「他所」が粉々にされ、知られない場所も徐々にどこかの暗黒街やはるか遠くの土地だけになってしまう。しかし前近代の大きい圧力以前では、「他所」はすべての人びとにとって中性で純粋、不明瞭で、視線にも感情にも通じない空間であった。「彼方」はほとんど非時間的存在であり、そこには、知識を拡散させた靄《もや》のなかに何か原始的な「象徴」、誘惑と罠がぼんやり浮かんでいる。それは「未知の国」であり、そのおぼろげなイメージが中世の人間の想像力につきまとい、不思議な航海、「あの世」への航海、「悪霊狩り」、危険な遍歴などの伝説を呼び起こす。

一三世紀に概念上の変化が始まるが、その結果が明らかになるのはかなり遅く、一六世紀になってからである。つまり人びとの心のなかで「ここ」と「他所」を分けていた静的な対立が、移動と行動という視野に向かって開かれる。「他所」はますます活動の可能性の場として現われる。アジアを経めぐった最初の旅行者たちの話はすべてそのような考えを促すことになる。一三〇〇年よりわずか前に口述されたマルコ・ポーロの『東方見聞録』は本質的には、広大な土地において発見し、購入し、販売できるものの目録となっている。そのように「他所」は風化し、「近いところ」と「遠いところ」（多少ともわかっているところ、あるいは知ることのできるところ）、さらにその奥に、きわめて遠い闇、たとえば悪の列強ゴグとマゴグや、「怪物」や、無限の宇宙空間における神秘的な国々を識別する。それからまもなく西洋は新しい精神的世界に突入することになるだろうが、そこでは存在の反対はもはや不在ではなく、遠隔となるだろう。(47)

荒　野

一一〇〇年ごろ、一二〇〇年ごろでも、まだそこまできていない。その時代の西洋は、日常生活において、見慣れた地平線の彼方近くからくる絶え間ない脅威を感じている。それは、絶対的な「他所」、荒野の脅威である。聖書の伝説や「聖人伝」の物語では、キリスト教的瞑想を、陽に灼かれ、石だらけで、蛇や猛獣がうろついている隠遁地、またそこでは人間が独居隠者として、悪魔的な最悪の誘惑のなかで理想的境地に達しなければ命を落とすというようなイメージで満たしている。それは一三、一四、一五世紀の細密画や、さらには画家たちの《エジプトへの逃避》として聖人伝の挿絵として現われることが多かった。われわれにもっと近いところでは、荒れ地、無人で未開の原野があり、そこでは夜間は亡霊や地の精が出没しており、またある民間伝承のすべてがそこに根づいている。それは未分化で混然とした広がり、始めも終わりもなく通過するだけの場所でないところ、純粋の散乱的空間である。まったく別の空間にもろもろの権利が与えられ、この空間ではなく、したがって危険がいっぱいで、敵対的な勢力が多いが、誰にもわからない魂の隠れ家を表わす空間である。たとえば、武勲詩の「暗い土地」、クレティアン・ド・トロアの『聖杯物語』(一一九〇年ごろ)に出てくる「荒れ地」がある。この『物語』は暴力シリーズに属し、先史時代を生々しく描いていて、おそらくケルト人の伝説からヒントを得たのだろうが、地上で国王の身に負わせた傷を騎士道の時代に伝えている。今日でも、われわれの地方には荒野と呼ばれる場所がどれほど多く残っていることか。

しかしながら、荒野はその過酷さによって美徳を促し、超人的な英知を生む。たとえば典型的な隠者、つまり絶対に正しい助言者が初期の物語詩に現われている。ベルールの『トリスタン』に出てくる隠者オグランがそうである。散文の大作『ランスロ』でも、多くの隠者が登場し、各地の荒野に分散していて、それらの荒野を遍歴騎士らが駆けめぐる。一四、一五世紀の寓意好みの詩人らは荒野を恋の病の悩ましい場所にすることだろう。

ヨーロッパの多くの地方では、ある形の荒野が知られているが、それでも中世ではほとんどかえりみられなかったものがある。それは山である。「山」、つまり中世の詩でよく喚起される山(*puys*)は、一四世紀より以前では、視界に広がるちょっとした丘しか示さない。岩だらけで雪をかぶった山の峰、森の高さを越えた山の背は問題にならない。『ロランの歌』のリフレイン「山は高く」は、悪くすれば、その不格好な自然、地表の襞、神聖な調和を否定するような憎むべき無茶なものに対する騎士や聖職者の恐怖心をあらわにする。そのような蔑視的な暗示的意味はしつこく残るだろう。その観念は、シナイ山あるいは八福の山〔山上の垂訓の行われた山〕のように聖書のなかの神聖な例があるにしても、「天地創造」の一種の失敗として残る。一六八一年でも、トマス・バーネットは『聖書論考』[48](成功を収めた著作だった)において、山のことをノアの洪水から生き残った古い廃墟だと述べている。

しかしながら、この点についてはほとんどわかっていない。アルプス地方の住民は幾世紀ものあいだに漸進的な移住で増加していた。羊飼いは紀元一〇〇〇年ごろ、ローヌ川の水源地域から遠くない土地に定住した。そのため一三世紀までに、ヴァレー州、グラウビュンデン州、ピエモンテ州から入り込んだ山地にヴァルサーという名称で、一五〇か所以上もの土地を占めるようになった。標高の高い渓谷流域の中心部で独自の文化が発達するようになったが、昔、古代ローマの軍団兵士や商人らがすでに行き来していた峠、たとえばグラン‐サン‐ベルナール、ユリエル、あるいはブレンネルのような峠へ通じる街道筋を除けば、低地とはほとんど交流がなかった。

人間の想像力では、そのような無知が山岳を抽象的な世界にする。しかし一四、一五、一六世紀を通じて少しずつ、各地で無知のままではいられなくなる。たとえば、一三三六年四月にペトラルカがヴァントゥー山へ登ったのは、少しばかり画期的なことである。この詩人は、その登山のことを寓意的な調子で語っているからである。一四三〇年のミショー・タイユヴァンの詩では、ジュラ山で登攀に挑んだ絶壁がわずか数行で描かれているとは！　それからまもなくアントワーヌ・ド・ラ・サルが『セビル女王の天国』で、アペニーノ山脈の標高二〇〇〇メートル以上の峰やリーパリ火山へ登った話を挿入している。一四九二年六月、国王シャルル八世の命を受けて、アントワーヌ・ド・ヴィルとルノー・ジュビエはヴェルコール山脈のエギーユ峰という標高二〇〇〇メートルの山へ登攀している。(49) しかしニコラウス・クサヌス、パラケルスス、あるいはヤーコプ・ベーメといった古典学者たち、またコンラート・ヴィッツからロイスダールにいたる画家たちは、山岳（それ自体としてはなんでもないが）を創造力の象形になると認めている。

人間がその奇妙な空間を発見しようと出かけるのは一八世紀前半を待たねばならない。当時、山の垂直性は崇高の観念となる。一七二九年作『アルプス』と題されたハレールの詩は、「アダムの罪」以前、都会の災い以前の世界のあどけなさを、族長時代の素朴さや、甘受する苦痛の大いなる安らぎを、賛美する。それから幾年も経たないうちに、こんどはルソーが田園恋愛詩的な観点からおなじテーマを踏襲する。シラーにとっては、一八〇四年の『ヴィルヘルム・テル』におけるように、山岳は自由を意味する。同時に、山地現場の経験も深まった。一八世紀末には、パカールとバルマは幾日もの登攀で疲労困憊しながらもモンブランの頂上に到達する。ペトラルカがヴァントゥー山に登ってから、ちょうど四五〇年後のことである。

しかし、この耐えがたい空虚さに占められた象徴的価値が絶頂に達するような、活気のない場所の典型的な形態として森がある。森は、当時の人間たちが実際に生きた生活のうちに存在すると同時に、彼らの想像力に、絶えず現われ、ほかの無人の地のような空虚で、また目もくらむような光景というよりはむしろ恐ろしい充足性を提供する。たとえばセルウィウスのウェルギリウス注釈本（四世紀から一二世紀にいたるまでの基本的な学校教科書）では、*silva*〔森〕をギリシア語の〔森〕*hyle*（「材料」）だと解して両語を同一視している。そのように森は混沌《カオス》の光景とみなされているのである。[50] ダンテが『神曲』の冒頭の三行で、入ってゆくのは森の中であり、作者の詩句によれば、そこは「野生で、厳しく、荒々しい」広がりであり、密集していて、太古から生きている時間にとらえられている。

　森は、地理的で生物的な実在として巨大な母胎を形成し、明らかに野生的な生命の尽きない源泉である。そこからつぎつぎに文明が生まれ、また森を犠牲にして固有の場所が築かれた。森は、たんに木が茂る空間以上に「無人境」とみなされ、そこには野獣が徘徊し、放牧地で豚がうろつきまわり、怪しい人物、植林者、木こり、炭焼きが往き来する。事実、もっとも初期の中世を通じて、ヨーロッパの森林は、当然単純な産業から加えられる打撃によって徐々に減少したが、もっぱら材料として使われる材木が犠牲になった。というのも、発展する修道会はいつも大いなる建築狂だったからである。それから中断の時期がつづいた。つまり一〇〇〇年ごろ、森林はフランスの面積の半分を占めるようになり、ゲルマン人やスラヴ人の領土よりも著しく森林の密度が高かった。森は放置され、繁茂し、侵入されがたく、沼沢が散在し、人間を寄せつけない巨大な樹林で居住地域を取り囲み、しかもその地域の多くは、もろい林間の空地よりは辛うじてましな状況であった。ただ、地中海沿岸はほとんど裸にされている。[51] 一一世紀末から一二世紀にかけて、また一三世紀になるともっと盛んに開発の新しい波が起こる。そのため環境への影響は、残っている森林地帯でひどくなる。そこで開墾作業は、捕食動物を一掃するための伐採にともなってシカ科動物の繁殖を促すことになり、またとくに広葉樹林（これだけでほとんど古代の森林がつくられていた）を伐採したので、針葉樹をはびこらせることになる。そのような侵食は近い森林だけに限られ、深い森をそのまま残しているとしても、かなり深刻な事態になっているので、ノルマンディー地方では、一二〇〇年から封建的権力の保有者たちは旧来の利権について再検討を試みている。森林空間に対する人間の長い闘いにおいて、この強力な攻勢は年代的に都市の経済的・政治的な飛躍と都市文化の最初の形成と一致している。R・ベックマンは、大聖堂の建設がヨーロッパの森林に与えたインパクトを証明した。つまり一二世紀、さらに一三世紀になると、ますます建材の不足が感じられる。当時の建築法によれば、できるだけ材木が節約されていることが証明される。そのために一部では、石造りのドームが建造されるようになる。[52]

それ以来、想像世界の深層において一種の浸食作用が、空間と人間との心理的関係を規定していた規準を弱める。そのように進化が起こると、たとえそれが緩慢であっても後へは戻れない。一四世紀に、森林は事実、イタリアから消滅した。一五世紀から一八世紀にかけて、西洋のいたるところで森林は決定的に利用されてしまっている。おそらく二一世紀は本当に森林を抹殺してしまうだろう。

一二〇〇年を過ぎると、「本当」の森は、もはや人間の手から逃れた完全に無傷の地域ではなくなっている。むしろ森は、領主の権利要求とともに周辺農民が獲得した利権から生じる相互関係であいまいに定められた地域である。森（*forêt*）という語自体がもともと権利の行使を意味していたと思われる。それは法律用語であり、「王の裁き *forum*」を表わしている。[53]事実、国王自身、全体的に森の所有者だと公言し、その観点で、森林の歴史は、カロリング王朝時代から別の所有形式の出現へと緩やかな勝利へ赴く。たとえば封建制下の男爵たちは猟場の土地を盗み、修道士らは瞑想に適した隠遁地を奪い、一揆農民は放牧地域を取る。実際、一四世紀の暴動は国家や農村社会に所有を放棄させ、ふたたび森はしばらく純粋な野生状態にされる。しかし一五世紀からは、もっとも遠い空間への道も開けたので、そこへの入植が始まり、期限付きで入植を禁じるしかなかった。

この「実態」に直面し、想像力はどうしようもない。受け継がれた全体像には苛酷な生活が現われており、そのおかげで人間の精神は象徴的に世界を征服し、語りと夢想の影響力を維持し、事物の背後に、ぼんやり隠れた真実を感じとる。およそ一一六〇年から一一八〇年にかけて、物語作者は領主階級と親密になり、おそらく森をおなじ目、おなじ貪欲さで眺めていた。しかし、事実、彼らの作品に表われているのは想像的形式の力強さである。森は神秘的な場所、たとえばブロセリアンドの森である。記述を介して、物語においてなお人びとの心につきまとう神話的なイメージが意識上に浮かび上がる。たとえば、とくに樹木に感じる崇拝の念にもかかわらず、その大きさで圧迫するような空間のイメージであり、獰猛な獣たちが（たとえば狼、つまりおとぎ話や伝説を多く生み、祖先伝来の恐怖を結晶させた狼）貪欲な牙をむきだしているが、それでもあらゆる種類の獲物や果実が豊富にあり、不安だが平静なところである。森は暗がりに支配されていて、恐ろしい闇夜のイメージであり、無防備な人間を自然の苛酷さにゆだねてしまう。しかし、また風が、四季折々に、さわやかで、生《なま》ぬるく、荒々しいか、または優しい風となって木々の梢に吹く。森は生の起源を表わし、沈黙であり、混沌《カオス》の荘厳さであるが、むなしいことに、いかなる機能があるのかはわからない。

森は何も与えず、何かが奪われる。森は狩猟にとって、すばらしい空間であり、両者の関係は両義的である。つまり秩序（貴族たちの狩猟特権による）であるとともに無秩序（哀れな連中の密猟の結果）であり、モロアの森におけるトリスタンのように逃亡者の（獲物）追跡とともに流謫《るたく》の地でもある。狩猟は騎士の武器使用を禁じ、その代わりに粗野な素材に近い道具、たとえば槍や、とくに弓を要求する。弓はトリスタンの得意とするものであり、距離を飛び越え、射手には越えられない境界の彼方にいる相手を死に至らせる原始的な武器である。

森、それは盗賊、山賊－騎士、追放令を解除された奴隷、無法者すべての非場所的な地域である。もちろん森には「隠遁所」（「避難所」であると同時に「隠居所」）に無害な孤独者がおり、愛想のよい森番がいるが（散文の『ランスロ』では七人も現われる！）、また森では辛うじて人間の怪物、不吉な小人《こびと》、残忍な巨人が近づく音も聞こえる。森では、草や漿果や草木の根、さらには生肉が食料である。そこでは料理や火や、おそらく人間性の発明より前の状態の不安定さへ復帰することになる。森、それは狂気がはびこる地域であり、おのずから中世の世論が「野蛮」と組み合わせている。たとえばクレティアン・ド・トロアの作品に現われるイヴァンは森でマーリンと再会し、アリオストの「狂乱の」オルランド以前に、モンマスのジョフリの「森の人間」がいる。森に固有の何か超自然的な性質から得られる感情は、以上の物語で強化される……、感情がそれらの物語を生みださないないかぎりは。

それでもすでに一三世紀初め、物語作者たちはそのような神話を否認するために宮廷的環境を描くことで一致している。ジャン・ルナールはロマンティックな冒険の舞台として森の中に建物を置いて人間臭い空間を好み、孤独の世界よりも多くひとの住む居住地や都会の空間を選ぶ。それから二、三〇年後、散文の『トリスタン』の作者は田園恋愛物語へ移行しないとしても、穏やかな特徴で森を想起させる。現実的な森林はそのころ、つまり一二五〇年、一三〇〇年ごろには、ほとんど完全に調査され、監視され、管理されて、用益に付される充実した空間になっている。それでもやはり森という「他所」の神話はランスロやグラールの物語群に根強く残り、すべてのロマンス語やゲルマン語で普及した。魔術師マーリンを登場させた作者は、この魔術師をアーサー王の擁護者、顧問とし、同時に「森の人間」の典型になり、その行為、言葉、風采は人間に共通した理性に挑みつづける。だがマーリンにとって、森は最高の知識だという逆説的な場である。つまり彼は冒険のすえ、自分で建てた隠者の庵へ引退し（別の物語では、恋に裏切られて閉じこめられる牢屋）、人目につかないで、すべての時代の終わりまでそこで過ごすことになるが、「霊」にとりつかれる。『聖杯物語』の作者はプロローグにおいて、森のいちばん奥で物語の啓示を受けたのだと言明するとき、おなじ権威を主張している。

4 郷土

人間と土地

ローマ帝国の崩壊、困難なゲルマン王国建設、行政放棄、戦争とあらゆる種類の混乱が古代の景観を根底から変化させた（ただし、ときには強調されるほどではないが）。いくつかの都市は著しく縮小して、あちらこちらに存続している。しかし人類の大半は、一定の広がりのなかに分散しながらも大部分はその支配から逃れ、また抗しがたく脅威的な自然に包囲された微小な移民地に散在した。ヨーロッパの端から端まで、この不連続な空間を占める人間の数はどれほどであろうか。概算ではきわめて近似的な数字しか得られない。繁栄している一三世紀末で、ヨーロッパ大陸全体の人口は七〇〇〇万から八〇〇〇万であり、この数字は本当らしい。一三四七－一三五〇年の「ペスト大流行」で、その人口の四〇パーセントが失われたはずである。一五世紀にはふたたび増加し、一六〇〇年ごろには一三〇〇年の水準まで回復した。(54) しかし数字だけではほとんど意味をなさない。なぜなら一二、一三世紀のフランスは、比較低い農業生産力が考慮されるなら人口過剰になっている。無人の地域が点在しているが、居住圏は比較的人口密度が高い。イギリスやイタリアでは、人口の分布がもっと整然としているように思われる。

一六、一七、一八世紀にいたる時代の流れを通じて、居住地間の交流が始まり、ついで盛んになり、支配された空間の境界も開放されるようになる。それでもなお西洋における中世という時代は、人間と空間の関係が隔離という事実と意識で決定されているかぎり、今日の時代とは極端に対立している。プロヴァンス地方の農家を対象にしてS・ヴァインバーガーがおこなったような研究では、住居の分散と家族構成の硬直性（ある程度は余儀ない）のあいだに存在する密接な関係を明らかにしている。一一世紀から、その家族構成もいくらかは柔軟になり、同時に農業的空間も拡大する。[55] しかし、おそらく新石器時代人から受け継いだ様式の名残りが完全に払拭されるまでには、さらに一〇〇〇年近く必要であろう。

古代ローマ的な農業構造はゲルマン民族の侵入以前に崩壊していた。その侵入が多くの居住地域の放棄を招いた。そのため九世紀から一〇世紀にいたるまでは（とくに、ローマ化されていない地方において）一般的な不安定が生じ、入植の相対的な不活発さがその結果を悪化させていた。中世前期を通じて、大半の西洋人（法的な身分がどうであれ）は、数少ない地方都市、*vici* つまり地域的な商業と手工業のささやかな中心地（ときには司教区）や、途方もなく遠く離れていて、ときには幾世代か後に見捨てられる部落、さらに孤立した小さい家族的開拓地――この伝統は北方の国々では、はるかに古い過去からつづいていて、地中海沿岸にまで達し、各地で幾世紀も存続することになる――で暮らした。それでもかなり早期に北より南のほうで、活発な人口の集中、集合、集団的な居住空間の増加へ向かう傾向が現われる。その点については、考古学が多くの資料を提供していて、たしかに一般化しにくいが、二つの確実なことが引きだせる。つまり九世紀から西洋の農民は深くその郷土に根を下ろし、さらに一〇、一一世紀には、最近までわれわれが知っていたような「村」が存在し、一般的な居住形式になっていることである。

一般的に、今日まで用地は変化していない。およそ一一〇〇年から、決定的に固定したようである。一〇〇〇年ごろ、いたるところで成功した領主制が、おそらくその安定性を招いた主な原因だったのだろう。なぜなら（たとえ村民をいくらか奴隷化したためだとしても）その制度は、土地や家屋といった不動産をめぐって、不測の事態を除けば不動産の永続的所有権を保証する法的羈絆《きはん》で固められた組織網を敷いていたからである。土地の権利にもとづいた封建制社会全体が、そのようにして空間に対する人間の古代的な態度を変え、はっきり空間を人間の運命と結合させ、空間を権利、したがって公正、平和、そして最後には安泰の規準にしたのである。

中世におけるロマンス語圏、アングロ－サクソン語圏、そしてゲルマン語圏の村落に関する専門研究は数多く発表されている。それらの研究で述べられている光景はまことに多様である。村落は一般的にまとまっていて、長く延びているのは少なく、少数の建物、せいぜい数十軒であり、住居用の小屋、家畜の避難場、食料貯蔵用の置き場などがある。小屋、家畜小屋、穀物置き場、それに菜園、ブドウ棚、四角い麻畑がそれぞれ区画をなしていて、多くはその「場所」を囲む柵か生け垣で仕切られている。中世をかなり過ぎても慣習法や行政語では、そのような状況が認められていて、納税者や王の家来たちを「頭」数ではなく、「所帯」数で数えている。つまり、ひとの実生活と場所の単位が所帯の単一性を示している。すべての区画の周りには壁がめぐらされていることもあるが、一般的には、地面に打ち込まれた十字架が村落的空間の境界を標示している。この標識の外で、「客人」つまりよそ者、「外国人」（「他所の人びと」）であり、また歓待する伝統的習慣はあっても、つねに多少ともいかがわしいとみなされる連中が落ちついてもよいとされる。周辺地域や牧草地が、ありふれた特殊語で「無駄地」つまり役に立たない他所《よそ》と呼ばれる土地の前方に広がっている。しかしながら、集団生活は二つの中心の周りに形成され、そこからすべての権威を生じさせる。つまり領主の城、これはときには防備された丘の上に建てられ、ささやかな木造の塔であることもある。もうひとつは墓地付きの教会堂であり、墓地は隠れ場になることもあり、追放された者に仮小屋を作らせる。もっとも発展した村落には、風車小屋、鍛冶屋、公共広場、手職人の露店などがある。

　このように込み入った構造からは、いかなる幾何学的構造も引きだせない。またその構造を取り上げ、合理化し、理解するための、いかなる抽象的な規準もまだ練られていなかった。古代ローマの土地台帳の形跡は地中海近くにしか残っていない。土地測量技術は古代後期に失われた。その記憶はおそらく（E・グィドーニによれば）七世紀の若干のアングロ‐サクソン人に保有され、一五世紀に再発見されることになる。それまでのあいだは、ただウィリアム一世征服王か、その後継者の発意による「国勢調査書」だけが、イギリス王国の耕作され課税された土地について、ほぼ的確な記載を試みている。

　それでも世界は、一見、不易である。つまり中世前期以来、それまで無人だった地方に修道院が建設され、その自然環境も景観もすっかり変わった。とくに典礼の行事に欠かせないワインのためのブドウ畑が広がった。一二〇〇年から開拓者らはますます「無人の地」へ進出し、そこに落ち着き、新しい空間をつくる。そこは昔からある村落から遠く離れ、自分らの手で建てた家であり、一戸建てであり、周囲は囲いで防備されている。一三世紀には、西洋全土がこのような「地所」を点在させている。王侯たちは俗人であろうと聖職者であろうと、そのような状況に多大の関心を寄せ、各種の免税を与えることで新しい村落の建設を促進する。フランスで、村落は、城の近くに建設された場合はシャトーヌフ〔新城〕、南仏ではカステルノー〔新城〕と呼ばれ、またキリスト教会堂のそばであるならソーヴテ〔安泰〕と名づけられる。それらの村落は一二世紀や一三世紀には多くみられる。この傾向は、一四世紀にはゲルマン－スラヴ語圏の隣接地域まで達した。しかしヨーロッパの村落（そこに経済・社会機構が築かれていた）の時代はすでに終わっていた。これからは未来のモデルを企画する責務が隆盛のさなかにある都市にかかってくる。

かくて一四、一五、一六世紀は西洋全域においてむなしい農民一揆があいつぐ。幾百もの村落が無人になり、消えてゆく。この後退の原因は戦争とペスト流行のせいにされた。しかし、それではすべての説明にならない。ドイツやイギリスは、フランスよりもはるかにひどい被害を受けたからである。エルベ川とウェーザー川のあいだにある村落の半数近くが見捨てられ、フランケン地方、シュワーベン地方、アルザス地方では全体の約四分の一、またトスカーナ地方では二五〇〇の村落、カスティーリャ地方でもほぼ同数の村落、さらにアルトワ地方では一三〇〇の村落がそれぞれ見捨てられた。単純な例であるが、それらの数値はすべて確認され、さらに年代も付けられている。今日では、その経過は長期にわたり、地域によっては一五五〇年ごろまで延び、また全体としては、絶滅というよりはむしろ中世の農村空間だった地域が広く検討し直され整備されたことを表わしていると思われる[56]。しかしその長い間の危機が遠い海外への遠征の始まりと年代的に一致していることは重要である。

それまで六、七〇〇年のあいだ（その間、たとえば牧人たちは仕事の都合で半ば遊牧生活をしなければならなかったが）、村落は基本的な領土的構造を形成していた。村落はその住民に世界の尺度を提供していた。村落を規準にして、耕作された土地と、遅かれ早かれ人知によって獲得される土地の配分が定められていた。道路や小道がつくられた。慣習によって、財の用途、税制、処罰の適用が定められた（地域によって無数の相違がある）。その代わり、一般的に村落にはまったく防備の機能がなかった。ただし（少なくとも、初めにおいては）平野を見下ろすような地中海沿岸の「高い村落」は例外である。一〇世紀と一一世紀を通じて、村落は概して文化的で宗教的な生活区域になった。つまり農村地帯に対する緩慢なキリスト教化が、事実、すでに遠い以前からいくつかの地方で農村の小教区を生みだすようになっていた。一〇〇〇年を過ぎると、その組織網は充分緊密になり、ほとんどの村落をおおうようになった。教会堂は（城とともに）村落で唯一の石材建築であることが多く、戦時には要塞として役に立つ。その周りには地元の経済的活動の一部が取り巻き、そのため多くの金銭欲をかき立てる。村人たちの日常生活と考え方は、古い習慣と異教的精神性をあまり失うことなく、キリスト教的様相に彩られ、その様相は多少とも下級聖職者によって維持され、上層階級ではこの聖職者の無教養と不品行を（とうぜん誇張して）こき下ろすのが上品とされる。このいい加減な信仰と、ときには秘密の勤行の蓄積が、大部分の人びとにとっては、世界を理解し、またとくに自分らのいる空間を評価できる唯一の手段となる。

当時のヨーロッパ人は、その社会的な地位にかかわらず、根本的に田舎者である。都会人の大部分はその農村的な伝統と絶縁していなかった。大多数の人間はおなじ場所で生まれ、死ぬ。また、おそらくほとんどおなじ数の人びとが、決して居場所を離れず、連帯性で固まった殻の中に閉じこもって、否応なしに一生を過ごしている。そこでは保護され、幸福である。一二ー一五世紀のあいだの多くの資料では、どの国の言語でも、そのような条件での苦痛というよりはむしろ田舎者らしい無頓着さ、快活さ、狡猾さが披瀝されている。日常性は近所づきあいのうえでのちょっとした争いごとや喧嘩で成り立ち、それが生活という大きな流れの泡のようである。代々つづいてきた猜疑心が悲劇を生み、悲劇が時代を刻む。領主の裁きが、どうにかこうにか安定を保っている。Ｅ・ブリトンは、ブロートンというイギリスの村で半世紀間に起こった同様の事件を二〇〇件も取り上げ、検討した。

おなじ仕事につき、おなじ試練にさらされている男と女の夫婦としての連帯性。現在の祖父の支配下にあるいっそう強力な家族的連帯性。教会堂、墓地、なんらかの信心会の存在から生まれる連帯性。領主の管理による負荷、たとえば賦役の連帯性。だが、ときには不当な徴収に対して反抗しなければならない。それでも、それらの連帯だけでは共同体を結束させることはできない。まして独自の空間に封じ込めることもできない。大祝日もあり、古い農地祭からきている祝日もあり、必要な相互扶助もあり、刈り込みや刈り入れや麦打ちやブドウの穫り入れのための共同作業もあり、羊の群れの共用もあり、羊を任せられる羊飼いの選択もあり、共同洗濯場で並んで腰をかがめながら洗い物をしている女たち、あるいは夜には、誰かの家へ行って糸を紡ぎながら、あいかわらずの古い歌を歌いつづけている女たち。広場の楢《ナラ》の木の下や、製粉所の腰掛での井戸端会議もある。ときには、おなじ地方でも遠くから嫁をとる若者がおり、その新来者をなじませるのに手間がかかる。他所から来た者は怪しまれるが、それでも飽くなき好奇心の的になる。農民生活には独特の比類ない感情的側面があり、それは過去を想起したり、宇宙を隠喩的に表現したり、また宇宙の空間を想像するたびにはっきり現われる。

ラテン的伝統では、森林でない広い土地を耕地と未開墾地に分けていた。二、三世紀から、未開墾地のほうが耕地を犠牲にして広がった。この経過には変動があるとしても、農地面積は以後、近代にいたるまで、もはや自由な土地の一部でしかなくなるだろう。移動する羊の群れは平野の荒地、山岳の放牧地、不安定で火災に見舞われやすい生態的環境としての森林地帯を往き来している。しかし「耕地」はたえず拡張される。だから中世のすべての世紀を通じて、西洋人は絶えず、ひそかに新しい領土を獲得しようと努めたのである。たとえば、開墾のときに拡張して境界を広げたり、修道院建設に際して発見や開発をしたり、さらにはゼーラント、オランダ、フリースラントの農民には、ライン川の三角州を肥沃にし、一四〇〇年ごろには、すでにほとんど大生産地にするには四、五〇〇年もかかった。とはいえ、新しい入植は出身地からあまり離れなかった。もちろん、一三世紀以降、探検家たちはアジアやアフリカ、さらにはるか遠い島々まで出かけた。しかし遠い異郷では、領土化はまったく進まなかった。いつも旅行家は自国に戻った。例外として、ヴェネツィア人マルコ・ポーロは二五年間も中国に滞在してから帰国した。クリストファー・コロンブスの第一回目の航海に出資した王侯や商人らは通商的利益を考えていたのであって、新しい領土のことではない。発見された広い土地の規模や、植民地化へ向かわせる必要性は、中世社会の極端な慎重さ（あるいは臆病さか、それとも無力さか）を捨てさせたが、それは、はるか後世の一六世紀になってからのことである。

「耕地」の拡張は、フランスでは一三〇〇年ごろには均衡状態に達していた。つまり、方法や最新技術でもって開発すべきすべての自然環境は人的企業にゆだねられた。そこでこの発展において幾世紀間にもわたる停滞の時期がくる。少なくとも、そのように利用された土地において、今後は形態が固定し、感情的意義が豊かになる（そこで生きる人びとにとっては）。たとえばラインラント、北フランス、イングランド中部地方の開放農地、フランス西部地方特有の田園地帯《ボカージュ》、南フランスで木々や石積みの垣で囲まれた土地区画、ヴィヴァレ山地やルエルグ地方の狭い段々の穀物畑がある。一七世紀から一八世紀にかけて農地拡張の動きがみられようとも、二〇世紀初頭にいたるまでは人間とその土地との深い関係は影響を受けないだろう。

その関係は、肉体労働関係（機械化以前）であり、安定していて（耕地整備統合や道路の開通より以前）、排他的であり（毎年の行楽客の来襲がない）、重厚であり、完全に個別化された環境に従属していた。つまり今日の関係とは正反対である。人間は陸地の者として、踏みつけている陸の一部だと感じ、また固い土地の上を歩いている。大胆にも海に乗りだすには、長い経験を積んでいる必要があるか、それともやむをえない事情による場合である。人間が発するどの言葉の背景も、安定していて、寛大さと不快さが交互にめぐってくる地盤の厚みを感じさせる。

人間の労働作業は伝統的な習慣にしたがって展開し、自然の循環と見分けにくいほどである。その仕事ぶりを図像化したものは(細部では変化しているが)、一二世紀ではロマネスク様式の彫刻で好まれたテーマとなり、一三世紀には壁画やステンドグラスのテーマとなってキリスト称賛にあてられる。一三世紀の、ある細密画の作者は、そのテーマを明らかに宇宙論的ヴィジョンに同化し、「昼」と「夜」を表わす中央の図と黄道十二宮図を同心の円にしている。(57) ここで独自の象徴的領域において芸術作品によって明らかにされるのは、身体と同様か、あるいはそれ以上に人間の精神を耕地に結びつける絆の多様さと緊密さである。

ある所有地の値打ちは、その地を耕作するのに要した日数と鋤の数、また必要な種子の量で表わされる。フランス語の *journal*〔日刊紙、日記〕、ドイツ語の *Morgen*〔朝、午前中〕は、それぞれ一日で耕せる土地の面積を示していた。それはあまり正確ではないが人間味があり、個人の存在感を無視すれば役に立たない測定規準である。おそらく、土質の相違や耕作に要した労働力によっては違った評価がおこなわれたのであろう。つまり農民にとっての現実的な単位、たとえば農民の日常的な仕事量、道具、自分の家畜や畑によって形成される現実的な単位は、土地が粘土質か、石灰質か、それともほかの土質かによって一定ではないだろう。

人間が周囲の土地を開発しようと努力する戦略がそのままつづけば、人間をその土地から区別しているものを希薄にする(日がたつにつれて周囲を消滅させるほどに)。もちろん、土地は人間の財産であるが、封土制度、さらには封建主義的イデオロギー全体が人間の所有観念を窒息させることがもっとも多い。そして残されるのは一種の愛であり、これはむずかしいが、生活にかかわっており、人間が自分を個人として、また所属する集団の一員として抱く意識の一部である。一般的に、土地の法的資格(自由あるいは隷属、平民的または貴族的)は人間の法的身分と変わらない。フランス語の *roturier* はいわゆる「耕作者」を意味し、その語を聖職者はラテン語で *ruptuarius* つまり「土を耕し、土塊《つちくれ》を砕く者」と書きかえている。ゲルマン諸語は、おなじ語根の語で、貴族と一家の土地を示し、フランス語の *alleu* もおそらくおなじ起源からきている(58)。大貴族が国王から「授かり」、家来が領主から授かる土地、そこでは長い一年のあいだ農民が汗水流して働いているが、その土地がすべての人間の生活を「支えている」のである。しかも、この「土地 *sol*」という語は、距離の抽象概念を含み、古期フランス語にはなく、その語が現われるのは一五一〇年ごろであり、学者のラテン語から借用されている。それ以前では、耕作する土地をはじめ、転んだり、休んだり、家や教会堂を建てたりするところ、そしてついには「神の審判」を待ちながら横たわっている場所を示すには「土地 *terre*」という語しかなかった。

その土地に自然に生える植物や、人間が栽培する植物は、年々、おなじものであり、その種類も明らかに地形とおなじ不変性を有している。それでも、ときには変化が生じるので、すぐさま習慣的に元へ戻される。一二世紀と一三世紀には、十字軍参加者らがオリエントから、それまで知られなかった植物を持ち帰り、それがたやすく定着する。たとえば一二七〇年ごろには、カーネーションが貴族の庭園を飾る。一五世紀に、ヴィヴァレ山地では、いつまでもこの地方の特産として栗の木が(おそらく食料需要の増大の結果として)あまりにも人気を呼び、「津波」が押し寄せたと言われたほどであり、一六〇

○年ごろになると、栗の木はほとんど単作されるようになる。この領域では、一六世紀はきわめて古い慣習から急速に脱却した時代である。地方の農家の周囲の菜園で大事に栽培されてきたキャベツ、空豆《そら》、カブなどに、少しずつ南フランス経由でイタリアから渡来したカボチャ、ナス、アーティチョーク、サラダ菜、さらにアメリカから渡来したトマトやピーマンが加わる。そのころから中国産の蕎麦が地元のライ麦と交互に栽培されるが、これは一五五〇年から一六五〇年のあいだで、インカ産トウモロコシがきわめて緩慢に普及する以前のことである。[59] つまり、世界の大発見にともなう農業的な出来事である。技術の面でも同様である。中世初期では、(アジアから襲来した侵略者がもたらしたものだが)肩掛式の肩環による馬の繫駕が採用されるが、これは馬の利用法を大いに増大させる。一二世紀後半にはフランスやイギリスで風車が現われるが、これもまたアジアからきたものであり、一三世紀には、ヨーロッパの他の国々でも、安定した風力で確実に利用できるところへ普及する。そして、利益を引きだせる人間と、いくらかは外観を変えながら同化する土地とがいっしょに、その革命的な事実に順応した。

郷土、領土

人間と空間との結合は「領土」として、人間の労働によって所有され、権利として生みだされた文明的空間を生みだす。かくて領土は、土地の存在にとって条件であるとともに結果でもある。人間以外の動物にもそれぞれの領土があり、そこから追いだされたら絶滅する。ただし餌探《えさ》しと増殖本能しか問題にならないが。場所を起点とし、また場所をめぐって、活動と価値の組織網として領土を想定する人間にとって、領土は社会活動の地盤であり、組織や訓練や機能力の基礎である。周知のように、遊牧生活も「領土」に含まれる。この語は社会人類学の用法では、土地とともに、神話、儀礼、感情、労働、娯楽、芸術、慣習の起源と正当性を示す秘かな教権をも喚起させる。湿気の多い、平らな地平線のある沼沢地に居住するひとや集団は、島や山に住む人びとや、大河の沿岸に住む人びとと完全に類似することはありえない。なぜなら、それぞれの住民にとって領土は、正反対ではないとしても異なった交流の仕方、防衛戦略、食生活を生みだしたからである。領土を、生きている個体とし、それとともに人間の個体が相互的な友情、交誼、謙譲という関係で生きているという旧弊な概念の名残があいかわらず存続しているように思われる。

呪術〔不幸を呼ぶ〕は領土の外部からくる。領土の内部は避難所であり、集団の限界内で、あまり狭くもなく囲われた土地である。つまり男女からなる集団が形成される集団的表示の限界で、という意味である。もちろん、それらの人びとのうちで破壊力がはたらくこともあるが（たんに個人的な挑発にすぎないとしても）、統合力のほうが優勢であり、それはおなじ地域に所属するおかげである。そこではおなじ発言がわかりやすく明瞭な記号として通じるが、おそらくよそ者らにはナンセンスだろう。

領土とは識別の対象であり、また逆に識別は領土の定義に関与する。通り名で呼ばれるところ、そこにいたる道、人間の交流、その労働の産物が含まれる。したがって、共同体における各人がそのすべてを知っているとはかぎらないが、まったく知らないなら、潜在的な敵であるよそ者とされてしまう。それだけではない。たとえば、ある秘密がその領土に埋もれていて、その重要性は伝説的な先祖が証言している。事実、領土は、その地を築き、その地で生きている人たちの歴史を内蔵していて、黙々とその歴史を語っている。「古代人」もおなじ考えであり、歴史を言語化している。そこで若者たちは、領土が語られるものであると知る。どの地方にも独自の伝統的な説話があり、また、たとえその説話の流布領域が広範囲であっても、その話を聞くたびに、「おらが国のもの」として受け取られ、その意味の全体は自分らにしかわからないようである。幾世紀ものあいだ、われわれの祖先によって町中の楡の木陰や家の暖炉の火のそばで歌われ、語られ、演じられたもののほとんどすべてが今日では消滅している。それでも、それらが芸術や詩のうちでもっとも力強い源泉のひとつであり、例外的に成功したものだけが奇跡的に今日まで伝わっているということは疑えないだろう。領土には長い時代の記憶が含まれる。たとえば地名がその手がかりを示している。領土は、A・コルボが書いているように「規準的視界」である。つまり象徴的意図や計画を表明し、絶え間ない発見を要求する。[60]領土は死と闘う。

中世の領土は密接に「郷土」とつながっている。この両語の歴史をみれば、精神性のかなりの特徴が明らかになる。ラテン語の *territorium* は、古代ローマでは都市国家に所属した農産的空間を指していたが、メロヴィング王朝時代には「土地 *terra*」の意味に近づいた。そして多くの暗示的意味を帯びた。この語は *terratorium* となり、俗語において自然に進化して「郷土 *terroir*」となり、この用法はフランス語の初期から、旧ガリア地方の北から南、東から西までのあいだで実証されている。「領地 *territoire*」も八世紀末に、裁判権を示す行政語としてラテン語から借用された。「郷土」、それは定住と深い経験の空間であり、生まれ故郷であり、他のどこよりも木の葉の色づきや雲の形で時の歩みが測れる地方である。それに感情的要素が加わると、古期フランス語では「国 *pays*」という、あまり正確ではないが、いつも強烈に個性化された語で表わされることが多い。別離や喪失を嘆く文脈において、悲しく「懐かしい国」が喚起されるのは詩の決まり文句である。一三世紀なかごろの『アーサー王の死』という美しい物語で、長年住み慣れたローグルという国から追放されたランスロの口から悲壮な嘆き声が洩れる。彼が財を築き、多くの名誉……生まれのよい騎士なら歓喜の泉のような運命から期待できる一切のことが得られたのは、ほかでもなくその地においてだというわけである。[61]「国」という語はこの作品で六三回も繰り返され、いつも個人的で具体的な、おなじ強い決意をともなっている。一一六〇年から一一九〇年のあいだのクレティアン・ド・トロワの作品でも同様である。[62]一五世紀末には、この「国」という語は、少なくとも人によっては用法上で困らせるが、かなり広く生まれ故郷、さらには広い地域、王国全体をさすようになる。しかし、その語は古い語義のままでもかなり通用していたので、枢機卿デュ・ベレーが一五一〇年ごろ、むしろイタリア語から借用した「祖国 *patrie*」という語のほうを好んだとして非難されたほどである。

農家、家

以上の情報が形成される中心、それらの情報を豊かにする活力源、それは各人にとっては自分の家である。古期フランス語では、家をさす言葉として二語があり、それぞれの語のニュアンスは拡大された複合的な意味領域を形成し、感覚様式を示すものであり、それは「家 *maison*」と「宿泊施設 *hôtel*」である。いずれも常用語としては互換性があるが、主として前者は建物を示し、後者は滞在とか避難の観念を想起させる。それらに相応するイタリア語、つまり、おそらくフランス語から移入された *magione, ostello* についても同様である。その他の地方的または専門的な用語が、その意味範囲を拡張するのに役立っている。たとえば、パリの「住まい *pourpris*」は場所の囲いをさし、田舎の「農家 *masure*」、そして「館 *manoir*」（ラテン語「滞在する *manere*」からきたおなじ語源族に属す）は、家や、家が建って、人間が「住んでいる」地所と切り離せない。すべてのゲルマン諸語は古語 *hûs* からきている語を用いているが、わがフランス語の小屋（*hutte*）とおなじ語基、おそらく英語の *hide* つまり隠す、覆う、保護収容する、を意味する語に近いかもしれない。

家族の場所、一家を維持する伝統の場所、家族を監督する父の権威の場所、世襲財産の一部であり象徴としての場所、つまり家はそれらすべてであり、そのことは大領主にとっても、国王にとっても、農奴にとってもおなじである。大部分の人間にとって、家はさらに仕事場でもあり、家のおかげで生産活動に必要な労働力も手に入る。つまり女も子供らも仲間たちも。建物は、精神においても、おしゃべりにおいても、器官としての機能から離れがたい。家は「中世の世界の原子である」[63]と述べられたことがある。A・ボルストが注釈をつけたテクスト資料は、一〇世紀間にわたって、生家がそのひとに及ぼす吸引力を立証している。つまり劇的な状況で自分のアイデンティティが危うくなるとき、いつも生家の思い出や面影がよみがえってくる[64]。家は郷土のように広がりのなかの表面ではなく、生活のすべての価値が集約される帰着点である。

ボルストが暗示するように、一五〇〇年以降、そのような感覚の強度が減少したとしても、今日の世界においてもその痕跡はいくらか存続している。おそらく、なんらかの原型像が社会化するリズムの起源、想像力と記憶を統合する場を漠然とわれわれに知覚させる。それは古さ、永続性、内面性の存在論的確実さ、いまここにあっても、完全な単純さに還元される天と地である。こんどは、それらの価値が中世の芸術、物語、聖者伝と宮廷恋愛文学において反復される多くのイメージ（現実性の観点からであったり、空想によって考えだされたもの）のなかに宿ることになる。たとえば卵、墓、クルミの殻、等々である。もっとも印象的なのは貝殻であり、その螺旋形は胎児のようにくるまった生命を想起させる。J・バルトルシャイティスは初期中世以来、このモティーフが楫画、装飾アーケード、象牙板などの装飾に現われつづけていることを証明した。そのモティーフがゴシック様式において増加し、一五世紀にはヒエロニムス・ボスの幻想的な妄想とともにボッティチェリの「ヴィーナス」像に見られる穏やかさに到達する。ガリシアの「巡礼貝」〔帆立て貝、フランス語でサン＝ジャック貝、つまり聖ヤコブはサン＝ジャコモ、サンティアゴ、サン＝ジャック、などとなる〕を象徴的図柄とすることは、ヨーロッパ全域において聖地サンティアゴ・デ・コンポステーラへの巡礼たちの記章になるので、そこにこの図式の隠された再現がかいまみられるのではなかろうか[65]。一般的に、彫刻や絵画で見られるような聖人像を被う輝かしい後光が、驚くほどこの貝殻に似ていて、その起源とその再現を表わしている。

家の母体的なこれらのイメージは、決定的な定住欲望というよりはむしろ不安を表わしている。なぜなら、他のどこへ行っても人間は空間の悪霊にとりつかれて破滅するからである。家、それは宇宙に対抗するものである。家の構造で、まずいちばん目につくのはドアと敷居であり、そのドアは家の内と外を分離するが、また同時に内と外を結びつける。もっとも設備の整った家では、ひとつの窓、ときには多くの窓から安全に外部へ目を向けることができる。というのも、窓から出るのは視線だけであり、日の光しか通さないからである。もっとも古いロマンス語の詩（たとえば『紡ぎ歌』あるいは若干の叙事詩のように）はそのような状況から一種の「類型」をつくったが、それが最近まで「窓の女」というヨーロッパ的風習で利用された。この理想的な姿は、家庭の生活に閉じこめられながらも、世間のことが知りたくてたまらない悲壮な気持ちを、あいまいにぼかしながら表わしているが、それは一七世紀でもなお多くのオランダ画家が好むテーマになっている。

古期フランス語には、事実、限定された用語ではあるが、含みのある意味を表わす三つ目の語がある。それは *estre*〔家の間取り〕であり（今日では *aîtres* になっている）、これはラテン語 *extera* からきていて、その多様な意味は屋内にあっても外の空間が見えるような家を指している。「家の間取り *estre*」は一般的な「住まい」、あるいはもっと特別に建物の開放的な部分、たとえば窓、バルコニー、廊下などを表わすことになる。フランスのほとんどすべての方言はその語彙の片鱗を保存したので、その語の古い活力を証明している。人間はその場所において、バシュラールが言うような「居住機能」[66]を果たしている。中世の家は（われわれの近代的な都市型住宅とは反対に）人間の寸法に合わせて建てられている。その家は人間の立ち居振る舞いや身体的な器官構成と合致している。この古い関係は破られず（一九世紀以前ではそのとおりだろう）、未開人の小屋が人間の身体に合致していたようである――また意識されないでも、子供の遊びや童話のテーマの多くでみいだされる[67]。

おぼろげな記憶が中世人の心性に保存されていたのかもしれない。事実、ヨーロッパの多くの国における中世の家を対象にした研究が幾年か前からおこなわれてきたが、その結果、城や修道院（つぎの章で扱うはずである）を除外すれば、一般的規則として住居は木造であった。一三ないし一四世紀以前では、地中海沿岸地方にだけ石造の建物が残っていた。北アメリカにおける開拓者らの経験、またそれが新世界で生みだすことになる伝説（いまでも生きている）は、今日、丸太小屋の幻想的魅力を証示していているが、それは、加工されないまま、自分で建てて住んでいる者の生活とじかに結びついた自然の産物である。明らかに、中世初期を通じてヨーロッパの郷土の大部分における農家ほど、リンカーン大統領が生まれた〔ケンタッキー州の〕丸太小屋（今日ではアメリカ合衆国の伝説的存在になっている）とおなじほど土や原木に近かったとは！　板材の使用は比較的複雑な技術を要するので、もっとも富裕な人びとの住宅にしか見られない。一二世紀より前の時代に普及した家の典型としては、石を積んだだけの地盤に枝を組み合わせた柵を杭で固定した（ラ・テーヌ期〔後期鉄器時代〕）にさかのぼる方式にしたがって）掘っ立て小屋、あるいはおそらくゲルマニア起源の、木の葉を土で固めた素朴な小屋だった。この葉っぱ小屋については、古代ローマの軍団が野営のために用いて「カーサ *casa*」と呼んだが、後期には一般に使われる語になり（支配者の「館 *villa*」と隷属者のバラック小屋を区別するためであったのだろうか）、やがて「住まい *domus*」に替わって用いられる。つまりイタリア語やスペイン語の「カーサ *casa*」は、フランス語の前置詞「……の家で *chez*」〔casa > chiese > chez〕と同様に古風な形の永続性を表わしている。家の造り方には他の技術も併存している。スカンディナヴィア諸国では、木が少ないので、家の壁は礎石の上に切り芝を積み上げてつくられる。他の土地では木材を積み上げるのだが。あるいは編み垣と荒壁土、さらには練り土、つまり藁と砂利と粘土を混ぜたものが木組みの枠で固定される。屋根は葉っぱ、葦、エニシダ、藁で葺かれるが、地元で利用できる資材によっては、屋根板、さらには珍しいが粘板岩、瓦、板石が用いられる。家の大きさも変化に富んでいる。しかし考古学的調査によれば、民家は長いあいだ、小さすぎたようである。たとえば三〇軒ほどの小屋は、長さと幅がそれぞれ二×二メートル、三×四メートル、六×六メートルであり、明らかに悲惨な家であり、約一〇〇メートルほどの長さにわたって二つの家並みになって、一軒ずつ並んでいる。それは一九六五年に、ドゥエの近くのブレビエールにあるメロヴィング王朝時代の村で、たまたま発見された(68)。

極度にもろく、はかない。というのも、火災に見舞われやすいからだが、そんな住居でも逆説的に、もっとも強烈な愛着の的になる。事実、一二世紀から農村地帯はいくらか繁栄するので、家の補強ができるようになる。たとえば、とくに建築技術のおかげである。一三、一四世紀には、一二世紀の都会で考案されたハーフティンバー（外面真壁造り）と木骨軸組の工法がしだいに田舎へも普及する。木造から石造への移行は緩やかに進行するが、決して全般化しないだろう。それでも地方によって、また家庭的習慣、経済的事情、土質と入手しやすい資材、工具類に応じて多様化が起こり、かくてそれらの形成されてゆく地域的様式が無理なく環境に溶け込んでゆく。一三世紀では、まだ本格的な農村的建築はほど遠い。しかし、もっとも裕福な耕作者たちのところでは、広々とした四角い中庭のある農家のような、今日でもよく見られるタイプの家がすでに建てられている。

　このようにして近代以前の農家は、まったく快適ではない一時的な避難所と大して変わらない場所を人間に提供するだけである。大多数の人間にとって、家は漠然とした場所でしかない。つまり、そこで体を休めることはできるが、その空間は機能的につくられていない。一三世紀以前の標準は、内部に仕切りのない「一部屋の家」であり、片隅で寝て、また他の隅に調理場があり、仕事をするのはどこでもよい。あるいは二部屋あっても、炉は一部屋にしかない。おそろしく狭苦しい小世界であり、今日の規準からみれば、きわめて低い生活水準を想定させるような日常的雑居の空間である。ただ一四、一五、一六世紀になって、さらに都市部において、ようやく、調理場や共用部屋や個室や納屋……というような多くの部屋を有する家を描いた資料が現われる。一五世紀のエクス－アン－プロヴァンスにおける六〇件ほどの「死後」資産目録について研究したN・クーレによれば、すべての社会的地位（職人から大司教まで）において、当時この都市の大多数のひとは少なくとも二部屋の家に住んでいる。たとえば、いちばん豪華な家には二六部屋もある！　類似した研究がおなじ時期のシエナとフィレンツェについておこなわれたが、おなじような結果である[69]。家具調度品もお粗末で、毀れやすい。というのも、そのようなものは中世初期の農家にはほとんど見られず、せいぜい素焼きか木製の食器類であり、たとえば壺や櫃《ひつ》のように、食料や、ちょっとしたものを保存しておく器具類であり、象徴的な値打ちのあるもの、日用品一式、たとえば『円卓物語』における「聖杯探求」の背景や、さらには小話によく使われるモティーフの背景にもなっているものである。ごく弱い明かり（数本のろうそく立て、一本のろうそく台、オイルランプ、いずれもつねに多少とも煙っているが、さらに暖炉の火が反射する明かりだけのときもある）が夜になると、貧弱な空間の洞穴のような場所で、それらの細々《こまごま》したものを幻影のように浮かび上がらせ、その空間が動く幻影の姿によって占められる。一三、一四世紀へ進むにつれて、まず都会において家庭用具が完成し、一九〇〇年ごろにいたるまでには、完全に実用化された空間としてのブルジョア「家庭」になっていて、家庭用具の本質的な意義は失われる。

風景

このように、人間を八方から束縛する情的閉鎖網において、美的な感情の場はあるだろうか。中世の西洋人にとって、身近な周辺を美しいと思えることがあるだろうか。その疑問は当然だとしても（少なくとも外的空間についていては）、答えはわかりきっている。

換言すると、郷土は「風景」として映るだろうか。私としては、この語を絵画的な意味で使っているが、残念ながらフランス語でその意味が現われるのは一六世紀半ばになってからである。今日、私が「郷土」、さらに「領土」に使っている風景という意味で、その語を濫用している作家は多い。しかし混乱は避けるほうがよい。画家メルス・ファン・ツートフェンが私に言ったように、「自然は、われわれが風景と呼んでいるものにまったく無関心だ」。つまり風景というのは近代的な造語であり、それ自体としては存在しない。むしろわれわれが眺めるおかげで意味が生じるのであり、そのときに覚える興奮は風景を生じさせる強烈で混乱した感情からきている。われわれにとって風景とは、抑制された感覚作用によって形成されたものであり、感情的な脆い心的イメージ、束の間の深く内面化された意識、おそらく出生地の思い出に敏感な意識である。風景とは想像の産物であり、人間と現実的な土地との関係を問い直すものである。私が称賛する風景は自分で味わうものである。それは夢のように忽然と現われ、それ以来、思いだす言葉として定着する。したがって風景は、必然的にそれを眺める主体と切り離せない。そこから風景という言葉のあいまいさが生じる（さらに今日の観光的な「名勝」案内には、どんな場所でも魅惑的にする宣伝力がある！）。

一二、一三、一四世紀では、どうであっただろうか。もっとも古いロマンス語やゲルマン語の詩は、土地の形状、植物一般、光の効果などを全然暗示していないとは言えない。しかしまったく描写的展開の対象になることなく、ただ紋切り型に倣っているだけである。原始的絵画といわれるものも、おなじような手法を示している。たとえば装飾的で、単独のちょっとした線描、斑点のような葉飾り、遠い丘のシルエット、そういうものが、寓話詩人にみられるような花の暗示（彼らが熱中している）のように、神の偉大さと霊的生活の栄光の輝きを表わす黄金の広がりの上の各所に貼り付けられている。一二世紀末には態度の変化が現われる。そのころから西洋の人間は、周辺的空間に働きかける技術も進み、いっそう興味を覚えるようになっている。一二〇〇年からまもない『ボイレン詩歌集 *Carmina Burana*』の写本の挿絵師は、「六十四丁」の豊かで奇抜な森の絵を完全に恣意的な幻想で描出している。まだ成長期の物語文学ジャンルでは、自然空間は、実質的な機能としてではないにしても、少なくとも、せいぜい象徴的な価値を加えるような場を提供している。読者は、その場所で事件の展開が起こるという事実を完全には無視できない。つまりその空間によって、モティーフとしての事件は標示的部分または標示場所を構成し、また儀礼的標識としては沼地、荒地、山、峠、谷間、泉、川、島、ときには海岸を構成する。P・ガレーはフランスの二四、五編の物語において、具体的で正確だが、比較的多様な（一一二〇種もの異なった用語）語彙を調査した。(70)しかしながら、作品は他に手段がなく、それらの語を使っているだけであり、おそらくその作者らが空白でしかないものをだまし絵にしたかのようである。ときには、作者らが目まいを起こしたのだろう。彼らはそれらの語を積み重ね、その全体で、表わしがたいものをぼんやりとでも暗示しようとしているようである。クレティアン・ド・トロワの物語で、七六二行目以後において、主人公イヴァンはわずか一文のあいだに、山々、谷間、森林、「変な場所」、困難な道、危険な山道、暗い茨の茂みを通過している。

注意を引く特色がある。ガレーによって研究された語彙のうち、六〇パーセントが水に関係している。たとえば「波間」「流れ」「波」「露」「池」「泉」「湖」「川」、その他、数十語もあるではないか！『セネフィアンス』誌の一九八五年特集号に掲載された特殊研究では、一二世紀から一五世紀のあいだにおいて、西洋人がどれほど流動体の象徴的潜在力に感じやすかったかが立証されている。人間のあらゆる活動において、またすべての生存形態を通じて、水は集団生活につきまとっているものである。修道士や農民は水を手に入れ、生活に役立たせようと苦闘している。だが、決して完全には成功しない。共通した想像力では、水は浄化とともに死を意味する。そのように水が語りの連続要素を意味づけるために示され、また、なんらかのやり方でそれらの要素をドラマ化していると考えられよう。

おなじような価値移動が、土地の形態を喚起するすべての語からも生じているように思われる。とはいえ、それがいわゆる「風景」の出現だとか、人間がもっぱら眺めて喜ぶような自然の美しさを表現するものにはならない。そのような定義にこだわるなら、中世は風景を知らないと、はっきり言うべきだろう。グレーヴィチの指摘によれば、当時の人間はあまりにも周囲の自然と密接につながっていたので、自然を美的な価値判断の対象にはできなかった。[71] 一三、一四世紀の画家たちにおいて、田園風景の画像がさらに重要性を帯びるときは、別の発想にしたがい、それを導入するだけだ。つまり人間の仕事、キリスト教会の活動、聖書の一場面を賛美するためである。たとえば、ボン美術館にあるコンラート・フォン・ヒルサウの《処女たちの鏡 *Speculum virginum*》（一二〇〇年ごろの作）のような細密画、あるいはパドヴァのスクロヴェーニ家礼拝堂にあるジョットの壁画で見られるとおりである。さらに、フィレンツェのウフィツィ美術館にあるフィリッポ・リッピの一四五〇年ごろの作《礼拝》にも見られる。ペトラルカがヴァントゥー山の頂上から望見する光景は、彼の心にアウグスティヌスの『告白』のなかの一文を思いださせている。つまり、この世から目をそむけるように、と人間に厳命しているのである。現代、われわれが、絵画でも文学でも風景の構成要素とみなすようになる表現テーマには、状況によって抹消されることなく、せいぜい緩和された宗教的志向が含まれる。自然観は神とその業を敬うように促す。九世紀の修道士たちはドルドーニュ川のすばらしい湾曲部に大修道院を建設し、「ボーリュー」〔美しい地の意〕と名づけたが、それが意味するのは、創造主の栄光を讃え、ただ遠回しに、その場所が彼らの気に入ったというのである。美的な判断は別の激しい感情によって疎外され、曲げられ、いわば延期された。

　そのような感受性のあり方は一八世紀になっても、地方によってはまだ存続していた。だから、北アメリカの最初の開拓者らは、新大陸のすばらしさをキリスト教の神に対する賛美歌のように受け取った。[72] しかしひそかに、一三世紀半ばから絵画的様式が、おそらく最初は装飾的であるが、しだいに表現領域へ広がってゆく。たとえば肖像画の連続面で、または遠景として描かれる、広々として穏やかな丘陵畑、完全な短縮法で描かれた農作地や都会の俯瞰図、絵暦や彫刻暦、やがては木彫りの暦に描かれた農作業の光景、視覚的に神の恩寵や美徳を示し、聖母マリアを組み込んだ自然のモティーフ。この肥沃な平野、この村々、橋の架かったこの川、それらはジョヴァンニ・ベッリーニの作品ごとに見いだされる……。そのころは西洋諸国において前‐資本主義的なブルジョア階級が台頭する時代である。また情報伝達や人間統治に関するすべての分野において、文書が主導権をにぎりはじめる時代でもある。それらの事実は簡単に関連づけられるだろうか。二〇世紀になって、反対に、画家たちによって風景画の伝統が断ち切られたか、断ち切ろうと試みられた時代が口承性の新しい形式へ戻り、ブルジョア的な構造とイデオロギーを分解してしまうことが確認されるなら、その関連性も推測されよう。

一四〇〇年ごろでは、外的な自然の形態はまだそれ自体として意義ある対象にはなっていない。マルコ・ポーロはアジア全域、つまり、今日の観光客ならその美しさに感激するような多くの地方を横断している。だが、そのことについては彼は何も語っていない。彼が、驚いたり、称賛したりするのは、ただ人間によってつくられたものについて語るときだけである。たしかに、周囲の光景に個人としての感動を吐露している例外的な個所があるとしても、判断できるかぎり、それはむしろ自分が地上のその場所にいるという幸福な意識から生じる体感にすぎない。ところで、一五世紀半ばごろ（まさに西洋諸国が大航海に乗りだすときである）、絵画において風景的装飾が激増している。少しの時代錯誤を許してもらえるなら、ヘントのシント・バーフ大聖堂にあるヤン・ファン・アイクの《祭壇画》、ペトルス・クリストゥスの《十字架降下》（ブリュッセル美術館蔵）、エティエンヌ・シュヴァリエの依頼による《時禱書》でフーケが描いている挿絵、つまりロワール川沿いの美しい平原に放たれた羊の番をしている聖女マルガリータ、ミュンヘン・ピナコテークにあるデューラーの《キリスト哀悼》などは、いかにも美しい風景として受け取られる。一六世紀の曲がり角では、パティニール、アルトドルファーとともに、風景画の傾向は決定的になる。すでにイタリアでは、幾世紀も前からそのような表現へ進もうとするさまざまな傾向が融合していた。しかし、まだ一種の宇宙観に支配されている。それから一〇〇年後に風景を賛美する（しかもキリスト教的でないかもしれない？）飛躍的活動が、ルーベンス、ロイスダール、レンブラント、さらにプーサン、クロード・ロラン、その他大勢において頂点に達する。中世的余波を除去して、空間と場所の視覚的価値と純粋に感動しながら接触するには、前‐ロマン主義的一八世紀を待たねばならないだろう。その意欲は「天国」と、失われた純真さへの愛惜で育まれたのだろう。おそらく、ロマン主義者らによって生みだされた「風景画」は、彼らにとっては神聖観念の代替であり、過剰な理性の埋め合わせであった(73)。そのような誘因が受容され、止揚され、それまで予想もされなかった問題意識に合体して、一九世紀の偉大な風景画制作を妨げることなく豊かなものにするだろう。その活動こそ、近代化のもっとも称賛すべき行動であった。

5　建造すること

建物のある場所

中世の人間の想像力は、建物のある空間を裸の土地に強く対立させる。そのために、想像力のテーマ構成と空想力の機能における最重要な両極性がある(74)。建物があり、ひとが住んでいる場所（家、城、修道院）はありきたりの場所ではなくなる。建物が建つと、その場所は自然のおだやかな、または恐ろしい素朴さから引き離される。人間が住むと、いくらか社会化される。多くの地方における低い人口密度と、他の地方における人口密集地への人びとの集中は、日常的経験において両者の対照を際立たせることになる。しかしその対照は、建物という存在、そして建造するという行為の特異性に刻まれた深い原因からきている。

建物は「内」と「外」、おなじく「容積」（私を入れてくれる）と「総体」（私が観察する）の対立を絶対的な価値として設定する。おそらくそこに建物の一義的な機能がある。つまり混沌とした空間に秩序をもたらすという決定的な役割である。そこから、実際的には人間たちを保護するという役割が果たされることになる。その点では、ブルネレスキ以前の建築家たちの作業が、理論的な幾何学というよりはむしろ大工仕事に似ていたとしてもあまり問題にはならない。建造物の材料は、とにかく、手間のかかる作業で、母なる、秘かな大地、つまり専門家にしか自由にできないエネルギー混合体から取りだされたものである。一四世紀のイギリスやフランスでは、最初の古文書が現われて「フリーメーソン」の存在を示しているが、この団員らは特権的な身分を享受し、門外不出の秘法を保有している。その伝統はおそらくもっとはるかに古いだろう。建築の技術は魔術からきていて、魔術のように秘技伝授と秘伝用語が要求される。建物は、錬金術用の炉のように現実的なものの精髄を表わしている。建物を造っている石材あるいは木材の沈黙がそれを証言している。建造された、現実的で堅固な物体について、またそれによって表わされる空間について、満たされているとか欠けているとか、高いとか低いとか、曲がっているとかまっすぐであるとか、三角であるとか四角であるとか、下手な言葉で空間を表わすことができる。つまり隠喩でなく、完全に温みがあると同時に、全体的に抽象的な本質に還元されながら表わされるのである。

建物は空間について語らない。つまり、空間自体に語らせるのである。だからこそ、精神が建物について考えられるすべては、空間の範疇を丸ごと抱え込むことになる。したがって自分の家について考えることは宇宙を判断することになる。建築者は宇宙の断片を使って、人間が住めるようにする。その断片を、人間の住居として満足できるような構造の場所として仕上げるのである。建物はその形態と欲望とを調和させる和合から効果を生みだす。形態は欲望を高め、欲望は形態を生かす。人間は建物においてひとつの場所という事実に出会い、二重の意味でそれを自分のものにする。所有するとともに、そこに自己固有の時間、自己の歴史、さらに自分が所属する共同体の歴史を合体させる。共同体は、この建物において、また建物によって形成され、存在する。それをつくった建築技術は社会活動のうちに刻み込まれ、そこから集団のまとまりが生じる。だからこそ、建物ができあがるや、それは想像的世界に入り、以後、その世界固有の秩序に従属する（多少とも深く）。人間はそこに自分の空想を投入する。ときには、その空想をユートピア的な夢想の構成というイメージに反映させる。それが物語という文学ジャンルが生まれたときから、テーマになり、街や宮殿や記念建造物の描写となり、その豊富さは想像もできないほど無限である。たとえば、カルタゴの町とともにフランス版『アエネーイス』のカミーユ（カミッラ）の墓、『クリジェーズ』のなかの堂々たる塔、ブノワ・ド・サント゠モールの『トロイ物語』のトロイの町、『フルワールとブランシュフルール』のなかの首長のムーア様式の城、『見知らぬ美男子』のなかのガスト・シテの城、その他多くの例がある。

原則として、建物は、ある機能を果たさせる目的で空間に形態を与える。それが存在の三規準である。しかし形態と空間だけは切り離せず、いっしょになって建物の「記念性」と呼べるものを成立させる。イデオロギー的、宗教的、政治的な拘束、さらには単純な無駄の趣味が機能性よりも記念性の優位を、要求するとは言わないが、招くことができる。つまり「居住性」に対する象徴性の優位である。そのような建造物が称賛され、詩人たちのフィクションによって歌われてきた。そこから（たとえ中世の建築に欠陥があったとしても）(75)、その時代の芸術・技術に占める建築の卓越した地位がきている。というのも、たんに作品としての建造物が他の時代よりも実質的に時の侵食に耐えたと思われるからだけでなく、むしろ建築が共同体の中心において、ほかの創造的な活動すべてを指導し、方向づけ、決定し、ある程度まで従属させているからであり……、それらの活動がいっしょに（いくら各種の分野が違っていても）おなじ言葉を話し、おなじ方式で身体の空間と精神の空間を包含するようになる。

だからおそらく、サン゠サヴァンの教会堂に見られる一二世紀中ごろの壁画の時期以来、建物の建造が絵画のテーマになるのである。もっとも古い例は模範的な建造物として、バベルの塔の建築現場を描きだしているが、一五世紀には、その「様式」は世俗化してしまい、建築物の美を自負するだけになっている。

物理的空間の大きさは建築環境とともに資材をも設定する。建築物のあいだで資材が占める割合は、それらの建物を不安定な序列に配置するので、幾何学だけでは理解できない。建物の正面は壁ではなくなり、難解な文字になり、それぞれの線がほかの線との関係で意味を表わす。A・スコベルツィーヌは雄弁に要約して（効果を社会の生活の動きに関係づけ）、「立体授与」[76]〔封地授与の代わりに〕と言う。たしかに、ここには算術が数の分割と再配分の戯れとともに介入している。ところで、算術という学問（中世では「この技法」と呼ばれた）は、音楽と並んで知力の最高圏として君臨している。

カロリング朝以降、独創的な建築法が、古代の記憶（古代ローマ的観念の復活によって活性化された）、テーマ群の断片、そしてビザンティウム、さらに、いっそう漠然としているが、アジアの草原地帯《ステップ》の諸民族から伝わった技法が混じり合う、混沌たる状態において目覚めた。一一世紀、さらに建築好きな大修道院長たちの時代である一二世紀には、建物の形態から生みだされる想像的あるいは神秘的な世界の中心に異論なく場所を標示するかのように、ますますどっしりと土地に植えつけられた形態が固定されるだろう。建築施工者らはキリスト教の巡礼とおなじ道をたどる。とくに一三世紀では、彼らはその専門的知識のおかげで厚い尊敬を受けている。彼らは互いに研究しあい、ときには模倣もする。彼らの経験はさまざまであるが、流派の様式も地方的な特徴も、彼らに共通した活力の証《あかし》を消し去ることはない。つまり空間を打ち破る意欲だけではなく、さらに「平凡な」経験的方法で思いつく以上のものに向かって空間を征服しようとする意欲である。設計から構造へ、構造からそれを組み立てる建物全体とその全体の均衡へ、垂直線から斜線へ、壁から円柱と外部の光へ開かれた窓へ、信じられないほど確実な意味の伝播が生じる。はじめは空白でも、それらの要素で囲まれ、また変貌の作業が完成される空間は、人間の存在を招き、またそのために「構築された」空間的環境に人間の存在を同化させる。

記念建造物の大きさは地形を消滅させる。その各部分は独特の表象的空間を形成し、全体で宇宙を示すのである。一二〇〇年という時代にとって、以後、建築は拡張する都市社会と、そこから生じる野心の勝利につながる。たとえば、J・-R・ピットはその関係の異常な複雑さを指摘した(77)。いかなるものも大きすぎたり、美しすぎたりすることはない。一二八四年に、アミアンで起こり、その後、ユトレヒトでも起こったように、ドームが倒壊に瀕するほうがましだ。しかしまた、「ゴシック様式」の勝利は、年代的には、もっとも遠い異国へはじめて通じたときと一致する。つまり十字軍のオリエントであり、ついで中央アジアのオリエント（いっそう不明であり、境界も推測できない）である。一三〇〇－一三五〇年ごろのあいだに、ゴシック運動は閉塞し、建築者はもはや工法にこだわらなくなる。彼らは東方の世界での短い経験から影響された曲線、たとえばアラベスク様式、交差《オジーブ》リブ、葱花線《アコレージ》形の飾り破風を強調することになる。だがすでに新しく大いなる出発が告げられている。つまり、地球上の最終的な発見が実現される幾世紀かのあいだにフランボワイヤン〔火炎〕様式やバロック様式が生まれるだろう。

中空の建物は、いわば半透明であり、内部で正面の高いバラ窓〔バラ形円窓〕、ステンドグラス窓、壁の石の隙間から明かりが差し込むように、周囲へ光り輝いている。建築者は、戦士のように空間に対して挑戦するのを諦めたようである。これからは空間をとらえるのである。一二、一三世紀の大聖堂をつくった先人たちのように空間を柱間で断片化せず、空間の細胞を融合し、祈る人の目や身体、祈りの共同体に、無限で単一的な広がりの世界を開く。明確で安定し、幸いにも存在する決定的な幾何学への復帰

——復古——が可能になるのは、ヨーロッパ人による「地球」の獲得につづく平穏な時期を待たねばならないだろう。それは一四八五年にレオン・バッティスタ・アルベルティの著書〔この年に有名な『建築論』が出版された〕によって称揚され、また「古代人」（それ以前でもよい）から秘訣を授かっていると確信されている。それが「ゴシック」という語とその歴史の隠れた意味である。それは、一四四〇年ごろ、ロレンツォ・ヴァッラがある種の書体を示すのにつくった語であるが、それから四〇年後には一時代全体を指すことになる。また一七世紀初めには建築様式を表わすのに用いられたが、今日では、むしろその様式によって表わされる欲望と、その必然的な飛躍を表わす文明全体を指している。

このような多くの変形があっても、建物の二つの特徴は、六、七世紀間を通じて、人間が感じる力のイメージとしての垂直と硬性である。まず、垂直については、すでに本書の第1、第2章において、その元型的意味を想起させた。つまり技巧と同時に永続性であり、力強さでなくても、少なくとも権力から授かる外面性である。はるか後になり、建造された空間の増加と隣接にともなって徐々に外形が「水平化」されると、ついには建物の空間は内向化し、生活の親しさと一致するようになる。この変化は一五、一六、一七世紀を経て「近代性」の分野を開いた断絶現象のうちに数えられる。中世の垂直性は、とうぜん限られていても、上空へ向かうヴィジョンを希求していた。それは自己の外へ放射することによる上昇のヴィジョンである。円柱は建造物の堅固さを確保し、その形態そのものによってキリスト教会あるいは「創始力」(78)を表わしていて、対立するものを関連づけ、状況によっては見る人に賛美と崇拝の念を生じさせる。どこにでも見られる塔——城や教会堂、王侯の宮殿や庁舎、裕福な邸宅の頂上にそびえている——は、あこがれの場所である。つまり突っ立っているが、古代のピラミッドとは反対に結合点がなく（平行線だから）、天空に向かって開かれ、崇拝しても、ののしってもよい。もちろん、この問題のはじめにバベルの塔があった。しかし聖母マリアに捧げる一連の祈禱文では「象牙の塔」あるいは「ダビデの塔」、つまり「神に選ばれ、難攻不落のもの」という名称で喚起される。そのような象徴は天守閣《ドンジョン》のような防御施設が存在しても、弱められることはない。たいていの城や宮殿には、その塔の中に殿様の住まいが設置されていて、そこをわざわざ権力の座と示すことで、階級序列もそこから生じる。国の政務が決定される大広間は、一般に、いちだんと高いところにある。なぜならその広間は、ラテン語で *palatium,* つまり俗語では、フランス語の *palais,* ドイツ語の *Palast* 〔今日では、いずれも宮殿、大邸宅の意〕と同義であるからだ。パーダーボルンにある皇帝居城（焼失後、一一世紀に再建された）では、「皇帝の居室」へ行くには二つの階段を上らねばならない。一二世紀には、この種の構造がフランス、イギリス、スペインなどの王宮では普通のことである。大領主らもそれを見習っている、たとえば世俗人ではクシー侯、あるいは聖職者ではサンスの大司教である。さらにパリのような大都会でさえ模倣している(79)。権力の座という高い場所へ通じる階段は、その権力の威厳を強調する。とはいえ、たいていの場合、そのような階段がなくても、別のやり方で垂直効果が示される。たとえば隔離という手段がある。それはやがて、広い「名誉」の階段となり、建造物を象徴的に大地の地平線上に展開させるだろう。

第二の特徴として「硬性」がある。それは石材を使うか、それともせめて特別に加工された木材を使うことで表わされる。一一世紀初めから石材の時代に入る。木材を使う技術の伝統は、地方において、また一般的に北方の国々では長い期間、保たれている。それでも石のほうが優位である。なぜなら「記念性」の要素となり、価値感の集中にもなるからである。石の加工法と、つくられる形は完成を目指しつづける。切り石の仕上げは発達し、もっと硬質で、もっと大胆に加工され、社会的格差と精神的または政治的な威力の相違を発揮できるような建材が遠方から入手できるようになる。そこで以下のページでは、多様な象徴性、神から与えられた権威の場所としての大修道院、教会堂、城の内部と外観の空間構成に関して若干の私見を述べるにとどめたい。

教会堂と修道院

中世初期における修道院の普及は、反逆的とは言えないが、異教的な活動をともないながら、西洋人の社会的地理学と地形的意識に影響を与えた。それは隠者の生活である。隠者たちは社会の周辺にいて、支配体制の暴力に抵抗し、所有と権力を拒否して、五、六世紀から徐々にキリスト教化された郷土に点在する庵《いおり》にこもった。一〇世紀から一一世紀にかけて隠遁生活者が増加したので、一一〇〇年ごろには、カルトゥジオ修道会の聖ブルーノの会則のようなもので、それらの隠者を集めて新しい形式の修道院に収容しようとするほどになる。

普通の小屋であろうと木の葉小屋であろうと、また粗末な材料でつくられた簡素な建物であろうと、またときには洞《うろ》木を住み処にしたもの（伝説による）であろうと、隠者の庵は神秘の場所となる。聖性が（すべての人間的活動の代わりに）「無人の地」を占有し、そこは心霊化され、創造された万物といっしょになって「創造主」を讃えるのにふさわしいものを表わす。かくて、その場所は敬われ、また、予言的ではないとしても先導的で、限りなく賢明な声が聞こえるのではないかと注目される。クレティアン・ド・トロワやベルール以来、物語作家たちはそれを語りのテーマにする。一一三〇年ごろの散文の大作『ランスロ』では、騎士の通り道に立てられる灯明のように、つぎつぎに二〇か所ほどの隠者の庵が場面に現われる。実際、ほとんどの隠者たちは近くの土地を開墾し、野菜や薬草を栽培し、その地方の田舎者らに私欲も争いもない手作業の模範を示す。だから隠者とその庵は、人間から隔絶した暮らしをしていても、その地方で輝いている。隠者のところには相談にやってくる人びとがいる。病気を治してくれると信じているからだ。そのおかげで伝説的な人物にされる。たとえば、傷ついた動物が隠者のところに助けと憩いの場を求めにくる。野獣どもも隠者の優しさに屈服する。聖アミは飼いならした狼に荷車をひかせ、聖アレーは熊どもを手なずけた……、それほどの魅力が人びとを落ちつかせる。つまり隠者の庵から遠からぬところに、ときには部落や村が生まれ、さらに修道院も建つ。そのような建設の活力は、ついには村落を都会に変えてしまうこともある。セーヌ川とライン川のあいだだけでも、一〇〇ほどの都市がそのようにしてつくられた。

隠遁生活から完全に断たれた冷酷な世界に対し、修道院は友愛と庇護の共同体を強化することで対応した。というのは、修道院もまた最初は「無人の地」にあったからである。聖コロンバンは六一二年にイタリアのゴッビオで、人里離れた山中に魚に満ちた渓流が流れ、深い森に包まれた谷間の窪地に大修道院を創設する。またザンクト－ガレンと〔ボーデン湖の〕ライヘナウに、大修道院が並び立っているが、一方はアルプス山脈の厳しさのただなかにあり、他方は小さい島に建てられている。敷地はいつも念入りに選択され、ときには創始者である聖人の伝記によれば、夢の中で神によって指定されたこともある。だから場所によっては並外れた偉大さが表わされる。たとえば、モントセラトのサンタ－セシーリャ、またサン・モーリス・ダゴーヌ、ロカマドゥールなどである。超自然的な関係が、選ばれた土地とそこに築かれた建造物とを結びつけ、そこを基盤とする。このような関係は、修道院が都市に隣接して建てられたとき（たとえばリモージュのサン－マルシアル、トゥールーズのサン－セルナン修道院のように）、さらには市内、あるいは都市の拡張にともなって市内に取り込まれた。そこで、キリスト教伝道の効果

と社会的必要性が土地本来の用途に勝ったのである。(80)

多くの修道院は質素なままであり、いくつかの隠者独居房に取り囲まれた礼拝堂は修道院付属の聖堂であり、その位置あるいは状況から物質的な繁栄は望めなかった。とにかくそのようなタイプの修道院設立はベネディクト会の大修道院によって中世初期から定められていた。たとえば、教会堂と大修道院長住居、図書室、共同寝室、食堂、またしばしば木造の実用的建物、納屋、家畜小屋、などであり、その時代の農業用の建物のうちで、もっとも広く、立派に設計されていた。中央に、修道院の四角い建物が、主軸（東－西）となる教会堂と背中合わせに建てられていて、そこから修道院が天の四方へ心霊的幾何学図形を展開するようになる。したがって、この囲われた場所から生じた意味は元の場所へ戻ってゆく。つまり、通常の隠喩でもって人間の心を「魂の修道院」にするのである。もっとも有力な大修道院の規模は（その時代としては）巨大なものである。クリュニー大修道院は二度にわたって再建され、増築された。たとえば第二次再建で一一四七年に完成した付属大聖堂は長さが一八七メートルに達し、キリスト教会でもっとも広大なものになった。

クリュニー大修道院は、一〇世紀から分院を設置した。クリュニーはスペインからポーランドにかけて、分院を三〇〇〇か所に分散した組織の母体となったが、それらの分院は（壮観さを競いながらも）おなじ存在意義を広めてゆく。つまり修道院は、荒々しい自然のただなかにあって、完全無欠の「神の国」としてそびえ立ち、選ばれた共同体の親密で現実的な空間となり、心を惑わす余計なものを持たないで、正しく地上での機能を果たしている。かくて大修道院は「天上のエルサレム」といわれる地上のあらゆる空間の究極的模範を、あらかじめ願望として実現しているのである。あまりにも近代的な言い方をすれば、ここでユートピアについて語りたくなるかもしれない。修道院は人間社会の一部であり、具体的な空間の一片であると同時に理想的な場所でもある。八二〇年に描かれた有名なザンクト-ガレン大修道院の見取り図はおそらく夢を描出したものと言えるほどであり、その図面ではすべての形態の配置と形態を統一する構成上の隙間もない完璧さは、カロリング朝時代の文学者が宇宙について抱いた最高のイメージと類似している。[81] シトー修道会による一一三四年の改革によって、古い戒律を守っているベネディクト会修道士たちの「淫欲」は非難され、そのイメージも簡素な設計へ戻され、世俗的意味合いのものは一掃され、代わって予言的な厳しさが強調される。一二世紀半ば以降、こんどは三〇〇以上のシトー会修道院が西洋全域をその組織下に置いた。

それでもベネディクト会修道院は物質的空間を霊的に解釈しようと主張しただけでなく、直接、その空間に働きかけた。よく知られているように、一一、一二世紀の修道士らは新しい農地の整備に尽力した。数年来の考古学的研究によって、水資源利用のための工事に劣らず修道院での家内工業の重要性も明らかになった。修道院の宿泊施設も旅行者に開放された。地方によっては、大修道院が人里離れていて近寄りがたいところにあるので、高い塔のある避難所を設けた。たとえばライン川上流の谷間にある〔スイスの〕ジセンティス修道院である。しばしば、いくつかの村が合併して、修道院の庇護を受けて商業の町が生まれた。なかには都市になったところもある。たとえばアラス市のように。孤独に没頭する個人、またそのように規則正しい生き方にとって、周囲の祝福された土地を見つめるなら、多くの天国的な幻想が生じたに違いない。たとえば、のちにサン-ドニ修道院長となるギヨーム修道士が一一五二年に書いた手紙では、美しく肥沃な平野が古典的な牧歌調で描かれていて、そこには小川の源の近くで、広葉樹林と松林に囲まれた小修道院があり、彼の瞑想を見守っている――「孤独のおかげで……」、これはたしかに宗教的な意味を含まない驚異的な数ページであり（いくらか純朴な汎神論が感じられるが)、新たなユートピアを望んでいるように思われる。[82]

いわゆる教会堂、つまり典礼祭事とともに説教にあてられた建物は、修道会の教会であろうと小教区の教会であろうと、私的なものであろうと、礼拝堂あるいは大聖堂であろうと、実質的、社会的に修道院とは違ったふうに空間が仕切られている。教会堂のドームを仰ぎ見る信者らにとって、その空間は広がり、不連続な宇宙となって破裂するが、建物全体の包括的で、内包的な統一性によって結合される。教会堂の空間は内的で、ある意味では女性的である。というのも、神が聖母マリア[83]の胎内にあったように神を宿しているからである。おかげで、正面の玄関口には、神聖な意味が感じられる。教会堂の空間は集団的または個人的な祈りの空間であり、外陣、小聖堂、円柱、ドームの一定の場所に、備品や宝飾類とともに、彫刻され、彩色され、安置された聖画像が並べられている。祭儀、あるいは人間が神へ告げようとする言葉を広がりのなかで発する各人の感動に際して、動いたり、身ぶりをすれば、その空間の大きさがわかる。一種の神秘的な地理が浮かんでいて、祈る人の身体の向きが中心線を描く。よく響く空間でもあり、内陣は典礼音楽を反響させ、合唱の声は一斉に増幅される。そこから、サン-ドニにおいて大聖堂をつくらせ、賛美するシュジェの筆致に見られるような、豊かな隠喩が生まれるのである。たとえば「神の国」、「楽園」、さらにおそらくもっと深い意味で「人間の身体」がある。たとえば、つぎの世紀に典礼学者デュラン・ド・マンドは文字どおりの意味でこの言葉を取り上げ、ある教会堂の見取り図を地上に投影された人体のように、頭、腕、脚、そして中心に心臓を表わしているが、これは四方位を示すバラの花形、つまり暗い「北」、日の出の「東」、「南」の絶頂、時代の終末を示す「西」に倣ったものである。[84] かくてこの建物は宇宙と人間との関係において、また宇宙についてのいかなる教えのうちでも特別の位置を占める空間をまとめ、定めるものである。そこでは見えるものと見えないものとが結合され、「天」と「地」と「地下の世界」が生じる。

在俗司祭にゆだねられた教会堂もまた、西洋全域に組織網をめぐらせ、幾世紀ものあいだに緊密化するだろう。その組織は、中世初期にはまだ弱かったが、一〇〇〇年から一三〇〇年のあいだに確立する。そこで多くの老朽化した教会堂が再建される。そこに人間集団は、祭儀に慰められながら現世の条件を豊かにしてくれる感情的、肉体的な価値観をみいだすのである。近い城の礼拝堂や近い大修道院（そのために紛争が生じるが）に付属した教会堂があっても、小教区の信者は小教区教会に属し、その教会の庇護を受ける。地方によっては、たとえばムーズ川流域の場合のように、その庇護は人間の身体や幸福にまで及ぶ。なぜなら、多くの教会堂には避難所が付属していて、そこに人間が住みつくこともあるからである。

都会においては、一二世紀半ばから小教区教会堂の数が激増する。たとえばパリで、一一五〇年に一二か所あったのが、一三〇〇年には三〇か所になっている。人口は一五万人である（ベロックによる[85]）。おなじ時期に、人口三万五〇〇〇人のルーアンでは三五か所に教会堂がある。教会堂の周囲には、職種や同業者に適した地区が再編成され、小教区教会が媒介し、そのような社会的細胞を都市的空間に同化させる。同時に、一二世紀から、古い聖堂を再建するか、新しい聖堂を建立しようとする多くの都市においては、市民の再編と統一の新しい活動が成し遂げられる。それは都市の事業であり、集団の事業であり（評判ほどではないにしても、庶民の協力がなければ実現不可能だ）、長期にわたる事業である（ランスでは一二七〇年、ボーヴェでは、事実、例外的ながら四〇〇年）。言うまでもなく、多くの世代がその影響を受けた。大聖堂建立のために都市の経済活動の一部が吸い上げられ、ブルジョアの心に取りつく地域的偉大さの夢をかき立て、想像力を刺激し、また数年あるいは数か月の仕事のために他所からやってくる石工らの親方や職人と接触して心が燃える。

城と宮殿

カロリング朝後期の動乱は帝国内の各地方に要塞を築かせたが、それはかなり簡単なもので、盛り土か囲いで守られた広い土地である。若干の要塞は戦略的にうまく配置され、ヴァイキングの侵入路を断つために皇帝カール二世禿頭王みずからが指揮をとり、補強した。たとえば、八七七年にはコンピエーニュで、八八五年にはポントワーズで、というように多くの要塞が建設された。一〇世紀末から一一世紀初めにかけて、西洋のいたるところで私的な要塞の建設が見られるが、それらは、帝制の元高官で、任されて負担を引き受けた者、すなわち公爵、伯爵、侯爵、ついでその家臣や競争者らによって建設されたものである。たとえば、塔あるいは立方形のどっしりした建造物——要塞主塔——が丘の上とか築山の上に建てられ、周りは、防御空間をめぐる堀や角材の塀が囲んでいる。

城は、見る者に称賛と畏怖を感じさせる存在として、教会堂以上に——城壁に囲まれるという機能的な重要性のために——遅くとも一二世紀からは、垂直性の原型をほとんど完全に実現する。城全体の軸線は要塞主塔、櫓、明かり取りの窓もない城壁の構造によって広がる。つまり城は、下の深淵から浮かび上がり、天を狙い、威嚇するか征服するかのようである。城に住んでいる人びとにとって、城は「家」でもあり、一族の血統の永続を表わすだけにいっそう消えるわけにいかないほど、彼らが溶け込んでいる空間である。産業時代前夜までの社会状況は、城主やその家族を、時空的次元と密接に関わる運命（そのように意識している）の共同体にしている。誰からも認められる場所において、誰かの息子であり……元来「何者かの息子」〔小貴族の意〕、つまりスペイン語では *hidalgo*, ポルトガル語でも *fidalgo* となる。城には、われわれの祖先から伝来した宇宙的規模の根源にまで達する影の生活が秘められていて、城を延長する地下道、隠された脱出口、さらにはこっそり城を抜け出られる地下道もある。中世の絵師らが習慣的に様式化された形式で、神の全能と選民の勝利を象徴化することになるのも、そこからきている(86)。

まず、建造者たちは木材だけを使ったが、すでに一〇〇〇年より以前から石材を用いることもあり、たとえばランジェ城は九九五年に建造された最古の実例になるだろう。しかしこの技術には並々ならぬ作業が必要だったので、一二－一三世紀にならないと普及しない。その時代になると、ウェゲティウスやウィトルウィウスによって著された古代の書物が影響を与えはじめ、ローマ文明への関心が復活し、学者や石工親方にとって、石造技術は爵位記のように思われる。歴史的な状況も変わった。たとえば権力が王朝の掌中に集中し、資本主義経済の揺籃期が始まる。一一、一二世紀を通じて建造されたヘントのフランドル伯の巨大な城は、一部木造だった。しかし石造の翼棟には、厚さ二メートルの壁のあいだに横一〇メートル、縦二六メートルの大広間を三階重ねた。ウィリアム一世征服王はロンドン塔（一〇八五－一〇九〇年当時では、横三〇メートルと縦三五メートル、高さが二五メートル、壁の厚みは四メートル）を建造させ、またほとんどおなじころ、コルチェスターに縦四五メートルと横三三メートルの長方形の天守閣も建てさせたほどだ！ その堂々たる模範的な建造物は間もなくヨーロッパ大陸で模倣されるようになる。

城は住居と要塞を兼ねた空間であるが、さらに政治的な機能も果たしている。そこから、領主は宗主から「譲られた」土地を治め、「布告」に関わる諸権利は城主としての権限において行使する。社会・

経済的な機能も同様である。つまり城の保護下で市《いち》が立つことも多く、市場町が発達する。そこで、一般的には天守閣の近くに建物が集中する。たとえば多くの住宅や仕事場や露店、厩舎、礼拝堂など。長きにわたる発展をとげてできあがった城もある。状況に押されて、元は君主の宮殿だったのが城塞に変わったのである。たとえばパリのシテ島にある王宮であり、ここは一一世紀に城壁で囲まれていた。プロヴァンには、シャンパーニュ伯爵家の城もある。その他、ドイツにも多く見られる。[87] それとは反対に、ルーヴル城塞は一三世紀から一四世紀にかけて国王の宮殿になった。そこで、「城」には、外観や豪華さや……さらには不便さといった多様性が生じる。それは、戦術の進歩と、防御側で考案された応戦設備の発達の結果として時代とともに明らかになる多様性であり、またとうぜん、改修、改造、変造をともなう。一一八〇－一二〇〇年以前では、フランスの、ピエモンテ、ルシヨン地方において、南イタリアにおいて、国王または大公で、左右対称的な棟を有する四角い巨大な城塞的宮殿を建造させた例はあまり見られないが、そのはるか後裔として（ときには近い時代に建てられたサルッツォのマンタ城もある）、一七世紀に広大な城が現われる。これは、何よりもまず空間を組織する国家概念の出現の徴候である。しかしながら、弱小領主は防衛目的の塔の居城で満足する。古期フランス語で「城館 *manoir*」と呼ばれたものは城と区別されにくいが、その語は、「住居」という観念を強調している。「防御された家」、要塞（*ferté*）、地方や都市で防備された領主の住居にほかならないのではなかろうか。

以上のような類型論が複雑であっても、おおよその印象が現われるに違いない。見た目にうかがい知れないような堂々たる容姿、眺める者の立場しだいで攻撃的か、それとも安心を約してくれるか、であり、恐怖か夢、おそらく悦楽の場所か、である。一二世紀から、城壁内の木柵が整備され、外部から見られないで競技や騎馬槍試合ができるようになる。一三世紀半ばにブルネット・ラティーニが書いているように、壁は「喧嘩も口論もなく歓喜と快楽を楽しめるように美しい部屋[88]」を隠してくれる。一四世紀と一五世紀の曲がり角では、祖先から受け継いだ城をそのような新しい生活の楽しみに適用させようとしない大領主はあまり存在しなくなる。しかしその後は、おそらく貴族階級全体に住居の分離を望む気持ちが広がったのだろう——たとえ建物の一翼棟に置かれた私的な部屋、書斎でもよい。つまり一族の空間から離れて、自由気ままにすごせ、自尊心を確保できるところである。スペインの大貴族夫人リオノール・ロペス・デ・コルドバの一四〇〇年ごろの回想録で、そのことが証言されている[89]。

大きい建物が立っている景観は強烈な印象を与える。たとえば、森の暗い奥であり、平野を見下す山や丘の誇らかな頂上である。城は、そこに近づく旅びとの目には孤立し超越しているように見えるが、味方であろうと敵であろうと、とにかく人間たちを中に閉じこめていて、その旅行者を待ちかまえ、打ち殺すか歓迎するかわからない。城は、その住人たちと騎行する者の欲望が出会う場である。物語作品において、その城主あるいはその夫人は巡回説教師を賓客として迎えるが、ひょっとすると、その客に利益、さらに助けと救いを期待しているかもしれない。それはよくみられる文学的モティーフであり、その効果は頻出することによって、世話と返礼という交換のおかげで社会的に厚い人情の巣としての想像的広がりをはっきり示すことになる。そこから城の、厳重に守られた入口の重要性がきている。つまり架け橋、落とし格子、門、そして、ときには（ドイツ、フランス、アラゴン王国）門の上方に礼拝堂と、それを守護する聖遺物が祭られている。

一二世紀に、西洋の各地における城塞建設の動きが終わると、相互間でかなりゆるやかな組織網が形成されるが、それでも共通の広がりの上に重ねられた特殊な空間の位置を想像させるには充分である。その空間こそ、一一五〇－一一七〇年ごろの騎士道物語という文学ジャンルの誕生から一五世紀末、またスペインではもっと後まで、その作品の大部分によって、世界の他の領域と切り離されて喚起された り描かれることになるのである。比較的に人口密度の高いフランス中心部では、二つの城の距離が一〇ないし三〇キロメートルであったと測定されている。[90] 多くの城の位置には戦略的な価値があったか、あるいは当初には存在したが、〔そうした城間距離は〕絶対的な規則ではなかった。たとえばルシヨン地方や、レマン湖の盆地にあるサヴォイ伯のいくつかの城のあいだで見られるように、相互の視界に入るように地形的条件も含めて経済的配慮が重要な役割を果たした。いずれにせよ、その領土の碁盤目割りはとにかく中央権力の役に立つ。たとえば、サヴォイの場合がとくに研究された。[91] 少しずつ国家が現われ、紛争なく、確立される。

都会では、普通、城はその都市の領主の城である。しかし（城のない都会があるうえに）二つのタイプの組み合わせが対立している。つまり城が都市住民と一体化するか（城壁だけで区切られる）、それとも城と町が並立し別々であるか、である。後者の構造がはるかに多く、権力と空間とのあいだにつくられようとする関係の複雑さが推測される。一二世紀以降、城は地方での防御的重要性の多くを失った。その代わり、周辺の村民を呼びこむとともに司法上や税制上の中心になろうとする。かくて、すべての人びとの心において、また集団生活の各瞬間に、公然と世の秩序を示せる地方的城主権の堅固な組織が維持された地方では、農民の社会的団結が確保された。

庭　園

修道院、宮殿、富裕な領主らの城には、たいてい庭園が付属している。すでに八四〇年ごろ、ライヘナウ大修道院長ヴァラーフリトは、美しい湖に面したおだやかな丘陵地にあるその修道院の庭園の魅力をラテン語で歌いあげている。それは比類ないほど見事な造園であり、自然のままの要素で造られていた。つまり人工的なものに支配されるのは、ただその庭を構成する要素の調和ある均衡だけである。その庭は、周囲の囲いの中におさまっているので、そこに住んでいる者の喜びのためだけに人造的庭園に変えられた宇宙的空間を意味している。そのころユーラシア大陸の反対側において、もっと大きな野心をもち（また、おそらくもっと天才的な）造園技術を発揮している中国とは違い、中世の西洋では庭園から堅苦しい建物を追放している。天幕小屋、ブドウ棚の下の小亭《あずまや》しか受け入れない。つまり、はかなさを示すような一日、あるいは一季節の贅沢なのである。その代わりに、西洋の庭園は建築的な全体に溶け込み、そのなかで独特な空間を生みだす。一五世紀の画家たちはそのような関係をよく察知していたから、どんな王族の屋敷を描くときにもその関係をモティーフにしたのである。

修道院の内庭の中心に押し込められ、空しか見えない庭園。一一七〇年ごろ、カイザーシュラウテルンの別荘フリードリヒ赤髭王がつくった広大な庭園には、大庭園のほかに養魚池や動物園まであった。あるいは、モンレアレのシチリア歴代の王によってつくられた庭園もある。領主の城内の庭園では、樹木で覆われたアーケードのある小道が花壇を幾何模様的に区切っている。あるいはアルドルにある庭園はまるで迷路のようである。そこは「果樹園」であり、「木が植えられたところ *viridiarium*」であり、「緑地帯」であり、あるいは学者らが言うように「楽しい場所」である。本質的には、そこに木々と水の流れがある。一方では樹木と花という潜在的な象徴的価値を高め、他方で、明らかに永遠性を意味している。木は鳥を呼び寄せるか、あるいはそよ風になびいている。泉やせせらぎが、さらさらと音を立てて耳を喜ばせる。他のどこにもないような平和、完全な休息が支配している。古期フランス語の「悦

楽 *délit*」は近代の同形異義語と関係なく、ラテン語 *delectare* からきていて、心地よさと喜びを緊密にあわせて表現している語である。つまり禁欲主義者、さらには『わが不幸の物語』の作者アベラールによれば、哲学者も拒否しなければならないことである(92)。

「楽しい場所」を喚起することは、九世紀から一六世紀にかけて絶えず使われた文学的、絵画的なテーマである。つまり形式的には古代人から受け継いでいるが、中世の伝統においてふたたび活性化され、「エデンの園」に関する注釈学的叙述の影響を受けて再機能化される。ヴァンサン・ド・ボーヴェは『解明集 *Elucidarium*』のなかで「地上の楽園とは何ぞや?」と問い、「はるか彼方の、すばらしく、理想的な庭園 *Locus amoenissimus in Oriente*」と答えている(93)。「(ソロモンの)雅歌」での花のイメージはその答えと一致し、庭園を描くときはいつも一種のアレゴリー的な意味深長さを与え、ユートピアというよりはむしろ空想的現在に、はるか遠い過去のすばらしさを反映させる。

そのすばらしさは、映像としては他のすべての空間を凌駕し、独自の秘密を閉じこめる。とくに庭園は女性と恋にその場所を提供する。つまり「よく囲まれた庭園」であるとともに「秘密の庭園」でもあり、いわば男性というよりはむしろ女性にとって意義深く、また母性によって強調される身体の内的空間である。神秘主義者らは聖母マリアを寓意的なバラの茂みに出現させている。吟遊詩人の歌は「庭園か寝室に」逢引の場所を設定し、歌のはじめの節に出てくる春の決まり文句でも、一般にそのモティーフがこだまのように繰り返される。そのモティーフは物語作品の本文で語られたり、ときには挿絵にも現われる。たとえば庭園は、欲望、連絡、逢引、さらに楽しい憩《いこ》いの場所である。『フロワールとブランシュフルール』という魅力的な物語は、若者の恋の道順を三段階に分けて展開する。どの段階も、強烈さと見事さで増幅される庭園の記述で示されている。最後の段階はバビロンで展開され、その町を流れる大河は、伝統的にいわれてきたように「地上の楽園」から流れてくるユーフラテス川にほかならない。ムーア風の庭園――十字軍がその現実の様子を少し見てから以後――は型どおりの叙事詩として文学に入ってきた。そこで『オルレアンの女』のようなファブリオー作品では、そのような詩人らの気まぐれが皮肉られている。A・ラベによれば、叙事詩では、宮殿の庭園は――建物から発散する豊かな象徴主義の中心で――権力の永続性を確保してくれる冥界の神々の存在を示す。そのようにして荘厳な王の姿を想像的空間に展開するのである。(94) 理想化された同じ形象が絶えず解釈しなおされ、その完成が最初の『バラ物語』のイメージとなり、当時からチョーサーの翻訳にいたるまで、さらにクリュニー博物館(パリ)にある《女と一角獣》の作者のようなフランス一五世紀のつづれ織りにおいても無数に繰返されてきた。秘かな果樹園の門がすぐ近くで開かれるや否や、ギヨーム・ド・ロリスの作品の主人公は感嘆し、五〇行の感激的な詩句でその目に見え、耳に聞こえる美しさを描く。まるで「地上の楽園」にいるようだ、と書かれていて、この世のものとは思われないほど完璧だ。つまり地上の空間は、性質が変わったのである。

イタリアのルネサンスは、そのような視野から完全には離れることなく、カレッジにある庭園に関連してフィチーノによって明白に回復されたプラトン的感覚へ向かわせる。人間はその庭園において自然と、その自然に対して行使できる力を独力で発見する。たとえば、ヘスペリデスの園において金のリンゴを盗んだヘラクレスであり、新しいアダムである。すでにペトラルカという偉大な先人が自分で園芸をおこなっていただけでなく、その園芸から無数の隠喩を引きだし、その手紙や詩作品にちりばめている。空間に対する人間の新たな信頼は「閉ざされた庭」を囲んだ壁を越えて輝いた。画家たちは「大地」に興味を抱いた。つまり、いつかは(自然領域を具象化することで)「風景」という、もはや観念的ではなく現実的な調和を、庭園という小宇宙の枠外につくりだすようになる運動が始まっていたのである。それでもなお庭園は世界のアレゴリー的解釈を育みつづけ、一三、一四、一五世紀になっても飽かれていない。とりわけ信仰や宗教的願望の領域では、庭園に関する文献が一二世紀から一六世紀(とくに一五世紀)にかけて、ドイツの修道院や都市圏にまで普及している。たとえば、シュトラスブルク、ニュルンベルク、アウグスブルク、ケルンである。

セヴィーリャの聖イシドルスは『語源論』第一四巻において、ギリシア語の「楽園」とヘブライ語の「エデン」を冗語的に表わそうとして「楽しい庭園」という表現を使った。一二世紀初めには、オータンのホノリウスがこれらの語をキリスト教会と聖書を参照しながら説明した(95)。それから五〇年後、アルザス地方にあるモン-サント-オディル大修道院女子院長ヘラッデ・フォン・ランツベルクが、その語を聖書と神学に関する膨大な著作全集の表題に使ったが、これは魂の救済に関する寓意的な世界史になっている(96)。中世後期の数世紀には、人間の運命に関わる意義深い庭園の話が多い。たとえば若いメス司教ジャン・ド・リュクサンブール(一三八六年没)の作とされる『信仰の庭』とか、一五世紀初めのピエール・ダイイの『愛の庭』。この作品では「愛」が魂の敬虔な願望の対象になっている。『貴人たちの庭』は一四六四年に、フランシスコ会修道士ピエール・デ・グロがアングレーム伯イヴォン・ル・フーの道徳的・宗教的教育のために書いた作品である。一五〇一年、パリの印刷業者アントワーヌ・ヴェラールによって発行された『喜びの庭、詞華集』のほうは、修辞学者タイプの詩学書であり、(近代人にはまことに好ましくない言葉で書かれているが)もっぱら語と意味の完全な音楽的調和の定義を目指している。

ヒエロニムス・ボスの《快楽の園》(一五〇三年あるいは一五〇四年の作)は、以上のような伝統に加えて、花咲く茂みや、悩ましい裸体が沐浴する噴水池のある「愛の園」の絵画的伝統（一五世紀には多くみられる）と交差するところに位置している。プラド美術館に展示されているボスの三枚折り絵、つまり複雑で両義的な作品には、寓意的なヴェールの下で、あるときは「色欲の勝利」、または『バラ物語』の挿絵、さらに「リーブル＝エスプリ」（汎神論的静寂主義派）という異端説の具体的表現も認められるように思われた。影も囲いもない「庭園」という明るい画面において、肉体的人間たちの長い行列が原罪に浸透された空間から出ようと空しく輪になって回っている図である。

6　都　市

「典型的な」特徴

一〇世紀末の名もない聖人伝作者は、ブザンソンを讃えるのにこんな言葉ではじめている――「あの街が黄金都市と呼ばれるのも当然だ。難攻不落のようではないか……」[97]。本文はこの街についての立地条件（川や山、など）や、きわめて漠然としたことをかなり明確に描いているが、われわれにわかるのはその都市の過去の栄光が（設立者らのおかげで）絶大であり、古い防壁は崩壊しているが、それでも確かに要塞化されていて、町の中へ入るには幅広い架け橋を渡らねばならず、またこの町は聖ステパーノの聖遺物を保持しているということである。たとえこの話や、それほどではないとしても地形的叙述の正確さが確認されなくても、その地はフランク族の領土を散在させていた古代ローマ領の荒廃した都市であるかもしれない。その「賛辞」は修辞学的に、もちろん近似的で習慣的規則どおりにつづけられる。その対象は、まず人物（ここでは設立者たち）、時代、類似した都市（ブザンソンはとりわけ「もっとも有名であり……」）、その名称、その立地条件、さらにその素質の観点からつぎつぎに評価されている。これで都市の空間が概観されるが、それでもその空間はほとんど空っぽである。ただ三つの特徴だけが町の存在を想定させる。たとえば、その都市に入るときに渡る架け橋、町を取り囲む防壁、そして町を神聖化する聖遺物である。外部から見れば、その空間は「いい香りのする草むらの心地よさに包まれた」美しい自然に囲まれている。

それらの特徴は多少とも発展させられながら、幾世紀ものあいだに、文学の伝統に生かされ、その中心部を形成し、あらゆる「都市描写」がその周りに形成されるが、それに限定されることが多くなる。前述の無名の作者から一〇〇年後に、年代記作家シジュベール・ド・ジャンブルーは、同じような熱意をもってメスの町を描き、肥沃な近郊の田園、心地よい地形、巨大な防壁、堀、高い塔、四つの記念門を賛美し、また抽象的、一般的な言葉で豊富な財、豊かさ、美しさを称えている。確認されているのは、教会堂が多いこと、聖職者らが模範的であること、ローマの宮殿に匹敵するほど立派な屋敷があること、などである。[98]「潤色」も大した効果はなく、一連の誇張された表現がよろず便利な図式を際立たせ、肥大させている。断片的描写を統べる、慣用句化した「典型」という用語がそうであって、そうした断片的描写により、またそれらを通じ、(さらに時代を下るにつれて)それらに反して、言語あるいは芸術形式における「現実」が表現されるのであるにもかかわらず。

話、文書(文学作品であろうとなかろうと)、そして画像は、「典型」を独特のイメージに仕上げる特徴を具体化している。たとえば、そのイメージはさまざまな表現の仕方でふくれ上がっているが、ときにはわれわれには「本当」らしく見える詳細を暗示しながら、「見させる」意欲というよりはむしろ「説得法」という修辞学に頼っている。一五世紀までの「都市描写」の大部分があいまいな意味からなる誇張的形容語(大きい、美しい、世界一の……)を寄せ集めてイメージをつくりだし、いわば都市というものが不可思議な世界にあって、言語ではとても表わせないということを口ごもりながら暗示しようとする感嘆になっている点は注目に値する（たとえそのような表現法が中世の多くの言説領域に認められるとしても）。

かつて、一二世紀から一五世紀までにラテン語や俗語で書かれた二五例の都市描写を、調査研究として検討してみたことがある。もっとも古い描写（一一〇〇－一二二〇年ごろまで）の大半は、権力を表わす典型的な徴候を列挙しながら感嘆するにとどまっている。たとえば、堅く美しい石で築かれた防壁、防備された門、鐘楼のある教会堂、宮殿と塔、住民の豊かさ、そしてとくに周囲の田園の心地よさ、つまり「楽しい場所」が建設された空間を取り囲んでいるのである。そのように、簡潔な筆致でもって、形式的な描写というよりはむしろ都市の名を宣伝している。たとえば、武勲詩『エルヴィス』でのメス、『荷車』と『オランジュ占領』でのニーム、同詩でのオランジュ、『ジラール・ド・ルシヨン』でのオルレアン、ジャン・ルナール作『トビ』でのトゥール、ヴィルアルドゥアンの回想録でのコンスタンティノポリス、ギヨーム・ル・ブルトン作『フィリピ』でのアラス、マリー・ド・フランスの物語詩『ヨネック』や『ラオスティック』での架空的な町々がある。ブノワ・ド・サント－モールは『トロイ物語』の叙述において、おなじような典型的描写を発展させている。ウェルギリウスが描いたカルタゴを模倣しているのだろう。しかし彼が、一七〇行のうち一三五行もその街の要塞の叙述に割いているのは、たんに物語のテーマのせいだけではない！　『神曲』において、ボローニャをそのもっとも高い塔の名〔ガリセンダ〕で示し（「地獄編」、三一）、フィレンツェが防壁と門と架橋で表わされている（「天国編」、一五、一一六）。

以上のような作品では具体的な細かい描写は避けられている。実際、適当な類型的表現がないので、細かい点は、きわめて強烈な形式的伝統のある言語を回避する。神の国の特徴が喚起される（四角い防壁、一二の門、川とその岸辺の木）「黙示録」第二一章の思い出が、おそらくこの語りの構造の整合性を保つのに役立っているのだろう。ときには「都《みやこ》」または「都市」という語だけで描写の代わりをしている。それほど暗示に富んでいるのである！　事実、「都市」とは防壁内にあるすべてのものとともに、かなり大きい城塞を示している。つまり語の効果はおなじであり、また中世の人間の精神は、もともと安全を確保してくれるだけの囲われた場所を指す諸言語の用法に他の言い方が混ざれば、それだけ容易に対象（都市）を混同するのである。たとえば *bourg, stadt, borough, town, gorod* その他のように。フランス語で「都 *Cité*」は上品な言い方であり、正確には共同的で、防壁に囲まれた居住地を指しているように思われる。物語作者は、自分や読者たちのために、夢幻的な暗示（そのように思われる）のある語を一心不乱に使ったと思われる。

ロベール・ド・クラリはコンスタンティノポリスを発見して衝撃を受けたが、一二〇四年に十字軍に参加してその都市の征服に協力した後、この巨大な都市を描くのに自分の歴史書の一二章も割いている。その街の美しさが一介のフランス騎士には想像を絶していたのである。彼が驚嘆して目にしたものは真の現実である。だが、とくにコンスタンティノポリスは夢を生き生きと現実化してくれる。隠喩における真実であり、そのために幾世紀以来、数々の伝説のおかげで、まだ自分の殻に閉じこもっていた西洋人は富と力を表わす観念的印象を受けずにはおれない。ところで、ロベールはただ一点において典型的な「描写法」から抜け出ている。それは町の防壁の長さを強調して説明し、正確な測量を示していることである。つまり八里であり、これは西洋人にとっては辛うじて本当らしく見える数字であり、文脈では具体的な指摘というよりはむしろ情意的意味の強い表現と思われる。この描写の大半は建物や芸術作品のようなものに向けられていて、つぎからつぎへとひとつずつ検討している。「驚異」とか「魔法」

という語が反復的なモティーフとして呼応し、おなじ効果を生んでいる。

ロベールは幾度も男女の「多さ」を強調し、聖職者や修道者が三万二〇〇〇人もいると言う！ それこそ、「権力と富」の特徴を表わす「典型」のイメージの要素であり、八里の防壁に囲まれた空間を満たしている。このように人間の集団的存在を暗示することで特色を具体化する方法は盛んに用いられたので、永続的な一種の伝統的性格になる。たとえばオランジュの町の通りをうずめる群衆（『……占領』ものの歌）、おなじく『エムリ』でのナルボンヌの町、『ユオン・ド・ボルドー』でのバビロンの町。『ガルラン』によれば、メスの町並みにおける両替屋、獣肉や香辛料の店、貴族の賭博師。マロリの『トリスタン』におけるロンドンの気前のよい商人たち、『エリデュック』での架空の町の親切なブルジョアたち。『聖杯物語』で、ゴーヴァンが反乱民と戦うところに遭遇する町の両替屋（またしてもだ！）、金銀細工師、各種の職人たち。これは有名な場面であり、この種の文学ではあまりにも例外的な力強さと真実味がありすぎて、一二二〇年ごろギヨが作った写本では、趣味、羞恥心あるいは偏見のために削られているほどである。都会人の生活や生き方のほうが、その環境の物体的様相よりも、物語作者や詩人ら（貴族階級につながっている）の想像力をかき立てたらしい。『ルノー・ド・モントーバン』（一二〇〇年ごろの作）では、モントーバンという町（当時、建設後まだ五〇年ほどしか経っていないが）の創設が語られ、強力な防壁や門、セメントで固められた石造建築の宮殿、さらに立地条件がわずかの言葉で語られるが、五〇〇人のブルジョアたちが職業別に一〇〇人ずつ（人数に意味あり！）、五つの集団に編成されていることが詳しく説明されている。つまり漁民、商人、パン屋、肉屋、居酒屋である。(99)

そのような都会的人間について詩人たちが語る言葉はすべて誇張になる。都市という空間の一部が、本質的に人間の活動性を表わす言い方で定義されていることが教えられる。ある作品では、都市が集団的救済でないとしても生活の安泰に必要な機能を果たすように定めるか、あるいは少なくとも促していると暗示されている。当時、財の交換や通貨操作のように、いずれも大量生産するもの（多少でも怪しげな魔術でか？）として制限が付けられていた機能である。その世紀の末においても、マルコ・ポーロは『東方見聞録』において、通過した中央アジアの諸都市を語るときに、標準的な記述の仕方に倣っている。つまり街の富裕度－大きさ－美しさ、元首としての国王、住んでいる人種、普及している宗教、生産品と販売物。それらの紹介では、例外を除き、明らかに経済的な項目が凌駕している。

右で指摘したすべての特徴は、トゥールーズの町の感動的な描写を至るところにちりばめた『アルビジョア十字軍の歌』の第二部にもみられる。[100] この作者はトゥールーズ市民で、偉大な詩人であり、自分の町がフランス軍の勢力に包囲され、陥落しそうになっても、その都市をこの叙事詩の中心的存在にした。彼が素描する光景は「典型」の構図を踏襲している。田園牧歌的な周辺、大きさと美しさ、架け橋と防壁、門と塔、教会堂と宮殿であり、そのすべては見える空間を描きだし、たんに行動の背景のみならず、いわば空間がその活動を生みだしているので、当事者ら（数多く、さまざまな角度から示され、名指しされることも多い）は別の世界では想像できないような存在である。

しかしながら、このような「典型」の特殊化、唯一性の刻印を押された詳細で修辞的な「描写法」が用いられたことは、一二二〇年ごろにはきわめて珍しい。一三世紀を通じてちらほらみられるが、それはとくに旅行記においてである。たとえばマルコ・ポーロが、〔元の〕上都のような、滞在したことがあり、賛美している中国の中心都市のあちこちを喚起するときのように。イメージは特殊化されても、やはり都市、その「典型」に要求される分割と各部分について語るという一般的な図式に一致する構造を保っている。そのイメージが実現するのは、事実、スコラ学的時代が進むにつれて、事実の理解やその理解の表現を完全に妨げなくなり、またすべての人間に対しても同様であるような（一一世紀ならそうであったが）、型にはまらない個性的な知覚にもとづいた直接的な叙述がしだいに許されるようになるときである。

なんらかの理由で作者が「典型」を具体化し、「都会の人間」を強調し、かくて都市の社会的機能に触れるなら、個性化の効果はいっそう上がることになる。それこそ、おそらくブルジョア的精神性が普及した結果である。知られているように、その普及はイタリアにおいてどこよりも早く成功する。一三世紀において、ミラノを称賛するボンヴェシン・デ・ラ・リヴァは、まず、ほかならぬミラノ人である。一三三〇年に、オピチーノ・デ・カニストリスは自分の故郷であるパヴィアの『賛歌』を創作しているが、彼が「典型」の偏狭と規則からのがれるのは、ただ同郷人らの仕事ぶりや祭りを描くときだけである。[101] ところが、一五世紀末になっても、たとえばコミーヌは使節としてヴェネツィアへ行ったことがあり、この街の彼の描写にはまだ古い図式がうかがわれる。それでも小教区や修道院やさらには運河に浮かぶ小舟の数まで、多くの数値的な情報を提供しているのはすばらしい！　一五〇〇年ごろに、空間がそのように測定されているのである。しかし、まだ全体像が残っている。つまり周辺、要塞（ここでは海）、教会堂、宮殿、建物の美観、住民の裕福さ。コミーヌはこの町を見たが、自分でも言うように、部分的には伝統的な紋切り型によりながら、おそらくちらっと見たのである。

おなじ幾世紀かのあいだで、グラフィックや絵画における都市の表現はおなじような進化を示しているが、ただし技法の多様性や、一般に資料の年代の新しさによって相違がみられる。この点についてはこだわらないで、キアラ・フルゴーニの名著を参照されたい。それでも、ここでは一二世紀初めから一五世紀末にいたるまで――事実上、たいていは一四〇〇年以降である――の三〇点ほどの絵図をすばやく検討することにしよう。

もっとも古いもの、たとえばバイユーにあるつづれ織り（タピストリー）に見られるウェストミンスターやディナント、またサン‐ジュリアン大聖堂のステンドグラスに見られるル・マンの景色は、壁、塔、門、見た目に空白が映らないように立ち並ぶ建物で象徴的に都市を描きだしている。さらに、アッシジ聖堂の壁画に見られるジョット描くアレッツォの町も。ほとんどアレゴリー的なこの絵図は、それがもっと後の時期になって充実し、明示されるようになると、詩人らが読者の心に暗示するのとおなじ特徴を目に訴えるようになる。つまり門と防壁、塔、さらにそれらの建造物の上にそびえる教会堂の鐘楼、高い外陣、さらに宮殿。そして周辺には、ときには川と橋、野良仕事や遊びに熱中している人びとのいる花咲く田園。同様に、ベリー公の『きわめて豪華な時禱書』に載っている多くの挿絵（ミニチュア）、パリ国立図書館古文書、断片一一六号でのポーロ兄弟の船出を描いたコンスタンティノポリスの絵、さらにケルンのヴァルラフ美術館にある《聖女ウルスラの殉教》（一四一〇年ごろ）でのこの街、あるいはその後まもないアリストテレス『倫理学』の写本上でのルーアン、ノートル‐ダム大聖堂と思われるシルエットでおおわれたフロワサール『年代記』でのパリ(102)、さらには、その世紀末の、連なる山並みの上に突き出た教会堂と鐘楼の見える《アレクサンドリアの聖女カタリーナ》（フィラデルフィア美術館蔵）でのブリュージュ、……あるいはピカルディー美術館にある一五二一年制作の絵画に見られる昔の港町らしいアミアンも！　絵画の型は詩の型と変わらない。おなじ想像的構造と結合から生じているのである。一六世紀になっても、長いあいだその型は、おなじフィラデルフィア美術館にあるパティニール作《聖母被昇天》（一五一六年）の背景で、主たる場面の背景あるいは余白に置かれる都会の風景を描くのに利用される。しかしながら、当時、彫版師や特殊印刷業者は、一五七二年のブラウンとホーヘンベルフのアルバム『世界都市図帳』のように、地形的に識別できる「写実的な」絵図を提供している。

芸術家の眼差しが防壁に囲まれた内部の空間へ向けられるのは、一五世紀でないとしても、一四世紀以前ではない。たとえば道路、建物の正面、そしてとくに人物に対してである。最初は防壁から見下ろしている眺めであり、たとえばブリュッセル王立図書館古文書、九九六七号、ジャン・ヴォークランの『美女ヘレネ物語』の挿絵（一四六五年）のようなものであるが、これにはトロイの要塞に接近するギリシア人の射手たちと同時に、広い場所で防戦の準備をしているトロイ人も描かれている。それから、視線はさっと要塞を通り抜けて、市内の光景に止まる。そこでよく注視するのは建物の形態であり、装飾のモティーフであり、さらには住民の服装である。表現の伝統がしだいに個別化への意欲へ移ってゆくのは、都市生活のあり方とその独特な特徴に対する関心の向け方による。しかもそれと並行し、またおなじようにして、詩においてもおなじ進化がみられる（たとえばシャルル・ドルレアンにおいて）。つまり、もともと付属的な飾りになっていた要素の侵入をしだいに受けるようになって、寓意がいわば粉砕されたのである。都市というものの理想的なイメージが知らずしらずのうちにひとつの都市の具象化へ移った。だが後者と前者の違いは画家の目、あるいは絵を買う者の目にしか意味がない。それ以来、視点が変わる。つまり観察された細部を通して、多少とも確信をもって、理想的なものの特徴が追究される。その意味では、きわめて慎重に「写実主義」と言えるかもしれない。私の知るかぎりでは、もっとも古い例が二つあり、いずれもほぼ同時期の作品である。コンラート・ヴィッツの《ペテロの漁》におけるジュネーヴ、そしてファン・アイクの《宰相ロランの聖母》での、窓から眺められたリエージュである。当時は一五世紀半ばである。二、三世紀以前から画家たちは人物の肖像画を描く技法を学んだ。この二つの成果は関係がないとは言えない。

潜在的な意味

以上のような文学的または図形的な画像は何を示しているのだろうか。「典型」というものは、いくら固定されていても、完全に恣意的ではありえない（具体的な対象を描くのに役立つとしても）。必然的に（経験上、言葉と視覚を結びつける絆によって）、その「型」は経験されたもののなんらかの様子を反映する。たとえば防壁とか教会堂の尖塔を述べるか描くかすることは、それ自体で機能的な活動にはならない。問いが跳ね返ってくる――それでは都市の「典型」を構成できる条件とは何か、と。

少なくとも一三世紀までは、中世の人間の都市観は、部分的には、神話的な四都市をモデルとし、世界中のほかの都市はすべて類似しているか、その反対かである。つまり、完全に至福を表わす言い方で天国エルサレム、その反対に、「黙示録」の一七、一八章で呪われている都市バビロン、権威と知識の源泉としてのローマ、そして遠い驚異的な都市ビザンティウム、ここは聖遺物の尽きない宝庫（一二〇四年に蹂躙されるまで）であり、神聖さの貯蔵庫であり、その威光は一三世紀末まで衰えない。

八世紀の賛歌「エルサレムという至福の都市、その名は〈平和の姿〉を意味する」は、抽象的な形態であり、ある者にとっては終末論的思考の対象だが、他の者にとっては都市存在の理想像であり、人間の欲望に適した都会、ランスロ物語群で聖杯探求者の話が終わる神秘的なサラスの街となる。「天国」エルサレムは「都市」であり「首都」であり、神によって建設され、カッシアヌスによれば四つの空間を表わしている。まず歴史的には旧約聖書での地上の都市をさし、つぎにキリスト教徒団を示し、また神に選ばれた人びとの永遠の「国」を告げ、さらに人間の魂を表わす。最初の十字軍につづいて七五年ほどのあいだ、キリスト教徒は地上のエルサレムを支配し、この街を具体的に眺めても、神話は変わらなかった。

カロリング朝時代の『ヴェローナを歌った詩集』（八〇〇年ごろ）以来、現実の都市を描いた多くの文学作品や絵画はその影響を受けた。エルサレムは、天国として時代の終末に向かって投影され、一種の希望の星になる。聖書で描かれたように地上で実現されたので、エルサレムは、キリスト教徒が強調できるような意味を帯びた地名となる。一二世紀にフランス語に訳された偽書『パウロの幻想』はもっと突っ込み、この都市と「楽園」を同一視する。(103) 天国エルサレムは、完全な円形または方形になっていて、聖櫃を中心に、一二の入市門があり、東西南北の方向へ四区画に分割され、その空間の中心性とともに黄道十二宮と時の全体を喚起させる。そこに住んでいる者は、神の平和としての世界的平和に同化する。現在のエルサレムはどうかというと、（「サラセン人」にふたたび侵略されてから）二世紀のあいだは、まだ幾万人もの巡礼が遍歴してゆく都会であるが、もはやキリスト受難の地でしかなく、都市としての堅固さは失われる。

エルサレムは、歴史を超えて歴史に導かれる最後の時代へわれわれを連れてゆく。その代わりに、ローマが存在し、意義あるのはその地上的権威による。その過去はローマを多義的な象徴的存在とした。たとえばキリスト教的ローマは、異国人に荒らされ、ビザンティン人、ついでヴァイキングに略奪され、廃墟を散在させ、教会堂や偉い聖職者らの屋敷に異教徒の円柱やモザイク模様が取り付けられて、古代ローマの上に重ねられていたが、依然として古い十字型の市街図が辛うじて読み取れる。一一世紀になっても、なお空き地が散在している。かつてアウレリアヌス帝によって築かれた防壁はカール大帝の即位に際してローマ教皇ハドリアヌスによって再建されたが、その防壁はあまりにも広い空間を囲み、そのなかでは、地方の豪族たちの陰謀や、地位の危ういローマ教皇側の策謀に巻き込まれ、おぼつかない都市が浮かんでいる。それがローマという「都市」であるが、その街を眺めながら、サン－ピエトロ聖堂へ向かう巡礼者たちは頌歌を歌う――

おお、崇高なローマよ、世界を支配し、
すべての都市のうちで、もっとも卓越した都市よ……

信心深い来訪者らのために、「都」の名所旧跡、つまり古代遺跡や聖所を紹介する最初のガイドブックが作成される。オットー三世はいつかゲルマン帝国の首都をローマに置こうと夢見ている。そのようなありがたい意志を祝った一種のキリスト教会的文学もある。しかしオットー三世は二二歳で亡くなり、その友人で顧問でもあったローマ教皇シルウェステル二世もまもなくその後を追うように亡くなる。ここに、一二世紀の西洋における都市興隆の時代に、すべてが活気づく。教皇と皇帝との長い権力闘争は前者の勝利に帰して終結するのである。

一三世紀になり、インノケンティウス三世の後には、ローマ教皇のローマは大部分の国王たちを権勢下においている。それは「すばらしいローマの都」、ついで「まったく輝かしい都」が、尊い記念建造物や、それにまつわる伝説の目録に決定的な表現を与え、それらの来歴が選ばれた道順に沿って語られる。当時、ローマ都市が遠い郷土からやってくる旅行者たちに与えた印象から多くの証言が得られる。

ル・マンの司教だったイルドベール・ド・ラヴァルダンは、一一〇〇年ごろにそれらの遺跡をめぐっているが、彼の詩では、古代都市の残骸が湿原のいたるところに散らばっている。その遺跡は昔の偉大さをいまでも証明しているが、その過去は二度と戻らない。偶像は落ち、十字架が鷲の標章に代わり、天と地が入れ替わった。イギリス人マームズベリーのウィリアムは、一一二五年ごろ、その都市の世界的使命と、「要塞都市の名残」と化した現実（その城塞の内側、多くの塔の下で）の姿を嘆いている。アングロ－ノルマン時代の聖職者グレゴワールは、世紀の曲がり角において、驚くべき『物語』を書いているが、これは「魔法または人力で実現されたすべての驚異」を探し求めてゆく者の旅日記である。そのなかで、ローマは神秘的な栄光に輝いているが、その都市とキリスト教団との関係は頭と身体の関係に等しい。つまり「世界の首都」であり、これも決まり文句である(104)。

地中海の東端では、コンスタンティノポリス（この街の都市的発展、勢力、富裕さは、九世紀と一〇世紀には頂点に達している）がオリエントにおけるキリスト教徒の想像力に、おなじ機能を果たしている。G・ダグロンは、地域的な伝説が救いの土地としての各地を徐々に移動させ、ビザンティウムがエルサレムと入れ替わり、「キリスト再臨」の地として期待されるようになるまでの経緯を証明した(105)。事実、陸路で巡礼に出かける西洋人や北欧人にとって、コンスタンティノポリスはエルサレムへの道中で立ち寄らなければならない宿駅である。一一五〇年ごろの武勲詩『シャルルマーニュ大帝の旅』では、その事実は認められながらも、皮肉に逆転されている。つまり大帝がボスポラス海峡に臨んで、手間取るのはユダヤ地方からの帰途である。その休息を利用し、作者は脱線して大都会コンスタンティノポリスの壮麗さを列挙する。しかしそれは、一四世紀の挿絵画家のスタイルを告げるようなものではなく、たんに決まり文句のかなり平凡な誇張にすぎない。たとえば防壁と鐘楼、力と富、架け橋と貴重な資材で建てられた宮殿、騎士や未婚婦人の宮廷人らが集まっている田園牧歌的風景。

これらのモデル的存在から調和と技量、そして「描写」の大部分に意味を帯びさせる驚くべき美を発散する調子が生まれる。あるいは中央アジア全域、とくにイタリア、ついでフランスの初期人文学者（ユマニスト）によって鍛えられた「都市の賛美」という高尚な文学ジャンルとなる。都市に関するいかなる言説も、内的必然性から、賛美か非難かという修辞学に頼る。おなじ「都」といっても、そのときの情勢または作者の見方によってエルサレムかバビロンのいずれかになるだろう。

それらのモデルの内部で、また部分的にはそれらのモデルを使って、都市に対する知覚と中世的表現に強力な元型の圧力が作用し、思考や言語のうえに若干の母型をもたらし、それが（さまざまな媒体を通じて）想像力や言葉を決定する。たとえば、

——囲われた場所、そこから孤独が生じ、

——堅牢さ、そこから安全さが生じ、

——垂直、そこから偉大さと力強さが生じ、
これらの特徴のそれぞれと全体は人間の集団生活に関連する。単純に比較するだけで、それらの特徴は明らかになり、またその統一性がはっきりするだろう。たとえば、二〇世紀末という現代人の想像と活動において、大都会は、中世とは反対に、外部へ向かって広く開かれた空間であり、中へ入りやすいが、内部は危険と、悲惨の極端な姿に満ちている。地面に広がり、寂しく醜い郊外によって延長され、都心部にタワーや超高層ビルがあっても全般的な凡庸さを償えない。都市の最初のイメージから今日のイメージまで、きわめて緩慢に移行するまでには一〇〇〇年を要したのである。

「典型」を構成する要素は、それ自体では都市と城（さらにほかの建造物の威容も）の区別も難しい

だろう。というのも、都市や城などを具象化するイメージにおいて、それらの要素が人間の集団によって示される社会性、あるいは集団固有の有益な活動という視点から知覚された人間的集団を喚起させねばならなかったからである。また人間的集団は、伝統的な三分化によって祈りと防御（戦い）、そして主として農作業として構成される。そこから想像の深層部において一種の不統一が生じる。ときには堅さに柔らかさが混じり、鉱物に脆い生き身が混じり、強力さに親密さが混じる。これは『語源論』巻一五、二、一において著者イシドルスが唯一の現実のうちに、石造建築の「都市」と、その住民すべての「市民団体」とを区別した思想を受け継いでいる。それでも都市の全体的イメージは、やはり一体性を存在させようとする意欲のうえに強く詰め込まれた一体としてのイメージである。都市は世界であり母体であり、人間の平穏のために空間と時間を支配し、つくり直す。人間は、ときには都市を転覆させ、平和を破るが、結局、つねに勝利するのは都市である。ブノア・ド・サント＝モールの『トロイ物語』の都市トロイはヘラクレスに荒らされてから、いっそう美しい都市として再建される。カルタゴの廃墟はローマに匹敵するようだ。各戦争の後で、防壁が根気よく修復されている。

天地照応という概念にとらわれていた中世の人間の慣行では、類似を知覚する能力に基づいた古くさい真理のすべてが忘れ去られてはいない。当然の意味を帯びた技術が西洋にまでやってきた。かくて八、九、一〇世紀以来、イタリアの町々では空間を一二等分し、一日を一二時間に分けるようになった。それは、ビザンティウムからラヴェンナを経てやってきた考え方である(106)。都市が幾何学的図形によって天体に模せられ、都市の行政は宇宙の秩序に関係づけられる。キリスト教国の通過しやすい国境の向こうで、そのような概念が中世のイスラーム世界でまだ生きている。古代から受け継いだ十字型の都市図形も同様であり、各地に存続するローマ時代以来の「都市」には、まだはっきり見分けられる。たとえば、キリスト教によって十字架の意義が高められ、十字形に象徴的な重厚性が与えられたので、その重層構造に多くの化石化した元型が残された。イギリスでは、ローマ世界だった地方の周辺で、七世紀から一〇世紀にかけて、おなじような形式的象徴性が都市建設にかかわった国王や修道院長らの思想にきわめて深くしみ込んでいた。当時、古代都市として知られたグロスターやエクセターでは、十字の交差路を引き立たせるように街が改修された。つまりアングロ－サクソン人の再興者らとしては、それが神の保証する領有となったのである。九〇〇年ごろ、イギリス国王アルフレッドはそのような設計でオックスフォードという都市を建設した。ウォーリック、ヘレフォード、ブリストルなどの都市においても同様である。その事業は、強烈な象徴化の意欲とともに、とくに都市構造の要素のあいだでも意義深い数字的効果を利用したがっている状況のもとで実施される。この企画はヨーロッパ全体に影響を与えた。イギリスでも、一一世紀に終わっていたが、それでも地方によってはノルマン王朝体制のもとで復興し、たとえば一二世紀のロイストンの建設、一二〇〇年ごろのリヴァプールの建設の方針になっている(107)。ほかでは、建設する記念的十字架または教会堂の地形的配置で、おなじ効果を生みだそうとするところもあり、都市空間と救済空間を一致させようとする。たとえば一三世紀の半ばでは、ボローニャの再建において、またユトレヒトあるいはバンベルクにおいても同様である(108)。

対照的空間

「都市の典型」とそこから生じるイ、メ、ー、ジ、が意味するものは、禁欲主義的伝統によって、脆弱で、一時的だと批判されている「万物」のなかにあって、都市が唯、一、、堅、固で安全だということである。都市の中心的存在性は世界の他の部分の野蛮性――つまり辺鄙さ――を否定する。都市は世界の中心にあって、特権的空間であるとともに権力の場所でもある。それこそ、銃眼のある防壁や、その壁に並んだ塔、鐘楼、すべてを見下ろす見張り塔、おなじくその街のブルジョアたちによって獲得された社会的地位が表明する主張である。都市は、経験的現実においてどのように感じられても、「圧倒するような」印象に合わせて眺められ、語られる。つまり天のように高く、超自然な意志のように強力で恐るべき存在である。普遍的な類似において、隠喩から比喩へ、またその逆に比喩から隠喩へと、精神や文学や絵画を絶えず往復させることになる。古い『ロランの歌』の作者は大帝に挑戦したスペインの唯一の都市サラゴサに言及し、（地理的実情を無視して）その町を山頂に置いている！　サラゴサという悪い都市、反乱の都市は地上にそびえることになり、上空にある「創世記」の「バベルの塔」のようになる。

それでも、現実の複雑な状況を考慮しなければならない。つまり前‐近代的なヨーロッパの都市は規模も構造も、富裕度も文化的活力も、きわめて多種多様である。都市発展の速度も、ときには非常に大きい格差がある。時代とともに「典型」の安定もイメージづくりも変化を受ける。必然的に都市の描写も個性化へ向かう。中世の各都市の特色は、都市そのものよりはむしろその住民からきていると主張されたのも当然である[109]。それでも元型的な特徴は、一六世紀になるよりはるか以前までは、いかなる都会の景色にも秘められていて、ときには画家たちにおける極端な視覚的緻密さに結合する。たとえば一四九四年のカルパッチオの《聖十字架の奇跡》、さらに一五三五年のティツィアーノの《ヴィーナスへの奉献》にも見られる。

残るのは、すぐ気づかれるが、規模の差異である。トゥールの防壁は中世前期では横幅三〇〇メートルであった。その他の都市はだいたい四角にして横幅五〇〇から三〇〇〇メートルである。メスは七〇〇〇メートル、トゥールーズは八〇〇〇メートルになるので、いずれも巨大な都市である。(110) 人口は、ベロック、バトゥー、そしてシェーヴルがヨーロッパ全体についての参考資料を提供している。そのようなわけで、確かな原資料から一〇〇〇－一二〇〇年のあいだのフランスの一八都市の人口が明らかになる。その期間に、一五都市の人口は増加し、そのうち著しく増加した都市もある（パリでは五倍、サント‐メールでは一〇倍、モンプリエでは一三倍も！）。カーンとランスの二都市では減少している。トロアとトゥールの二都市の人口は変化なし。視覚的、聴覚的、嗅覚的、さらに触覚的な感覚を介して、どれほど同時代人たちが、そんな人口の変動によって都市問題に対する総合的な感じ方に影響を受けたか、想像できよう。想像の範囲は移動する。一〇〇〇年ごろの旅行者にとっては、コルドヴァやビザンティウムは幾十万の人口を有していたので人間の産業より驚嘆に値した。それから二世紀後、アンダルシア地方の古い主要都市は縮小するが、パリあるいはパレルモは人口一〇万人を突破した。ヴェネツィアもそれに近づいていた。

　一三世紀を通じて、人口増加の全般的傾向は加速してゆき、驚愕する感動も薄れていった。古代の中心地の周りに建設された防壁も縮まり、いわば萎縮していたので、再建しなければならなかった。一一五〇年ごろ、リールは八〇ヘクタール〔約八九四四メートルの二乗〕を囲む防壁をめぐらせていた。それから一〇〇年後には、新しい防壁が建設され、一一五ヘクタール〔約一〇七二メートルの二乗〕を囲んだ。つまり四四パーセントの拡張である。町はずれ、牧草地、川の中の島も含まれる。一四世紀に流行したペストのために、しばらくのあいだはその建設事業も停滞する。というのも、おなじ原資料によれば、一三〇〇年から一四〇〇年にかけて、モンプリエとトゥールは人口の半数を失っているからである。オルレアンとサン‐トメールでは三分の二を失っている。しかし、すべての都市がそれほどひどい打撃を受けたわけではない。さらに一五世紀には、人的損失と通貨損失、それにつづいて起こった社会危機からどうにか立ち直れた都会人の世界に新しい飛躍が認められるようになる。しかしながら、一三〇〇年、一四〇〇年、さらに一五〇〇年になっても、近代的な状況、つまり都市部の拡張によって結局、都市機能の均衡が破られ、一定の類型的な「場所《トポス》」の性格を消滅させるのでなければ希薄にしたという近代的状況には、まだまだほど遠い状態にある。一二五〇年ごろには、やはり（想像できるように）高齢の人びとはその地の司教や国王や役人が都市化に熱中しているのを嘆かねばならなかった。なぜなら、彼らは、伝統的に、自分らの都市に期待していたものが世代から世代にかけて変質してゆくのを知り、感じ、予想していたからである。

都市の起源、格づけ、組織、歴史の経過から生じる不均衡と変化、郊外の「新しい街《ヴィルヌーヴ》」の増加と拡張。それでも一七、一八世紀以前には、都市と呼ばれたすべての街に共通する、ごくわずかの変わらない特徴が存続していることもある。石垣に囲まれ、土壌が固められ（都市の地盤がいくらかは農地の上にあっても）、都市は防壁や社交的交流にあてられた一、二の広場をめぐって複雑な道路の全体がほとんどつねに曲がりくねり、風よけにはなるが日差しを遮断し、ごみで汚れ、火災を起こしやすい――一二世紀からは、なんとか防火手段らしいことが講じられている。そこに人口が密集し、反乱も起こりやすい。一二世紀に建設された新しい都市、たとえばエグ＝モルト、その他のフランス城塞都市は地上にかなり正確な幾何図形を投影している。しかしどの都市にもそれなりの形態がある。都市の構成要素のひとつに立地条件がある。たとえば平野では、川が迂曲しているところとか、もっとも渡りやすいところ。あるいは、もっとよく見られるが、小高い土地の上、斜面の中腹、遠くに平野を見渡せる丘、自然的防備となる湿地帯のなかへ張りだした波止場でもよい。都会の容姿は千差万別である。ただし少なくとも（極度に低平なオランダ、ゼーラント州のジーリクセーにあるような塔の大胆さであってもよい）つねに都市は目立ち、高らかに誇示する。J・ル・ゴフが書いているように[111]、都市には「地形の記憶」がある。都市の歴史は、その道路の道筋、もっとも古くから存在する建物、ときには遺跡と化した場所に記されている。そのような永続性を確保する光景は、各世代にとって、定期的に社会の構成物を襲い、破壊し、人間たちを苦しめ、死亡させた動乱の後遺症を和らげてくれる。戦争、火災は都市の原形に被害を与えるが、地方的慣習が継続されるなら都市の独自性は保たれる。

都市は、その住民(都市から発するメッセージの彫琢に参加している)が、なんとなく耳を傾ける一種の言語を構成していて、それは不統一のようであっても、特異性と神秘性のおかげで多くの象徴体系が組みあわされる。たとえば展望、騒音、地名、地域の歴史、大よその意味もわかりにくい言説を累積した、異質な各意味表示(シニフィアン)の総体である。それでも意味がないとはありえない! ここで類型表現(トピカ)が介入し、そのおかげで人間の言語が現実的なものの複雑性を明らかにしてくれる。

したがって都市は、その存在全体でもって、私が他所で中世社会の放浪生活と名づけたものを排除する。つまり都市は、細分化された周囲の世界に向かってみずからの重圧感を対立させる。田舎では孤独な場所の分散や封建的家系の孤立化が見られるのに対して、都市は人間と財力を集中させる。伝統という確実さにおける安易さと浮遊性に対して、明らかに強固な計画性を対立させる。事実、国内紛争や、一三世紀から増加する社会的暴動が乱暴に新しい不安定を招く。だが、いかなる反乱も必然的に鎮圧され、敗北者は殺されるか、追放される。都市は残り、そのイメージもほとんど変わらない。

都市は空間的に多様である。その自然的、地形的な空間に、良きにつけ悪しきにつけて、社会的空間、経済的空間、宗教的空間が結びつき、どの空間も独自の歴史を有し、またそれらの空間は「都市文化」

に合体する。その文化は、ある特徴によっては西洋のすべての都市に共通し、また他の特徴によっては、面白いほど個性的で地域的なままである。都市は世界における在り方によって決定される。その点では、近代の世紀におけるヨーロッパ文明の揺籃期である。都市は、支配的なブルジョアジーの対抗文化の余白や下方で沸き上がる大衆的な対抗文化をにじみ出させ、受け入れ、部分的には取り入れる。M・バフチンは、よく間違って引用される著書において、「謝肉祭」と名づけるものの根本的に都会的な性格を示している[112]。都市は、もっと一般的には（G・ビアンチオットが書いているように）「語りの新機能」を生みだしている。おそらく新しい文学形式をつくっているのである。たとえば一二世紀以来のファブリオ〔韻文形式の小話〕とか、その後の笑劇などであり、いずれも都会的な笑いの形式である[113]。都市は友好的な社会性の空間を開く。大広場、教会堂の前につくられている自由な空き地は、他人との絶えざる接触、やじ馬根性、おしゃべり、あざけり、一般的な親しみへ誘ってくれる。すべての階級の男らが居酒屋にやってきて、ワインで親しくなる。女たちは水くみ場や共同洗濯場にいる。一年を刻む宗教的あるいは世俗的な祭日が社会的な階級を浮彫りにするが、歓楽は共通している。一四世紀になってようやく貴族階級の者らは、自分らの利益になるように祭日を儀式化できるようになる。しかしながら、イギリスやフランスからイタリアへ、スペインからボヘミアへ、聖史劇（*mistères*）（一五世紀のフランス語ではそのように書かれている）という大芝居を演じる劇場がつくられ、普及し、前奏的な行列とともに、比喩的に「天」と「地」が対決する中心的舞台の周りに整理し直された都市全体の空間を占める。

　したがって、城壁以上に都市を本質的に表わす完全な象徴は、ひとつないし複数の門である。というのも、一般的には少なくとも二つの門が数えられるからである。人間や財の入口であり出口であるという、二面の場所である。材料を搬入し、製品を送りだす場所。城塞の弱いところであり、それだけにしっかり防備される。しかしまた平和なときには、待ち合わせたり、おしゃべりしたり、酒を飲み、食べ、取引し、吟遊詩人らが落ちつく場所である。都市が川岸に沿ってつくられているなら、門に通じる橋は象徴を完成する。なぜなら、外部との通路や連絡にはうってつけの手段となり、恵みになるが危険でもある水路だ。『ロランの歌』でのサラゴサには四つの架け橋と一二の門があり、それらの数字は高度の意味を帯びている。橋梁の架設は教会堂を建てるほどの大問題であり、それだけたいへんな知識と建設技術を駆使している。アジャンは一世紀もかかってその街の橋を完成するだろう。もし川が町中を横切っているなら、出店がその橋に押し寄せ、橋を通りに変えてしまい、住居構造に併合してしまう。たとえばパリ〔ポン－ヌフ〕、フィレンツェにあり、ヴェネツィアのリアルト橋がある。アルプス地方では、ルツェルンでのように橋に屋根がかかっている。

都市は直立した高みから輝いている。その都市を見つめる人びとの心にはそう映る。また田舎も輝く。田舎は都市によって生き、都市も田舎によって生きているから。イタリアの多くの都市の「田舎」、それは多少とも広々した領土であり、ときおりは裁判とか税の複雑な絆で都市に結びつけられる。かくて都市は世界にある。つまり都市は世界に属し、世界に位置する。世界の生きている部分であり、器官である。自由の空間であるとともに権力の場でもある。そこからその光景を見て、人間が良くも悪しくも感じる驚異的な印象が生じるのである。都市の地形の改修、また都市内部の配置には、神秘的な照応、神から与えられた宇宙的学問、「調和」という超自然的な協調への参加が含まれているように思われる。だから都市は生命の源泉であり、未来の約束、能力の供給源である。

これらの対照的な事柄は、人間どうしのあいだのみならず、さらに人間と物体とのあいだに他所とはまったく異なる関係、さらに開花して全体的な空間を生みだし、生身の都市を石造建物の都市につなぎあわせたり、引き離す垂直の力と、結合する水平の滑動力によってその逆となる関係をも示すか、生じさせる。それは成層空間であり、また各領域それぞれの叫びがあり、匂い、旗じるし、慣習、祭典のあいだの生命的流通を確保する空間である。親しい氏族間には、職業的、民族的集団があり、その連帯感、その同業者組合、その信心会、近隣・相互援助会、つまり集団の生き生きした細胞がある。したがって公的な空間と私的な空間（ずっと後になって君主制によって導入される）のあいだの明確な区別をまだ知らない都市だからこそ、いっそう生き生きしているのである。私的なものと公的なものとが混じり合っている。たとえばブルジョアの住居は店でもあるのだ。その市民が家の中に入ってしまえば、窓は人通りの多い往来へ向くだけになり、騒音や臭いは遮るものもなく広がり、気分を害するばかりである。個人的であろうと家族的であろうと、どんな出来事も大広場や市場や教会堂まで伝わってゆく。都市全体が劇場なのである。つまり市民一人ひとりが役者であるとともに、他人の演技を見て楽しんでいる。そこから、身体的行動の一種の素朴さにもかかわらず、「上席権」――強烈な空間的含意の語――の体系化が生じる。

だからこそ中世の都市は、たとえその風習が外部の人びとを驚かせることがあっても、今日、共通の空間を喪失したわれわれの巨大都市において感じられるような不安感は起こらない。一五世紀を通じて都市の文学や絵画の表現が個性化しはじめる時期は、伝統的な安定が初めて破れる時期と一致している。たとえば都市面積の拡張、保安や衛生の必要、宮殿の建造、おそらく階級的精神の育成、そのようなものが一五世紀から一六世紀にかけて公的空間と私的空間との漸進的な分離を招いたのだろう。道路には石畳が敷かれ、おそらく都市または支配者らの栄光を賛美するように彩られた水くみ場を備えているが、その通りはもはや完全には私の道ではない。その道路は「すべての人びとのため」の道であって、言い換えれば「誰のものでもない」道を意味する。

多様性がある。なぜなら、都市には組織的統一とともに情緒的豊かさがあると、当時の人間にすぐ理解されるほど、明らかな分散が認められるからである。一二三〇年ごろ、パリ司教ギヨーム・ドーヴェルニュはその著作『宇宙論』において、神から授かり、摂理の「世界」で役立つようになった能力でつくられた木製、石製、金属製の多くの物のなかでも、とくに人間を野獣の運命から守るべく定められた場所とその住民とが合体するところとして都市を定義していた。(114) それから六〇年後、音楽家ジャン・ド・グルシーは、街角で毎晩のように「都市《くに》の救済に」励むパリっ子たちに囲まれた叙事歌手たちを称えている。

しかしながら当時、都市社会は、はるか以前から（かつて、そうだったと仮定してだが）同質的存在ではなくなっている。商業と手工業、さらに一二世紀から「ブルジョア」と呼ばれるようになった少数者たちへの財の累進的集中化、それらが古い統一体を潜在的に敵対する集団として徐々に分化するようになる。つまり「金持ち」と「貧者」である。事実、もっとも裕福なブルジョア家庭のあいだでは、さまざまな法律の影に隠れて一種の寡頭政治が構成され、それが都市を支配する。この都市貴族（封建貴族より開放的であり、かなり野心家を優遇する）の成員らは互いに友情、取引、結婚で結ばれ、その実力の外観を誇示する。たとえば立派な邸宅、高価な物品の使用、またとくに一三世紀以来、家名がある。この経済的、社会的、精神的な身分の差は、都市においても地形的に投影される。貧困と富裕は都市空間を二分するようになる。たとえばトゥールーズでは、マルシェ・ド・ラ・ピエール界隈に、いちばん富裕な人びとの家が集中し、橋の対岸のあばら屋ばかりの家並みには悲惨な労働者らが住んでいる。

このような不平等と、そこから生じる紛争の種にもかかわらず（それが原因でないとしても）、かなり早くから都会的自覚が生じていて、一二世紀にはいたるところで表明される。たとえばイタリアのジェノヴァは、神ヤヌスそのものによって建設された都会だと主張する！　ラヴェンナ、ボローニャ、その他の都市はローマの「古代」よりもっと古いと自負する。都会人は特別の運命をになっていると思っている。都会人が住み、働く場所は、異常なほどエネルギーが集中しているところである。都会人は、富裕であろうと、なかろうとも、極貧の境遇から脱出するとすぐ、仕事が必然的に機会的作業か商いになると悟る。彼は物の価値を知り、金の使い方になじむ。彼の生活様式は、かつて大自然に縛りつけられていた絆がゆるみ、そのかわりに複雑な人間関係に慣れ、他所から何がこようと恐れなくなる。

多くの都市には、紛争の絶えない全体のなかで、同化しない存在とみなされた（あるいはそう望んだ）集団が存在している。それはユダヤ人である。ユダヤ人の歴史は都市空間にも記録されている。たとえば、エルベ川でないとしても、ライン川より西のヨーロッパでは田舎者のユダヤ人は見られない。古代キリスト教時代以降、宗教的な排斥の犠牲になった結果として、彼らが社会的、精神的な差別を受けたことは、たんに民間の迷信や伝説によって証明されるのみならず、裁判や教義（「反ユダヤ論」のようなもの）や物語の多くの記録、作品などで明らかである。たとえばB・ブルーメンクランツは、一〇世紀と一一世紀のものだけでも二四〇点を収録し公刊している！[115]　ユダヤ人に与えられた生活条件は、彼らを商業、ついで銀行業を専門にさせたので、種々の言語において、彼ら独自の方言や言い回しが生みだされた。彼らをキリスト教徒から隔てる溝は、初期十字軍のころに生じ、それから深まりつづけた。知識人のなかには双方の対話を少しでも試みようとする者もいたが（ただし下心がなきにしもあらず）、暴力沙汰はますます多くなる。キリスト教徒はユダヤ人の存在そのものが汚染をまき散らし、脅威だと信じている。たとえば「ユダヤ・ペスト」が連想される。すでに一一五〇年ごろ、ボーリュー - シュールードルドーニュの大修道院付属教会堂の正面玄関には、ユダヤ人だとすぐわかるようなボンネット帽をかぶらされ、割礼の儀式を見せながらも、彼らが殺した……「あのお方」の勝利の様子に接しているユダヤ人らの姿が彫られている。一二世紀と一三世紀の曲がり角において、ラテン語ならぬ俗語で書かれた最初の演劇形式のものが現われると、おなじような場面が主流になる。つまりユダヤ人は悪魔、魔法使い、強欲な者、泥棒、あらゆる善の仇敵であるとともに、都市世界における贖罪の身代わりになる。

国王らは対処の仕方に迷っている。フランスでは、フィリップ二世尊厳王は一一八二年に、領地からユダヤ人を追放する。しかし一五年後に呼び戻す。一二七五年から一三〇〇年までは、つぎつぎにさまざまな措置が講じられ、ユダヤ人は大都市に集められる。一三〇六年には、新しい追放がおこなわれ、一三一五年、また帰国が認められる。イギリスでは、一三世紀に、ヘンリー三世とエドワード一世は托鉢修道会が計画した改宗運動を援助して、ある程度の成功を収める――それでも一二九〇年には一万六〇〇〇のユダヤ人を追放している。一三二〇年からは、ユダヤ人大虐殺の時代となり、たとえば一四九二年には、スペインにおいて、当時までこのキリスト教国で（文化的にも、経済的にも）もっとも多数で、また活動的だったユダヤ人共同体が決定的に追放される。

しかし一二〇〇年から、ヨーロッパ中に地域的分離の傾向が現われた。そのころまでは、若干の都市に、ユダヤ人通り、さらにはユダヤ人地区というような、自由にユダヤ人を受け入れる避難地域、集合と友愛の地域があった。たとえばショドロニエ〔金物屋〕通りとかタヌール〔皮革屋〕街である。一三世紀には、一二一五年のラテラーノ公会議で告示され、その後、王権の意志しだいでユダヤ人に対する多少とも厳しい拘束が施行される。教皇インノケンティウス三世はユダヤ人の衣服〔の左胸の上〕に「黄色いマーク」をつけるように命じる。キリスト教国は他者排斥を制度化する。つまり国内にいる「他者」である。

また、徐々に「ユダヤ人居住地区*ghetto*」なるものを設けるようになる。この語は一五一六年ごろ、はじめてヴェネツィアに現われるが、その事実はすでに一四世紀半ばからドイツにみられる。一五〇〇年には、ポーランドからスペインにかけてユダヤ人街があり、なかでもヴェネツィア、ローマ、トリエステ、フランクフルト、プラハのユダヤ人地区は有名である。フランスでは、ローマ教皇所領のコンタ・ヴネサンという地方だけがそのなかに含まれた。それらの空間的地域は、不信と敵意に包囲されながらも、きわめて古い伝統と、豊かな文化で知られ、アンダルシア地方からウクライナ、またカプアからイギリスにいたるまで、この迫害された民族に、空間を超越した見事な統一性、つまり無形のユダヤ人的空間を確保するのである。その文化——その空間を啓示するもの——のもっとも注目すべき成果のひとつ、それはイディッシュ語だろう。この言語は、ヘブライ文化的源泉への反省とともに、ロマンス語圏やゲルマン語圏を長いあいだ放浪した思い出からきている（一二－一四世紀のあいだだが、ムーズ川とライン川の流域地方では、おそらく一〇世紀以降）。

俗と聖

教会堂は、都市の中心部の高いところにある鐘楼から街の家並みや防壁を見下ろし、すべての所轄領域においても（小教区の組織網のおかげで）、権威的で、庇護的という存在理由を確保している。建造物と制度は、言葉のうえでは区別しにくく、一般の精神においても同様であり、両者はまるで記号と意味との関係のようである。なぜなら建造物には、場所を超越して想像しがたい知識と権勢が含まれているからである。大聖堂、小教区教会堂、大修道院、司教館の建物は、聖職者至上主義化された都市空間で、もっとも明らかな記念的量塊《マッス》を形成する。キリスト教会は、概して都市の主たる不動産所有者である。しかしその伝統は、『旧約聖書』や古い隠者的理想に影響されるかぎり、長い期間にわたって、聖職者のなかには都市環境に対して本能的な反感を抱く者もあった。最初の都市建設者は、「創世記」によればカインにほかならない。それは忘れられないことだ！　一二世紀には（われわれが回顧するかぎりでは、西洋の都市化は長期にわたり、避けられないことのように思われる）、すべての判断が動揺しはじめる。ベルナール・ド・クレルヴォーにとって、パリはバビロンのような破廉恥な都会であるが、エノーのフィリップ（実際、彼はシトー修道会を嫌っていた！）にとっては、むしろ今日のエルサレムのような都市である。ジャン・ボデルは、一二〇〇年ごろアラスで上演した『聖ニコラ劇』の場面において、騎士団の開放的にして浄化的な空間に対し、盗賊どもの巣窟になる居酒屋で代表されるような暗黒街の空間を対比させている。ダンテにおいても、『神曲』にはっきり描かれている唯一の都市（また典型的な表現、つまり城壁、堀、塔、そして門）は、ディテ、つまり「異端者の都」、地獄の第六圏である！

　状況はいささか複雑である。というのも、キリスト教会が熱心に都市文化に参加しているからである。一三〇〇年ごろ、いや一五〇〇年になっても、宗教的なことと生活の世俗的な領域とを明確に区別するものはまったく存在しない。行列、街の人びとによる集団的行進は、聖職者らの指導のもとで、都市の空間をたえず神のものとする。一三、一四世紀にフランス北部の「ピュイ *puys*」〔詩学アカデミー。その集会で詩の朗読、コンクールなどが行われる〕、一五、一六世紀オランダの「文芸サロン」〔フランドル地方、アルトア地方の〕が存在したところは、気晴らしの地であるとともに信仰の地でもある。各職業の組合は教会堂に参集して、それぞれの守護神を祝う。神父の説教が信仰と風習を規制するが、そのとき一般聴衆に芝居を提供し、典礼は歳時と住民生活のリズムをつくりだし、ほとんどすべての祭典を生みだし、組織している。九世紀から一二世紀のあいだで、典礼から生じたものは、それまで知られなかった集団芸術、たとえば音楽、詩、演劇であるが、その多くはやがて教会の監督から脱してしまう。教会堂は群衆を集められる唯一の都市的建造物である。そこで集会や法廷が開かれる。見物に訪れる物好きもいる。また『フラマンカ』のなかのギヨーム・ド・ヌヴェールのように情事の場にもなる。フランスの多くの都市、たとえばボルドーのような街でも、市役所がないために教会堂で参事会を招集している。

しかしながら、変化が起ころうとしていて、その前兆が一三世紀に現われる。というのも、自由都市の勢力が上昇し、「商人時代」が到来し、社会的格差が深まり、それらの変動がすべて都市組織に刻み込まれ、建造物として開花し、市庁舎、塔、公衆時計、豪邸の見事さ、そして貧民街の悪化となって現われるからである。その結果は——はじめは残存する古い習慣の背後に隠れていたが——一六世紀、さらに一七世紀にはますます明らかになる。都市が世俗的空間になったのである。その後は、中世の都市概念に残っていた古い畏敬の痕跡が消滅する。つまり人間の住む地上のみならず、冥界の権力と天上の権力の結集から生じる活力源も消滅した。

一三世紀を通じて、この進化の要因のひとつは、皮肉にも聖職者からきている。たとえば、ごく新しく設立された「托鉢修道会」によって設立された各都市の修道院がある。この修道院設置の成功はよく知られている。つまり一三三五年にはフランスの二八都市に、それぞれ市中に四か所のドミニコ会またはフランチェスコ会修道院、二四都市にはそれぞれ三か所に修道院が設けられていた(116)。中央ヨーロッパでは、もともと田舎の隠遁地にひそんでいたシトー修道会士たちがさっそくその傾向に便乗した。この修道会の動きは、ヨーロッパの都市全体の発展、さらには都市固有の機能にも影響し、商取引を促進するだけでなく、また（部分的には一世紀足らずのあいだに、大聖堂の側に高等教育施設を設けるなどして）それらの都市を知的研究の中心、つまり大学都市にする。

これらの大学はキリスト教会に所属し、その管轄下に置かれ、教師は修道会員か在俗聖職者であり、高位聖職者か大聖堂役員の場合が多い。かくて世俗的意識の最初の特徴が現われはじめるとき、都市生活に対してキリスト教会が果たす文化事業が絶頂に達する（もっとも洗練された思想的水準まで）。だが、まもなくその活動は好転し、新しい制度を設けた都市の様相は一変する。たとえば一三〇〇年には一五大学あったのが、一六世紀初めには、スペインからポーランドにかけて五倍の数に達している。新しい建物、寄宿学校、学校、修道院、教会堂が建設・拡張され、出版所が創業して、〔その関連の〕筆耕所、「助祭たち」の店、書店がふえ、その他、居酒屋、淫売宿も――。都市経済も風俗と同様に影響を受ける。

記述の利用（一般化しつつある）と都市構成、都市の権利の要求と行使のあいだに暗黙の了解が生じる。ブルネット・ラティーニはその『宝典』〔一種の百科事典〕巻三において、自由都市の統治法を修辞学の知識に当てはめる。記述は、内在化された放浪性をこの社会から徐々に排除する最適の技法である。つまり記号と意味を蓄積する手段であり、そのおかげで思い出は具象化され、かなりしっかりした堆積として固まるので、一種の支配力が与えられよう。しかしながら大学は、教師たちのあいだで論争や憎み合いや利害闘争に明け暮れ、その証言となる文献・資料はふんだんにある。流動的な学生たちは、いたるところの出身者であり、どんな言語も話し、その異国的習慣を持ち込むが、定住するつもりはなく、ブルジョアたちからみれば多少ともいかがわしい手段で生活しているので、紛争、避けられない犯罪、貴重な習慣の堕落が起こる。知識と嘲弄と犯罪の街としてのパリを天才的に描いている（彼が個人的にどんな人物であったにせよ）ヴィヨンの詩で喚起されるとおりである。

人間の反応

一五世紀半ばでは、都市が権勢を振るっている。都市には、国家や一般の精神性に作用する力がある。イタリアや北フランスでは、一三世紀から一四世紀にかけて都市環境が、「宮廷」文化の本質に適応し、同化できた。しかし他の地方では、まだ騎士階級に独占されていた。フィレンツェ、ボローニャ、アラス、それからまもなくトゥールーズ、マルセイユ、ついでドイツ、イギリスでは、商人や役人たちが詩作を競った。理想的な女性や聖母を詩で歌うのは商いの余技になり……またときには傑作も生まれる。都市化も一二世紀よりは偶然でなく進められる。イタリアが率先し、一五世紀以後にはトスカーナ地方の多くの都市をはじめローマの表情を近代化している。新しく幹線道路が建設され、教会堂は復元され、再建され、宮殿が建てられたり増築されたりして、都市は近郊の裕福な邸宅で囲まれる。ローマ人はその「古代都市」の地図を研究しはじめ、一五世紀には考古学的発掘作業が計画され、一六世紀、とくに一五五〇年から実施される。一四世紀以後、条例によって、道路上の最低限の公衆衛生と清潔の義務化が試みられている。

注意深く耳を傾けるなら、当時、都市の防壁の内部で砕けはじめる音、つまり孤立状態の終息が始まる徴候を聴き取れたかもしれない。しかしながら、まだ都市に対する見方を変えることは、だれにもできなかった。ヨーロッパを通じて、どの都市の法制を調べても、行政官の精神には依然として古い価値観が現存していることを証明している。都市の防壁は、大砲によってその軍事的価値がほとんど失われても、やはり都市の象徴のままであり、市の紋章に描かれるほどである。防壁の機能は、これまでになく、限りない大地の広がりにおいて、ある場所、あるいは詰め込まれ結合された場所の、小さい集まりを分離し、限定することである。そのために、防壁は人間を峻別する。その囲いの内部にいる人びとは、外部の者には想像しがたく、さまざまな活動に富んだ明確な社会を形成し、羨望または憎悪の的になる。西洋のすべての言語において、特殊な用語が幾世紀も前からそのような差別を示している。たとえば、フランス語で「町民」(ブルジョア)と「百姓」(ヴィラン)、あるいは人文学者の言い方(六世紀からフランク語で使われた)では「都会人」に対する「田舎者」である。これらの語は一三五〇年ごろにフランス語に移っている。J・ル・ゴフは、そのような対立がスコラ学思想の彫琢に影響を与えたことを証明した[117]。ギヨーム・ドーヴェルニュやトマス・アクィナス、さらにはコロンナ・エギディオのような人物たちのうちにギリシアの「都市国家」(ポリス)の性質や機能の何かを見つける以外には、都市をひとつの全体として、その囲いのなかに想像することは不可能である。すべての都市に「政治的役割を与えた」のはイタリアである。フランスでは、君主制が妨げた。

したがって都市は、防壁で示されるように「独自の」存在である。だが守護神として祭った聖人への崇拝によって象徴的に維持されているという強烈な自我の意識がなかったら持ちこたえにくいだろう。もちろん、「卑しい者ら」を受け入れ、援助する。ただし彼らが服従して、命令どおりに働くかぎり。しかし寛容の程度は一定でなく、多くの周辺人が「防壁内」をうろつき回り、遅くとも一三世紀半ば以降は、いつも警察の監視下に置かれている。たとえば、都市の平穏を維持するためには欠かせないが、いろいろと束縛されていた売春婦。放浪者、物乞い、さまざまな人種の無頼漢であり、彼らは警察から容赦なくにらまれ、ただ、落ちつく先は広場に立てられた罪人曝し台か、牢獄か、(一般の見せしめとして、都市の門から少し離れたところにある）絞首台だろう。ヴィヨンの『遺言詩集 *Testament*』では、立派なブルジョアをはじめ、シャトレ裁判所の役人や裁判官に混じって、うごめいている悲惨な群衆が詩句の行間にかいまみられ、詩人に都市固有の宿命と映るものが心を揺さぶるように描かれている。

都会は外部からみれば、疑惑、敵意または貪欲、説明し難い他所性を表わす感情を生じさせる。都市は、農民世界や騎士世界において、囲いをめぐらし、彼らを排除し、手の届かない場所にとどまる。もちろん、いくらかの騎士が都会で暮らすこともあり、また農民が都市内に残された土地を耕すこともある。それでも自由都市の全体的イメージとしては、その市民でない者らに対して攻撃的であり、またその傾向は近代の遅くまでつづく。

都市は彼らから見れば、何でも考えられ計画される熱狂的な場所であり、そこから思いもよらない飛躍を生じさせる無尽蔵の生活が輝いている。農民のほうは、あいかわらずの習慣とゆっくりした農作業にとらわれたままである。比較すれば、農民には都会人が暇人であるように見え、都会は楽園と、容易に金もうけができるところであり、また罠の巣窟でもある。その点については、一三、一四世紀におけるファブリオーという文学ジャンルの小話の大部分に認められる。この物語の舞台はほとんどつねに現実の都会に設定されていて、その名称は作者が名づけている。その地名が人間を土地に結びつける唯一の現実として、場所の一般的なあいまいさから浮かび上がるのである。その効果は、作品のなかでまったく「街の描写」がみられないだけに、かえって強力である。しかし、もっとも簡潔な作品『百姓アニエ』は、大都会に紛れ込んだ一農民の滑稽なテーマを語っているが、その街は不幸な者が見たモンプリエを想起させ、精彩に描かれている。たとえば街の通り、騒音、悪臭、客を呼び込む売り子たち、珍しいおしゃべりどもや、からかい好きの者ら、大騒ぎ、など……結局、堆肥の上で生まれた者はそこから抜けられず、都会へ行けば本性を変えることになる。

騎士たちにとっては、きわめて古い時代から都市はあこがれの的であるが、容易に願いがかなえられるものではない。フランスの武勲詩には、そのような古い精神的態度が反映されている。武勲詩『ジルベール・ド・メス』はジェルヴィルの街のうちにカインの仕業を弾劾している！　おなじく武勲詩『アリスカン』のなかの美しい個所では、ギヨーム・ドランジュがオルレアンの街を武装して通りすぎるときに、町民たちから悪口や、親しげな、あるいはあざけるような身ぶりを示されて、あまりにも無礼だと感じ、怒りがこみあげ、思わず叫ぶ――「おれは騎士だ。お前らは田舎者ではないか！　お前らにからかわれても、びくともするものか！」結局、喧嘩となり、暴動をあおり、乱闘になり、ギヨームは群衆を罵倒し、当然、勝利する。その都市は占領されるのである。都市がこの叙事詩に現われるという語りの主要な動機は、騎士たちに都市を攻囲させるためである。この語りで、防壁への攻撃は侵入と市民の捕虜でクライマックスに達する。各戦闘はいくつかの「場面」に分けられていて、その多くは、こんどは描写「タイプ」(118)を否定的に利用する。つまり門と防壁の破壊、家々の打ち壊し、町民の殺戮、塔の占拠、略奪、など。

それでも、中世前期で、ヨーロッパの領主すべてが都市を避けていたのではない。多くの領主たちは都会に住居を置いていて（とくにイタリアやフランス南部のオック地方で）、塔あるいは防備のある屋敷を建てている。しかし貴族のあいだでは、都市社会に対する意見は定まらず、一二世紀になって確立する。つまり状況によっては美観が優先し、また恐怖に負けることもある。下層民は恐ろしく、なんとなく脅威を感じさせる。一二〇〇年ごろ、北フランスの宮廷人らのために書いている物語作者ジャン・ルナールは『トビ』のなかでトゥールという町を選んでいるが、その物語における語りの機能は騎士にとってもっとも堕落的な誘惑を表現することである。したがって潤沢と金銭の場所には安楽と怠惰の誘惑しかなく、冒険を求めてそこから立ち去ることが重要である。なぜなら「戦場」であるべきところを否定しなければならないからである。

ヨーロッパ全体を通じて、一一世紀末から王朝を中心にして徐々に王国や領土的公国がつくられるようになるが、王朝は以上のような対照性や恐怖を利用する。中小封建体制に対して、王朝は多くの都市から同盟都市を見つける。そこから別のあいまいさが生じる。たとえば国王は、明らかに支配者の地位が保てるなら、「立派な都市」と呼んで、尊重する。支配的権力の行使がますます増大する現実において、一四世紀以来、王侯が都市へ「めでたいご来訪」の儀式をおこなうのも他意はない。昔は、たんなる「領主宿泊権」だった「めでたいご来訪」が、いまや高度に象徴的な催しとなる。この儀式の目的は、現実の都市に理想都市、つまり、究極的な現実としての中心に向かってまっすぐ東西南北から引かれた線上に位置する理想都市を重ねることである。「めでたいご来訪」は公的な祭典となり、君主とその正統な「権力」を称揚し、また目に見える政治的「体制」と一致した新しい「自由都市」を生みだすことになる。[119]この象徴性は人民の想像力や心情に強力な効果があったので、「めでたいご来訪」の習慣はバロック時代の遅くまでつづいた。

都市の視覚的な表現（デッサンや絵画）に、おそらく一五世紀以降、おなじ価値が与えられる。たとえばフィレンツェのピエトロ・デル・マサイオのような地図製作者がかなり重要な都市を遠近法で描いたとすれば、それは市内案内のためか、勢力ある庇護者への贈り物か、それともたんなる装飾品なのか。多分そのすべてを合わせたものだろう。象徴的な意図なく地形が描かれた都会図は、一六世紀になってようやく現われ、たとえば一五二八年作、ベネデット・ボルドーネのヴェネツィア地図がある。一五五〇－一五七〇年を過ぎると、そのような製作は習慣になるが、それでも象徴的機能は失われていない。当時、バイエルンの公爵だったヴィルヘルム五世は、現実の都市空間にいっそう関心を高めようとしているのがわかる。彼は一五七〇年、装飾家具師ヤコプ・ザントナーにミュンヘンの市街模型を注文している。さらに一五七一年にはランツフートの模型、一五七二年にはインゴルシュタットの模型、一五七四年にはベルクハウゼンの模型までも！(120) 近代の初めにおいて、昔の魔術が突然、再現したようである。都市の光景は想像的世界を完全に魅了してやまなかった。

第Ⅱ部　騎行

7　開かれること

視線が世界へ

A・グレーヴィチは、どんなに偉大な中世の芸術家や思想家たちにも「地方人的」な面、すなわち個人的環境の狭い視野で世界を感知し、理解する風《ふう》があると強調した。そしてこのロシアの歴史家は、一一世紀の年代記作者の好例として、無髭《せん》ラウールとアデマール・ド・シャバンヌをあげている(121)。オルドリック・ヴィタルの場合は、アングロ゠ノルマン時代の王たちに奨励された歴史編纂が飛躍を遂げる時代の人間であり、また、まぎれもなくその代表的な人物と思われるかぎりにおいて、ますます注目に値する。オルドリック（一〇八五年から一一四三年まで、ノルマンディー地方にあるサン゠テヴルール大修道院の修道士たちと一緒に生涯のほとんどを過ごした）は、その修道院の歴史を書こうと計画していた。ところが、緩慢な執筆のあいだにその著作の対象が広がり、完成したときには世界キリスト教会史になっていた。それでもやはりその『教会史』は、知的活動を圧迫する地形的制約を受けていることが示されている。初版（Chibnall）で大冊六巻からなるこの『教会史』は、サン゠テヴルールという定点を中心にして、オルドリックが空間上に書き込めただけの地名でも一八〇〇か所を下らないほどである。

ところで、その地名網の構成と明確さは、問題となる地域によってはきわめて不均等である。稠密な空間的中核の周りに、しだいにぼやけてゆく地域が現われる。それでも距離というよりはむしろオルドリック自身の関与、感情的興味、共同体的本能によるところが大きい。サン‐テヴルールからフェカンへ、セーへ、サン‐ピエール・ド・ディーヴへ、と恵みの大地、根源地が広がる。オルドリックがノルマン人的祖国愛に深く浸っていたとはいえ、すでにモン‐サン‐ミシェル、ジュミエージュ、あるいはル・ベックにいたるまでが、「ここ」と「他所」を区別するあいまいな境界に置かれている。コタンタン半島について『教会史』はまったく触れていない。イギリスとフランスは断絶した場所として扱われているが、申すまでもなく、ごくわずかの都市しか注目と理解の対象にされていない。オルドリックは、ドイツやアイルランドについてほとんど語っていないが、誤りもないことはない。それに反して、スカンディナヴィア半島の国々については精通していて（いかなる遺伝関係のおかげかはわからない）、今日でもまことに貴重な歴史的原典とみなされる物語を提供している。またノルウェーの最初の地理や、グリーンランドについての最初の記録も彼のおかげである。彼が視野に入れている地域はサン‐テヴルールの外交的な範囲の空間と部分的に一致していて、そこの修道院長の多くがバルト海からカラブリア地方にいたるまで、ノルマン世界のすべての地域と関係を樹立していた[122]。それから二世紀後、審問官ベルナール・ギー、あるいは修道院長サンマルタン・ド・トゥルネー、ジル・ル・ミュイジのような人びとの地図知識には、おなじような不完全さと不統一が残っていた[123]。

遠い他所は、そこにいたるまでの各地の場所で規定されるのであるが、その各地とは、旅や逗留の経験から、ときには「ここ」ではなくても近い所のような親密さを帯びはじめる。しかし隔たりは、量的な空間的延長としてではなく、むしろ質的な奇妙さとして感じとられる。すべては、集団的記憶と配分利益という帰属関係で評価される。つまり共同体が形成され、祭式、習慣、そして居住空間に刻み込まれているという一体化の図式に則して評価され、最後に、その記憶——無気力な古文書書庫でなく、注意深く、予防的にして予言的な公的活動でもある——を開花させる物語によって評価される。そこから社会的集団において輝き、また外敵との紛争では幾度も起こったように、無謀な反抗となって爆発するか、それとも大半の共同体の運動でみられたように、さらにはスイス連邦を生みだすはずの一二九一年の協定のように集団的理性に結集するのである。

所属は永久である。それにはほとんど宗教的な要素が含まれる。つまり、この世での生存を正当化するのである。個人の善行は集団の欲望に一致しなければありえない。その結果、違った共同体に属する近隣者らとのあいだにも、辛辣で、めったに好意的にはならない判断にもとづく矛盾に満ちた関係が生じる。ドイツ人ヴォルフラム・フォン・エシェンバッハは一三世紀初めに書いた『ヴィレハルム』において、オック人の勇猛心にフランス人の臆病さを対比させている。『わがシッドの歌』の作者は、アンダルシアのムーア人については、ほとんど親しそうに語っているが、アフリカから上陸するムーア人を激しく非難している。フランスの民間では、イギリス人に尻尾が生えていると信じられているではないか！（その噂は、一二三〇年ごろのサン＝メダール・ド・ソワソンの小修道院長ゴティエ・ド・コアンシー〔詩人〕にも伝わっている）。かくて今日とも同様に、地方から地方へ、村から村へ伝わり、田舎に限ったことではない。習慣の極端な多様性はよく知られていて、本当にそのことに腹を立てる者はいない。しかしながら、自分の習慣だけが立派だと誰もが思っている。

中世では、古代人が用いた、地域や人間を分類しその相違を説明するための概念は用いない。ラテン語化されたギリシア語 *ethnicus* は、中世ラテン語では「異教徒」の意味である。用法上、古い *ethnos* に相当するものはまったくなくなり、ラテン語でさえ同義語でなかった。*natio* という語からきているロマンス語には最初の意味が残っていて、個人が生まれたところ、その身分、所属する共同体を示している。イタリア語の *razza*（*ratio* からきているのか?）は「階級、種族」を表わし、一五〇〇年ごろにフランス語の「人種」となり、そのまま人間的集団に適用された。つまり、大地の地平線が目まぐるしく拡大されたために語義拡張が起こったのである。

中世前期には、ほとんどおなじほど急激な変化が起こった。「異国人」というローマ的観念は崩れていた。幾世紀にもわたって、人間の住む世界のなかで、否定的に、明白な限界で画された現実的地域全体を決定できた観念だったのだが。しかし——二、三世紀以降は漠然と、そして四、五世紀からは歴然と——複数の「異国人」が現われ、伝統的な景観を風化させるような呼称や身分の多様性が普及していった。六、七世紀には、もう終わりだ。というのも、ゲルマン人、スラヴ人、サラセン人らははっきり異なった民族であると同時に移動する住民として分化し、もはや一律に外部でなくなった不確定な空間を占めることになるからである。そのような脅威的多数性を考慮しながら調整するために、知識人は統一のための膨大な類別を必要とする。ヴァイキング、ポーランド人、ハンガリー人は、ヨーロッパの未開の周辺部分へ押し寄せる。九世紀の四〇年代から、カール大帝の後継者らのあいだで交換されたストラスブールでの「宣誓」の起草者は、帝国の臣民全体を示す「キリスト教民」という表現（伝道のときによく使われている）を「聖職者のラテン語」から借用している。実際、この帝国の統一要因は、何にもましてキリスト教であり、そのころ征服した中央ゲルマニア諸国をも教化した。「キリスト教民」という表現はカロリング朝時代をはるかに通り越して、いっそう厳密にキリスト教会的な意味において用いられる。これは聖書からの引用でよくみられた「イスラエルの民」を真似た言い方である。

「人民」という語は形容詞的明示がないと、空間・時間的指示機能を失い、社会的意味合いを帯び、最初は弱い意味だったが、自由都市の時代になると明確になる。つまり「人民」とは、一一六〇－一一七〇年からは、「すべての者」であるが、暗黙的了解では、それらの人びとは騎士階級に属さない。人民とは群衆であり、騎士とおなじく限定されている。ときには、その表現は下層民あるいは平民を表わす語として用いられる。ただひとつだけ、きわめてあいまいではあるが、あの地理的大発見の時代より前に、ロマンス語で、ある郷土の住民を指したこともある。たとえば *gent, gente, yente* というような語は遠隔地をさし、そう呼ぶ者から距離がおかれている。古いゲルマン語の *folc* からきている多くの語はスカンディナヴィアからオーストリアにいたるまで広がったが（さらにおそらくロシア語の *polk* にもひそんでいる）、それは戦闘集団を意味していた。この用語では、オルドリック・ヴィタルのような人物がその住居に落ちついていて、おそらく外部の世界をどう感じたかがまったく表わせない。

聖職者のラテン語には、たしかに一〇世紀以来、ときには議論を招いた意味のある用語もあるが、全体としては、地上の空間を間接的に指示できる政治的神学の概要を表わす言い方が含まれていた。たとえば「教会」と「キリスト教徒」は信仰にかかわる言葉であり、「王権」と「教権」は権力の行使にかかわっている。それが『帝政論』や、『神曲』「天国編」の多くの詩句におけるダンテの思索の基軸になるはずである。この用語は五世紀初めに、かつてオロシオが「ローマ世界 *Romania*」という名称を考えだした統一体が崩壊した結果として現われた言葉である。しかしその語は、ビザンティン人の帝国を示すために隠蔽され、西洋人の口にのぼるときはローマ的世界の空間とともにその奇妙さを喚起するだけになる。世俗的用法としては、もっとも古い文書から、とくにフランス語の「キリスト教」という観念に執着している。『ロランの歌』の英雄たちは「聖なるキリスト教国」を賛美している。その語はいくらかあいまいな意味のなかでただよう。たとえば、あいまいに信仰的共同体を指したり、信者集団を指したり、また前者のために後者そのものに所属する空間全体を示したりする。その語に含まれる地理的領域は、むしろ内部交流を確保する道筋の性質によって決定される。事実、J・ル・ゴフは、一二七四年にリヨンで招集された全キリスト教会会議の準備に関して、そのことを証明した[124]。少なくとも（たとえ国境がまだあいまいであっても）、そこは神の祝福を受けるはずの地上空間であり、また創造された世界の果てまで拡大されるべく（まだはっきりとは予想されていないが）神によって定められた空間地域である。一六世紀でも「キリスト教国から出る」という表現は、ノルマンディー地方の船乗りの言葉では海洋探検を意味している[125]。

一二世紀半ばには、キリスト教国は地理的にヨーロッパと、一部の中東と合致している。その他の世界は当然、閉鎖的で、たがいに知らない統一体に分割された「地球」上でキリスト教国と共存している。その数は、P・ショニューが作製した地図によれば、モンゴルの草原地帯から〔アフリカの〕バントゥー族の疎林地帯、さらに形成期のインカ帝国にいたるまで二〇ばかりの地域である[126]。西洋人は噂のおかげで、広大な「他所」について、ごくわずかの漠然とした概念を抱いている。多くの伝説は、たんに想起するだけでも驚愕させられることがある。たとえばどこか（はるか彼方）で投げ込まれて、わが国の海岸に漂着した不思議なものが、ときには石棺に収められたまま漂う、どこかの聖人の遺体であったりする。たとえば、ポルトガルの海岸に打ち上げられた聖ヴァンサンの遺体がある。もっと確かな好奇心が中世前期から生じていて、聖職者のあいだにも騎士のあいだにも、ますます一般化する。しかもその話は歓迎される。百科事典編纂者あるいは年代記作者たちは、作品の冒頭を「世界描写」から始めている。しかし、今日のわれわれのようには世界空間を思い描いていない。一一七五年ごろ、ブノア・

ド・サント－モールは、歴代ノルマディー公の年代記において、「風土論」（古代の資料にもとづく）を述べているが、それによると地球の中間地帯だけ（つまりキリスト教国が占めている地域）が真に身体の調和と理性の活動に適していて、それ以外の地域では、どこもかしこも酷寒や極度の暑さのために身体の奇形や精神の痴呆を生みだしている、ということになる。

「ここ」と「他所」の境界すべての違いの不正確さについてはすでに指摘した（本書、第3章）。われわれが「国境」と呼ぶものも同様であり、これは当時では考えにくい概念であった。その語自体も、ロマンス語では後期ラテン語の *frontera*（「目の前のもの」）からきているし、ドイツ語の *Grenze* はもともと「周辺の地域」をさし、おなじくフランス語から借用した英語の *border* もある。土地に関して、二つの領地、二つの領土全体を区別するものは、しばしば特殊な特徴のある中央空間、つまり一般的に用いられた用語では「国境地 *marche*」である。このように、大まかに限られた断片的空間のなかでは、少し離れた地域において、中心地に対する魅力はあまりにも乏しいので、強烈な魅力を生まなかった。R・バートレットとA・マッケイは、スコットランドからカスティーリャやエルベ川流域にかけて、そのような「辺境地社会」、つまり不明確な地帯でないとしても緩衝地帯の多くを研究したことがある。

政治的空間

それでも、キリスト教国の内部において、空間は一様ではない。共同体をすべての個性の平均値で決定しようとする「民主的」傾向ほど、中世の人間からかけ離れているものはない。みんながキリスト教徒だというだけでは根本的な連帯感を育成できない。運命共同体の一員にとって、いっしょに生活することは、一種の状況というよりはむしろ存在論的な身分であり、それがあまりにも厳しいので、個人の特性は広すぎる地域のなかでかすんでしまうほどである。一二世紀から一六世紀へ時代が移ってゆくうちに、そのような規制も徐々に拘束力を失うが、その代わりに、保証されるはずの安全性も失われる。一一世紀には、ヴェネツィア、あるいはブレーメンのような商業都市で、また封臣たちのあいだに緊密な関係をつくらせた地域的王朝に従属する都市を中心とした各地では、ザクセン、ノルマンディー、スコットランド、シャンパーニュ、フランドルといった各地方でのように、利害関係の調整、習慣と地域的精神性の調和が始まっている。つまり、ずっと後になって国民的感情と呼ばれるもの、たとえば共同生活の意欲に支配されるか、心の平和とともに情熱も育まれ、「戦争へ」出発する騎士、旅に出る商人や巡礼者が愛《いと》しい女や妻を、しばしの別れとして残してゆくという特別の意味をもつ空間の感情が芽生える。つまり『ロランの歌』において「うまし国フランス」という言い方で表わされているとおりである。

パリ盆地の住民たちは一一世紀を通じて、彼らの大公であり、フランス王になったユーグ・カペーから始まる王朝のもとで以上のような経験をした。しかし歴代国王の活動範囲(はじめは、まことに狭く、ポントワーズからオルレアンまで!)において、王国という意識がつくられていた。誰もが知り合える構想が形成されるほど統一された文化圏という意識である。一二、一三世紀の武勲詩には、そのような新しさが反映されているように思われる(解釈の相違があろうとも)。つまり土地、人間、元首、そしてその元首が帯びている聖性、それらのあいだにおける一種の対等性がぼんやりと感じられる。それが「王国」なのである。しかし、その具体的現実が誰にもわかるようになるには、まだ二、三〇〇年待たねばならない。王国はあまりにも広大で、そこに住んでいる人びとの大半には見当もつかないほどである。たとえばアルトア地方からナルボネンシス地方まで行くのに、一五世紀でも、騎馬で二二日かかり、リヨンから大西洋沿岸まで一六日もかかっている！(127) 一二、一三世紀の物語で一般的に雄々しく「王国」といわれた語は、領土的な全体をさすというよりは、むしろ支配者の権力の意味を含んでいると思われる。占領された土地であるオック地方は、長いあいだ「フランス」の国土統一には関係していない。その代わり、フィリップ尊厳王のような都会人的国王が率先してパリのために尽力したおかげで、パリは一二〇〇年ごろから、ユニークなことであるが、フランスに首都なるものをもたらした。それは立派な中心的存在の都市であり、圧倒的に広大な周囲の空間を魅了した。

　その現実全体に関して、古代ローマの伝統にしたがいながら、居住地全体を政治化しようとする国家再生観念が生じる（その現実から生まれたのではないとしても）。しかし、さらに長いあいだ、社会的空間と一種の国家的空間を混同するような一致はまったく起こらないだろう……いつかその一致が現われるのは近代性の特徴としてである。フランスでは一五世紀まで、ドイツとイタリアではさらにはるか後まで（だがイギリスやスペインではごくわずかだが）、実際に、ある障害が具体的、象徴的に、その一致気運を妨げる。なぜなら、一致させようとする動きが、二つの異なった根源から活力を引きだし、ときには相反する利害のために別々に知覚された空間に適用されたことから矛盾を生じさせたからである。法学者から支持され、ときには理論化された君主制国家に対して、しばしばもっと古いが、さらに経験を積んだ構造をもつ若干の都市で形成された国家が対立する。一〇〇〇年以前（九六八年にジェノヴァで）から、ついで一一世紀と一二世紀のあいだに、まずイタリアで、それからフランス、そして神聖ローマ帝国〔ドイツ〕では、国王や領主の特許状によって都市に独自の裁判権が与えられた。ついで、地域的な慣習も法的に認可された。一二世紀には、権利要求が一般化し、ブルジョアたちは、ときには強硬に自分らの自治権を保証してもらう憲章を要求した。彼らは、階級的、縦割りの社会概念に替わって、こんどは横割りで、しかも量的で、測定可能、取得可能な現実にもとづいた概念を置き換えようとする。それも少数の人びとのためにしかならない。都市権力は、今日の意味では決して人民的ではなかった。封建制と明確に決裂したこともなかった。なぜなら、産業時代の初めまで、都市の成り上がり者らが最初にしたことは土地に投資することだったからである。

しかしながら、都市は実質的な場所である。王国はそうなりたいと願っても、徐々にしかなれない。しかし王やその側近の顧問を除いた人びとにとって、王国はなお長いあいだ、夢――あるいは悪夢――に似ていて、未来の幸運――あるいは悪運――として現われるはずである。だからこそ、都市国家の機関が王国の機関よりも的確に、また効果的に共同体の現実的な社会空間とつながるのである。とりわけドイツ語圏諸国やその周辺地方に多い農村共同体についても状況はおなじであり、一三－一四世紀以降、広い範囲の運営上の自治権が享有される。一八世紀にいたるまでのスイス連邦の歴史が、そのような緊迫状態の持続を物語っている。

地方の国家は、形式的に正統な郷土と結ばれ、その土地固有の言語で機能する。それどころか、その国はそこの言語において生まれ、生存する。つまり俚言、方言、さらに言葉の使い方、たとえば特殊な言い回し、特有語、俚諺、独特の「アクセント」などがある。この言語慣用に対して、中央の国家はほとんど手出しができない。そこでむしろ権力が及ぶ範囲内で自然に形成されてゆく「標準語」の普及に努める。ところがその「標準語」は、たとえ使用領域が広がっても、地域語が低下するか、または制限されて淘汰されないかぎりは、いつまでも治外法権的存在になるだろう。フランス国家では四、五世紀もかかった。それに反して、イタリアやドイツのように遅く君主のもとで統一された各地方では、今日まで、中世的状況の思い出が残存した。西洋人は、おそらくよほど僻地の農家でないかぎりは、一一―一二世紀ごろからそのように多国語をまじえた状況で暮らしていた。日常語において、王国の言語は別の言語と対立し、この言語は古代ローマ人から「父親の言葉」と呼ばれたが、八〇〇年末以降は公然と母性〔母語〕に結びつけられる。[128] まるで、その歴史的な時期に、なんらかの重大な緊急事態の発生によってそんな呼び方が要求されたかのようである。この各種言語の層に（それらの言語間に、使用者がはっきり区別することが難しい場合もしばしば起こっているはずである）、聖職者のあいだではラテン語が加わる。これは読み書きの言語であり、外国語であり、学ばれる言語である。人間が話す言葉と具体的な空間とを結ぶ絆は、それらの使用領域の両面で弛緩する。たとえば、私の母語的な方言は私を先祖の郷土へ同化させる。王国の役人が使うフランス語は、おそらく知らず知らずのうちに、自分がなんとなく属している国土の存在を思いださせる。公証人や薬剤師や教会役員の使うラテン語について言えば、その唯一の、きわめて漠然とした空間的準拠はカトリック教団である。つまり言葉は、各自の生活の深層における個人的空間から、社会的または政治的空間、あるいは知識という観念的な空間へ「移動」するのである。

しかしながら、中央の国家に従属する未来の国民的言語は経済的な成長にともない、着実に発展し、方言を駆逐し、方言を家庭内での言葉に縮小する。一三〇〇年ごろ、ダンテは『俗語論』第八―一九章において、北部と中部のイタリアにある諸国家を斟酌しながら、みずからあこがれ、最初の実例を提供する「名だたる俗語」との関連で、その問題全体を解明しようと試みている。一三世紀には、フランスで詩劇が生まれた。一四世紀には、イギリスにおいてもつくられるが、かつてノルマンディー人によってもたらされたフランス語方言の使用は消滅している。その後は、大部分の国民にとって、パリ地域のフランス語や標準英語（キングズ・イングリッシュ）がそれぞれ真に母国語として感じられ、生かされるようになる。それらの言語は、そのまま愛され、固有の美しさが尊重される。一三世紀の二〇年代から八〇年代にかけて、一連の証言、たとえば、カタルーニャ人、ベサルーのラモン・ビダルをはじめ、イタリア人ブルネット・ラティーニ、ピカルディー人アドネ・ル・ロアにいたるまでの作家は、フランス語の優雅さ、あるいはそれを話せる者らの見事さを称賛している。昔の三言語使用に替わって、俗語とラテン語という単純な二語使用になる。たとえばフランスでは、この新しい状況が一四世紀半ばでは問題なく王国の知識人たちのあいだで支配的である。たとえばニコラ・オレームは一三七三年にアリストテレスの『政治学』を翻訳したとき、自分の文章を挿入して、言語の統一なくしては国家の統一も考えられないと言明している[129]。それでも実質的に国民的なフランス語が、ロワール川とムーズ川のあいだの地方、オック地方の四、五の地域集団まで浸透するには、まだ二、三世紀かかるだろう。しかしスペインにおいては、その自覚とともに統一言語の確固たる存在が、もっとも明瞭に示される。たとえば一四九二年——ムーア人とユダヤ人の排除、アメリカ大陸発見、王国の革新の年——、アントニオ・デ・ネブリーハはサラマンカで文法書『カスティーリャ文典』を出し、イサベル女王に献じている。これほどの光栄に浴したロマンス語はほかになかった。

おそらく政治的な動機だけが、そのような統一を促したのではない。ダンテは『俗語論』第七章において、「バベルの塔」の逸話を参照していた。「創世記」は「諸言語の混同」を喚起させている。一三世紀の釈義では「諸言語の分裂」と解されたが、かくて精神的あるいは寓意的な次元から歴史の次元へ、空間における盲目的観念から相違的観念へ移行する。それがまさしくダンテの観点である。かくして、われわれとしては、失われた一体性をある程度回復し、可能なかぎり、諸国民の分散を釣り合わせなければならない。

この観点は、効用という点で一二世紀以降、ヨーロッパ各地における多くの作家や特殊な作業場が専念する大いなる翻訳事業と無縁でないだろう。ここではラテン語の作品を俗語に直す（そんなことは地域的教育の成果であるから）というよりは、むしろある国語から他の国語への移し替え（フランス語の物語をドイツ語やオランダ語へ翻訳する）が問題であり、それは「言語的分散」という障害を乗り越えて視界を開き、われわれの空間を彼方の人びとへ近づけることになる。（ラテン語または西洋の俗語に）訳された作品が遠い国のものであったり、あまりにも異国的で、想像もできない風習をもち、思想を理解するにも慎重な注釈を必要とするような民族の言語であるときは、ますます効果も大きい。たとえば、カスティーリャ王アルフォンソ一〇世の発意でトレドの学校から一二世紀に出されたヘブライ語やアラビア語の翻訳書があり、さらにそれから一世紀後には、フリードリヒ二世の、シチリア宮廷から出された同様の翻訳書もある。各国の王政は、言語による伝達法の進展が権力の道を開拓し、征服とあまり変わりがないことを理解しはじめていた。

周辺人と遊牧人

出自が少しでも怪しい者は、社会的空間からあっさり排除されないとしても、社会的な周辺化をまぬがれない。そこで二種類の人間が、一三世紀まではかなり緩やかに、だが一四世紀にはいっそう厳しい扱いを受ける。大部分の者は当時、手か衣服にはっきり不名誉なしるしを付けさせられる。ある者らは社会からその周辺へ追いやられ、ときには追放される。他の者らは、社会的境界の外に置かれ、疑惑の目で見られ、周期的に罰を受けなければならない。なぜなら定まった住所をもたないから、と思われる。少なくとも、つねに人間を周辺化させたり排斥するのは(それらの語が暗示するように)一種の空間的制裁である。その証拠として、施療院、ハンセン病患者収容所、牢屋、居住地区の指定[130]、さらに遊牧者に対する規制がある。社会的周辺人や追放された者らは、空間外の空間、おなじく集団意識、おそらく自分らだけの意識では、地上に画された空間へ流されたと思う。だが、そこが残された唯一の絆であるが、あいまいで、犯罪の温床となる。

かくして都会においては、住民のうちの少数は経済活動にまったく参与しないか、あるいはたんに部分的で間接的な関わりしかない。事実、防壁の保護も世界へ開かれることも、関係がない。彼らは貧しく、都市の進歩から取り残され、あらゆる面で悲惨であり、障害者であり、廃疾者であり、いつも飢餓の恐怖にさらされている。伝統的には、キリスト教会が彼らの面倒を引き受けるが、彼らに対する教義も不明瞭なままである。教会は施療院(ときにはボーヌの大施療院のように立派なもの)を建てて、慈善のためにそれらの人びとを受け入れる。一三世紀には、教会の手に負えなくなる。施療院制度は、おおむね役所の管理下におかれるが、それも有力者の私的な寄付のおかげでつづけられる。しかし一五世紀の災厄のあいだに消滅する。

飢饉が起こると、悲惨な農家の家族全員が、あてもなく野をさまよい、さまざまな原因で周辺人にされたり追放されたりする(徐々にか、突然に)。よそ者という身分、つまり他所から来たというだけで追いだされやすい。貧しいか、身体的障害者だというだけで排除されるのは、ほとんど必定である。窮乏のために慈善としての施しを求めることは、物乞いたちを最悪の追放から救うが、それも彼らが「善良な貧者」としての体面を保つことができる場合である。病人のなかでも、完全に居住地域から追いだされたのはハンセン病患者だけであり、「ハンセン病患者収容所」へ収容されるか（一一世紀以降）、路上で追っ払われるかする。というのも、彼らはその存在を知らせる鳴り物を持たせられていたからであり、またその性欲的執念を示す恐ろしい伝説に包まれているからである。狂人は、着せられている衣服とか、その措置に関する法的措置によっても排除される[131]。身長の異常な矮小――空間に関連して――も、その矮人を不可解で、冷淡で、醜悪または異様な存在とし、お伽話に登場させたり、お偉方の慰み者にする。一四世紀を通じて、社会的周辺人らによって企てられた広範囲な陰謀に対する恐怖は、南フランスやアルプス山脈の渓谷流域では、まるで疫病のように広がる。そこでまずハンセン病患者、ついでユダヤ人、そして最後に（西洋全域にわたって）魔女たちが告発される[132]。

排除には、もうひとつの原因がある。つまり犯罪である――しかもその定義の如何にかかわらない。かくして封建的関係の論理によれば、領主への裏切り者は犯罪者にされ、また君主制国家が形成され、効果を上げてゆくにつれて、犯罪者に対する大々的な弾劾が増加してゆく。犯罪者はわれわれの周りにうろついている「悪」の手先であり、一般の安寧を絶えず脅かし、社会的空間を汚す。一四、一五世紀には、ヨーロッパは犯罪数の激増に悩まされる。守備を固める社会から科される刑罰としては、金銭的には罰金刑、身体的には切断刑、またとくに周辺空間を乱した犯罪者に対しては監禁か追放がある。売春の世界は、実際には、とくに売春婦のひも、仲介女、そして売春宿の女将などを介して犯罪の世界と密接に関連している。売春婦自身はつぎつぎに取り締まりを受けるが、（むしろ一般的には）かなり見逃してもらっていて、もちろん、あいまいながら特定の場所で暮らしている。彼女らは道徳的に警戒され、その欠陥のために隔離という措置が要求される。したがって売春宿、路上、あるいは特定の界隈でしか働けない。もっとも悲惨な売春婦らは、空き地や防壁の堀端、あるいはまったく社会の裏で商売をしなければならない。

周辺人や追放された人びとは、それだけにとどまらない。うさん臭い者もすべてそのなかに加えられ、またちょっとしたことで、社会は好ましくない者らを片づけ、公共の場所から追放する。そのなかには当然、異端者も含まれるが、得体の知れない仕事に従事している者、たとえば占い師や錬金術師も含まれ、一四、一五世紀には魔女も含まれる。すでに本書、第6章でユダヤ人とユダヤ人街については述べた。つまりムーア人によって喚起される状況であるが、ムーア人は、一三世紀と一五世紀のあいだで、スペインのバレンシア地方では数のうえで大半を占めている(133)。彼ら全体に対して、当時の社会は不信と敵意を抱き、彼らが公共の安寧に協力するのを拒んでいると感じる。この社会は、もっとも恐れているものを表わすわずかな紋切り型の特徴で彼らを決めつける。たとえば、役立たずと怠け癖であり、素性もわからず、場所とそこから生じる掟から離脱しているというわけである。当時のフランス語では「流れ者」という語で表わされている。

一三五〇年を過ぎてから西洋人が経験する精神的危機は、「都市国家」という古く確かな境界線がぼやけてゆくような非合理的で異端的な風潮において、以上のような緊迫状態を増大させる。その反応は中世文化独特であり、また政治的危機の逼迫とともに高揚する精鋭主義《エリート》を表明する。つまり「ここ」での精鋭主義であり、他者と他所の恐怖に昂然としている。その現象は都市の範囲を広くはみだし、地方でもある程度は知られている。その深い傾向と幾世紀にもわたる継続については、もっとも悲惨な農民らを描いた聖職者の文学や貴族の詩ほど特徴を示すものはほかにみられない。たとえば、身体的には醜く、精神的には危険、社会的には役立たず、「異教徒」、「貧困者」、「無知」である(134)。

かくて中世社会では、制度化された空間の枠外で、社会の記憶を否定する反発が生じ、対立文化が生まれるが、その大部分は、抑圧された文化の復帰である。そのため、一一世紀から、一七世紀までとは言わないが一六世紀までは、希望がなくても絶えまない混乱、暴力、民衆の暴動があいついで起こることになる。

残るのは、もっとも奇妙で、ときには魅力的だが、むしろ恐ろしい人びと、どんな場所とどんなつながりをもてるのか、わからない者らである。つまり「流浪者 *Scoti*」（この語は一四世紀のものである）である。西洋のすべての王国では、明らかに癒しがたいこの傷口のような存在は知られているが、西洋文明の定着と安定の意欲がその第一原因をなしている。悪は絶えず目立ち、告発されるが、それが突如として激発することもある。フランスの一二世紀においては、少なくとも二度にわたって、第二次十字軍の後と一一八〇年ごろに経験された。戦争、飢饉、火災、訴えの敗北、犯罪、罰への恐怖、封建的羈絆の唐突な断絶、それらのことが悲惨な人びとや貧したならず者たちを往来へ投げだし、彼らはそれ以来、流浪へ、たいていは略奪へ向かうことになる。つまり社会的下落がほとんどいつもたどる道であり、それは大部分の人びとから自然災害、あるいは（個人の視点では）堕落の兆候だと思われる。

街道や森の小道で、どこかの宿で、そのような悲惨な放浪者とおなじく流浪の身の兵隊くずれが混ざりあうが、彼らはそうすることが境遇であれ、趣味であれ、定住民からみれば、おなじように怪しい烙印を押されている。たとえば旅行者、巡礼者、荷鞍をつけたラバを遠くの定期市へ駆り立てている商人、冒険を求めて旅行く騎士、さらに野外職人、縄作り、陶工、籠作り、鍛冶師、彼らは幾日か、それとも一季節のあいだか、あちこちにとどまって仕事をする。一五世紀には、それまで知られず、奇妙な風習（*mores barbarici, wüst unfletig volck*）の民族が中央ヨーロッパ、ついで西ヨーロッパの路上に広がってゆくのが不安な目で眺められる。彼らの特徴は住所不定ということである。つまりジプシーであり、北インドから到来したのであろうが、おそらくトルコ人によって小アジアから追放され、一三二二年以降ではギリシアの諸島で、一四一七年にはバルカン半島で、その翌年にはドイツで、一四二三年にはラグーザ（ドゥブロブニク）で、一四五〇年以降にはスペインで、それぞれ告発されている。[135]

最後に、精神や演技の放浪生活があるが、それを代表する人びとは、実際にはあの「旅行者」全体、つまり「放浪する」聖職者や吟遊詩人らの放浪生活とはかなり異なっている。中世前期において、すでに「スコティ」と呼ばれたアイルランド人のことは知られていた。彼らはアイルランドから船でやってきた教養人または巡回宣教師であり、九世紀の諸皇帝の側近に迎えられた者もいる。古代的な知的伝統のある「カロリング朝ルネサンス」が起こったのも、彼らに負うところが大きい。一一、一二、一三世紀には、どの大学に籍があるのか怪しい学生が学校から学校へと渡り歩き、いくらか無政府主義的な集団をつくる。そこから、ときには才能ある人物が現われ、後に出世する。たとえば「放浪神父」、「放浪学生」という不正確な呼び方をされ、誰からも非難を浴び、放浪生活のせいで自堕落という評判を立てられる。その結果、一二九一年のザルツブルクでの教会会議は、平和なオーストリアの都市で混乱を招くとみなされる者らを「異端派」として弾劾する。一四世紀以後、おそらく戦乱の結果や大学の増加にともなって「遍歴生活化」は変質し、大都会では、一般人に対して周辺化したボヘミアン学生が生じたようである。その代わりにこの時代から、良家の若者たちが科学の高峰を目指して真の研究的巡礼を企てている。一五、一六世紀には、人文学者（ユマニスト）らが、博学あるいは雄弁を歓迎してくれる王侯の宮廷へおもむくようになる。たとえばエラスムスは、イギリスへ向かう数週間の旅のあいだに、ラバの背の上で『愚神礼賛』を書いた。まもなく留学旅行という考えが実現し、一七世紀には普及する。しかしそれ以後、この自由が疑惑を引き起こすこともなくなった。

「吟遊楽人 jongleurs」（動物使い、曲芸師、音楽師、詩の歌い手および朗読者を含む）について言えば、彼らはキリスト教会から嫌われ、多くの人びとから軽蔑されたが（女の吟遊楽人は売春婦と同一視された）、日常の娯楽には欠かせず、そのかぎりで、彼らの稼業は公共の福祉に役立っている。したがって彼らの立場は微妙である。彼らに関して、ヨーロッパ各地でみられる多くの都市条令ほど、その点を明らかにしているものはない。地元出身で、社会的に尊敬されている吟遊楽人は都会に住居を持っている。少なくとも、彼らは地域的に集まっている。たとえばパリ、ケルン、セヴィーリャ、その他の都市には「吟遊楽人通り」と呼ばれる道路がある。だが、これらの楽しい芸人の多くが問題を起こしている。一三世紀初めから、彼らの多数の流入を制限し、誘導するための法令が施行される。たとえば、入市許可制、公共施設によっては受け入れない所（浴場など）、滞在期間と「市内」に受け入れる芸人の人数制限。一二〇〇年のストラスブールでは四人であり（当時のこの都市の人口は、ベロックの人口表によれば一万人）、一四五四年のリューベックでは九人（人口、二万五〇〇〇人）となっている。当局は「よそ者」に禁じた空間を守らなければならない。一四世紀には、この種の法令がモンプリエからクラクフにかけて厳しくなり、ときには一六〇〇年以後でも徹底されている。しかし、それらの法令は、多数の流入者を少ししか制限できなかった。たとえば、一四〇七－一四〇八年の一年間だけでも、〔ベルギーの〕都市メレヘン（マリーヌ）には一六八人の移動吟遊楽人が来ており、一〇年後には二一五人になっている。当時、この町の人口はおよそ一万三〇〇〇人である。W・ザルメンが多くの吟遊楽人の足跡を追求した結果、彼らがときには果てしない旅程をたどっていて、ある者らは、スペインからバルト海沿岸にまで達し、女、子供、動物を連れ、わずかの荷物を持っていることがわかった。おなじ著者は、一四、一五世紀には、ヨーロッパ各地にいるこの面白い芸人の総数は教会人の人数以下ではないはずだ、と評

価している。(136)

このように、中世の社会には、近代の初めまでに放浪者的記憶の、隠れていても根絶できない名残が存在しているように思われる。たとえば、五世紀におけるゲルマン人の侵入者、フン族、ヴァイキング、ハンガリー人の記憶であり、それが一三世紀以降、アジアの草原地帯の諸民族との接触によってよみがえり、そして集団の想像力に「旅する人」という中心観念を生みだす――おそらく一六世紀（もっとも古い記録としては一六〇二年のものがある）における「さまよえるユダヤ人」という伝説と同様であり、これはドイツ語では「永遠のユダヤ人」と呼ばれている。つまり象徴的な姿であり、西洋社会を悩ませる深刻な空間的不安を表わすとともに、選民でありながら見放された民の見本となる歴史を示している。ユダヤ行商人はヨーロッパと近東を縦横に往き来する。都会において、ユダヤ人街は定住民を、空間の外、ほとんど時間の外、別の形の放浪へ閉じ込める。彼らはすべて「書物」の人間であり、記述への激しい執着を示しているが、それは大部分のキリスト教徒には解けない文字だからでなく、それだけが彼らに残されているからであり、生《なま》の声はその場かぎりで消えるからだ。

放浪者が、とどまる者と対立するのは、〔後者の〕空間にとって異質な関係、明らかに矛盾した関係にあるからである。彼は定住することを拒み、すべての場所の外で生活し、彼にとって場所は空間へ広がっている。彼は水平状態に取り憑かれている。つまり縦割りの歴史よりは横の広がりに執着するのであるが、そこからすべての行動が決定される。彼にとって、移動することは価値観の原点である。だから他の人びとから無職者とみなされ、みずからのアイデンティティを否定する者と思われる。彼は当然、貧しく、質素であるから、盗人として恐れられる。無知な人間とみなされる。というのも、彼の知識は不可解であり、手ほどきを受けなければ通じ合えないからである。そうして通念上受け入れられる範囲を外れ、部外者となる。最初の放浪者は、聖書によれば弟を殺したという罪を償うカインである。しかしながら、中世の社会は、その時代の周辺人らの放浪をやめさせようとは思いもよらなかった。飛脚、薬売り、暦売り、あるいは笑わせてくれる芸人のような、おとなしい放浪者には寛容である。これらの人びとは、なんらかの形でよそ者だという存在を正当化しているからである。

一三世紀初めに、托鉢修道会は規制された放浪生活を救済の手段として称揚している。この奇妙な言い逃れは、国家の主導権を握りたがっている貴族階級の近代的特徴が明らかになるという、ちょうどその時期に案出されている。その規定を練り上げようとする聖職者らは「定住地」にこだわっている。というのも、やがて前置詞を付けることによって地名が名字になるからである——その点で、原則として町人は貴族と格差をつけられる。そのころ、放浪生活の過剰に対する最初の法的措置が講じられる。それは一七世紀まで、ヨーロッパ全域において多発している(137)。しかしますます開放的になるが、危険なほど無制限な広がりの空間において、近代的な公共の秩序が定住所指定にあるからには、今後、赦しがたい災厄とみなされることを根絶しようと試みられるのは一八—一九世紀になってからである。そして大探検家たちの時代に、古いヨーロッパの矛盾した定住主義が主張されるとき、突然、詩人たちのあいだにオデュッセウス帰還の神話が形成されるが、これは中世の先駆者たちには無用のことであった。たとえば、ダンテのオデュッセウス(『神曲』「地獄編」第二六歌)は帰還でなく、出発する「者」であり、またその例に倣って、この詩人は探求を止めないだろう。

そこで、われわれが流浪と呼ぶものは追放刑を受けた人びとや逃亡者らに共通した運命であり、彼らはしばらく各地をさまよってから、結局、未知の土地に落ちつく。流浪とは、時間から遠ざかることであるとともに長い時間でもあり、「故郷離れ」であり、そのために感じる痛恨である。きわめて強烈に郷土と結びつき、またそこにすべての価値観を顕現させるような社会に固有の歴史的事実としてである。たとえば古代ギリシアの都市国家、その後は古代ローマがある。セネカは『ヘルウィアを慰める言葉』第二章七で、奇妙な言葉になるが、「放浪」を、文化に対する大自然の勝利を意味する言い方で説明している。つまりキケロが、ある手紙で（『私的作品集 *Fam*』巻二、一一、一）悲壮なまでに喚起している「郷愁」である。追放刑と市民権喪失は、犬儒（キニク）学派やストア学派の者たちがいくら軽減しようと努力してもできなかったほどの悲傷である。〔追放されてからの〕オウィディウスは、よく知られているように、それを自分の詩のテーマにしている。追放され、それまで暮らしてきた絆から断ち切られ、不可解な環境へ投げだされ、突如として歴史のない人間になったと感じる。つまりすべて、はじめからやり直さねばならないが、この悲嘆的状況では、目標もなく、自己同一化できるイメージも見当たらない。ところで、中世にはオウィディウスのような詩人はいなかった。一五〇〇年ごろ、エラスムスは『格言集』において、オウィディウスとともにオデュッセウスの名をあげて、帰国できる日を待ちわびる「追放された人びと」の例としている。しかしオウィディウスの『悲歌』や『黒海便り』が再現するのは一五五四年であり、そのとき、ジョワシャン・デュ・ベレーの『哀惜詩集』が現われるだろう。

ここで疑問が生じる。古代から近代にかけて、中世のひとには追放がどう感じられていただろうか。ラテン語の *exilium* は、古いフランス語では、その古形が保存されて、eissil, essil, issil となった。しかしその言葉の感じは、むしろ堪えがたい被害、悲惨への転落、さらには、ある物体、またはある富が破壊されることを意味している。ときにはそれに断絶の観念が加わる。たとえば「流浪の身になる」というのは、自分の住んでいる場所を去ることであり、素寒貧の放浪者仲間に加わることであり……それはまさしくスペイン語の *destierro*〔追放〕という語で表わされているとおりである。そんな不幸がシッドを襲ったが、一二世紀の『わがシッドの歌』では、主人公の追放はそもそも立派な武勲からきているから、郷土の喪失は栄光で償われる。モロワの森へトリスタンが「追放」されるのは、現代の読者にとってしか追放の意味にならない。なぜなら、トリスタンは社会的空間から排除されるというよりは、むしろそこから脱出するからである。聖職者らにとって、ヤコブの息子らのエジプト逃避、イスラエルのバビロニア追放のような聖書の例は神の摂理の業を歴史的に称揚し、地上の生活と魂の救いを寓意的な光景として提供している。ダンテは、市民的闘争の犠牲になり、祖国フィレンツェを去らねばならなくなるが、この「追放」にいかなる意味が与えられるかが問題である。この詩人は、あるときは（詩集『リーメ』五四、七六行目）精神的勝利のようなものを誇り、またあるときは（『俗語論』巻一、五、三）それで心を慰めようとするが、それでもやはりフィレンツェ、つまり故郷に向かって傷ついた哀惜の情を繰り返して述べ、またあるときは、最後に（『神曲』「天国編」第一七歌、五五—六九行）、その悲痛さを追放という言葉を使って表わしている。しかし言説の背後にはいつも、個人的運命を「天国」へ結びつける巡礼という逆のイメージが浮かんでいる。

最後に、悲しい離別という、かなり漠然とした観念がある。つまりデューラーと同時代人の「メランコリア」になるもの——そのもっとも洗練された詩形式は宮廷詩人的な「理想の愛」、つまり虚しい孤独な欲望を通して、近寄りがたい相手の女性を果てしなく探求することもあろうが——と無関係ではないだろう。一二世紀のフランスやオック地方の詩人たちにおける「ほかの地」、「奇妙な国」、目指す「はるか彼方」という、よくみられる特徴的なモティーフは、この強烈な隠喩感覚の緩和された変形にほかならない。どんな詩も（今日ではわかっているが）放浪であり、絶対的な孤独である。この他所の空間は、私の手の届かないところへ広がり、そこに真実なるものがあり、それを知ること、またそれが重要だということはわかるが、その真実なるものを検討したり感じたりはできない。そのことについて、宮廷詩人やイタリア「清新体派」詩人たちはよく理解した——さらにおそらくバロック詩人にいたるまでの多くの詩人も。しかしながら「追放」は、日常生活のレヴェルで、また生活面で、まず人生のはかなさの姿であり、幾世紀も前からキリスト教的禁欲主義によって繰り返されてきた教訓の喚起であった。つまり人間は地上における異邦人である。このような終末論的視点では、われわれは、頌歌「サルヴェ－レジナ」の「この涙の谷で、うめき、泣く」……で祈願されている「追放されたイヴの子供たち」ということになる。

かくて「旅する人」という精神的で文学的なテーマにふたたび出会うことになるが、これは中世の伝統でもっとも頻繁に現われるテーマであり、またそれは「現世への軽蔑」のテーマに結びつけられることが多い。それは「ヘブライ人（ヘブル人）への手紙」から引用され（おなじようなオリエントの文書もあるが）、いつかすべての共同体的束縛を断ち切ってしまい、かくてつくられた虚空へ飛びだした強力な聖人や英雄が中世の人びとを魅了するさまを表わしている。(138) 幾世紀かのあいだに、潜在的なイデオロギーは変化した。中世前期の人間は俗世の穢れから逃避するように勧告されたが、一一世紀末からは救済者になるという運動になる。たとえば十字軍の説教師らはその証拠を見せたがっている。ただひたすらに至福を獲得するために「旅する人」になりきろうとすることは、聖ベルナール・ド・クレルヴォーの心に浮かんだが、そのとき、つまり一一三〇年ごろ、彼はテンプル騎士団の創設に際して「新軍団への祝辞」を書いていた。この人物は自分の郷土と深く結ばれているが、天上のエルサレムの住民になることを夢見ている。だから彼は、そのような見かけにもかかわらず、この現世では巡礼者にすぎない。たとえばダンテもまた『神曲』「天国編」第一三歌でおなじことを言明している。また、地上で生きることは果てしない道を行くことだという考えがチョーサーの『カンタベリー物語』に登場する巡礼者たちをまだ励ましていて、バンヤンにいたるまで「人生の巡礼」という寓意を支え、『ガリヴァー旅行記』の主人公の心からも完全には消えていない[139]。もちろん、人間的条件の脆さは以上のように暴かれ、アダムの堕罪の結果であり、万物の本質からきているのではない。それでもその脆さは知性の働きに影響し、真実の識別能力を狂わせる。たとえば一三世紀半ばに出された、ピエール・ロンバールの『格言集』で述べられているとおりであり、その不安は一四世紀になっても古さを感じさせない。一五世紀にはニコラウス・クサヌスがその議論を大いに発展させ、またルターは、神への巡礼者であるわれわれが、それほど流浪者ではないという点を確認すべきだと知るだろう[140]。

8　道

旅行者

「旅する人」とは、現実の生活において「旅をする」者である。しかしこの言い方は、一二世紀以後とはきわめて異なる精神的状況において理解されるべきである。事実、ロマンス諸語は、つねにラテン語 *viare* または *viaticum* からきている語を使った。たとえば *viaje, viaggio, voyage* であり、古期フランス語では *veage, veiage* のほうが一般的である。しかし意味論的には、これらの語はすべて「旅程」に相当し、むしろ行程、さらには経過する空間に相当する。今日での意味は、フランス語においては一五世紀末までは用例がない。英語の *travel* は、フランス語で苦痛や苦労や努力を意味した *travail* からきている。ゲルマン語の *risan*（そこから ドイツ語の *Reise* がきている）は飛躍と断絶を想起させた。共通した根本的な意味は「ここ」から離脱する移行、「他所」への出立――おそらく危険に満ちた外部へ――を表わしている。つまりG・バシュラールが「自分の殻から出る」という表現にみいだしたものとほぼおなじであり、われわれの内面的な場、また同時に広がりという外面においてもはっきり示された二つの移動である。[141]

「旅」は、われわれに自力で境界を越えさせ、他所に挑戦させる。旅という観念は（その事実も）、われわれに生来の移動癖を示し、子供の最初の空間征服としての移動癖を想定させる。それは知識欲という想定である。一二世紀末以降、また一七世紀へ向かうにつれて旅行記では、ますます頻繁に、（情報を）求め、（新事実を）学び、発見するということを意味する言葉が繰り返されている[142]。そこから神秘的な隠喩が生じる。たとえば、一二七〇年ごろの聖ボナヴェントゥラ著『神にたどり着くまでの精神の旅路』という表題にみられるとおりである。ドイツ語では、*fahren*（「行く」）から派生した語 *Erfahrung* となり、事物の経験の豊かさを表わす。一六、一七世紀に、ラブレー、モンテーニュ、シドニー、ミルトンらがイタリア旅行を流行させるのも、実は知識欲のためである。もっとも一般的に「旅」という名詞に相当する動詞は、一五世紀までの古期フランス語では、ラテン語 *circa* からきている *cerchier*, オック語では *cercar* であり、これは何かを「探しに行く」というような近い行程を表わしている。しかしマルコ・ポーロは「遠い国々を探検する *cerchier*」と言い、またすでに一一三〇年に、もっとも古い宮廷詩人のひとりは自分の放浪癖のせいで *Cercamon*（「世界漫遊」）というあだ名を付けられている。認識上の微妙な差異が強すぎて、この語は一七世紀になって、ようやく（*chercher*〔探す〕という形で）古い語 *quérir*〔求めてゆく〕に代わることとなる。

一四五〇年、ピエトロ・ランブーロというシチリアの探検家はスペインとフランスを回って帰ると、自分は「地球全体を調査」したくなって出発したのだ、と同郷人に説明している。それから二〇年後、アンセルモ・アドルノは『旅行案内記』の序文で、日常的世界に閉じこもらず、世界各地を「知った」人びとを称賛している。一五〇三年でも、ゴンヌヴィルは大西洋横断の船に、「好奇心から」同行したがる二人の客を乗せている。この例にかぎらない。旅行者は、変化の必要、漠然とした不満、「居住」

に対する拒否を知識欲とみなしている。一五世紀初めの『〔ブシコー〕功績の書』の作者は、遍歴の騎士の放浪生活を「旅に出る」とか「旅にあり」（この旅という語が複数形とは！）と述べている。

語、それが伝える意味は今日とおなじ現実を包含できず、比較できるような経験を示すこともできない。A・トフラーによれば、一九七〇年の平均的アメリカ人が一生のあいだに動き回った距離は、一九一四年のおなじアメリカ人の三〇倍だとか！[143] 二〇世紀における技術の発達の速さを考慮すると（輸送に関わる点だけでも、一九一四年は一九七〇年に比べると中世に近かった）、一二〇〇年、一三〇〇年、一四〇〇年の人間が一生のうちに動き回った平均距離を、一九九〇年の尺度で測るなら、はるかに高い係数でもって増大しなければならない……ピエール・ダイイのような重要人物でも、重い政治的、教会的、外交的任務を帯び、五〇年の職業的生涯を通じて自宅から出ておそらく八〇〇〇ないし一万キロメートルを動き回った（B・ゲネが生き生きと描いた伝記による）。[144] おなじような任務を帯びた現代人が移動するとすれば、幾十万キロメートルに相当するだろう。

まったく何もかも変わった。今日の社会は、完成した輸送手段の発明や製造、そして獲得とともに、移動の加速化によって要求される基盤施設のためにも、収入のうちから巨大な部分を投入している。中世では、このような状況がまったく知られていなかった。つまり馬やロバを飼育し、平底船や二輪馬車を作っていたのであり、四輪の戦車を決定的に採用するのに一一五〇年から一二五〇年まで一世紀もかかり、また各所の橋や傷みすぎた道路を修理していた。それはまったく人間の時間に合算された作業であり、またそれを変えることなど、思いもよらなかった。人間は時間とひきかえに空間を乗り越えていた。今日の旅行は、空間という用語に接するごとに、ますます空間が抽象化されるので、時間を排除しようとする。同時に主体も目標も消滅する。問題は純然たる「旅程」である。つまり今日の観光旅行である。ところで、観光客の精神ほど、中世の場合とかけ離れているものはない。中世の旅行者――おそらく近代の初めでも――が、歩いている土地とのあいだに保っている関係は、むしろ一九六〇年代末以来、イギリスの芸術家リチャード・ロングがその行く道に、見事で、はかない作品、たとえば並べられた小石、形跡、足下の土のくぼみをちりばめ、そして一葉の写真だけが残り、乗り越えてきた空間の全体像の味わい深い不在における思い出、伝えられる説明としての写真しか残らないようにする思慮深い情熱、忍耐強い注意力、集中された厳密さにまことによく似ている。

だからこそ中世の「旅」は、そのままで「すばらしい」。一二世紀から一六〇〇年ごろまでの物語作品の主人公らが、行く先々で経験する驚くべき不可思議さで表わされているとおりである。そこからこの時代の文明における旅の三様、つまり空間的移動、時間の蕩尽、そして同時に教示的神話への入門がきている。(145) それは世代から世代へ繰り返される物語の構造に刻まれたこの三要素的図式による徴候から徴候への道程である。つまり出立、遭遇する試練、いまや変化した人間の存在における人間の回復である。J・デュヴィニョーの指摘によれば、空間における移動が生きものや物体を変えるという考え方は、移動をともにする社会がますます安定を求めるとともに、喪失した放浪生活をおそらくますます愛惜し、ますます世界的なものを想像したくなればなるほど、ますます「強固」になる。(146) 中世の末期には、その郷愁はますます強くなり、同時にその対象を忘れてしまう。それが「メランコリー」であり、それを治してくれると思われたのが一六―一七世紀における旅である。

旅行者は、そのような漠然とした理由全体によって、出会ったり、再会する定住者を魅了する。彼は未知なるものに挑戦し、強い生命力を発揮したからである。彼の経験談は熱心に聴かれ、めったに疑問視されることはない。すでに九世紀に、アルフレッド大王はアングロ‐サクソン人のオロシウス翻訳者に命じて、自分の著書にアターのノルウェーならびにフィンランド旅行記と、ウルスタンのエストニア旅行記を掲載させている[147]。一六世紀初頭でも、西インド諸島から戻った航海者らは、ポルトガル、アンダルシア地方、さらにノルマンディー地方でも群衆から大歓迎を受けている。ブラッチオリーニ〔人文学者〕は、インド洋全域を航海し、ついには背教者となった奇妙な人物ニッコロ・デイ・コンティの思い出を執筆しているほどである。

付言すれば、通過者を歓待するのは住んでいる者の義務である。ベネディクト修道会の規則によれば、その会に属する修道院では、貧しい人びととおなじように旅行者を泊めなければならない。そのために一二、一三世紀にはアルプス山脈の主要な峠に巡礼者宿泊所が設けられる。キリスト教会は旅行者と「さまよえる人」――つまり本来の意味で、異国を旅する者と解釈しなければならないが――のために祈禱を定めている。一七世紀全般、さらにはその後になっても旅行者たちを泊めることは主要な「慈善行為」のひとつとみなされるはずである。

旅行者たちは、それぞれ非常に異なる動機から旅に出たとしても、自由に（と思われる）束縛を断ちきり、囲いを飛びだしたという点では共通している。彼らは心のなかで古い放浪的本能に身をゆだねたのである。しかし彼らは（犯罪者や英雄というような例外を除いて）帰郷の意志を抱いており、旅をつづけながらも、絶えず郷里という普遍的規準から物事を理解している。彼らは見えるものを本当に見つめているのだろうか。今日、彼らの話を読んでみると疑わしい場合が多い。旅は旅する者にあまりにも強烈な印象を与えるので、観察力を誤らせる。（たとえ距離が離れていても！）距離をおいて見るということができなくなる。それができるようになるのは、おそらく一六、一七世紀、つまりすっかり「世界への幻滅」が起こるころになってからである。それから、旅行者は戻り、忘れ、記憶は郷土の面白い迷信と混ざりあう。

それでも旅の苦労は大きかった。道路網は悲惨な状態である。放置された古代ローマの街道は消滅したか、あまり役に立たなくなっている。交通には、ガリア時代またはゲルマニア時代の道、あるいは河川が利用される。残存する道路の補修は、ときには村民に課せられる。新しい道路はほとんど造られない。たとえば、ヨーロッパの北から南まで道をつくるとか、まして橋を架けるのは立派な功績である。しかし一〇〇〇年以降の商業の復興が状況打開の道を開く。一〇世紀では、リシェ（九九一年三月に旅行をした）によれば、ランスからシャルトルまで行くのは危険の多い冒険である。一一世紀になると、新しい幹線道路が、いくらか屈折したり途切れたりしながら現われている。人びとはますます移動し、人数も多くなってゆく。たとえばリエージュ、アンジェ、トゥール、リヨン、グルノーブルというような都会では、廃墟になっていたローマ時代の橋を架け直したり、新しい橋を建設している。

空間は開かれ、提供される。空間に含まれた危険性はあまり減らない。たとえば、土地や植物群落の状態から山賊にいたるまで、宿泊の難しさから土地の起伏にいたるまで、である。ぐずぐずしていると危険性が増す。旅の道のりが長くなれば、それだけ病気や足留めや死が待っている。P・ショニューの推算によれば、一六世紀になっても、ヨーロッパの有力者が極東へ出かけて無事、出発点に帰還できるのは三〇パーセント以下の確率である。[148] 一〇世紀の道路状況では、パリ盆地において、騎馬で二五〇キロメートルの道のりを行くのに一週間かかっている。一一世紀では、飛脚がローマからドイツ中央部まで行くのに二五日かかっている。一二世紀には、オーストリアからイギリスまで四週間、パレスチナからドイツまで四か月かかっている。普通の旅行者なら、ニームからプロヴァンまで二四日、フィレンツェからナポリまで一二日、ローマからカンタベリーまで七週間かかっている。一四世紀末になっても、それらの日数はおなじである。たとえば王室の飛脚でもアヴィニョンからパリまで六日、だが旅行団なら一か月近い[149]。このような日数は絶望的だと思われる。それでも民間の通信には役立っていた。旅行者が領内の地方を回る国王であるなら、足跡を残してゆくように、土地に支配権力を刻んでいった。速度は驚異的であり、奇跡か魔術の効果としか思われない[150]。

身体は、いわば旅に属していた。しかし現代の観光客にとっては、事実上、もはやそうではない。なぜなら、身体は受け身の状態へ逃避して、速度の加速から身を守るからである。一一世紀に馬の使い方に改良がもたらされてから（蹄鉄をつけ、繋駕様式も便利になり）、移動の速度というよりはむしろ輸送できる重量を増やせるようになる。一三世紀には、大胆な者らが人間、とくに婦人を運ぶために（昔の駕籠《かご》に替わって）車を利用することを考えだす。この発明は一六世紀まで、さまざまな抵抗にぶつかる。たとえば（一四世紀のフランスでのように、またその後はハンガリーにおいて）、それが貴族の特権にされたり、（ドイツでのように）風俗の軟弱化を招くのではないかと心配される[151]。

もっとも重い荷物の運搬には、牛が使われる。その極端なのろさは誰にもわかっている。城や教会堂の建造者たちは地元で建材の石が見つからないときは、石を運ぶ牛車に一〇頭、二〇頭、三〇頭の牛をつなぐ。それでは一日に三〇キロメートルしか進まない[152]。その代わり、騎乗者でも荷車引きでも、とにかく人間と、それを運んだり牽いたりする牛馬などとのあいだに、精力、知力、愛情――それとも怒りや恨み――が相互に深く通いあう。大河や川を上ったり下ったりする小舟――艪櫂、帆つき、岸辺からの曳き舟――での乗り合いも同様の心理的作用を及ぼす。道の文化というのは、その道の利用、独特の印象、その言葉（天《あま》の川は「聖ヤコブの道」または「シャルルマーニュの道」……を示す）、その伝説、その守護神、たとえば聖ロックや聖クリストフォロス、あるいは旅の歌のような芸術で構成される。一六世紀になると、旅行は少しずつ新しい意味を帯びるようになり、明らかに好んで記録されるものとなる。たとえば、ますます特異性がそれ自体として観察され、お土産として品物が持ち帰られる。

旅行者とその道程のあいだには、きわめて個人的な関係が生じる。一八世紀以前のヨーロッパでは、今日の平凡な意味での「道」は知られていない。今日では二極点をつなぐ手段であり、それで道の機能は果たされ、そのあいだの空間は、無視され、観光案内が介入しないなら問題にならない。だからわれわれの道は、結びつけるとともに引き離すのである。それに反して中世の道は、各人の記憶、地域的伝統に深く刻み込まれているので空間へ敬意を表することになる。つまりどの区間も休息を誘い、新奇な――本来の――意味を帯びている。どの十字路も神秘的な視界へ開かれている。A・デュプロンの表現に倣うなら、道にはなんとなく「旅路の尊さ」が生じる。村から村へと、道は場所のきちんとした連なりである。しかし道はそれ自体としては場所であり、連絡路としては環境でもある。それはまず徒《かち》の者、ロバ、ラバ、荷馬の通り道として造られ、荷車にはあまり容易でなく、騎乗者にやっと間に合う程度である。というのも、武装した騎乗の軍馬はむしろ野原、荒地、耕地をまっしぐらに駆けるだろうから。道は水の流れとおなじように進み、屈折していてもなんとか普通の方向へ向かっている。人間や牛馬などはその道を歩いてゆく。草木もない空間で、体を立て、一歩一歩、足を踏みだしながら、空間を筋肉と視覚で発見し、踏みしめてゆく。道という考えに備わったそれほどの価値観は、想像できるように、領地を巡る道路の維持と安全の確保に留意しなければならない国王たち(七世紀のアングロ‐サクソン人の王たち以来)を動かした政治・経済的な動機の潜在的なものと考えられる。その道は国王たちの空間的支配の証《あかし》である。

残るのは、旅立つ者なら誰もがいちばん恐れる最後の危険である。完全に道がなくなること、つまり踏みしめる土地が自分の足に感じられなくなること——不可能になること——である。海である。ジョアンヴィルは晩年になって、六〇年前にマルセイユで船に乗ったとき、幾時間か過ぎて「陸地が見えなくなった」ときの恐怖を思いだしている（『聖ルイ王言行録』第二八章）。この恐怖は誰にも感じられていたが、それでも幾世紀間にわたって、西洋で、地中海や大西洋の沿岸の国々における航海が著しく増加するのを妨げていない。一五世紀には、ヨーロッパのすべての大都会は海または川の港になっている。しかし、一六世紀のただなかでも、テヴェやレリーといった人物らはいくら大海になじんでいても、やはり恐怖を感じている。ポルトガル人——しかも大航海者として、いちばん富裕な国民——のあいだで、一七－一八世紀までは、途方もない言い伝えをつくる難破の話が流布している。[153]そのような危険に身をさらすのは狂気の沙汰である。つまり初歩的な航海技術（しかも本来、地中海の航海だけだった）は、実際に進歩したとはいえ、（一四世紀までは）きわめて緩慢であり、一五世紀初めまでは遠洋航海には不適当である。誰にもわかっている。

ヴァイキングなら、そんな恐怖を否定したかもしれない。たとえば、彼らの子孫は事実、北海やバルト海、大西洋の北部地域を支配している。しかし、彼らの技術が西洋人の船乗りたちに影響を及ぼしているとは思われない。ポルトガルは、地中海から北ヨーロッパへ通じる海路の拠点だったので、一四世紀以降は特別の地位を占める。いわば大海と絶えず向き合わねばならないので、挑戦し、季節ごとに西や南へますます遠くまで危険を冒して出かけ、カラベル船を発明し、やがてさらに大型化されてガリオン船となる。[154]一三世紀を通じて羅針盤の使用がしだいに普及したが、それはまるで不思議な器具であり、多くの伝説が生まれた。だが船乗りの世代が幾代か過ぎてからでなければ、常用できるほど満足な装置はできあがらない。クリストファー・コロンブスも最初の航海のあいだは、まだ不便を感じている。現在位置を測定することでは多くの方法が考えだされ、結局、緯度に関しては問題がなくなるが、経度についてでは推算の域を出ない(155)。

イギリスとフランスのあいだは、英仏海峡をわたるのは容易であるが、それでも乗船の恐怖は大きい。オルドリック・ヴィタルやワースは、一一二〇年にキユブッフの岩礁で難破した「大帆船」の事故を語った。この惨事の思い出は英仏両岸のノルマン人らのあいだで語りつがれたに違いない。というのも、その日、英国王ヘンリー一世の二人の息子、姪たち、皇帝の甥、シャンパーニュ伯の姉妹、その他の大貴族たち、あわせて三〇〇人も溺死したのだった！　一六世紀でも、各大洋において西洋人の船団が自由に航行できるようになっても、船団を組まないで航海することは不用心であっただろう。中世人の心はそのような思いに取りつかれている。たとえば船や港の眺め、荒れた海、運まかせの出帆、自然の脅威。それらは詩人や画家たちの尽きないテーマになる。海はすべての不安の比喩であり、「船のようにあやふやな恋心」は宮廷詩人やその模倣者らの詩の常套句になる(156)。ワースは、『ブルート物語』一万一一九〇－一万一二四〇行で、サセックスからノルマンディー地方へ向かうアーサー王の最後の船旅を、多くの技術的な詳細とともに語っているが、記述の豊かさと王にふさわしい絢爛さが披瀝されていても、秘かな嘆きを漏らしている。詩句の行間に、海という抑えがたく、また、たしかに抑制できない空間の妄執が忍び寄っている。

移動と征服

九〇〇年ごろ、民族移動は終わったが、その移動はフランス語では少し不当に「侵入」(西にはゲルマン人、東南にはスラヴ人、ついでハンガリー人、「ノルマン人」の侵入）と呼ばれる。そのころから、西洋では一〇〇〇年間も外敵の侵攻に対して異常なほど慣れている。西洋を襲う混乱と戦争はその空間内で展開している（ごく稀な例外を除いて）。この全般的な安定状態において、旅という「目立った」行動は、たとえすべての者が参加しないとしても、普通の生活に同化した。共同体から是認された。なぜなら一般に認められた価値観の正しさと矛盾しないから。たとえば巡礼（次章で述べるはずである）と遠征である。

両者もまた定期的かどうかを問わず民族移動である。たとえば中世前期を通じて、ビザンティウムへ向かって多くのスカンディナヴィア人傭兵が移動し、ついで一〇六六年以後はアングロ‐サクソン人傭兵が移動した。アルプス山脈の高地の谷間に住みついた移動（これはすでに本書、第3章で指摘した）、ロベール・ギスカール〔またはローベルト・ギスカルト〕とその兄弟たちをカラブリア地方へ赴かせた移動。これらの移住者は元の空間から追放されたのではなかった。彼らは有名な世界の中心にある別の空間に住もうと思って出立したのだった。彼らは習慣的な絆を断つというよりはむしろそれを緩和し、できるだけ速く類似した絆を組織したかったのである。道中、彼らはすべてを台なしにするような危険を冒している。この旅の終結が遅れても、償いの神話が心につくられる。つまり聖書がよい例を提供してくれていて、いつでも（一九世紀のモルモン教徒……にいたるまで）預言者が出現して、移住民を「新しきイスラエル」〔ユダヤ人〕と言ってくれるだろう。

修道院の慣習には、二種の臨時移動があり、少なくとも一三世紀までは制度の機能状況に依存している。つまり慣習という面では、兵士と領土占有の関係に類似している。一方では、聖遺物の移送は、安全のためにおこなわれたり（動乱のとき）、あるいはしかじかの教会堂、儀式、キリスト教徒共同体に現前することで超自然的な保護をもたらすためである。この移送は、とくに一〇五〇年から多くおこなわれ、幾日、幾週間、さらには幾月もかけた静かな行列で実施されている（P・-A・シガルの計算では、一日、平均一〇キロメートルの速度）[157]。他方、「死者の巻物」〔修道士死去告知回状〕の回覧がある。つまり、亡くなっても聖性の芳香をただよわせる修道士を称えたこの回状は、大修道院の司書によってしたためられている。それが他の大修道院へ回されると、修道院では、回状の文言に幾行か書き加え、ときには詩が捧げられる。J・-Cl・カーンはその回状の道順の多くをたどったが、ある場合はきわめて狭い範囲だとはいえ、なんと二〇〇〇キロメートルに及ぶ場合もある！　聖遺物の移送は場所を神聖化するのが狙いだが、回覧されただけの空間の広がりが神聖化される。

このような移動は、まれに多少とも習慣的な地域を越えることがある。伝統的な特徴としては、原則的に、あらかじめ道順や状況や危険な場所を確保している。商用の旅も、一四世紀まではほとんど同様であったに違いない。一三世紀でも、商人は（もともと、ほとんど放浪者であったが）、一般人からみれば店主というよりはむしろ「旅する人」のようにみえ……、そのために定住民からうさん臭く思われる。商人は巡礼者とおなじく典型的な旅行者であり、どんな修辞的表現もそのテーマを発展させている。一四世紀のイタリアでは、外貨や外国の度量衡単位の情報、旅程や通訳の選び方の案内、さらには一三三〇年ごろの『キュメ（クマエ）案内書 *Codex Cumanicus*』のように、ラテン語とトルコ語とペルシア語で書かれた多言語会話形式の冊子にいたるまで、初期の案内書が発行される。これらの情報では、通過してきた地方については触れられていない。それでも利用者には旅の手引きとしておおよその案内にはなる——それが、ルネサンス時代には教養人らにとって、かけがえのない重要な資料となるはずである。一四〇〇年（地方によっては、それよりはるか以前）には、商業的空間は実質的に、知られた地域全体に広がっていて、商人の活動も征服者の活動とほとんど変わりがない。というのも、この征服者の場合もおなじような危険に遭遇するが、おなじく現地を獲得するにいたるからである。

中世の戦争は、征服を目指して異国へ向かうときでも、キリスト教国の活動範囲内にとどまっている(十字軍の場合だけは例外)。拠点攻撃とわずかな殺戮、略奪、そして数十、数百の騎兵と「歩兵」。つまり一二〇〇年ごろまでは、もっとも一般的なこの編制で、戦争は兵隊を移動させるが、新しい世界を発見させることはない。戦争は、もっとも極端な場合は領土の侵犯となるが、それはごく近い土地であり、同胞のような土地である。つまり「異国」の領土といっても、われわれの祖父らが遺してくれた領土と区別がつかないほどである。「戦場」という選ばれた空間で二種の所属集団が対決するが、両者は知らずしらず(おそらく残念ながら)同族として、またおなじ精神的構造で結ばれている。一〇六六年に先立って、ウィリアム一世征服王(原文では私生児王)は権利と誓約を理由にしてイギリス王になる。事実の真実性など、どうでもよい(違っているなら)。それは口実ではなく、理解と意欲のあり方である。他の場合なら、神聖な場所を冒瀆しようとする敵から守らねばならない。防御された修道院、戦う大修道院長は多く存在する。(宗教会議から非難されようとも)高位聖職の代表者らが含まれていない戦争はほとんどみられない。そのような参加は封建的関係で説明がつくだろう。私的な貪欲も満たされる。しかし深いところでは、神聖な領土という感情がなんとなく働いている。七八〇年ごろの異教徒ザクセン人に対するシャルルマーニュの遠征後、中世では「聖戦」(ときには非常に残酷な戦いになる)が始まる。この戦争は、周知のように世界史ではよくみられる文明的所業になっている。しかし西洋人はその事実をありのままに感知せず、また独特の特徴を引きだそうともしなかった。それを示す言葉は西洋諸国語に存在しない。「十字軍」(*croisade, crusade, kreuzzug*)という語さえ、一五世紀になってから定着したのであり、その出来事が長いあいだ神話的様相を呈した後である。もっと古い語 *croisée, crozada* は、たんに十字形の記章をつけているという意味である。

G・デュランは「卓越性はつねに武装している」と書いた。つまり武器、たとえば槍、投げ槍、矢などで表わされる元型的な象徴は、おそらく、戦争を職業とする人びとのうちに、神聖化された徴候としての戦争という観念を植えつける効果があった[158]。そこから、部分的には、普遍的に戦争と語り物とのあいだの関連が確認される。たとえば叙事詩はその（外面的な）必然〔戦争〕にもとづいてつくられている。中世のフランス、スペイン、ドイツやアングロ‐サクソンやスカンディナヴィアやスラヴの諸国、さらにはビザンティン的オリエントも、幾世紀間にわたって、まことに生々しい叙事詩的伝統を有し、その若干のテーマは執拗に繰り返され――眼前の「主」を拒絶したり、どんな剝奪も拒否する――、生活空間を変え、一体化したい夢の空間に一致させようという切ない思いを表わしている。戦争はもはや狩猟と変わらない。つまり「相手」はわが獲物であり、それを狩りだす広がりは正当にわがものである。事実、人類は決して戦争をそのあるがままに見なかった。いつも類型論で恐怖をぼかした。だが、そのような象徴化の明白な効力は、とくに当時のような文明には効果的であり、またおそらくそのような中世の遺産は今日でもまだ散逸していない。

この点については、軍馬、つまり戦闘用の馬の使用ほど意義深いものはない。これは八‐九世紀から一四‐一五世紀までに、戦闘員と戦争に尽くす社会階級の地位を決定する。馬はぜいたくな動物だが、輸送には欠かせない道具であり、きわめて高価で、飼育費もかかり、比較的弱い体質であるが、持主の品格、権威、軍事的特権を表わす。馬は、その臭いをしみ込ませた世界のいたるところに現前し、運動の速さにおいてはもっともすぐれ、象徴的にあらゆる限界を超越し、いかなる急激な遁走、決定的な追跡、果てしない放浪をも象徴する。古代の神話に現われる翼のある馬の思い出はおそらく夢のように消えていた。このすぐれた動物と冥界的で天空的な能力を兼ね備えた多少とも複雑な印象は残るが、騎乗者は馬を乗りこなしながら、その能力を活用する。騎士の馬は、昔の伝説の馬に備わっていた魔法の力を奪われたが（『ロランの歌』のヴェイヤンティフ〔ロランの名馬〕にはまだ備わっている）、その多義性を保有していて、ときには地獄的であったり、また太陽的であったりする。そしてときには白馬が特質を輝かせる。人間とその馬のあいだの不明瞭な境界がいっそうぼやけ、もはや両者をケンタウロス〔半人半馬〕から区別するものは何もなくなる――クレティアン・ド・トロワの作品における若いペルスヴァルを唖然とさせたように。ランスロを、ほとんど意識しないうちにメレアガン王国まで案内したのは馬である。ゴーヴァンをグラアルの城まで導いたのもおなじ馬である。この種の例はフランスの物語に多くみられる。「騎行」には存在論的含意があり、騎行は「歴史」の一側面になる。

　つぎに、一三五〇年から数十年のあいだに、以上のような戦闘光景の理想的で、比較的統一された構成は崩壊する。戦争は、戦闘員の精神において徐々に性質を変える。たとえば一二一四年のブヴィーヌの戦い〔ドイツ、イギリスほかの連合軍に対するフランス王の大勝〕は、戦闘手段を国有化しようとする最初の兆候であったかもしれない。それから二世紀半後、コミーヌは戦争を、敵対し合う国家が並び立つヨーロッパ構造の一要素とみなすだろう[159]。従来の武器に替わって、部分的には兵器が使われるようになる。大砲が騎士道的伝統に壊滅的な効果を発揮したことはよく知られている。しかも一五世紀には戦争技術、たとえば包囲あるいは襲撃の機械装置、真の海戦を可能にする船舶の完成が要求される。戦闘における騎兵隊の効力が減退するにつれて、「工兵隊」とともに歩兵隊、つまり「歩行隊」の重要性が増大する。戦争はますます有給の職業軍人に任される。一五世紀に常備軍が設置されたことは、征服を神聖化しようとした熱意を空虚な儀式的ゲームに投じてしまうことになる。

植民地開発

このような変動の時期は、歴史家にとっては西洋文明を先取りする使命が明白に現われている。十字軍の世紀を通じて、すでにキリスト教団の中東への進出は、本来の暴力的意欲、獲得したい空間を、そのもの自体のためというよりは、むしろ放置してはおけないという貪欲さを露呈していた。しかし一二六〇年ごろ、この冒険的事件は再開の具体的見込みもないまま失敗に終わった。おなじころ、バルト海沿岸地方ではドイツ騎士団によって進められた長期の戦争が、建国したばかりのリトアニアやスラヴの諸国とのあいだでつづいていた。一二四二年に、アレクサンドル・ネフスキーがチュド湖上の戦いで〔氷上の激戦でドイツ騎士団を惨敗させた〕、その戦争に終止符を打っていた。それでも領土拡張主義的な潜在力とともに、征服力のようなものが存続した。対立関係、競合、近隣との絶え間ない紛争を生みだす狭いヨーロッパという半島のような空間において、対決しあう諸民族の数、ラテン・キリスト教会の普遍主義的意図、すべてが侵略的エネルギーの蓄積を助長し、それがいつか、固有の限界を打ち破り、他の空間へ無限に流れだすことになる――いつかヨーロッパの権勢欲も、伝統や慣習や時代に対し、地位と正当性を求めて空間における革新的な拡張を要求しなくなるだろう。それ以降、一五世紀を過ぎても、古代ローマ帝国の観念がよみがえるように思われる。つまりわが場所はユニークであり、どこにもそれを再生することはできない。したがって世界を包括するまでは拡張するしかない。クロード・セセルは、一六世紀初めに出した『フランス大王国』において、最初に、海外における征服地の支配が偉大な国家権力には必要欠くべからざることだと教えている。

だからこそ中世は、ローマ帝国と同様に古代ギリシア流に植民地をつくらなかったのである。自分の周りの空間しか調べられなかった。もちろん、植民地化の経験はとくに一三世紀から多くなった。以前は（六世紀から一〇世紀にかけてゲルマン、スラヴ、ハンガリー……の異教徒をキリスト教化するために伝道師が派遣されたことを除けば）「植民地的」拡大は未開地への移動であり、たとえば一〇世紀におけるアイスランドがそうであったし、ついでヴァイキングの遠征のときにはグリーンランドがそうであった。そのように妻や子供や家畜とともに他の土地で郷土をつくり直すために出発を決意した人びとを表わす言葉は、どの国の言語にもない。ラテン語の *colonus* は開拓農民を平凡に指すだけであった。初期の十字軍によって築かれた「エルサレム王国」は、その経済と制度のために「本国」に密着するフランス植民地として叙述された。プロシアとバルト諸国も、少なくとも一二〇〇－一二七五年のあいだは、ドイツ騎士団の神権政体のもとで、おなじような状況である。おなじくレコンキスタ〔アラブ人からのスペイン国土回復運動〕以後のムーア人のバレンシア王国もある。一二世紀から一五世紀にかけての東地中海沿岸におけるジェノヴァ人、カタルーニャ人、プロヴァンス人らの植民地もおなじである。クレタ島も長いあいだ、ヴェネツィアに支配されていた。一四世紀まではキプロスも同様である。最後に、アイルランドは、一三世紀にイギリス王らに征服され、その地の開発は、のちに海外入植の模範になった。つまり断続的で散開的な試行であり、一時的なことも多く、また一五〇〇年以前では全体的な計画もなかったのである。現地人との共存、いくらか厳しく強制されるが、たまには政治力で支援される通商への協力。ポルトガル人がアフリカに建設する国も、一五一五年ごろには、点在する在外商館を何とかまとめられる組織網のひとつにすぎない。

アメリカ大陸の奪取とともに、すべてが変わる——またはすべてが具体化する。明白な保有者（たしかに異教徒であり、したがって不法者にされる）のいる空間へヨーロッパ人を入植させようという考えは、一四九三年からコロンブスの心に生じる。それを暗黙的に国家的な事業計画とするスペイン国王の援助を受けて、翌年には実現しはじめるのである。その結果については、よく知られている。その後、手の届く範囲になった世界的な広がりへ向かってヨーロッパが決定的に進出することは、人類全体にとって、どれほど高価な代償になったか。真っ先に出発する者らは、その進取の気性から計り知れない物質的、社会的利益を手に入れ、さらに国王の栄光を輝かせ、果てしない領土に国王の治世を確立し、〔キリスト教の〕神を知らない未開人種に、魂の永遠の救済をもたらす信仰を植えつけようと考える。

法的観点からみれば、アメリカ大陸との接触はローマ法と教会法とのあいだの古くからの論争を広げ、結局、弱めてしまう。新大陸に対する権利の正当性と、そこに成立する権威の根拠に関する問題、異教民族に対するキリスト教徒の権利決定の必要性、それらが従来の原則を解釈し直さなければならなくなる。事実、新大陸発見の権利と、植民地主義的統治権の理論が練り上げられる。スペイン人がアンティル諸島やメキシコへ入植し、その地で採用される開発方式は、少し前に奪回された土地でイスラーム教徒に対する制度（そこで「エンコミエンダ」〔スペイン植民地における原住民統治の封建的制度〕が生まれる）、さらにカナリア諸島において制定された制度に則っている。原住民のあいだの指揮系統の破壊、征服者による社会的基礎構造の奪取、伝統的な機能に替わって別の機能の強制措置、それらは本質的に富と労働を搾取するための組織網——征服者らの目的とみなされる金もうけ主義によって「近代化された」——の継続を可能にする。

ときには、そのような動機がユートピア的思想に置き換えられることもある。たとえば「メイフラワー」号に乗った清教徒たち、あるいはリオ・デ・ジャネイロでのヴィルゲニョンをはじめとするフランス人プロテスタントたちがそうである。どれほど野心や期待に燃えていても、われわれが生まれた土地との絆が少し切れても仕方がない。いつかはそこへ戻れる夢もある。それまでのあいだは、この新しい土地、いつも不安な場所に故国の名を付けよう。ヌエバ・エスパーニャ〔メキシコ〕、ヌエバ・グラナダ〔コロンビア〕、ついでニュー・フランス〔カナダのもとフランス領土〕、その他、多くある。大西洋のこちら側にある中央政府にとって、またあちら側にある出先機関にとって、おそらく結局は、空間を理性の判断にゆだねる機会が生じることになる。たとえば西インド諸島でのスペイン法は、入植民の政治的、宗教的、社会的な構造を地上ではっきり読み取れるように映しだす標準的な計画の作成をすべての都市に命じている。

9　巡礼者と十字軍参加者

巡　礼

　巡礼は難行として、巡礼しようとする者に対し、進んで自分の場所を放棄するように要求する。したがって実際には自分の生活様式や、さらに多少とも自分の権利や防衛手段を放棄しなければならない。巡礼者は生計のための日常的労働をあきらめねばならない。彼は覚悟し、安全で、なじみ深い空間から出発して未知の異質な世界へ入ってゆく。多くの文献資料では、「異国人、よそ者 *peregrinus*」と「貧者 *pauper*」という語が交互に使われている。つまり典型的な巡礼者とは（文献図書の作者や、おそらく大部分の同時代人にとっては）異国人で、貧しい通過者である。出立して遠ざかるということは、もっとも強い絆、つまり穏やかに兄弟どうしでパンを食べるという絆を断ちきることである。

　こうして中世のキリスト教徒は、定住民社会のすべての宗教から信徒へ一斉に呼びかけられた訴えに呼応する。ヒンドゥー教、仏教、イスラーム教は聖地へ向かう旅を、神へ向かう道程とし、徹底的な浄化（そこから、この場合、キリスト教会がよく使う贖宥という考えがきている）を経て闇から光へ向かう道とし、また一種の通過儀礼とし、終局的には人間が「神の都」、エルサレム、あるいはメッカへ到達できることになり、〔エルサレム神殿の〕至聖所と一体化する。巡礼は空間における救いの期間を意味し、「旅する人」の運命を神の最後の審判へ捧げるためにその運命を享受する。中世初期においては、それ以外のいかなる身分も拒絶する巡礼者がみられたが、彼らは幻視者的放浪者であり、「自分の郷土を持たない」放浪こそ、イエズスの放浪を真似ることだった。たとえば六世紀からのイギリスにおける多くのアイルランド人修道士たちがそうであり、ついで、ヨーロッパ大陸では、一一世紀におなじような人びとが見受けられた。聖コロンバンが彼らの模範だった。

「キリスト教」の聖なる偉人への崇拝、庇護の追求、治癒の祈願、尊い場所へのつつましい参拝、祭礼的遊歩、神聖なものへの肉体的接触。それらすべてが巡礼であり、どの行動も、民俗的信仰、伝説、歌、教訓的な語りが開花し、整っている空間の一面を構成している。神聖な地域の内部や周辺でおこなわれる行列は、巡礼の神秘的な手本であり、錬金術的探求と類似しないわけではない。

心理的であるとともにキリスト教会法にも則った巡礼の方式によれば、信心の巡礼、つまり純粋に自発的行為としての追放、ひたすら「神」を目指した長途の旅という巡礼、および贖罪の巡礼に区別される。前者は必ずしも私心なしとは言えない。ときには偉い人物たちが、自らの信心深さの証拠を一般に示して、その権力について神の是認を求めている。たとえばフランスでは、カペー朝の時代にサン-ドニ聖堂への参拝があり、ヴァロワ朝の時代にはサン-ミシェル聖堂への参詣、ドイツでは、ケルンにある「東方の三博士」の墓への参拝がある。

贖罪の巡礼については、その習慣は中世初期のキリスト教会から罪人《つみびと》たちに科された料金制の贖罪の仕方からきている（最初はアングロ-サクソン人のあいだで、……たとえば教会は、見せしめの罰として、危険な海へ行かせた）。一一、一二世紀には、その制度も通俗化する。つまり巡礼は一般的な贖罪の、厳粛でない標準的形態となる。個人的な面では、どれほど行き過ぎた巡礼の仕方も許容される。贖罪者は半裸の状態で聖地から聖地へさまよい歩き、犯罪に使った刃物の金属材料を溶かし込んだ鎖で身を縛る。その鎖が錆びて切れるときには、罪も償われるだろうと信じているのだ。それまでのあいだに歩き回る距離は、ときには非常に長く、個人的な救いに相当する空間の長さは、超人的な長さになるだろう。『聖女エニミア伝』で語られている話によれば、一一〇〇年ごろ、ある罪人が聖地へ巡礼に出かけるが、出立にあたって両手両足に鉄の鎖を巻き付けている。そのままの姿でエルサレム、聖トマスの墓（インドにあるとか！）、エフェソスの聖ヨハネの墓、パトラスの聖アンデレの墓、コンスタンティノポリスの聖ソフィア教会堂、さらにサレルノ、ローマ、ヴェネツィア、ドイツ、フランドル地方、そして母国フランスの各聖地をめぐり歩く。鎖の輪の二つは落ちていた。最後の輪は、この贖罪者がフランス中央山地南部のロゼール高地を越えるときに落ちる。というのも、神が彼の罪を赦したからである。このように極端な例は反動を招く。一三―一四世紀には、贖罪の巡礼はキリスト教会から批判されようと、宗教裁判の判決によって多くの犠牲者を出さなければならない。さらに民事裁判もその措置を真似る。たとえば一四世紀において、ヨーロッパの多くの都市における刑法には、しかじかの犯罪にはしかじかの巡礼を科すという一覧表が含まれる。たとえば足で蹴る暴行は、一三二八年のリエージュではヴァンドームのサント・ラルム聖堂までの巡礼が科せられ、もし流血事件を犯せば、トゥールのサン＝マルタン聖堂まで巡礼をしなければならないというように……。ジュネーヴでは、一三五〇年から一三六〇年までの一〇年間に、一四〇〇人ほどの違犯者が一三〇か所に及ぶさまざまな巡礼刑に処せられている！(160)

そのように国家制度は古くさく、つねに強固な宗教的形式を利用し、無政府主義的で非社会的でもある者に懲罰を加えて、個人を聖なる道へ向かう気にならせる。つまり「奇跡」を見せて、その域内へ進み、神託をうかがいたいと熱望させるのである。巡礼者用の手引き書は、案内と助言（中世前期から実際に存在した作品であり、一二世紀から一五世紀にかけて急増している）をまとめていて、聖人伝と不可分の関係にある。旅程の各地でそこの聖人が紹介され、無事帰還すれば、信心深い金持ちの旅行者は、その神秘的な出会いを記念して、教会堂へ絵画や像やステンドグラスを寄進する者も少なくない。かつてJ・ベディエは、おなじような由来をフランスの武勲詩に与えたことがある。[161] いずれにしても、巡礼者は奇跡を探求する。たとえば八、九世紀では、聖遺物がたえず移され、当然期待される名所が激増した。はるか遠くから伏し拝んでも効果は少ないだろう。神聖な力は、近い場所にあるほうが強烈である。しかも、奉納物はその場での証言になる。十字軍参加者の場合は多少とも状況が異なるはずである。つまり当時から聖地巡礼の重要性と、初期キリスト教が伝える多くの聖遺物の「探求」は地域的な聖人らの評判を落としてしまう。しかし、遠近を問わず、聖地へ赴くことは解放を約束してくれる。たとえば病気の治癒、願いごとの成就、あるいは、それらがかなえられない場合でも、期待が残る。実際、巡礼は入信への道という機能を果たし、人間を鏡の裏へ、見えない霊験のなかへ通らせる。だからこそ道程に沿って礼拝堂、祈禱所、修道院付属教会（おそらく、このようにしてロマネスク様式の建築が普及したのだろう）が建造され、あたかも道程の要所ごとに、その神聖な旅を記念して祝うようである。そこで、ある種の巡礼には適当な時期が定められた。たとえば七年ごと、あるいは聖霊降臨祭日（ペンテコステ）に際してというように。かくて祭儀が強化される。そして著名な場所の一時的な重要性が高揚され、その崇拝は、知られているように、異教的古代までさかのぼる。たとえば、たくさんの黒いマリア像、驚異的な洞窟、永遠に恵みある記念建造物など。

そこへ行く道中の歩みは、期待が心を導くかぎり身体を束縛する。ときには習慣的に断食や沈黙が要求される。つねに「空間の治療法」と呼ばれることが作用する。だから、おそらく巡礼というテーマ――換喩的であったり隠喩的であったりする――は、一六世紀にいたるまで、中世初期の詩や架空物語の構成要素になっている。たとえば巡礼を真似ていることが、遍歴騎士の物語の背後に感じとられる。

聖地に着くと、一定の所作によって不可思議な遭遇が容易になる。たとえば、ひれ伏したり、地面や十字架に触れたり、接吻したり、聖遺物の下のいちばんよい場所を占めようとして信者どうしが殴り合ったり、またそこで一夜を明かす。聖人の助けがもっとも効果的なのは夜明け時だからである。実在全体がそのような瞬間に飲み込まれる。つまり精神や肉体のみならず、集団全体、「巡礼仲間」も飲み込まれる。A・デュプロンが指摘するように、その集団はキリスト教会と混じり合うのでなく、独特の連帯性、共通した力への意志、つまり不滅へ到達するためにみずからの生命を投げだす意志で団結している(162)。たとえば一〇九九年に、十字軍参加者らをエルサレムへ向かわせるのもおなじ情熱である。

巡礼者は自分の使命を誇示する。たとえば着ている衣装で、いくらか目立つ。身に付けている目印で明らかにそれとわかる。出立に際して、まず儀式的にその衣服をまとう。その他のものも特別に祝福を受けている。つば広の帽子、マント(「頭巾つき、袖無しマント」)、頭陀袋、水筒、杖、それらのものは旅の苛酷さを告げている。記章、象徴的なもの、信心深い文字などを身に付けることは一二世紀を通じて普及した。そのような認識のしるしの数は一五世紀まで絶えず増加した。一般に、巡礼に出かけた者は、そのときの用品一式とともに埋葬されるように願っている。巡礼者が歌う歌(そのなかの「クリエ」〔「主よ」〕という呼びかけが繰り返されることも多い)は歩行にリズムをつけ、歌いだす者たちの団結を強める。同業組合《ギルド》の組合員のように、彼らにも守護神や守護聖女がついている。たとえば聖ヤコブ、聖ロックがおり、一五世紀にはスウェーデンの聖女ビルギッテがいるが、この『啓示』の神秘的な作者は女王の座を見捨て、北欧の王国から、はるか遠くのサンティアゴ・デ・コンポステーラまで、さらにローマ、最後にエルサレムまでの道をたどり、出立して二五年後、一三七三年に帰路の途中で亡くなったとは！

聖書の多くの物語は、巡礼者の想像力をはぐくみ、思想の図式を生みだす。たとえば、カルデアを離れたアブラハム、エジプトを脱出したイスラエル人、バビロンから戻れた「囚人たち」の話など。中世の巡礼との類似は明白だとは思われないが、投獄、奴隷化、救いという、これらの物語では、いかに古代人が神からの啓示を受け、穢れた土地から遠ざかり、ひたすら信じながら神聖な土地を目指してゆくかが語られている。だからこそ、中世初期の修道士らが最初に巡礼をキリスト教徒的生活の完全なイメージとしたのである。一五世紀でもタウラーは、「旅する人」を、感情から信仰へ移ることにより、人間がキリストを瞑想することからキリストの神聖さを崇拝するまでに高揚する者だ、と定義するだろう。

創られた広がりは神秘的な空間に変化する。幾世紀にもわたって巡礼は、空間を吸収してやまない神聖さの熱望を華々しく表明したのだった（おそらく、世界中において）。そこで人間は試練に耐え、象徴に満ちた場所へ行き着こうとする――かくて近づくこと自体が、目的地によって、あらかじめ神聖化されている。

巡礼と空間との関係があいまいなために、あまり人間が移動しないこの社会では、巡礼は無政府主義の潜在的要因（また、ときにはきわめて現実的）にされる。巡礼に迷信が混入するため、理性的な人びとから反感を買わずにはすまされない（とくに一三世紀から）。中世全体を通じて、抗議が起こり、一三〇〇年を過ぎるとそれが多くなり、ますます激しくなった。一二五〇年ごろ、ボーヴェジーの慣例法では、巡礼に出かける者への妨害をはっきり禁じている。一五世紀には、フランスで、有名な強盗団が「貝殻一味」〔襟に貝殻をつけた〕というあだ名をつけられているが、これはサンティアゴ・デ・コンポステーラへの巡礼者らがつけていた記章をほのめかしているではないか！　世論を雄弁に語っている。おまけに街道筋には偽の巡礼者が横行する。その結果、一六〇〇年ごろでも、サンティアゴ・デ・コンポステーラへの道中にあるロンスヴォーで、その連中が逮捕されているほどである。八世紀以降、教会の措置、王の勅令、自治体の条令で、巡礼者の誘導とともに保護を確保しようと努力されている。巡礼に関する法律が制定され、出立の様相、道程、宿場、各地域の習慣にしたがった移動の自由……要するに、巡礼者として、キリスト教徒の基本的な定住生活を乱したり脅かしたりすることは、すべて規制される。その隠された意図は矛盾している。なぜなら、神聖な記章を付けた放浪者らの道中を妨げることなく、彼らの定住を望んでいるのだから。一六世紀には、エラスムスのような人文主義者の大部分、またとくに宗教改革派は、キリスト教からそのような無謀な慣行をきっぱり取り除こうと熱望する。

巡礼地の道路網

各種の巡礼の道程は、西洋の空間を細かい網目のように包んでいる。その濃密さも特色も、時代とともに変化した。巡礼の距離は広がったが、その代わりにおそらく初期のような中身の濃厚さは失われた。その進化は宗教的実践の領域において、身を動かせば一望できる大地の環境に向かって人間の目が開かれたということを表わしていた。

カロリング朝時代以降、公認された大巡礼のほかに、しかじかの墓や場所をめぐって多くの小巡礼が起こる。つまり、奇跡で有名な驚くべきものを祝ったり、近くの篤信家を招いたりするのだ。かくて、一二六〇年以後においても、聖別されたパンから血がしたたりはじめたという奇跡に動かされた巡礼の数が幾十か所に及んでいる（まずボルセナで、ついで西洋全体に及んでゆく）。ドイツだけでも一〇〇を数えたほどである！　しかしながら、キリスト教会の上層部は、全体としては、そのような行事に反対している。教会の態度としては、はじめから（また大巡礼にともなう物質的な利害も考慮して）長期の見通しに立ち、もっとも強い魅力があるか、あるいは長い道程が奇跡的な過去の思い出に富んだ広がりを含んでいる聖地を大切にしたいという意志に動かされているようである。この政策は、計画的であるかどうかは別として、拡張しつつあるキリスト教的空間を組織的に構造化しようというものである。

未来のヨーロッパ各国はそれぞれ固有の歴史と密接に結びついた巡礼地を有しているが、ときにはきわめて多様な出自の人びとの群れがそこへ押し寄せているほどである。たとえばフランスでは、トゥールのサン＝マルタン大修道院、モン＝サン＝ミシェル大修道院、シャルトル大聖堂、切り立った岩の上のル＝ピュイ礼拝堂や、険しい斜面にあるロカマドゥール礼拝堂、ここには一二世紀から一五世紀にかけて、一二人ほどの王族が聖母マリア像へ祈願に来た。高地ドイツでは、アインジーデルンとそこのベネディクト会修道院、ラインラントではアーヘン大聖堂、オーストリアではマリアツェル、ポーランドではチェンストホーヴァのマリアとして知られたヤスナ・ゴーラ礼拝堂、カタルーニャ地方ではモントセラト、イギリスではカンタベリーあるいはノーフォークのウォールシンガム（ここではキリスト生誕地ナザレの家を再現して公開しているおかげで、一二五〇年以降は聖地パレスチナ巡礼に替わるものとなる！）。アイルランドでは、長いあいだ、ドニゴール県にある島に「聖パトリックの洞穴」という聖地があった。この使徒は「地獄」の出入り口のひとつを岩でもってふさいだとか。巡礼者らは、そこであの世について教えられるところがあった。一二世紀半ばから、さまざまな物語が書き物にされ、イギリスやノルマンディー地方に普及した。たとえば一一九〇年ごろ、女流詩人マリー・ド・フランスは、そのひとつを『聖パトリックの煉獄』でフランス語の詩にした。しかしこの巡礼地の評判が、とくにイギリス、フランス、ハンガリーの騎士たちを魅了したらしく、ヨーロッパに広がるのは一三五〇年を過ぎてから突然のことである(163)。

しかしながら、幾世紀も前から西洋におけるキリスト教圏の広い巡礼空間は三つの主軸に分けられている。つまりローマ、サンティアゴ・デ・コンポステーラ、そして聖地パレスチナへ向かう道である。この最後の巡礼はキリスト教の起源にまでさかのぼる。同様に古い巡礼としては、使徒ペテロとパウロの墓へ詣でる巡礼があり、これは七世紀以降、多くの信者が隊列を組んで出かけたので、フランク王国を通過する道中には、イギリスやフランドル地方や北欧の国々から来る人びとを宿駅で迎えるための施設が立ち並ぶほどであった。彼らがたどる道筋に名称がつけられた。たとえば「ローマへの道」であり、彼らは「ローマ巡礼者」と呼ばれる。その放浪者的イメージは、遍歴された地方と融合し、その地は、神秘と至福に満ちた異郷の土地と結ばれる。

ローマへ行くどの旅行者も巡礼とおなじようになる。使徒たちの墓、最古の七つの聖堂、新しい教会堂、円形劇場が見られる。つまり神の恵みを受けられる場所は、この恩寵に満ちた空間において忘れられない古代の英雄的名残とおなじほどたくさん存在する。ローマ教皇の権威が固まり、異教的遺物を都合よく回復できるようになると、「巡礼案内書」も多くなる。一三世紀から一五世紀末にかけて、すべての言語で書かれたものがあいついで現われる。一七世紀になっても書かれているほどである(164)。教皇ボニファティウス八世が企画し、開催した紀元一三〇〇年記念祝典は、おそらく都の神聖化の頂点を画している。二週間もの遊歩、全瀆宥など……多くの群衆がローマを目指す。とくに貧しい人びとは、いつでも幸運に飛びつきたいからだ。その期間は十字軍も失墜した。祝典がそれに替わった。ローマへの巡礼は、一三世紀には十字軍と盛んに競いあったが、ふたたび人気と優勢を取り戻した。

サンティアゴ・デ・コンポステーラへの巡礼はローマの場合ほど古くはなく、またおそらくこの巡礼に含まれる精神性も同一ではない。使徒、聖ヤコブの遺体は不思議な小舟で運ばれ、エルサレムから到着したとされている。これは元型的効果のある伝説的な図式的発想であり、おそらく避けられない死に対するパニック的な恐怖感につながっている[165]。その聖ヤコブの奇跡は八〇〇年ごろに考えだされた。九世紀から巡礼の運動が起こり、増加する。一一世紀末から一二世紀末にかけて、巡礼は大流行するが、決して完全に衰えることはない。巡礼者が身に付ける貝殻は当然、海を連想させるが、もっと深い意味では起源、誕生、変化、そして逆説的に回帰と避難を表わしている[166]。聖ヤコブは「龍」を打ち倒した。スペイン人の想像では、ヤコブはムーア人を撃退したのである。一三世紀にレコンキスタ運動の勝利が確実になったとき、ヤコブは巡礼者らの守護神にされる。つまり、通俗化の影には古い価値観の記憶が残っているのである。

幾世紀ものあいだに、かくも大勢がサンティアゴ・デ・コンポステーラを目指したが、その巡礼は、ほかの巡礼以上にヨーロッパ空間を形成するのに貢献した。多くの安全な道程に沿って修道院や救済院が建てられ、都市が発展し、各種の技量も普及し、盗賊や詐欺師の一味が巡礼者らの信じやすさや、うかつさにつけ込んで悪事を働くようになる。海路で向かう巡礼者たちには、ガリシアの海域を荒らし回る海賊が待ち受けている。一三世紀のラティスボンのベルトルトのように厳格な説教師らは、女性の参加が多いことを嘆いている。というのも過ちが犯されやすくなるから。巡礼者らは、スカンディナヴィア、ときにはもっと遠く、西洋全域から参加する。たとえば一二五三年、ギヨーム・ド・リュブルックがモンゴルのカンの宮廷で、サンティアゴ・デ・コンポステーラへ出かけようとしているネストリウス教（景教）の聖職者に出会っている！ 偉い人物たちが一二世紀と一三世紀にお供を連れて参拝する。たとえば、一一三七年にはアキテーヌ（アクィタニア）公ギヨーム一〇世、一一五四年にはフランス王ルイ七世、一二一一年にはカスティーリャのアルフォンソ九世、その他、多数。一五世紀でも、高貴な家系の遍歴の騎士たちが聖ヤコブの墓に立ち寄っているが、それは信仰からというよりはむしろ観光のためであるらしい[167]。

サンティアゴ・デ・コンポステーラへの道筋に沿って精神的な空間が形成され、西洋諸国民が栄える社会的、政治的、地理的空間に重なる。肝要な空間性が巡礼をキリスト教団固有の価値観の範例とし、そこから経験されるすべてのことに意味構造を付与する、強い統合因子が生じるのである。ある教会文献は態度と信条の全体を指導し、奨励している。たとえば「聖ヤコブ巡礼者便覧」のような伝統が一二世紀から一七世紀まで継続される。その作品のもっとも有名なのは、一一五〇年ごろの『聖ヤコブ書』に収められているが、これは使徒ヤコブ、その墓、そこへ行く旅を称揚する資料集成である。この案内書は、おそらくフランス人エムリ・ピコー・ド・パルトゥネによってラテン語で書かれ、道程、道中の都市、参詣する聖所、歓待を受けられる可能性、さらに道中で避けるべき危険性を扱っている。その本は要望に応えて、一二一二年にピエール・ド・ボーヴェによってフランス語の翻案書として出された。一四世紀には、この種の案内書が多く出された。一四九五年でも、ヘルマン・キューニヒ・フォン・ヴァッハがドイツ人巡礼者のために案内書を出し、可能な二種の道程、つまりスイスかパリを経由する道中について正確な助言を詳しく書いている[168]。

四世紀末の聖ヒエロニムスの時代以降、パレスチナへの巡礼がキリスト教徒の習慣に属するようになっていた。七世紀には司教アルクルフ、八世紀には聖ウィリボールド、九世紀には「巡礼者」ベルナールあるいはウスターのセワルフというように、立派な聖職者らのリストは長くなるが、彼らは中世初期の困難な時期を通じて、伝統を守りつづけた。その伝統は、歴史的激動があっても今日まで、西洋のキリスト教会とオリエントのキリスト教会、さらに一〇〇〇年以降は新しく創設されたロシアのキリスト教会をも等しく惹きつけながら存続している。「聖地」という表現には、ユダヤ人の「イスラエルの国 *Eretz Israel*」とは違った意味が含まれている。つまり、救世主が場所を使って——すべてのキリスト教徒にその超自然的な祖国というものをつくるように——顕現する神聖な郷土としての存在を示しているのである。

ビザンティン帝国が衰微する一一世紀後半の動乱、トルコ・イスラーム教徒の進出と、それにともなうキリスト教徒への迫害（西洋に届いたかぎりではあまり正確ではないが、逆上した報告書による）が突如、巡礼者を殉教死させたようである。十字軍が事態を収拾したが、それは四期にわたった。しかし、エルサレムにおけるラテン民族の王国建設の計画は依然として宙に浮いていた。その王国は、地理的には聖地と一致していたが、「近東」の現実的な歴史に定着していたからである。いまや数千人単位で、この地上的世界に戻された空間までやってくる人びとは、どこを遍歴すればよいのか。一一八九年〔一一九一年か〕のサン＝ジャン・アクル〔アッコ、アッカー〕陥落で、見通しはいっそう暗くなった。そこでローマ教皇庁は巡礼を禁止したが、それはエジプト王（一三世紀末にはパレスチナがエジプト軍に占領される）が巡礼から得る収益を奪えると錯覚したからである。それでも巡礼はひそかに敢行された。つまり信仰の影響力は、ほとんど無傷のままだったのである。とくにフランチェスコ会の修道士らが長いあいだ裏取引をした結果、一四世紀半ばになってようやく妥協が成立する。巡礼者が遭遇する心理的、物質的な障害はきわめて大きいままである。トルコ帝国が成立すると、彼らのような闖入者は厳重に監視される。多くは目的地に到達するまでに挫折する。信仰が足りなかったのか。おそらくそうではなく、新しい取り組み方が必要なのだろう。一四、一五、一六世紀の巡礼者たちが残している多くの記録では、福音の記憶とおなじほど異教徒の風習や文明に好奇心をそそられたり、さらには感嘆したりすることもある。イスラーム教当局はおおむね寛大な態度を示しているが、それでも全般的に抑圧という印象を払拭できない。

名所をはじめ、注意すべき危険性、住民の特色、親切な接待や恩恵を記録している案内書には不足しなかった。たとえば、それらの作品では、尊い郷土についての記述が実質的には終末論へみちびかれている。もっとも古い例は聖ヒエロニムスである。六世紀から伝統的に「案内記」、「道順」、「聖所」という作品がすべての言語で出版されるようになり、それが一七世紀でも書かれているほどである。そのうち、かなり普及したものもある。たとえばナザレのロルゴ・フレテルスの「聖地」記録は、六〇種の写本と二種の異本があり、そのひとつは一一三七年にオロモーツの司教から依頼されたものであり、他はトレド伯に捧げたものである。一二四〇年ごろのアッコの司教ジャック・ド・ヴィトリー著『オリエントの歴史』は、多くの面で文学ジャンルの作品に近い——それはキリスト教徒に特有のものではない。というのも、一〇編ほどの案内書がユダヤ人によって、あるいはユダヤ人のために書かれていることが確認されているからである。(169) イギリス人修道士で歴史家のマシュー・パリスは一二五〇年ごろ、パレスチナの地図を描き、各項目で福音書の字句にしたがって細部を注釈している。たとえ盛衰はあっても、この聖地への巡礼は幾世紀にもわたってこの上ない「旅」になる。

一六世紀に、地上の視界が決定的に開けたとき、ようやく、長いあいだ栄えた聖所遍歴の旅もどうにか衰微しはじめる。徐々に多様な道程に断片化し（ある場合はシナイ山も含まれる）、有益な交際を結んだり、あまり多くの費用や不便がかからないように心がけて、行く先を選んだりするようになる。当時の多くの巡礼者について、その動機を探るなら、政治目的か、探検趣味か、それとも信仰のためだろうか。すべての旅は、全面的な文明化へ向かう空間において混然たるものになる。かつての中世における大巡礼の最後の、はかない思い出は、おそらく村の教会堂までのつつましい「十字架の道」にすぎなくなる。あの大巡礼の現実的空間は消えてしまったのである。

「聖地」と十字軍

以上が精神性の全般的移行、世界の知覚における変化の結果であった。十字軍の挫折や、そこから生じた幻想がその結果を際立たせた。一一世紀の最後の一〇年間に、最初の「十字軍」の派遣計画が強固になったのは巡礼の意図が心底にあったからである。それでは十字軍に参加した者らは、即座に「巡礼者だ」と言いあっただろうか。A・デュプロンの研究[170]では、当初からの不明確さが推測されている。つまり騎士は戦う者を自任し、下層民は巡礼者を名乗る。その相違はたんに聖職者のラテン語のうえだけだろうか。ラテン語の *milites*〔戦う人〕と *peregrini*〔巡礼者〕は「キリスト教民」を形成している。一〇九九年の軍団には武装しない人びと、たとえば女、聖職者、世俗者が混じり合い、すべての社会階級の者らが混入している。俗語で書かれた詩では、「戦い」と言わないで、むしろ「巡礼」と述べられている。

そのような言葉使いのためらいは、試みのあいまいさを表わしている。一〇九五年に決定された出兵は、すでにこれからは必要に応じてキリスト教会のために騎士の軍事的奉仕を確保するという慣行のために設定された。教皇ウルバヌス二世は〔エルサレムにある〕「聖墓」という目標を定めている。彼は十字軍参加者らがたがいに誓約によって結束することを命じている。そのほか、この出動の霊性という感情が形成されるのはゆっくりと、苦しい実現を通じてである（巡礼に出かけなかった人びとの精神においても同様）。思いがけなく容易にエルサレムを攻略できたことが十字軍をまったく超自然的存在にし、その勝利を奇跡にした。その結果、幾年にもわたって、神秘的にして贖罪的な空間において熱望された西洋キリスト教団は著しい発展を遂げる。クリュニー修道院の「修道会」はこの飛躍を援助し、可能なかぎりにおいて指導するが、それでも一一二〇年を過ぎると長い鎮静化に陥りはじめる。

十字軍はキリスト教団の一種の固定観念から生まれた。つまり、「神のしるし」としての尊い地位に上げられた場所、記念物、郷土、……それらが突然奪われたという固定観念である。発見され、奪還され、苦労の末に保存された空間が、現実的には荒涼として冷酷——貧相な平凡さではないとしても——であっても構わない。十字軍は、エルサレム巡礼という一〇〇〇年来の伝統を激しくドラマ化しながら復興させる。それは一一世紀末ごろに西洋のキリスト教を駆り立てた贖罪熱という状況のもとで起きている。[171]その感情的混乱状態において、教皇ウルバヌスの〔十字軍決起への〕呼びかけが響きわたるが、それは結局、人民の心（元首たちの心の代わりに）を、三、四〇〇〇年間ではないとしても、二〇〇〇年のあいだは夢中にさせる大いなる夢をかき立てることになる。そこから、天啓を受けた指導者の説教、奇跡的な出来事、苦難さえもが演じる効果的役割が生じる。「庶民的十字軍」あるいは一二一二年の少年十字軍も起こるが、いずれもキリスト教会当局の管理をのがれていて、当然、惨憺たる結果に終わっている。修道士ペトルス・アミアネシスに引率された一団は、一〇九六年夏、収穫期を待てないで出立するが、そのためにこの「巡礼者たち」は無一物になり、略奪や殺戮をするようになり、その犠牲になったのはとくにユダヤ人共同体である。ペテロの教えによれば、エルサレムは貧しい人びとのものである。〔十字軍指揮者〕ゴドフロア・ド・ブイヨンの勝利の後、〔エルサレム王となり〕その新しい王国の僻地に隠者ら、つまり貧しい人びとで、その土地を除いてすべてを放棄した者らが住みはじめた。

かくて、十字軍はまさに伸展するとき、そして発展するにつれて、終末論的な企てになる。自分に「従え」と弟子たちを促すキリストの誘いに応じるようになる。つまり一〇九六年と一〇九九年〔第一次十字軍〕の遠路の行軍は、この「従う」という動詞に充実した空間的意味を復活させる。十字軍参加者は空間と対決する。つまり空間を支配してこそ、神の神話的な時を回復できるのである。その時期に到達するまでは、キリスト教国の果てにいて、聖なる空間を切り開くために死をも辞さない覚悟で、住居もなく、戦闘的な苦行者としてとどまる。

しかしながら、第一次十字軍以後、軍事的、心霊的に挫折の兆しが現われはじめる。十字軍参加者は日ごとに俗っぽくなり、ためらい、脱走者らが隊列を乱す。もちろん、素朴な人びとは信仰を少しも失わない。しかし信仰を支えるには、道筋の各要所で奇跡がますます必要になる。聖アンデレが文盲の田舎者ピエール・バルテルミーの眼前に現われたり、空に天使の軍勢が輝いて見えたり、アンティオキアでは、折よく〔キリストを突いた〕磔刑の槍が発見されたり、武装したひとりの天使がゲッセマネの園に出現したり……。そのような神の示現が一〇九九年の春から必要不可欠になった。おかげで、その地域の特性が確立する。というのも、キリスト教徒の軍事力（イスラーム教徒のものに比べるとはるかに遅れていた）では征服が危ぶまれるからである。同時に、（そしておなじ原因で）社会的な身分の差が際立ち、高官と兵隊の関係が緊張する。

ついで……故国では、どの都市も活性化し、商人の大いなる利益のために自由都市をつくっている。

たとえばイタリア、フランス、スペインのカタルーニャ地方の地中海に面した都市では、中近東諸国との交易を望んでいる。ジェノヴァ人、ヴェネツィア人、そしてピサのひとたちは、通商では先駆者になるだろう。多くの大聖堂が建てられる。国王たちはその王国の領地を直轄するようになる。騎士階級は宮廷的な繊細さを誇りはじめる。宗教界はいっそう安定した形態を帯びるようになる。たとえばシトー会の例がある。エルサレム陥落後二〇年にしてヨーロッパは、あまりにも遠すぎる聖地のことを忘れた。漠然とした不安が残る。隠者ラウールのような目立たない説教師たちは至福千年説的イメージを流布させるが、クレルヴォーの聖ベルナールが否認する――彼は第二次十字軍を支援し、その活力を転じて合理化し、エルサレム王国の可能性を救う。

しかし一一四〇年ごろには、聖ベルナールもすでに過去の人間である。彼の著書は、一〇九九年のキリスト教団がどのようなものであったかを美化したイメージにして描出している。精神は変わった。たとえば聖地エルサレムは、その地を踏む足の下で、まことに現実的な土地に戻っていたのだ。実際的に、そして管理上の問題を考慮すれば、そこは何よりもまず聖遺物の尽きない宝庫である。ドイツの若い貴族たちは（好奇心からか、気取りからか？）「聖墓」まで行って、騎士叙任の儀式を受ける。十字軍は慣習化された。習慣となり、制度となり、多くの者にとっては稼ぎのもとになる。それで成功した者らもいる。いつも集団的救済のことが口にされる。ところが言葉のうえだけの単純な習慣の場合もある。事実、十字軍は、状況を考慮して用心のために武装した人びとからなる巡礼者集団にすぎなくなっている。この遠征ごとに軍事的問題が増加し、ますます当局の注意を促すようになる。軍隊を海上輸送しなければならないことで（政治的な動機、経済的な動機からでもある）、イタリアの都市に依存する機会が多くなる。エルサレム王国や、他のキリスト教的公国は、もはや平凡なオリエントの国、つまり貴族の風習や同盟関係や戦争によって消滅してゆくような国々からなるオリエントにすぎない。この唐突な現地復帰の最適な証人は同時にその産物でもある。たとえばトリポリのレーモンド伯と親しかったギヨームは、一一七五年にテュロスの大司教になるが、野心家であり、その地域の政治的陰謀すべてに関わり、一一八六年におそらく毒殺されている。彼が海外の出来事を述べた『歴史』では、超自然的か、あるいは寓意的に具体化された前兆のすべてを、事実から一掃している（記述の生彩を保つため、またときには意地悪さから）。

一一八七年のエルサレム敗北から、その一〇〇年後のアッコ敗北にいたるまで、イタリア商人によってつぎつぎに食いものにされたり見捨てられたりして、このキリスト教国の残骸は、もはやたんなる思いや気がかりでしかなくなり、さらに今後は西洋のキリスト教国の精神生活の一要素として維持される十字軍への願望の基盤または口実にしかならない。ときどき、その願望が熱すると、国王や教皇は感激して、十字軍の蜂起を呼びかける。たとえば一二一五年の教皇インノケンティウス三世、一二四五年と一二七〇年にはルイ九世である。それらの呼びかけはあまり反響を呼ばない。説教師たちの努力も一般の反感を打ち破るまでにはいたらない。費用の欠乏というのが立派な口実になったから。たとえ観念が生き残り、神話が生きていても、実際には、一二〇四年の破局以来、もはや十字軍は存在しない。この無条件のコンスタンティノポリス征服（しかもどれほど残忍なものであったことか！）は意図的、計画的なものであり、その後、責任者らがなんと主張しても無駄である。

一二世紀——十字軍の世紀である——を通じて、ユーラシアにおける諸国民を共存させるような、きわめて古くからあった相互的な恐怖感と無知の均衡において何かが壊された。一三世紀は新しい方法で、この広い大陸における精神的統一をはかろうと試みた。時すでに、キリスト教徒、イスラーム教徒、さらに蒙古に従属する諸国のそれぞれの文化的世界を隔てていた距離が縮小した。キリスト教徒は、少なくとも自分らと違った人びとがいることを知った。一二世紀半ばから一三世紀末にいたるまでに各国の俗語で書かれた詩はそのことを物語っている。対照的な文言が、悲しいか楽しいか、辛辣か乱暴かの意味を含んだ「類型」の周りに構成される（出発、不在、帰還、希望、虚しい呼びかけ、非難、憎しみ、絶望）。長い物語群が、わずかの勇ましい思い出を題材にして、叙事詩（この形式が借用される）や民間伝承（これからいくつかの超自然的なテーマが集められる）の周辺で体裁を整えはじめる。多くの歌（シャンソン）において、十字軍参加者との離別が、はるか彼方のいとしい女性へ向けられた「至上の愛」の調子を支える役目を果たし、逆に一三世紀には、宮廷詩人ジョフレ・リュデルの「伝記作者」は、リュデルが好んだモティーフ「はるかなる愛」を説明するのに十字軍の話を援用することになる。それほど、この事情は自明のことであったのだろう。

そのような国民、精神、そして心情の大いなる混交から、いくらかの郷愁とともに存続するのは断続的な政治的関心くらいであろう。そのことは、一四世紀にアヴィニョンの教皇庁で感知され、一四五六年のジャック・クールの場合のように、ときには不幸な試みを引き起こすか、あるいは流産した計画、さらには虚しい試みを生む。たとえば一四六一年に、教皇ピウス二世が新しいビザンティン皇帝へ書簡を送り、改宗を勧めるなど……。世論では、エルサレム解放というきわめて遠い未来の可能性は至福千年説的様相を呈するが、その反映がクリストファー・コロンブスの深刻な夢想にもみいだされる。彼は一四九二年に〈確認するのは、はるか後〉、〔新大陸の〕「発見」で利益が得られると期待し、七年もかけて最後の十字軍を準備した。その後、彼によって統合された地球上に人類全体を改宗させてしまうには、キリスト教会にとって一五〇〇年あれば充分だろう。一六〇〇年でも、カンパネッラは『スペイン帝政論』において、世界的帝政の偉大さと、最後の十字軍および「時代の終末」を予言者的観点から統合している。[172]

10　遍歴の騎士

類似性

近代文明が形成された一二世紀から一六世紀のあいだで、貴族階級の娯楽や教養のためにヨーロッパ諸国語で書かれた数百編の物語において、多少とも「遍歴の騎士」が登場しない作品はごく稀である。したがってこれは一見、文学のテーマであり、そのように研究できるだろう。また、その理想像を検討して想像の形式、そしておそらく感情的欲求、つまり中世人の精神にその理想像を生み、かくも長いあいだそれを保持した欲求もみいだせる。

長いあいだ、遍歴の騎士は鞍の上で、甲冑をまとい、槍を握ったまま、毎日、ときには一晩中も過ごし、世界を遍歴し、絶えず戦いつづけるのが稼業であった。そのように騎士の行動は運まかせのようにみえる。生活も不測の事態のもとで展開する。たとえばクレティアン・ド・トロワの『イヴァン』におけるカログルナン、『聖杯物語』のペルスヴァルは、一一七〇年から一一八〇年にかけてフランス文学に突然出現する遍歴の騎士である。短い期間であるが、フランスでは一一九〇年の十字軍を前にした比較的平和な時期である。そのように物語分野に出現する遍歴の騎士は、その想像力的根源では、物語ジャンルの創造において成功する言説的模範、つまり、いくら期待しても得られない未来へ向かって無限に展開する単調な語りと結ばれているようである。

それ以来、伝統が存在するようになり、クレティアン・ド・トロワの最初の後継者らは、その語りの若干の特徴を明確にしたり削除したりする。たとえば『ペルスヴァル』とその続編において、遍歴の騎士は、必ずしも王侯貴族でなくなり、こんどはむしろ好戦的な小貴族になり、栄光でなくても、せめて世に認められたい人物である。その伝統は『ペルスヴァル』を越えて、つぎに『ランスロ』、そして最後には散文の『トリスタン』となって定着する。一三世紀半ばには、その伝統は古代の栄光で飾られ、騎士の遍歴は、どの騎士団も依存しているはずの神話的古代におけるアーサー王治世の制度だったとみなされる(173)。

それでもこの登場人物は、役柄の深遠な動機からみて、一二、一三世紀の貴族が経験した現在という時の流れと深い関係がある。彼は、当時の人間の空想において、社会的世界の混沌たる様相と、たとえ不可能に見えても強く喚起させる身分とのあいだの媒介的役割を演じる。彼は危機に瀕した身分を示唆し、生存の肯定的なヴィジョンを提供し、同時に絶えまない克服を促す。遍歴の騎士がたどった空間は、象徴的に現実に対する権力の空間である。しかしながら、一三世紀初めから、遍歴を展開させる散文の長編物語では、不安、つまり善と悪、愛と罪のきわめてあいまいな境界におかれた精神と心情のためらいが絶えず暗示されながら浮かび上がっている。ドイツ詩人シュトリッカーの『ダニエル』は、その点に関してフランスの『ランスロ』を例として挙げるだけだが、……それでも、一二〇〇年以降に托鉢修道会（これもまた、はじめは遍歴の修道士だった）によって広められた謙譲と清貧の観念は、この作品の当初の意図を変えることができた。

「イデオロギー」は問題ではない。M・スタネスコが指摘しているように、中世では社会的な事柄についてのいかなる考察も「存在論に関連」している。(174) 物語中の騎士が遍歴する広がりは、巡礼者が奇跡を求めてゆく聖なる空間と同一である。物語作者らはその身分、そしておそらくその性質を変えようとしたのだろう。なぜなら彼らが、遍歴の騎士が行く先々において展開させる夢幻的な不可思議の世界は、聖なるものの貴族的代替にすぎないだろうから。そこから、つねに遍歴の多義性が生じる。たとえば人物、物体、魔法にかけられた場所、小人《こびと》または巨人、明るく照らされた木々、乗組員のいない船、動く島、未知の空間が、危険や恐怖と同様に、また同時に信じられないことを生みだす。それが遍歴につきものの不可思議なことであり、里程標のように、連続する道程にしたがって日程表のように配分されている。そこからわかることは、遍歴が別世界をめぐることであり、騎士の役目はその世界をわれわれの世界に同化させようと苦しい努力をすることであり、遍歴はいつか、われわれが支配するために経験させるべき別の自然界へ開かれているということである。

遍歴の騎士は孤独である。たしかにランスロ（この名が与えられた散文の物語で）は集団で移動する。彼はほとんどいつも「従者団」、つまり武装した忠実な部下たちに取りまかれているから。しかし、いとも気高いこの人物が、女王の愛人であり、キリスト教国全体で武勇の誉れの高い人物であるというのは例外的である。普通の遍歴の騎士は、特別扱いされるようなしるしもなく、顔を兜に隠しているが一種の奇妙な露出部を誇示している。その態度のすべてが、並の、高慢で貪欲、乱暴あるいは社交的な騎士の「傲り」を捨てている。彼は知られざる存在になろうとする。せいぜい、家名を象徴する異名で示されている。たいていの場合、相手によっては名乗らなければならない。それとも勝利してから明かされる。もちろん、この騎士は、奉仕している国王、さらにおなじ遍歴の騎士たちとの関係を保っている。

どんなに遠くまで遍歴しても、忘れるはずのない自分の出自との絆は断たれない。だが騎士は広漠たる土地の不確かな広がりに迷い込むと、自己を見失う。彼の遍歴は、長かろうと短かろうと、場所のない時間である。彼には、行く先の空間しかない。彼が進んで故国を出てきたからには、普通の人間的条件が奪われる。彼は好んで「山野」、つまり一度も耕されたことのない見知らぬ土地へ自分を駆り立ててきたのだ。そこでは、荒っぽい連中が牧場で家畜を駆り立てている。

そこから生活様式に結びついた価値観が生じる。遍歴の騎士というイメージは、すでに二世紀近くも前からつづいている古い武装貴族(「騎士団」)の道徳観念を復活させた。つまり寛大、キリスト教への心服、女性への献身、公共福祉への配慮である。そのような倫理に、騎士という遍歴者が執着しているからだが、それが特質ではない。騎士の資格を決定する唯一のことは遍歴である。そこから騎士の生活と活動を左右する一連の義務が生じ、それは本質的な不安定さとともに、未知へ向かう誰にもある、いくらかの無知からきている。

肉体的持久力、辛抱強さ、そして用心深さ、絶え間ない臨機応変性、精神の集中力。遍歴者はそれらの特殊な能力を発揮し、それによって遍歴を正当化し、誇りとし、生活の模範とする。危険に立ち向かい、おのれの勇猛さを高揚させる。混乱に向かって正義の味方を自負する。いかに相手が恐るべき敵に見えても、決して退かない。つまり、人間たちの温かい共同体を離れて突入する敵意に満ちた沈黙のなかで、自己を明確に示し、自分が何者であるかを繰り返し言わねばならないという至上命令である。われわれの物語作品において、遍歴の騎士どうしが戦うときは、われわれからみれば、まったくくだらないと思われるような口実を述べている。それはどうでもよい。一三世紀の別の物語では、遍歴の騎士に洗礼を授け、遍歴をキリスト教的価値観、たとえば謙譲さ、自己放棄、さらには健気《けなげ》な純潔さで称賛しようとした。それもまたここでは、どうでもよいことである。遍歴は、それ自体が聖性であり、また特殊な聖性であり、その規準は、直接に宗教と関わらない。行く者、そして独りで行くと自覚している者の廉直さである。

以上が遍歴の騎士の典型を形成する特徴であり、定まった性格の全体であり、どの物語においても変化する細部とともに個性的な人物像として表出されている。ところで、この典型には深い想像力的構造、つまり当時、ごく自然に騎士団という観念と結ばれやすい基本形態への陶酔が表われている。たとえば、

——水平性と前進、

——開路と発見、

——無限化と予測不能。

この構造は、おなじ時代に（本書、第6章で述べたように）都市の典型によって示された構造と逐一対立している。遍歴の騎士は都市を否定し、真の空間から都市を抹殺する。そのイメージは、一二世紀の社会に特有の強烈で混乱した知覚能力を表出している。つまり十字軍の結果として、重厚で剛直な性格が伝統的展望から消えていた。遍歴の騎士という典型を生みだした者（誰であろうと）は空間を征服する主人公を発明したのである。

その後の典型の進化を示す段階と、文明世界ならびに新大陸を最初に発見する段階とのあいだには興味深い年代的な一致が歴史家には認められる。つまり、

——遍歴の騎士の典型という考えが形成されるのは、オリエントのイスラーム世界との衝突から生じた最大の激しい混乱がさらに悪化し、キリスト教内に引き起こされた動揺（妥協、異端、教導権の反動）がもっとも深刻化するときである。かくて遍歴の騎士の容姿は補償的な夢の機能を果たすが、その

夢は、騎士団のおかげで「他者」と未知のものを同化しようという欲望で活性化される。

――一三世紀に、十字軍は決定的に挫折する。しかしその出兵に替わって、こんどはドミニコ修道会やフランシスコ修道会の伝道師らがアジアへ派遣される。他方、西洋の最初の商人が中国にまで乗りだす。そのころ、物語作品において遍歴の騎士という人物が成功をおさめるが、その物語の愛読者である騎士階級は政治、社会的現実からますます切り離される（形成されつつある近代国家において）。だが、おなじその時期に農地開拓の波がヨーロッパの広範囲に押し寄せ、その結果、中世の人間ははじめて集団的に自分の土地から広く進出することになる。

――一四世紀半ば、アジアは西洋人に対して門戸を閉ざす。他方、ポルトガル人は大西洋を発見する。古い物語における遍歴の騎士（あいかわらず読まれていて、写本の仕事場では、近代版を作りつづけている）は、純粋なフィクションになり、もはや一般的真実とはまったく関係がなくなる。しかし同時になんらかの郷愁から、貴族的振る舞いの具体的な手本にされ、没落しないようにしがみつく行動規範を提供している。それでも、かつて悲劇作家セネカが歌い、いまではクリストファー・コロンブスに引用される句、「大海が万事の絆をゆるめる」までもうすぐである。また、内面性（当時までのキリスト教的西洋における内面性）というような古く、味わいのある考えに、唐突に、そして打撃とともに外面性という考え、度外れた夢、際限のない変貌の夢が重なり、今後、人間は番組放送のようにしか人生を生きられず、また詩を幻想やユートピアで培われたものとしてしか考えられなくなるだろう。

遍歴

遍歴の騎士は「旅する人」という世俗化された人物像であり、かなり長いあいだ、固有の名称が与えられなかった。この騎士はさまざまな言い方で示され、また一般に外部の出自をさしていて（たとえば「他の地の騎士」）、そのような言い方をする者には、自分のいる場所から他所を思うときに感じるものが含まれている。「遍歴の騎士」という名称が、以後、両者をつないだ合成語として定着したのは一三世紀においてである。見方が変わったのである。つまり遍歴する騎士を語るのは、自分のいる場所を仮に離れ、進んでゆく他所の位置を空間的に認めることである。「前進する」は事実「遍歴する」の意味であり、ラテン語の *iterare* からきている。古期フランス語の *errer* はたんに「行く」の意であり、「どこへ」という補語がない。だから *errant*〔errer の進行形〕は進行中で、完了していない行為を示す動詞の形である。目標のない移動の観念を示唆しているのではなく、むしろ移動という機能の作用、おなじ場所にとどまらないという事実、したがって、おそらくその移動が意味する意欲の緊張である。たとえばドイツ語の *fahrender Ritter,* あるいはスペイン語の *caballero andante* で感じられるような意味合いを表わしている。言語の進化がその意味構造を風化させたのである。つまりラテン語の *errare* と混同して、フランス語の *errer* が一六世紀に近代的な語義をもつようになった。しかし当時、すでにはるか以前から「遍歴の騎士」という表現は定着していた。しかしながら、動詞 *errer* の意味変化はその動詞に影響を与えないわけにはいかなかった。「行くこと」は目標を失い、虚しい空間を移動するだけになった。この変化は、ヨーロッパの航海者が地球の球状の広大さを発見する、ちょうどおなじ時代に起こった。

そこで遍歴は、よく知っている道標から外れて地上を前進することであり、したがってその空間ではすべての自由が失われる。武勲を立てたい意欲から出立を決意し、勇気を示すか挑戦に応じる心構えができており、ときには国王の命令に従って出かけることもある。一二－一三世紀になると、一般に遍歴は「探求」の様相を呈し、騎士はなんらかの存在または手に入れたい物の定かならない足跡をたどって追いかける。しかしながら、探求と遍歴はそれ自体、おなじ性質のものではない。一方は、理想の具体化であり、他方は、物語構成の原則である。そこで、どちらかにすることもできる。事実、とくに一五世紀以降、遍歴の騎士の姿が階級的神話として定着する時期になると、分離の明白な場合が認められる。ラブレーの『第四之書』では、同時代の探検家たちの話を茶化しながら、遍歴抜きで探求を語ることになる。だがこの問題の最終段階において、ドン・キホーテの遍歴は探求ではなくなる。なんらかの意味深長な動機づけがもはや役に立たなくなるのである。それに反して一四世紀では、遍歴はときには信心深い者をエルサレムへ送る場合のように、なんらかの願望の結果であることが多い。とにかく、つねに当初の出来事が他所への欲望をかき立てるのである。

冒険を探求することには前進が含まれ、冒険を語ることには空間への前進が含まれる。だがその前進は自由なままである。だから私は、M・スタネスコのように「遍歴競技」に触れることは避けたい。どんな競技にも場所、囲いがあり、たとえばチェスボードかゴルフ場でもよいが、限定された一片の空間内で競技はおこなわれる。それに反して、遍歴を囲うものは何もない。たとえその道程が限定された郷土内にすぎないとしても。道程について言えば、それは本来、謎であり、物語は絶えずそのことを読者に喚起させる。たとえば騎士は「どこかわからないところへ立ち去る」、あるいは「そこがどこであるか、どの地であるかも知らない」。それが物語で反復されるモティーフである。地図のことはどうでもよい。大事なことは個人的な真実であり、放浪生活の経験であり、騎士に課された心情的で象徴的な任務である。そこから遍歴の道徳によって課される規則が生じる。つまり引き返してはならず、辻、つまり左か右かの択一という神秘性を尊重しなければならない。遍歴の騎士はさまようことがあり、「まっすぐ道を進む」のを忘れて、道に迷ってしまう。その代わりに、物語は数字的な指示を頻発する。たとえば主人公が一〇、一五、三〇里も騎馬で行ったというように。さらに反復されるモティーフがあり、これは前者のモティーフと切り離せない。つまり行き着く先はわからないが、進んだ空間が記録され、踏破された部分が計算される。まるで財産目録か、土地図面の作成のようである。

これが遍歴の意味のひとつである。起こることすべてが空間的性質を有している。遍歴を思いついた精神において、空間は、騎士団が所属する現実世界を規定している。空間、それは時間でなく、叙事詩の主人公が、その時の過去、つまり未来をも告げる場であった。遍歴の騎士は、はっきりしない時間のなかを動き回るが、せいぜい夜とか春、復活祭とか聖霊降臨祭というような、かなり漠然とした宇宙的規準で示されるだけである。彼自身の時間は外部にあり、他人と関わる関係の単なる要素にすぎない。彼の前進は、「求めつつ行く」というように、好んで文法的に経過時間を強調する方式で表わされる。かくて、何も永久に終わらないことが思いだされる。経験される時間の始まりは明白な地理的無限性に帰着する。遍歴の未完成は空間に意味を与える。物語のリズムはまさしく行動の展開から生じる。ところどころで、簡単な知らせが拍子をとる。たとえば三日、一週間、正午まで、というように。月で数えられることは稀であり、年数では、さらに稀である。なぜなら、与えられた空間で、地平線上をまっしぐらに駆けてゆかねばならないから。叙事詩においては、垂直線、高く直立したイメージ、唐突な出現の隠喩が支配的である。初期の物語作品においても、そのような配置の思い出が残る。しかし一三世紀には、もう終わっている。遍歴騎士の典型と同時に、水平を主調とする比喩が普及し、支配的になる。

かくて騎士の遍歴は、まだ場所を失ってない空間の存在を明らかにする。たとえば騎士は空間を経めぐりながら、到着したとか、とどまったとか、行為を果たしてから再出発したとかで、それぞれの場所をつくりだす。つまりその行動の思い出がおそらく、今後は辻、川の浅瀬、城に付けられる固有名詞を生みだし、たまたまその場所に騎士がいたというだけで効果を植えつける。それらの場所の大部分が建物であり、人間が住んでいるという共通点を有している。たとえば城、館、みすぼらしい家、さらには素朴な隠者の庵である。建てられたもの、したがって大自然の恐ろしい単純さからまぬがれている。人間が住めば、いくらかは人間味を帯びる。

しかしながら、家や城がいくらつぎつぎに現われても、決して遍歴者を引きとめることはない。それでは遍歴の出発点となり、事後に意義をもつように定まった場所はどこにも存在しないのだろうか。その問いに答えられるのは「円卓物語」と呼ばれる物語群しかなく、これはアーサー王の宮廷を、すべての出発点とし、結局、帰着する固定した中心だと明示している。それらの物語が最初のものであり、一三世紀で、遍歴の騎士を登場させる作品ではもっとも多い物語になるとしてもまったく驚くことはない。事実、その宮廷は、初めであるとともに終わりであり、遍歴を回収し、遍歴者がたどった空間を象徴的に独占する。かくて、外部の敵対的な世界は秩序におさまり、アーサー王の治世に服従する。絶えず宮廷の在－不在が示されなければ、遍歴の騎士は偶然の気まぐれに振り回されているだろう。それに反して、宮廷から騎士の必要性と、騎士が体現する気高い勇気の必要性が生じる。宮廷は、たんに存在するというだけで、そこから外部へ堂々と脱出するにすぎないことを制度化する。国王は、遍歴の許可を与える騎士を媒体として比喩的に世界と対決する。物語作者がこの語り方を和らげて、遍歴の騎士の個人的な運命に興味を集中させるのは一四世紀になってからである。騎士とその周りの空間のあいだに存続する緊張感は、マルコ・ポーロやジョヴァンニ・ダ・ピアン・デル・カルピーネ以後の商人や伝道者が、アジアの驚異的なものや砂漠のあいだを絶えず往き来するように、平凡になろうとしている。

かくて騎士は、進むべき空間を生きるが、その空間によって囲まれ、条件づけられるだけではない。『ロランの歌』におけるシャルルマーニュ大帝の戦士たち、あるいは他のすべての叙事詩の戦士らは、おなじ役柄を帯びる同類者を集めた集団となって移動しているのだ、とM・-L・オリエから指摘されたことがある。彼ら戦士たちは、たがいに結ばれ、おなじ出身の国、つまり彼らが口にするフランスという国をいっしょに背負っている。彼らのあいだでは、変節か裏切りが起こらないかぎり、対立は起こらない。だが、彼らが敵に立ち向かうときは、相手に対して、いかなる容赦も妥協もない。知り合うことは起こらない。そのかわり、遍歴の騎士は孤独のまま、境界を乗り越え、深入りする未知の世界で、どんな挑戦も出会いとなり、たがいに男性的な友情あるいは恋を感じることによって、「他者」の人格へ入りこめる。彼が経めぐる空間は異質で、相容れない世界、たとえば宮廷と森、つまり出発してきた人間の場所、通過する野生の広がりで形成されている。遍歴を通じて騎士はその空間を把握し、その構成要素を統合するつもりである。どの冒険も決まって、宮廷と国王への呼びかけで結ばれる。

その意味で、M・-L・シェヌリーにならって、遍歴の騎士を文明開化的英雄として扱うことができよう。[175] 彼の遍歴は、外的空間、死の空間を生にゆだね、他所をここに、彼らをわれわれにゆだねるために象徴的にその空間を支配しようとする。

騎士の儀礼

この問題の起源において、一一、一二世紀の騎士社会では、集団的な絆と貴族集団の団結の維持に欠かせない武勲や行状を儀式化しようとする傾向があった。遍歴の空想的動機は、その状況において空間の獲得という見通しを開く儀礼的な冒険談を生むことになる。しかし一三世紀中葉から、いやもっと正確には一四世紀、そして決定的には一五世紀に、社会がますます脅威を感じるようになると、その儀礼は面倒な作法にこだわるか、それとも試合に吸収される。すでに、一三世紀半ばごろ、散文の『トリスタン』では、ディナダンという人物とともに興味深い不協和音が導入される。ディナダンは「世界感覚」(これは平凡に良識と解すべきである)を求めて遍歴する騎士だと自称し、ひと言で同輩たちをびっくり仰天させる。彼もおなじく遍歴するとはいえ、冒険の探求を軽蔑して、騎士的価値観を放棄する。それでも国王を敬い、宮廷の友情を尊重し、だれからも非難を受けない。その時代では、明らかに糾弾される例だ、……大海のように広大な作品の世界に呑み込まれているとはいえ。それから一〇〇年後、決定的なあいまいさが騎士の遍歴を台なしにし、最悪の解釈を受けさせることになる。一三〇〇年ごろの散文の『エレック』第一部の作者は、あいかわらず古い図式を踏襲している。だが一五世紀半ばにその第二部を追加する作者は、まさに真の自己破壊的な仕組みで、第一部に対立する物語を構成している。人の心の進化を計算したうえで、期間をおいた演出である。一六世紀に印刷された『ペルスフォレ』の幾編かの改作もおなじ効果をあげる。一五世紀の多くの物語の盗作のひとつ『陰気者イザイ』は伝統的なテーマに頼っているが、それがあまりにも忠実すぎるので、もはや信じない読者から、かえって古いテーマを愚弄しているものと受けとられる。

言述の形式は変わらなくても、機能の変化、意味の剥離は可能である。そのころから騎士階級の使命感に悲観主義が波及してゆく。そこから、ある者には美徳の退廃と思われることが生じる。またそこから、物語が衰弱し、真実味の喪失も起こる。勝ち誇っている君主国において、昔の「宮廷」は遠ざかり、そのイメージもぼんやりする。騎士は、いずれ宮廷人になるか、街道筋の盗賊になるかの選択を迫られるとわかっている。国民から暴動の扇動者だとみなされていることはわかっている。騎士に残されたのは物語の世界でしかない。それだけがまだ厳しく、卑しい世界から黙認されている。彼は郷愁のあまり、最近まで経験した現実（それは自分でもよくわかっているのに！）を神話化したくなる。いまでは真の冒険者は、悲しいことに！　カナリア諸島を征服したばかりのノルマン人兵隊である。この土地占領によって、少なくとも騎士は最高のイメージ（事実、慎重を期して貴族的環境内にとどまりながら、その野心を理解できるのは自分らしかいないと！）を与えて、本当の値打ちを見せびらかすことができる。

　その企ては、時代の不幸によって危うくされる。というのも一三〇〇年ごろには、フランスで騎士の数は五〇〇〇人から六〇〇〇人のあいだであり、一四七〇年ごろには一〇〇〇人にも満たない！　イギリスでは一二〇〇人の騎士が、一四三〇年ごろには四分の一しか残っていない[176]。希少価値が上がるかもしれない。だがこの中世後期の「騎士道物語」（そのように呼ばれている）では、騎士のイメージの混乱の徴候が増加している。別々に変質させる二つの傾向が現われているのである。物語に、滑稽にして皮肉、また諷刺的な筆致が導入されるか、それとも間違って寓話の部類へ赴かせる。たとえばトマ・ド・サリュスの『遍歴の騎士』と題された長編物語や、ルネ・ダンジューの『愛に燃えた心の書』がある。とにかく騎士は空間を保持し、集めるという役割からはずされている、と悟る。一四五〇年ごろ、アントワーヌ・ド・ラ・サルは『小姓ジャン・ド・サントレ』第二部において、その第一部を皮肉り、この完全なる騎士の入門書を、そのつづきにおいて容赦なく罵倒する。

　このように文学におけるテーマの不振は、読者、つまり王侯層を除いた人びとのあいだでますます興味の薄れた証拠になる。一五世紀初年ごろの元帥ジャン・ド・ブイユは『ジュヴァンセル』〔粉飾された自伝〕と題した若い貴族のための教育的物語において、当代世界の軍隊的要望に適さないタイプの男に軽蔑しか示さない。おなじ世紀の終わりごろ（旧世界にとってはアメリカへの前代未聞の探検が始まる直前に）コミーヌは旧世界を容赦なく弾劾する。もう終わった、と。一五二八年には、バルダサーレ・カスティリオーネの『宮廷人』によって新しい歴史のページがめくられる。元騎士は宮廷人になるか、それとも無である。一五五〇年を過ぎると、冒険（しばらくのあいだはメキシコ等を征服したスペイン人「コンキスタドール」をさしていたが）という考えはもはや笑いをさそうだけになる。すでにラブレーはもっとも性質《たち》の悪い兵隊くずれをさして「ごろつき *aventurier*」という語をつくっていた。遍歴の騎士は、もはや世俗的な祭りに際して仮装パーティーに現われる人物でしかない。たとえば一五五二年のフランドルで、フェリペ公の祝賀会、一五七九年のフィレンツェでは大公の結婚式、一五九六年にはカッセルで、一六一二年にはヴェルサイユで、一六二二年にはアランフエスで、というように(177)。

事実、騎士団はとっくの昔に現実の空間から退いていた。一三〇〇年から一五〇〇年までに、しだいに軍事的重要性を失った。一三〇二年のコルトライクの戦いで古い英雄主義的形式に弔鐘が鳴らされた。騎士にはもはや世界への影響力はない。これからはどんな征服も禁じられ、実際に空間を奪うこともできない。一五世紀には大砲が普及するので、騎士の存在価値はますます下落する。騎士は、過去を反芻したがっているような、どこかの大領主を相手に奮闘し、少なくとも架空の空間を保有しようとする。そのため騎士団組織が増加し、企画され、構成された遍歴が厳粛な「誓約」らしいことから開始される。一対一の騎馬槍試合、多人数の馬上槍試合、挑戦試合（パ・ダルム）、決闘試合（アンプリーズ）、これらの催事は主催者の勢力の及ぶかぎり遠くまで、伝令者らの派手な行列で幾月も前から宣伝される。ときには、大領主の個人的な影響力がその方法に華々しさに加えて厳粛さをもたらすこともある。たとえば、一四一〇年代のスペインにおけるファン二世の後見人フェルナンド・デ・アンテケーラの場合、さらにアンジェとエクス－アン－プロヴァンスにかけてのルネ善王の場合もある。この世紀を通じて、スラヴ諸国からポルトガルやイタリアまで、儀礼、秘密、法、信仰箇条、縁起、名騎士をともない、たとえばジャック・ド・ララン、ジャン・ド・ラロッシュ、ペドロ・バスケス、シチリア人ジョヴァンニ・ディ・ボニファチオ、イギリス人ピーター・オブ・コートニー、カタルーニャ人アントーニ・デ・モント・アペルト、ジャン・ド・シャッサのような人びと、さらにバタール・ド・サン・ポルやジャン・ド・ブルボン公も。そのようなすべての者が、この強烈な伝統主義時代に、一三世紀の馬上試合の挑戦者らを見事に再現させることができたのである。実際、価値観は逆転していた。一五世紀において、その人びとが勝手に思い描いた偉大さは若干の歴史書をうずめるほどであるが（ブシコー『武勲史』からガーヴル公『伝記』にいたるまで）、そこでは多少とも有名な人物の伝記が語られることになっている。(178)ドン・キホーテを夢中にさせる『ティラン・ロ・ブランクの書』の作者自身も遍歴の騎士であった。

このようにますます狭くなってゆくが、それでもなお支配的な環境において、遍歴の騎士のイメージは書物の世界から「抜け出た」（この表現にどんな意味が与えられてもよい）。つまり生身の人間になり、本当の顔になる。輝いたのである。しばしば、そのイメージは富裕で強く、派手な甲冑をまとい、一団の家来や、目立つ服装をした従者らを引き連れた偉容になる。高名なスエロ・デ・キノネスは一四三四年に挑戦試合へ赴くとき、左肩に細工された金の表示板をつけ、青い文字の韻文で、しかもフランス語（！）で、これから冒険に出かけるところだと宣言している……決闘はお祭り騒ぎだ。その日時と場所が決められ、一般の目に立派な象徴性を示すように準備される。決闘が展開されるのは、もはや暗い森の中とか、人里離れた恐ろしい未知の場所ではなく、立派な競技場を舞台にして、陽光をいっぱい浴び、衆目を集めるような儀式の規則にしたがって実施される。

当時、すべての土地が登記され、明白だったと思われる。もはや他所の空間は存在しない。「ここ」と「他所」のあいだにあった対立に代わって、「近く」「遠く」という平凡な対比しかなくなった。すべてはわれわれのもの、つまりわれわれの国王のものである。遍歴者はもっぱら発見者と思われるようになる。すでに一五一三年、アルブレヒト・デューラーは最後の肖像を版画に刻む。荒涼とした岩山を背景にして、老いぼれ、甲冑の下で干からびた姿である。悪魔に誘惑されるが、死神に止められる。だが彼は無関心で、騎行をつづける。それは一五一三年のことであり、マキャヴェッリの『君主論』とトマス・モアの『ユートピア』が現われた年である。

スペインはドイツやフランスとおなじ歩調で進化の道を歩んでいる。しかしその出発点は独得だった。レコンキスタ運動の戦争が一三世紀まではスペイン貴族階級の活動をかなり占めていたので、遍歴の騎士というイメージがフランスからの輸入文学に影響されて実を結ぶのは非常に遅れる。彼らにとって冒険はまったく架空のことではなく、また彼らが国土回復のために征服する空間は、もちろん「他者」の空間であるが、もともと自国であったのでよく知っている。『わがシッドの歌』での「冒険」という語はムーア人に対する奪還遠征をさしている。国王たちはその家来に、フランス方面の騎士道精神を植えつけようと考えなければならない。アルフォンソ賢王の『七部法典』の規則第二〇条では、戦士は戦争の合間に騎士物語を読むように命じられている[179]。

しかし一五世紀半ばには、主張が勝っている。コロンブスがカトリック教徒の国王の名において新世界に足を踏み入れるとき、『アマディス・デ・ガウラ』という典型的物語〔スペインの騎士道物語といわれる〕が評判となり、ついで印刷されるが、これは遍歴の騎士を本格的に正当化し、半世紀のあいだはこの種の物語の流行を招く。しかし、やがてセルバンテスから嘲笑されることになろう。多くのスペイン小貴族らは、そのような騎士像に鼓舞され、探究者的騎士となって海をわたる。しかしそのような空間も、やがて国王や商人らの手にわたるにつれて、彼らから奪われる。カール五世の勅令では、一五三一年以降、アメリカへの物語本の輸出が禁じられる。というのも、今後は国を挙げて植民地政策に専念しなければならないので、パルメリンやアマディスを夢見ることとは相容れないからだ。一五四二年のラス・カサスの『「インディアスの破壊についての」簡潔な報告』がその間の事情を感銘深く語るだろう。それから間もなく、ゲバラは「宮廷を軽蔑し、……」という論文で、ロバの背に荷物を乗せてパンを稼ぐよりは、騎行しながら飢え死にするほうがましだという、その哀れな田舎貴族たちをあざけった！　セルバンテスはこのイメージを思いだしたのであろう。しかし一五五四年には、『ラサリーリョ・デ・トルメスの生涯』とともにピカレスク小説という新しいジャンルが生まれた。これは哀れな遍歴者、つまり反‐冒険の荒唐無稽な空間における遍歴の悲喜劇である。

それでもセルバンテスのような作家が『ドン・キホーテ』の序文において、手本にしたいという物語を、逆に槍玉に上げるまでには、まだ五〇年も待たねばならない。彼は一気に攻撃する。この小説の主人公の最初の遍歴は、自分の書斎を長々と文句をつけて破壊することである。ドン・キホーテの物語は対照的な事柄を鮮明にし、かつてのアリオストの小説におけるオルランドの狂乱とは違って、狂気沙汰はもはや無用である。現実との絆は断ち切られ、架空の話も成り行きにまかされる。

ドン・キホーテの運命は、生まれ故郷の領域内をめぐって展開されたはずである。主人公は地理にもだまされる。限りない大陸は、他人にまかせておけばよい。だがその時代に、それらの大陸はスペイン王国にとっては管理や運営上の難問でしかなくなっている。ヨーロッパが植民地政策に乗りだすとき、もはや他所の空間は怖くない。自分のものだと思い違いして、その空間を食いものにする。それが穏やかでも厳しい現実である。ドン・キホーテは、西洋人のものになったその空間には無縁のままである。実際、彼にはもはや空間がなく、これからは昔の英雄たちの遍歴で栄えた広がりのなかの刻印をわが身に付けるしかない。というのも、いまや彼が「外部」であり「よそ者」になっているからだ。おそらくそのために彼の冒険は今日のわれわれに意義をもたらすのであり、他方、アマディスにはもはやなんの意味もない。

ドン・キホーテは、騎士たちから、いったい何者なのかと尋ねられ、「おれはあちこちを行く騎士だ」と宣言した。しかし大砲が怖いと言明したら、彼らから笑われた。この世紀は遍歴の騎士の理想を侮辱する。ドン・キホーテが長い旅に出立する最初の日に、宿の主人からヒエロニムス・ボスふうの奇怪な絵画のように騎士叙任式をしてもらうが、それは新しいメランコリーの出現——ドゥルシネーアを慕う男がハムレットやドン・ジュアンと出会う日も遠からずという意味で——のうちに世界の転覆を意味していた。

だからこそドン・キホーテには、一五世紀が熱中し、一六世紀になっても多くの物語を生んだような挑戦試合狂としての騎士の壮麗さはまったくみられない。彼は老い、貧しく、弱い。彼の厳しい遍歴は、かつての小姓ジャン・ド・サントレ、あるいはジャック・ド・ラランの遍歴を飾った豪華さを知らない。ドン・キホーテ、彼はゲバラが語った哀れな貴族のはしくれである。彼の遍歴は、あてのない欲望であり、無駄な遍歴趣味である。師と仰ぐティラン・ロ・ブランク、パルメリン、オルランド（アリオストの）、アマディスは彼の崇拝を拒否する。彼らは逃げ去り、不幸なドン・キホーテは殴打され、あざけられ、不興を買うだけだ。しかし彼は毅然として立ち向かい、見事な論法で身を固める。騎士道への信念は最後の遍歴の終りまで揺るがない。つまり死に際まで。

第Ⅲ部　発見

11 宇宙

宇宙論

ダンテは、おそらく一二八二年に発表されたレストロ・ダレッツォの『世界の構成』から着想を得た、その宇宙のイメージにしたがって『神曲』を構造化したのであろう(180)。地球は地平線の上下で合わさった二つの半球の中心で不動の状態に保たれている。この詩人は、まず下降の行程を進み、世界の反対側に出て、こんどは天空の下から上昇する。天空は、世界を取り囲み、規則正しくわれわれの場所を回る九層の天界から成る。それぞれの天界には月、太陽といった星があり、さらに当時知られていた五つの惑星もある。第八天は恒星を導き、それらの星の調和によって黄道十二宮が形をなす。第九天は他の天に運動を与え、その運動は至高天の輝く神の愛でもって動かされる。ダンテの語り方は宇宙秩序に合致し、それとおなじ構図をつくることもできるほどである。中世文明の作品のなかでも、この『神曲』がまさしくその理由で「神」が付加され、ユニークな独創性を帯びる。

このように詩人の天才によって引きだされた概念は、細かい部分を除けば、当時の「哲学者たち」の通念になっていた事柄であり、その特質も確かにおなじ体系に属していた。とはいえ、古代から受け継がれ、中世初期から絶えずいい加減な知的加工をほどこされてきたので、すべての学者を精神的に統一できるどころではなかった。教養のない者は、間接的にその断片しか知ることができなかった。それも、せいぜい口承的伝統で伝えられた古い経験的知識を集めるだけでよく、否応なしに順応しなければならなかった。

驚くほど無気力な意識――それは明らかに、宇宙に関するいかなる論議も神学的決定に依存していたからであるが、その結果、五世紀から一四世紀にいたるまで、宇宙形状誌全体を根本的に動かすような進化も、また目につくような発展もみられない。もちろん、古代の権威もときには相容れないこともあり、聖書もさまざまに解釈されるほど不明瞭な点を含んでいる。すべてが集められ、総合が試みられることなく並べられている。自律的で独自の法則によって動かされている「宇宙」の近代的な概念は知られていない。なぜなら、存在する世界は、神の業《わざ》、創造物として眺められ、想像されるが、全体的な理解は神の特権に属しているからである。宇宙について語られる話は宇宙の映像、イマーゴを形成しているが、補足して述べるなら、広がりすぎないとしても充分に限定されていない言葉である。一四〇八年でも、文化普及者ジャン・ド・フォクストンは『宇宙形状の書』で、世界史、天使論、古代神話学、産科(!)にいたるまでを扱っているが、全体で一四分野のうち、三分野でしか「宇宙形状誌」という考えに触れていない。二年後に出版された、碩学ピエール・ダイイの『世界像』も、おなじような百科全書的な野心作から完全には解放されなかった。それから八〇年後に、この書はクリストファー・コロンブスにとって主要な情報源のひとつになる。

一〇世紀の七〇年代には、ジェルベール・ダリアックがランスでの弟子たちのために環状天球儀を製作し、またアラブ人によって開発された天体観測器《アストロラーベ》を輸入していた。この観測器は学者らを感激させた。

一一世紀になると、それもありふれたものになった。一二世紀初めには、アベラールがその機器に最高の知識欲の象徴を認めて、エロイーズとのあいだに生まれた息子にその機器からとった名を付けている。チョーサーも、一三八〇年ごろ、息子の教育のためにその「見事な機器」について論文を書いている。その天体観測器は星の相対的位置決定に使われ、したがってとくに海上での緯度測定に役立った。この機器の使用は、長期的にみれば、われわれの時間‐空間的環境に関する記述で、量的には圧倒的に貢献した。しかしその技術はそこでとどまった、あるいはそれに近い。天体の観測は一七世紀初めまでは肉眼に頼っていた。

この状況は、数量や機械を拒否した結果というよりは、むしろ人間の及ばないところにある広がりを象徴的に見ようとした傾向からきている。精神はそれらの広がりを一種の「世界」として、また意味ある幾何学とみなさなければ、その支配者になれない。その幾何学のために、どの現象も地形的であるとともに精神的な（両者の様相の一方が他方をさし、その逆もある）位置を占め、どの面も全体に類似する。したがって世界を語ることは神学を学ぶことであり、哲学することであり、今日のような意味で「科学する」ことにはならない。そのような精神的態度は、たとえ地理的、かつ数学的な多くの発見があっても、近代のかなり後まで保持される。

そのもっとも顕著な特徴のひとつが、いわゆる「天文学」と「占星術」のあいだに区別がないことである。中世の学問は、「アストロノミア *astronomia*」という普通名詞のもとで、天体の運行を学ぶ「第一部」と、その運行が人間の運命に及ぼす影響を扱う「第二部」を区分している。その第一部（もともと本質的には、プリニウスやマルティアヌス・カペラの書き物、さらにアリストテレスが書いた断片、ときには『諸原因について』のような聖書外典にもとづいている）は一三世紀後半において空という空間の機械論的考察へ向かう。当時は、時期に応じて、惑星の位置を調査し、決定できる天文表が普及している。代表的なのは「アルフォンソ表」といわれているものであり、一二五〇－一二八〇年のあいだにカスティーリャ国王の宮廷で作成された。一三二〇年にパリで複製され、一四－一五世紀の知識人らに便利で比較的正確な基礎知識を提供した。かくて「アルフォンソ表」を研究することで、ピエール・ダイイは一四一一年から古いユリウス暦を改革しようと思いついた。

　占星術もまた、完成した方法を利用した。その権威書は天文学第一部が参照したのとおなじであったが、古代後期の民間的秘法以来の伝統にしたがって解釈していた。占星術は神学者から疑いをかけられ、少なくとも二度にわたって厳しく弾劾された。事実、一三〇〇年より以前から天文観測への興味はすべての知識人に及んでいた。アリストテレスの科学的著作の注釈者ロジャー・ベーコンは、一二六五年ごろの『大著作』の献辞において、天文学第二部を、理論的に必要で、実践上欠かせない最高の数学と同一視していた。フランドルの修道士ファン・デ・ハルレベケはその世紀末において、内輪で、たまげるような占いに専念している。さらに数十年後には、ジャン・デ・ミュールとかいう人物は一三四四年に発表した予測で有名になる。そのころから天文学者（「数学者」と呼ばれている）が輩出するが、彼らは慎重を期して、計算に際しては神の意志をいくらか配慮している。[181] これらの学者からみれば、「万物」はその空間的存在を失い、自由意志を排除する純粋な数値的適応にすぎなくなる。そこから一三六〇－一三八〇年ごろまでのあいだにニコラ・オレーム、ジェルソン、フィリップ・ド・メジエール、フィレンツェのコルッチオ・サルターティのような人びとから反論が起こる。一五世紀には、カタロニア人エンリケ・デ・ビレーナが、魔術、したがって開祖の悪魔からきている四三「禁止学問」の系図を作成し、その中心に「数学」〔「占星術」の意にもなる〕をおき、これが未来の探求を好む九人の娘の母とされる。しかし無駄である。ピエール・ダイイは若いころには懐疑主義的であったが、六〇歳代になると歴史上の大事件や諸国民の気質を、天体の運行によって説明しようとしているからである。[182] 一五世紀には、占星学は医学の付属教科となり、政治学の補助学となる。体液の理論が基本要素の理論と合体して、「黄道十二宮人間」像が記録される。つまり、マクロコスモスと人間的ミクロコスモスとのあいだに類似関係が認められるのである。そしてこの照応の厳密さは、照応を、空間、容器と中身、外と内、単一と多数というような関係で考えることを禁じているほどである。一五世紀、さらには一六世紀の王侯たちにとっては、誕生の際に決定された十二宮図が将来の行動を決定する要因になっている。

教理の表面的な多様性はあっても、少数の原理は一〇〇〇年以上にわたって厳として確定されたままである。たとえば、

——地球は宇宙の中心にある。その点については疑う余地はない。なぜなら聖書が証明し、伝統が確認しているからである。つまり地球は神の「顕現」の場であり、その周りにすべてが配置される地点にほかならない。しかしながら、月下の世界で絶えず起こっている激変と、天の平穏さの驚くべき対立が問題である。

——世界は有限であり、閉ざされている。なぜなら、神がそれを創造したままの状態に維持しているからであり、神は奇跡によってそこへ介入する。しかし新しい世界が出現すると考えるのは無意味であろう。空間の無限大は、一五世紀の末ごろまでは物質の永遠性とおなじく思いもよらないことである。

——同心円的で、動く天球の概念（キリスト教徒とイスラーム教徒に共通している）は、アリストテレスの権威に支えられているが、それが純粋に数学的表現になるか、それとも物理的現実を示すかによって二系列の問題を提起する。後者の傾向は西洋では絶対に支配的であり、宇宙の認識に倫理的側面

を与える。なぜなら天球は軸を中心にしているからである。天球が動く周りに、両極のあいだに観念的な垂直線が立っている。そのために宇宙全体が上下の対立にしたがって「構成される」——その象徴的な豊かさについては、すでに本書の第一章で指摘したとおりである。

以上の原則が長いあいだ不明瞭なままであった。というのも、宇宙論的関心が中世初期にはほとんど存在しなかったからである。アリストテレスを知っているわずかな者が天体の運動を告げていたにすぎない。カロリング朝時代になって、いくらか好奇心が目覚めた。しかし、この問題を哲学に加えたのは、一二世紀になってアリストテレス哲学の資料が流布するときである。一三世紀半ばで、それらの問題が大学教育において最低限に抑えられていたにもかかわらず、そのころから知識人らの関心事に、ある程度の位置を占めるようになった。また彼らが数十年来、物質界に対して抱いてきた興味とともに、合理化への新しい傾向——聖書の物語から遠ざかるようになった——を示しはじめたことも好都合だった。同時に、コペルニクスの時代まで権威を保ったプトレマイオスの『天文学大集成』（アルマゲスト）のようなヘレニズム時代の文献・資料の影響のもとで、九世紀以来、進歩してきたアラビア地理学の断片的知識がキリスト教国に浸透していた[183]。モロッコの偉大な地理学者イドリーシーは、一一五〇年ごろ、パレルモのノルマン王の宮廷に出入りして、ルッジェロ二世のために研究成果をあげた。一般的な精神態度において、しだいに変化が生じ、宇宙形状誌と物理学のあいだで躊躇しながらも、はじめて接近が起こる——とくに一一一五年ごろのアベラール・ド・バス以来、物体の落下、重力と地球の特性の関係（予感されただけであるが）が理論的な重要性を帯びてきたことに現われている[184]。しかし、宇宙形状誌が研究と調査の特殊な学問分野になるのは一三五〇年以後である。天文学のほうは、航海者らがますます遠くの空のもとで観測した結果を利用できるようになる。

そこで知識人のあいだで、地球が球形だという考え方が勝利する。それは古代からの考え方であり、かつてアリストテレスをはじめ、多くの古代ギリシア・ローマの地理学者らから指摘されていた。たとえば古代後期では、マクロビウスやマルティアヌス・カペラによって唱えられ、七世紀には聖ビードによってふたたび取り上げられ、ついで一二世紀にはギヨーム・ド・コンシュのような知識人たちによってつぎつぎに教えられる。聖書の権威は、地球が平坦な円盤であるという主張を押し通そうとしていたようである。たとえばセビーリャのイシドルスがそのように主張し、六世紀ではキリスト教徒の地理学者コスマス、通称インディコプレイステース〔インド航海者の意〕もそのような説の妥当性を「証明」した。しかしながら、球体であるほうが普遍的類似の概念に適していて、いっそう明瞭に完全性を表わしていた。その完全性とは古代このかた、皇帝杖の黄金玉、また中世の習慣では「荘厳のキリスト」の手に乗せられている玉によって喚起された完全性である。しかし球体の「地球」というイメージは一般人にはなじめなかった。それほど言葉は（製図のように）三次元より二次元を表わすのに適している。その確実性の正しさが、航海者――またもや航海者とは！――によって確認される前に、普及するのが遅れたのも、そのためである。別の反論もある――地球の両対蹠地のことである。西洋人が住んでいる半球の反対側に別の土地があり、またとくに別の人間がいると信じられただろうか。聖アウグスティヌスは「否」と言っていた。一三、一四世紀に、この議論は再燃した[185]。一五世紀の半ばになって、ようやくこの問題は実際的に解決した。

一四七〇年ごろ、地球の形状についてはもはや疑問は許されなかった。フィレンツェの天文学者で医師でもあったトスカネッリは一四七四年に、ポルトガル国王に宛てて書簡を送り（自作の図面を添えて）、船乗りたちを西方からインドへ派遣するように説得していた。クリストファー・コロンブスはその文書の写しを入手したらしい。しかしこの西洋思想の進化を経験した世代にとっては、想像力も感受性もひっくり返るほど、その進化から衝撃を受けた。L・ビュローは「平面文化」に「球体文化」を対比させている[186]。つまり不確定で見通しもつかない土地に閉じこめられ、境界もわからず、どこを漂っているかもわからない不安定な筏のような内部の生存に対して、外部の世界、つまりその完成した形態が暗示するような、おそらく永遠の世界へ全面的に開かれた世界での生存が対立するのである。

最近、P・デュエムの膨大な旧著の一部がR・アリューによって再版されたが、この書は中世における知識人らの興味を惹いた議論のテーマをすべて明確に示している――そのままの概念を総括的に表わしている。たとえば無限、場所の性質、時間と空間、虚空と(少なくとも神学的可能性として)世界の多元性。ビュリダン、オッカム、オレームは上記の最後の事柄を認める傾向にあったが、その説全体からは反対されていた。宇宙の無限性を喚起し、世界の中心という概念(事実、すでに揺らいでいたが)を疑問視するのは一四五〇年ごろのニコラウス・クサヌスの大胆な新プラトン主義を待たねばならない。

しかしながら、コペルニクス(知性的にはエラスムスのような人物に近い)が『天体の回転について』を、複雑な計算からはじめ、純粋に理論的な分野において準備していたが、その書が一五四三年に遺作として発表される前に、友人レティクスがこの書の理論的確証を広め、支持していた。太陽が中心であり、地球は自転しながら、その周りを動き回る。すべての惑星は地球とおなじように軌道の上を移動し、かくて古い球体から最後のものだけが固定して存続し、それにすべての星が付着することになる。形而上学に依存した伝統的宇宙形状誌論からの離反は、一世紀前から徐々に、かなり遠回しに告げられていたとはいえ、ここに明らかに完全な離反となった。そのためにキリスト教会側からの反撃も、ときには暴力に訴えるほどである。たとえば一五八九年に、ジョルダーノ・ブルーノは異端者としてローマで火刑に処せられた。おなじころ、デンマーク王はティコ・ブラーエに世界最初の天文台を建設する資金を提供し、コペルニクスの学説を実験的に実証できるようにした。この学説はルター時代のドイツに広がっていた。ケプラーはティコ・ブラーエに師事し、フィレンツェの貴族ガリレオ・ガリレイと知りあったが、ガリレイは一六〇九年に世界で最初の天体望遠鏡をつくっていて、おなじ問題に専念していた。ケプラーは一六三〇年に亡くなるが、その三年後、ガリレイは教皇庁の教理聖省から自説の撤回を命じられた。

それと並行して、一三世紀初めから俗語で書かれた詩が、宇宙形状誌の問題でないとしても、少なくともその問題が精神に生じさせたイメージのいくつかを把握していた。たとえば、そのイメージの断続的なモティーフをまとめて表現しているが（ときにはダンテの詩につながる）、一六世紀になって、ようやくフランスでは『賛歌集』の作者ロンサール、あるいはデュ・バルタスにおける豊かな（しかし当時としては古くさくなっているが）宇宙観的ヴィジョンとなる(187)。

地球を知る

アリストテレスによれば、「月」という球体と「地球」の表面とのあいだに、大気と火という、もっとも微妙で、測定しがたい要素から生じた流星（たとえば周期的に恐慌を招く彗星）からなる「この世」地域が位置している。すべての生命を宿している、もっとも具体的な土地については、われわれ——火とともに大気と水を知ってはならないと禁じられているわれわれ——はその土地を知らねばならない。それは一二世紀末の『神父ヨアンネスの手紙』のアングロ‐ノルマン方言訳の序論で教えられる教訓である。実際、誰もがなじんでいる地平線の彼方に何があるのか。その答えは当然あいまいである。というのも、西洋人がそれまでに動き回った地域全体（「旅行範囲」）について獲得できた知識はすべて、主として視覚的で感覚的な経験にもとづいているからだ。地球以外のもの、そして地球全体については、調べることもできず、ときには矛盾する伝統的見解にもとづいた理論的学問の対象にすぎない。キリスト教徒とともにユダヤ教徒においても、聖書という最高の権威に服した見解は「天地創造」という普遍的構造に関わる見解と区別しがたい。われわれが今日「地理学」と呼んでいるものは、一二、一三世紀の学術の分類では「幾何学」あるいは「天文学」に組み込まれている。一二五〇年ごろ、ブルネット・ラティーニは『宝典』のなかで「世界の専門分野」の記述において「天文学」章の補遺として一二ページ分を当てている。「地理学」という用語自体、古代ギリシア語から借用し、一六世紀にならないと使用されない。そのときになって、ようやく地上の空間に関する専門科学の形成が要求され、同時に広りを支配しようという欲望が強く具体化するようになる。

一四〇〇年ごろまでは、原資料になる著書はあまり存在していない。たとえばストラボ、ソリヌス（ポンポニウス・メラを改訂している）、ボエティウス、カルキディウス、マクロビウス、アリストテレスから引きだせるわずかの部分、聖書とその注解学者のもの、つまり絶えず解釈し直され、編集し直された異質的なものばかりであり、知識を磨き、研究を深めるというよりは、むしろ唯一の思考対象にふさわしい摂理の業が展開する地域を寓意的に描くためである。八二〇年ごろから、アイルランド人ディクイルが皇帝ルートヴィヒ一世（敬虔王）のために広くソリヌスに依拠した『世界の尺度』を編集したのも、以上とおなじ精神からである。その四〇年後に、匿名の修道士が、古い地理学的な作品の選集『世界の位置』をカール禿頭王に献上した。少なくとも、一〇世紀以降、キリスト教国でもイスラーム教国でも、「世界図」あるいはもっと簡単な「世界国民一覧」が、世界的、さらには野心的な国家的意図のある年代記をともなって序説を構成している。たとえば一一七〇年ごろ、ブノワ・ド・サントーモールが試みた『ノルマンディー公、歴代の年代記』がある。おなじ作者は『トロイ物語』（二万三一二七行目と、そのつづき）で、オリエントについての長い文で、見事な叙述を挿入している。他方、『テバイ物語』の匿名作者は、その少し前に、「世界の表面」とでも訳出できるものをもっと簡潔に描いてエテオクレスの天幕を飾っている。それは装飾モティーフであるとともに真実性の要請である。この伝統的な精神性によれば、空間の形（今日の「地理」）は、明らかに神によって仕上げられたものであり、時間（今日の「歴史」）の神聖な摂理的性格を保証している。一二〇〇年ごろ、ひとりの偉い知識人がこの話題に疑問を抱く。一四世紀には、この関係を単純な言い方で表わすことが避けられる。しかしクリストファー・コロンブスでさえ、各大洋の表面積や、ヨーロッパ大陸からカナリア諸島まで、また日本までの距離を推算するとき（間違っているが）、幾度も神の「全知」（同時に、適当な古代の作家）を援用している。

このような中世の「地理学」には、地形曲線、海岸線、あるいは人口分布のような事実を長期間において検討するわれわれの地理学のような時間的次元が存在しない。それは時間の外にあって、不変的空間とともに、おなじく不変の象徴的存在に関係している。その仕事は後者の上に前者を投影することである。古い異教徒的伝統（スカンディナヴィアの資料から、いくらかの概念が得られる(188)）が、おそらく一般人の精神におけるきわめて漠然とした地理的懸念を静めるのに充分である。事実、文盲の大半、さらに聖職者らもまったく気にすることなく、実際的に世界を、なじみ深い環境と同一視している。いかなる認識も完全には確実ではない。マクロビウスによれば、世界は十文字に交差する二つの大洋によって四つの部分に分割されている。並行した五つの風土圏に分けられることもある。つまり寒帯から熱帯へ、そしてまた寒帯へ、というように。そして北方の中間地帯は人の住む地域、「キリスト教圏」であり、それだけが知識の対象である。以上の両論は、俗語で書かれた普及書においても対立している。

聖書は、完全な情報をもたらすどころか、地上の世界に関することを奇妙な神秘で包んでいるようだ（沈黙と矛盾によって）。それでも、ガリレイ以前には、彼から提起されるすべての問題に聖書が最終的な解決をもたらす、と誰もが信じている。一三世紀のアジア旅行者たち、一五世紀の航海者たちは、発見する広がりのなかに「モーセ五書」（とくに「創世記」の第一〇章）、「歴史の書」、あるいは「預言者たち」で引用されている場所や人民を発見しようと努めることになる。モーセは最高の地理学者である(189)。紀元前二世紀から、ユダヤ人のあいだで神学的な地理学が成立し、その若干の特色がキリスト教的伝統に伝わった。たとえば一一世紀のメスのユダヤ系神学者で、有名な注釈書の作者ラシは「創世記」に関連して、その第一〇章を注釈している『ヨベルの書』を引用している。中世初期のT字形地図（本書、第16章で問題になる）がおなじ起源からきているとみなすことも不可能ではない。フラウィウス・ヨセフスは『ユダヤ古代誌』において、その伝統をアレクサンドリア文化に適用しようと試みた。そのようにして初期キリスト教徒地理学者の寓話化傾向が確認された。

一三世紀中葉までは、地理についての西洋人の知識は脱空間化されている。最初の遠路旅行者としての十字軍は興味を湧かせる。一二世紀前半以降、「世界の全域」についての概略はまとめられている。たとえばホノリウス・ドータンの『世界像』、ギヨーム・ド・コンシュの『世界哲学』がある。一二三〇年あるいは一二五〇年以降は、ラテン語でも俗語でもこの種の作品は多くなり（たとえばゴスアン・ド・メスの『世界百科』は、一二四五年から一二五〇年のあいだに二回改訂されている）、おおむね百科事典や哲学大全に含まれてしまう。たとえばブルネット・ラティーニの作品〔『宝典』〕や、一二六〇年ごろのヴァンサン・ド・ボーヴェの『知識宝鑑』〔「歴史の鑑」〕がある。

一三〇〇－一三五〇年以前は、以上の作者らのあいだでほぼ一致している見解がある。それは世界に三大陸、三大洋、一二種の風、五種の気候があるということである。それをとりまいて熱帯地方を通過する赤道がある。もっとも精通している者は、国々つまり地中海とバルト海のあいだにあるヨーロッパの人民、都市、そして大河を知っているが、それから先はほとんど知らない。つまり噂では、極北の地方には珍しい景観や習慣があるらしい。アフリカについては、マグレブ地方やエジプトを除けば、実際には、その他の地方は一五世紀半ばまで未知のままである。アジアについては、十字軍のおかげでヨーロッパに近い地域が知られた。またその北部には、聖書に出ている「ゴグとマゴグ」という王国がぼんやり現われている程度である。東と南の方面には「インド諸国」と呼ばれる漠然とした地域が広がっている。つまりインド半島に相当する大インドと、ほぼインドシナ半島にある小インド、そしてイランからアビシニアにかけて閉鎖海とみなされたインド洋の沿岸地帯を含めた南インドである(190)。極東については、一三世紀のキリスト教伝道やマルコ・ポーロの航海以前は実際に何も知られていなかった。

これらの型どおりの叙述には、三つの基本的な問題が横たわっている。つまり、

——世界の境界はどうなっているのか。

——地上のどの部分に人間が住んでいるのか。

——地上には近づけない地域があるのか。

これらの質問は神の天地創造と贖罪の教義に関係している。最初のカップルから生じた人間の一元性が信仰のもとである。したがって神の摂理で定められた人間の立場を強調するには人間の居住地域を明

確に定めることが重要である。その線引きには多かれ少なかれ違いがある。少なくともすべての作者が認めるかぎりでは、地上の広大な部分が砂漠であり、生存には適さないということである。また人間が住んでいる広がりにおいては、南は灼熱の砂漠で限られ、北は寒冷の砂漠で限られている。東方については、一二五〇年ごろには、あまり知られていない。伝説が確実さに取って代わっている。たとえば「Arcu の境界線」などと言われているが、これは「Hercule の」〔ヘラクレス〕と理解しなければならないだろう。ところが、おそらく一般人はそれを伝説上のアーサー王の名〔Arthur〕と思っていたのだ！ 考えられる地の果てには「枯れ木 Arbre sec」という言葉が引用されるが、この根強い伝説はまだ解読されていない。最後に、西方には、渡りがたい大洋が広がっている。そこは水ばかりで、人間の世界を閉ざす古代宇宙論の「オケアヌス」〔大洋〕と思われていた。幾世紀にわたって、ヴァイキングがその大洋を往き来したが、中世のヨーロッパに残した知識は、アイスランド、グリーンランド、さらにカナダの沿海地域のひとつで、神秘的な「ヴィンランド」に関する断片的情報にすぎない。アラブ人の船乗りは大西洋を「暗黒の海」と呼び、地理学者イドリーシーは、無数の怪物が出没する荒波の上を航海することは絶対に不可能だということを学問的に証明している。それから三世紀以上も経って、バスク人の漁師やアルガルべ地方の探検家の大胆な航海の結果、ようやくその説は消えるだろう。しかし一五世紀初めから、宇宙形状誌学者のなかには、循環的な大河－大洋という現実に疑問を投じる者が現われた。一四九〇年までに、この伝説は崩れていた。そのころ、クリストファー・コロンブスはスペイン国王に航海計画を「売りつけよう」と必死だった。

　八〇年近く前から、ある書物の発見で、見通しが覆されていた。すなわち、ビザンティン人やアラブ人によって保存されていたプトレマイオス著『地理学』の発見であるが、一四〇六年までは西洋人に知られず、その年にようやくラテン語訳が完成した。この書は、たちまち歓迎され、写し直され、印刷され、一四八六年までに五版が出版された。この『地理学』は、ギリシアの宇宙形状誌の長い伝統を受け継いでいるが、紀元二世紀のアレクサンドリアにおいて旅行者や船乗りたちへの調査結果によって補充され、地図の挿絵も掲載し、北緯一六度から六三度までの、ユーラシアとアフリカにおける地名は八〇〇〇をくだらなかった（そのうち三五〇は天文学的に決定されている）。極東から西端まで（アンナンからカナリア諸島まで）、その地理学では一八〇の子午線が引かれ、地上の未知の地域にもおなじ程度の広がりが認められていた。プトレマイオスは天体観測にもとづいた古い計算を踏襲して、地表の周囲を一万八〇〇〇マイルとした。この二つの誤算の結果を合わせたので、アジア大陸を著しく東へ延ばし、そのため大西洋の幅を短縮してしまった[191]。この理論は他の権威筋とは違っていたので、一五世紀のヨーロッパの地理学者から疑問視された。少なくともプトレマイオスの書は、コロンブスに比較的容易な成功を期待させたようであり、また「航海者」としての彼はプトレマイオスの計算からもちあがった論争において、いつも過激論に賛同した。

その後、地上の測定結果にもとづき、空間の新しい科学が発展しはじめ、その結果、基礎でないとしても、検証法が練られはじめる。かくて一二世紀以降、各地で表明されていた傾向が成果をみるにいたった。たとえば、一一二〇年ごろのピサ人グィドーネによるイタリア・地中海図のような地図、遠い国に関する報告書を使節や伝道師に要求する王侯たちの命令書、一三〇〇年以降の海図の普及がある。一五世紀になっても、当然、地理学は一三世紀の延長線上にとどまっている。しかしさらに多くの資料が知られ、比較される。印刷術のおかげで、ますます多くの人びとに知られやすくなる。読者層の態度もいっそう批判的になり、経験と理論のあいだの矛盾も簡単には容認されない。一四四〇年ごろ、ヴェネツィアの地図製作者フラ・マウロは北極の島々のうわさ話を聞いたので、その証人の話を引用している。(192) 残念ながら、古代作家の説を訂正しなければならない。たとえば一四四六年に、ディオゴ・ゴメスはアフリカへ航海したとき、プトレマイオスの誤りに気づき、釈明しながらそのミスを告発している。一六世紀には、古代作家を参照することも形式上にすぎなくなっている。同時に、聖書の権威もこの分野では弱まる。地理学は、多くの世紀を通じて空間の実験科学となってゆく。

かくて、キリスト教初期教会教父の時代から反宗教改革、さらにその後まで（その論争に終止符を打つピエール・ダニエル・ユエの論文が一六九六年に発表されたとは！）人心を捉えていた問題が避けられたままである。つまり地上の楽園はいったいどこにあるのか（神が消滅させたとは考えられない）。「創世記」の短い記述を誇張する注釈学の伝統によれば、エデンの園は世にも美しい庭園であり、豊かな木々が生い茂り、甘美な実がなり、泉からは水がこんこんと湧き出ていて、その水が四つの大河に流れ込む。だが、イシドルスが言うような「甘美な庭園」は地上のどこにあるのだろうか。当然、ノアの大洪水からまぬがれて、地上のいちばん高いところにあるはずだ――ただし、その事実は大地が完全に球体であるという考えと一致しがたいが。コロンブスは「球体」を洋梨の形、あるいは乳房の形だとみなして解決をはかった。そこに奇妙な哲学が存在した。ダンテはエデンの園を煉獄の山の頂上としたが、これは詩的な表現である。楽園は場所である。それが聖書によって伝えられた教えであり、空間の神聖化である。場所であって、異教徒が考える黄金時代のような時期をさすのではない。近寄りがたいところであるとしても、「創世記」はその件に疑いを抱くことを許さない。大海、怪物がうごめく荒地、さらには火焔に包まれたところ、あるいは（つぎの説を信じる人びとには）高い場所――何かが楽園を隔てているのである。つまり、一二世紀末のジェルヴェ・ド・ティルバリーによれば「人の住むところから離れている」となっている。地上についてわれわれが得られる知識は、少なくとも楽園を位置づけることができないなら無駄であろう。事実、アジア、その後はアメリカへのすべての旅行者たちはその神秘を探ろうとした。結局、いつか大西洋の小島でその楽園が見つかるだろうか。大部分の作者によれば、むしろ東方に想定された――しかしどんなところにか。聖イシドルスによって集められた伝統的資料、またその伝統に連なるブルネット・ラティーニらによれば、楽園はインドの手前にあるとか。一三五〇年ごろのジョン・マンデヴィルによれば、インドのなかにあって「苔に覆われた」高い壁で囲まれているところ（！）であり、ピエール・ダイイによれば、東方の地の果てにある。だからクリストファー・コロンブスは四度目の航海でインドに上陸したと信じたので、（ベネズエラの海岸で）エデンの園のすぐ近くにいると思いこむ。というのも、オリノコ川の水の温さと香りが、その証拠だと感じられたからである。

12　大いなる躍進

辺境の世界

遠い空間についての経験的な認識は、旅行者らの精神に少しずつ形成され、彼らの故郷の集団的記憶に残されてゆく。その認識は、そのままの形では専門的な地理学を利用できない。というのも、地理学とは頼りなく複雑な関係にあるから。経験を伝えるには抽象化を最低限に抑えねばならないので、そのために書物の権威に頼るか、さらにはわかりやすい伝説を引きあいに出してもよいだろう。

ヨーロッパならびに大西洋側の北極圏が好例である。古代人はオークニー諸島から先へ旅行したことがないようであり、また「トゥーレ」と呼んでいた地域についてのあいまいな記述を除けば、古代の著者は北極圏について語っていない。司教アダム・ブレーメンは、一〇七〇年ごろ、ハンブルク司教区の年代記において、北方の海洋について非常に興味を抱き、オロシウスやマルティアヌス・カペラの著書を参照しているが、他方、スカンディナヴィア人航海者の証言にも頼っている。その一世紀後に、ジロー・ド・カンブリーは、おなじく『アイルランド地誌』のアイルランドについて、ソリヌスから提供されている（ときには間違えているが）情報を繰り返す。ヴァイキングの移動から生まれた北欧伝説には、つぎつぎに派遣されたキリスト教伝道団からもたらされた伝説が混ざっていた。たとえば八三〇年ごろ、皇帝ルートヴィヒ敬虔王がユトランド半島の異教徒のもとへ修道士アンシェールたちを派遣していたが、これらの伝道使節団は二世紀のあいだに、北欧の異教徒をキリスト教に改宗させることができた。一一八八年には、すでにアイスランド人が入植していたグリーンランドのガルダルに司教区が設立された。一四世紀半ば以降、気候が寒冷化し、氷山が多くなり、航海を妨げる。一三四七年、この海域で最後の漁期を迎える。ガルダルの町は放棄されるが、一四〇〇年ごろ、二人のヴェネツィア人がこの廃墟を訪れ、また一四七六年にもデンマーク王が探検隊を派遣している[193]。

紀元一〇〇〇年以前から、地の果てにあるような、この地方の存在が西洋人にまったく知られていないわけではなかった。コロンブスは若いころにアイルランドまで航海し、おそらくアイスランドまで行ったので、たくさんの風聞を集めていただろう。ブルトン人、バスク人、ポルトガル人の船乗りたちは、おそらく北大西洋の鱈の大群を知らないはずがなかった。彼らは一四八〇－一四九五年のあいだに、ニューファンドランドに達していたと推定される[194]。ヨーロッパ大陸については、ノヴゴロドとモスクワの両公国とのあいだの通商的、ついで外交的な関係があったので、ロシア平原の発見は近かった。一三六〇年、キプロス王の顧問フィリップ・ド・メジエールがバルト海を航行している。一〇〇〇年ごろにキリスト教化されたハンガリー人を経由して、ときどき、黒海沿岸の草原地帯の異教民族（遊牧民も含めて）、たとえばタタール人、クマン人、ポロウスツ人、あるいは集団的にユダヤ教へ改宗した神秘的なカザール人とのあいだに交流が生じる。一四〇〇年を過ぎると、文書化された証言がますます多くなり、たとえば一五四九年（一五一七年から準備されていた）に出版された皇帝大使シギスムント・フォン・ヘルバーシュタインの「スキティアと北方」に関する論文があり、これは成功を博して多くの外国語に翻訳された(195)。

キリスト教的世界の境界は変化し、ところどころで、むしろあいまいである。境界の彼方には「別人種」の世界が、おそらく無限に広がっている。中世初期から、ごく近い地域とは徐々に近隣関係が成立するが、おおむね共通の実益にもとづいていて、たがいに寛容というよりはむしろ敵意を帯びることが多い。

かくてビザンティン帝国との交流も始まる。七世紀までは西洋全域に小さいギリシア植民地(「シリア人」)が存続していた。ローマには東方の多くの聖職者共同体があり(その影響はラテン語の聖人伝に認められる)、ギリシア語はサン-ドニやコルビーのような若干の修道院で知られていた。しかし八世紀末以降は、宗教面での相互無理解が越えがたい障害になっていた。八〇〇年に、シャルルマーニュは教皇にローマ皇帝の座を要求し、みずからアウグストゥスやコンスタンティヌスの後継者になろうとし、「大王」〔古代ギリシア、ビザンティン帝国、などの元首をさす〕の非正統性を主張した。その理由として〔東ローマ帝国、つまりビザンティン帝国の〕皇帝の座が女の手に落ちたことをあげた。つまりイレネが君臨していて、おまけにこの女には犯罪の疑いもあるというのだった。その後、西洋人にとっては唯一の帝国しかありえず、その空間はフランク王国のものと一致した。

それでも、もうひとつの帝国が存続した。戦争から公会議へつづき、慎重な妥協の結果、二世紀以上もなんとか関係が保たれた。だが一〇世紀には、カロリング王朝が崩壊し、他方、ビザンティウムは隆盛をきわめる。この帝国は、一〇〇〇年より少し前、ザクセン国王たちが〔神聖ローマ〕皇帝の地位を興そうとするときの模範にされる。大帝オットー三世はギリシアの女帝テオファノを母にもち、あまりにも短い統治のあいだ、ギリシア的な君主を演じる。

しかしながら、西洋では、知識人のあいだで「移動」の理論が形成され、それは一二世紀でもまだ活発である。つまり神聖な事柄でないとしても、権力や知識の中心が東から西へ不可避的に歴史的移動をおこなうということが神の摂理とみなされる。そのような進展に長いあいだ準備され、一〇五四年の東西教会の決裂は、世界的と自称するキリスト教国から「ギリシア的」世界を切り離した。実際にはバルカン諸国、さらにスラヴ諸国と近東諸国の一部である。感情的で精神的な境界線が引かれ、閉鎖へ向かったが、それでも個人的な往来（ほとんど一方通行的な）はつづいた。たとえば傭兵、避難者、修道士、巡礼者らがコンスタンティノポリスへ赴くのである。またジェノヴァ、ピサ、ヴェネツィアの商人たちはボスポラス海峡、エーゲ海、黒海に沿って点在する海外支店へ出かける。一二〇四年における〔第四次十字軍のコンスタンティノポリス占領〕ラテン帝国の勝利が、その活動を加速する。一二六一年のギリシア再占領もそれを阻止できない。つまり一四、一五世紀を通じて継続する。しかし、十字軍は潜在的戦争と相互的激怒の状況を招いた。双方の文学作品がそのような緊迫状態を映しだしている。たとえばフランスの歌『シャルルマーニュの巡礼』やドイツの叙事詩『ローター王』では、ビザンティン人が戯画化され、またギリシア人の聖人伝作者は、ラテン民族に対して辛辣である。ついでながら、中間に存在するブルガリア人も、一緒に侮辱され、西洋人の口から異教徒扱いされ、その名は「ばか者」の語源になる。

しかしビザンティン国家は一二〇四年の打撃から立ち直れなかった。領土がせばめられ、しだいに後退し、ついには包囲された都市にすぎなくなる。一四五三年には、とどめの一撃を食らう。西洋人というよりは、むしろビザンティン的「他国者」、アラブ人やトルコ人からなるイスラーム教徒の最終的な勝利となる。彼らは、紀元一〇〇〇年以前に考えだされていた防御的戦略にもかかわらず、この帝国領土の東部に容赦なく攻め込んだのである。

その後、もはやギリシア世界は存在しない。イスラーム世界の空間に転落したのである。しかし西洋は、もはや完全には閉ざされない。他の地域へ投げかける眼差しには昔ほど敵意がなくなり、いっそう好奇心に燃えている——他の空間が未組織に見えるなら、いっそう貪欲な目つきになる。そうでなければ、たとえばオスマン帝国に対するように慎重で外交的である。一七世紀には、反対にからかわれ、軽蔑されるときがくるが、〔モンテスキューの〕『ペルシア人の手紙』において、改めて皮肉られるだろう。

八世紀における大失敗以来（七一七年にはコンスタンティノポリスでの壊滅、七三二年にはポアティエでの敗戦、七三六年には唐時代における中国の西の門戸、カシュガルでの敗北）、イスラーム世界の空間は、一五世紀までキリスト教徒に知られていない地方、つまりアフリカ南部や東南アジアへ進出するしかなかった。一四五〇年以後、トルコ人の波がバルカン諸国に押し寄せるが、同時に地中海の反対側では、スペインの王たちがアンダルシアにおけるイスラーム教徒の残党を一掃する。しかしながら、イスラーム世界の勢力は、その領域の広大な中心地において時代とともに拡大した。かつては武力によって屈服させられた人民が、こんどは大量に（一部は、自由意志で）大預言者マホメットに帰依したのである。

一〇、一一世紀に聖地付近で起こった強敵の勢力については、パレスチナ巡礼者によって、はじめの情報が西洋のキリスト教国にもたらされた。すでに六八〇年ごろ、フランク王国の司教アルヌルフは、ダマスカスやエルサレムにある初期の回教寺院に接して感嘆したことがあった。それから数年後、グアダルキビル川からロワール川にいたるまでの各地において、その建設者らの恐るべき戦闘力が推しはかられた。その少し前に、形成されつつあるヨーロッパの叙事詩が、キリスト教徒とその神にとって容赦ない大敵というイメージを中心に、他所からやってきた「悪者」の姿を描きだし、それを神聖な地から追っ払うのが騎士の任務だと歌うことになる。いくらかニュアンスの違いはあっても、この単純な対立図式は、もっとも古いフランス武勲詩や、スペインのロドリーゴ王とベルナルド・デル・カルピオを歌った『ロマンセス・ビエーホス』〔古いロマンセ集〕、さらにイギリス人のあいだでも『キング・ホーン』に見られる。イスラーム教徒の顔に、かつて教会教父が偶像崇拝に与えたような形相をマスクとして貼り付けることになる。「この連中」こそ、「マホム」〔マホメット、つまりムハンマド〕を崇拝し、「異教徒」であり、奴らをかくまっている呪われた土地は、フランスの詩人から「無信仰地」と呼ばれ、しかもいくら華々しい外観で人を欺こうとしても、必ず神の摂理によって、われわれが奴らを征服することになるだろう。

かくてキリスト教徒の国民にとって、叙事詩は団結機能を満たしていた。きわめて早くから交易も始まり、個人の移動や接触を裏づけている（巡礼とおなじほどか、それ以上に）。この活動は——西ヨーロッパを中東やトルコ帝国へ結びつけることになるが——、政治的盛衰にもかかわらず、近代まで断絶することなくつづけられる。

スペインでは、唯一と思われた空間に複数の共同体が共存したので、違和感は和らげられた。それでも、ひどく近接していることが差別意識をかき立てる。そこから生じる問題は空間的解決しか見つからない。一〇六三年のバルバストロ討伐によって聖戦の観念が勝利し、それはまた、ローマ教皇庁から励まされ、救援に駆けつけたフランス騎士団の熱狂ぶりによっても扇動される。レコンキスタ運動が始まるが、それでもやがて相互間に寛容が生まれ、すでに近代的な状況も維持される（異例だが）。有名なシスナンド・ダビディスの境遇がそうである。彼はユダヤ人として生まれ、イスラーム教徒のあいだで育ち、ムーア人の王の大臣になり、その後、レオン・カスティーリャ連合王国のフェルナンド一世に仕え、ガリシアの総督に任命された！

そこから相互に文化的影響を受けることとなり、西洋全体が一二世紀からその恩恵をこうむった。学問分野では、当時のトレドの翻訳家グループ、さらにその後、別の接触面では、神聖ローマ皇帝フリードリヒ二世（シチリア王兼ねる）の宮廷人の業績がもたらした文化的衝撃のことは知られている。この皇帝はアラビア語に通じ、エジプト王と文通しあい、オリエントのイスラーム聖域を訪問した……。アラビア語の論文がラテン語に翻訳されるが、そのなかには、しばしば古代ギリシア語から翻案されたものも混じっている。そのように導入されたアラビアの影響に関して、最近、A・ド・リベラは、アベラール以降の西洋哲学の活動全体に敬意を表していた。

スペインでの個人的な交流は偏見を取り除かないが、それを超越させることが多い。アラビア女性の美しさは西洋とは違うので、キリスト教徒の騎士たちを魅了する。ある種の文学全体がその魅力的なモティーフを追求している。だが同時に、魔女的な能力（どれほど嫌疑を受けたことか！）がその魅力にあるとされる。一二－一三世紀の、多くの物語や叙事詩では、領主または同輩たち（それとも誓いを裏切った者）に迫害されて、オリエントのイスラーム教国の首長のところへ逃げ込み、ときには幸福になっているキリスト教徒貴族の話が語られている。

一一五〇年ごろ、西洋においてキリスト教徒には越えられない境界の彼方、また政治的領域の外の世界に対する興味が目覚めた。それが隔たりを撤廃することにはならないが、縮小することにはなる。クリュニー修道院長ピエール尊者が『コーラン』を翻訳させる。アベラールは、キリスト教徒とユダヤ教徒とイスラーム教徒という架空の三人物に対話をさせている。目的は、よそ者的身分を確認することで、相手をやり込めるだけである。だが言葉が武器に、確信が征服に、潜在的な統一性が空間的な隔絶に代わろうとしている。一三世紀初頭ではアッシジの聖フランチェスコの夢想、一四世紀初めではラモン・

リュル〔ライムンドス・ルルス〕の思索がおなじ意欲にとりつかれる。一般人も興味を感じるが、ほとんど教養がないので、俗語で書かれた情報を要望する。そこで、たとえば一二五〇―一二六〇年頃、ランの聖職者アレクサンドル・デュ・ポンは伝説集(部分的にはキリスト教からきている)『マホメット物語』をフランス語訳しているが、それは「預言者」の架空的伝記である。おなじころ、匿名の作家がアッコの司教ジャック・ド・ヴィトリーの『オリエント物語』をフランス語に訳している。

ある進展が始まり、一四九六―一四九九年のあいだに、ドイツの貴族アルノルト・フォン・ハルフ隊が企てた冒険で完了する。それはコロンブスの最初の航海のすぐ後だった。アルノルトはエジプトでの滞在を想起しながら、イスラーム教徒の慣習、宗教とその典礼について観察した事柄を詳細に報告している。(196) この作品は、多様性の意識における立派な寛容さを示している。もはや明らかに偏狭な対立感情はない。つまり道徳的で精神的な空間の側でも、たがいに浸透しはじめる――少なくとも少数者の精神においては。ただしその数はまだおそらく極めて限られているので、一般人の意見に影響したり、脅威的な違和感をぬぐい去るにはいたらない。

広大なるユーラシア大陸

しかしながら、すでに一二世紀を通じてラテン系キリスト教国は、J・ル・ゴフが「郷愁の地理学」と呼んでいるものからしだいに脱却していた。というのも、この地理学は、狭く、閉鎖的で、よく知られた現実空間とは対照的に、空想であこがれる空間へ向けられているからである。数世代のうちに、「欲望の地理学」がそれに代わるが、これは攻撃的にして征服的で、世界支配に燃えている。(197) 企業家で勇気ある人びとの欲望は、無限の地を求めて安全な有限性から離れるだろう。つまり発－見（視覚的に見つけること）、入－来（ラテン語の *venire* からきていて、侵入を意味する）を求めて、である。

それでも一二世紀の西ヨーロッパでは、一三世紀にもまして諸国民のあいだに、商業あるいは伝道の活動という名目で、地球上の運命との新しい関係を開拓し、確保し、想像力だけで、世界における自己の位置を決定しようとはせず、神話化された土地は、見えない物体のように空虚なものではないかと思う個人たちの出現がみられた。この「欲望」の深さについては、おそらく彼らに分からなかった。それは具体的な好奇心、つまり感知され、存在するものに対する猛烈な関心からきていた。

托鉢修道会士は、一種の信仰的放浪生活から伝道に献身していて、そのような冒険で大きい役割を演じることになるので、一二〇〇年以降、修道会の創設は、新大陸発見の価値とおなじほど深い歴史的推進力の結果とみなされよう。主として彼らの活動によって、西洋は、はじめから企画もせず、また意識もなく広大な僻地の開発計画に乗りだし、それがいつか、一八、一九世紀にはヨーロッパによる地球全体の獲得に帰するはずだった。

年代的には、この進展をいくつもの段階に分けることができる。たとえば、一二五〇年から一三五〇年ごろまでに、ヨーロッパはアジアの存在を知り、そこを手なずけようとして失敗する。つづいて、ペストの大流行という恐ろしい災厄、フランスとイギリスの戦争、キリスト教会の大分裂、民衆の反乱などのさなかに半世紀間ほどの後退が起こる。しかしながら、「欲望」は存続し、大西洋沿岸の諸国は大洋の魅力に負け、その結果、一四〇〇年からポルトガル人はアフリカの海岸沿いを調査し、一五〇〇年までにアフリカを一周したらしい。その間、スペイン人はアメリカに足を踏み入れ、まもなく他の国々も後につづく。一五五〇年以後、ヨーロッパは味を占め、植民地への冒険を準備する。

このようにあいつぐ時期を通じて、旅行者の精神は（知識が蓄積されたにもかかわらず）発見以上に探索したいという意欲に驚くべき執拗さを示している。つねに目覚めている好奇心は、伝統と読書から得られた表象を分解するというよりは、むしろ確認したばかりのことをその表象に還元しようとするようになり、とくに昔の著者らが正しかったという具体的な証拠をもたらすことが重要になる。一五〇〇年ごろでも、そのような偏見がまだ航海者らの心を占めていた。

一三世紀のあいだに、ヨーロッパ文明は急速な変化を遂げていた。内面的——知的で、経済的な——原因がその変化を準備し、歴史の一直線上に位置づけた。しかしながら、それを始動させたのはむしろ（政治面で）外部の衝撃である。たとえば、ウクライナでは一二二一－一二二三年にモンゴル人の急襲を受け、無一物から出発して、ほとんどアジア全域を征服した遊牧民のジンギス－カンの死後一〇年にして、一二三七－一二四〇年にはロシア全土が征服され、西洋全体にわたって、あっという間に恐怖が波及する。[198] 外見は野蛮で、それまで未知の民族であり、古代作家の誰も語らず、知識人から聖書の「ゴグとマゴグ」〔悪を示す〕に近い存在だとみなされ、どこの地方から来たかもわからない人種との恐ろしい対立である！　改宗不可能なイスラーム世界を除いて、世界全体がキリスト教化されたと信じられていた。とんでもない。この世紀の半ば、ローマでは、キリスト教徒はおそらく人類で少数派にすぎないという苦々しい反省がなされている。[199] ついで、その「タタール族」（モンゴル人はそう呼ばれている）は、イスラーム教徒に対して、いっそう激しい攻撃をしかけていることが知らされる。そこから一抹の希望の光が差し込んでくる。つまりイスラーム教徒に対してモンゴル人と同盟を結べば、たとえ十字軍の明白な敗北があっても、敵を背後から襲い、結局、片づけることができるのではないか。遠いアジアの地にキリスト教徒団（ネストリウス教）が点在するという噂が流れる。モンゴル人の首長にローマと接触したい意志があると推測されるようになる。

一二四五年から、ローマ教皇庁ではフランシスコ会やドミニコ会の修道会に託して幾度も使節団を派遣する。そのころから一世紀間以上にわたって、中央アジアや極東の街道を通って幾百人にのぼるヨーロッパ人が絶えず往来するようになり、なかには長期滞在する者も現われる。たとえば、一三世紀の四〇年代にはジョヴァンニ・ダ・ピアン・デル・カルピーネ、ニコラ・アンセルモ、シモン・ド・サン－カンタンであり、その一〇年後にはギヨーム・ド・リュブリュキである。一二九〇年には第二波として、モンテコルヴィーノ、オドリコ・ダ・ポルデノーネ、ジュルダン・ド・セヴェラック、パスカル・ド・ヴィクトリア、ジョヴァンニ・デイ・マリニョッリ……がいる。かくて、一三四二年になる。その間に、ポーロ一行は二度旅行している。マルコは二〇年ぶりに中国から帰国し、『東方見聞録』をルスティケロに口述した。商人たちはさっそく、「伝道師たち」がたどった道を追った。両者ともに、たまたまアジアにおけるキリスト教の開発者であり、使節であり、探検家であり、その由来は「インド諸国」の使徒、聖トマスにさかのぼる。それから改宗が起こる。モンテ・コルヴィーノは一三〇五年のわずか一年間で、北京において四〇〇〇人を改宗させたらしい[200]。托鉢会修道士のあいだでは、誰が先にモンゴル人をキリスト教信仰へ導けるかと、信仰の競争心が生じていた。最初の旅行者たちが抱いていた漠然とした敵意は一二五〇年以降は消えていた。モンゴル人はきわめて寛容な態度を示し、大陸の中心部まで、ネストリウス派のキリスト教徒のみならず、個別に住みついたヨーロッパ人、たとえば職人や冒険家が発見される。そして一三〇〇年以降は、フランス人、ドイツ人、イギリス人、ハンガリー人、ロシア人らの数がますます多くなる[201]。

世紀の曲がり角において、「異教徒の土地」に司教区が設置されはじめた（これはすでにリュブリュキから要望されていたことである)。つまり、教皇庁直轄に置かれ、しっかり組織された。ただし、ヨーロッパの司教の席とは反対に、空席があったからである。ジュンガリアのサマルカンド、さらには北京にいたるまで、司教区や大司教区が、西方ではアルメニアのキリスト教団に頼りながら、広大な伝道の空間をうまく治めようと試みている。まさしく驚嘆すべきキリスト教的壮挙である。というのも、この無限の広がり(ローマ当局でさえ概略しかわからない)に、少数の勇敢な者を派遣していたのだから。しかも先が見えない。なぜなら、彼らがこの土地に関して得た知識は、古い伝説に取って代わるというよりは、むしろそれに囚われていたからである。

しかしながら、黒海から中国の中心部まで七か月半、八か月、ときには一二か月ものあいだ、馬に乗ったり、歩いたり、牛車に乗ったり、ロバやラクダにまたがったり、一人で、あるいは隊を組んでゆくという、果てしない長旅は、どれほど辛い経験だったことか! アジアの土地の起伏、気候が距離の遠さに加わる。たとえば、この大陸の中央部を形成する高い山々を越えるにはきわめて高い峠しかないので、一年のある季節には越えられない。石や砂ばかりの砂漠、凍てついた高原がヒマラヤ山脈からシベリアの草原地帯にいたる空間を覆っている。昔のシルクロードの一部をたどることも多い(一二七一年にヴェネツィアを出発したマルコ・ポーロたちのように)。だが、行程は地域的な動乱や戦闘や状況しだいで変更になる。とにかく、北回りならシベリア経由で遠回りをしないかぎり、中国やインドへの出発基地となる交通の要地、カシュガルを経由して乾燥したタリム盆地を通らねばならない。マルコ・ポーロ一行は各旅程を短縮し、余儀なく幾度も休止しなければならず、江都へ行き着くまでに四年もかかっている。長い期間のために、この旅行では苦難が増え、たとえば悪天候、物資の不足、盗難、地域首長の横暴、さらに避けがたい異国性、つまり言語や慣習がある。リュブリュキはその旅行記で、耐えられないときに、心身ともに味わった苦痛を想起している。[202] ある者たちは海路を選んだ。一般にはペルシア湾のオルムズ港から中国へ行くのである。この経路を行けば、危険はたんに自然の変化だけですんだ。

少なくとも、そのような苦労のおかげで、危険に挑んだ旅行者は歴史上はじめてユーラシア大陸が一体であることを証言する。事実、一二五〇年から一三五〇年ごろまでのあいだに、彼らはモンゴル帝国の隆盛期を知った。南アジアのほうはアジア全体からみて比較的、周辺的存在にとどまっていた。イランやペルシア湾岸諸国（もちろんイスラーム圏であるが、マルコ・ポーロには知られていた）は、一四世紀の三〇年代になって、はじめて二人のフランス人ドミニコ会修道士、ギヨーム・アダンとエティエンヌ・レモンによって記述されることになる。それにひきかえ、中国は、一二三四年にモンゴル人に征服されたおかげで、四〇年後、西洋人の経験や想像の世界に入れられる。〔その結果、〕絶対的な他性に率直に感動し、西洋人から隔てるすべての事柄を越えて称賛に値するものとなる。マルコ・ポーロがそれを証明していた。現実的な範囲内での相互間の敬意は一三六八年の明王朝の出現まで存続するが、その後突然に、中国は閉鎖的になる。草原地帯における帝国の衰微、トルキスタン地方やイランにおけるモンゴル人らのイスラーム教への改宗、タメルランの戦い、アルメニアのキリスト教会との断絶（ヨーロッパで猛威を振るった黒死病の流行もおそらく原因だろう）、それらの情勢で幾年かのあいだにキリスト教伝道に終止符が打たれ、他方、司教区の組織網も消滅する。一四〇〇年ごろには、すべての道が断たれる。あの大冒険の思い出も西洋人の記憶から薄れてゆく。そしてやがて忘れられる。古い伝説が息を吹き返すだろう。ただコロンブスのような幻想家たちだけが、マルコ・ポーロの『東方見聞録』のようにはるかなオリエントの事情を教えてくれる書物に魅せられ、再度、おなじ道をたどってみたいとあこがれるかもしれない。しかし一三、一四世紀の集団活動は地に落ちていた。稀に旅行者がどこかの空間に挑んでみるが、もはやどこにも辿り着けない。つまり個人的な試みであり、四散していて、普遍的な意義が生じない。たとえば、一三九六年にはハンス・シルトバーガー、一四〇三年にはルイ・デ・クラヴィホ、一四一四年にはニッコロ・デイ・コンティ、つまり一五〇〇年ごろまでには一〇人ほどが数えられる。そのころ、ヨーロッパは西部に命運を賭けている。

　ヨーロッパは、アジアから目を転じ、かつてはアジアへ向かわせ、その大陸について語られる話の本源と信じてやまなかった神話を逆に送り返そうとしていた。それは「ジャン師」のユートピア的国家像であり、架空的空間であり、長い期間にわたって調査を試みた実際の空間にとらわれた西洋の郷愁を反映していた。

　その伝説が明らかにされたのは一二世紀初めらしい。一一五〇年ごろ、年代記作者オットー・フォン・フライシングは「ジャン師」の名をあげ、たしかに現存する王者だとしている。おなじころ、フリードリヒ二世の宮廷の文筆家と思《おぼ》しい匿名の聖職者が、ビザンティン皇帝マヌエル一世に宛てて書いたものとみなされる「ジャン師の手紙」を公表した[203]。ジャンは広大な国家――離反したキリスト教国にはよい手本になる――のキリスト教徒の王‐聖職者であり、その国は奇跡に満ちた自然のなかで、純潔と正義に支配されている。この文書は一二世紀末にフランス語の韻文に訳され、一三世紀半ばには散文に訳され、それ以後、一六世紀までに、英語、ドイツ語、イタリア語、アイルランド語、ロシア語、セルビア語、さらにはヘブライ語にも直され、翻訳され、翻案されて、この「手紙」は幻想の純然たる蓄積だったものを立派に束ね、整然とした想像的作品に仕上げられているので、それがまことに立派な人物の現存で裏づけられた実物だということを疑うような者は一人もいなかった。

一般人の心はジャン師を、どの程度モンゴル人の首長と混同していたのだろうか。救いに来てくれるはずの「異国の大王」の姿と重なる驚くべき偉容である。伝説の輝きのおかげで危機感も薄れる。一一七七年、教皇アレクサンデル三世は「ジャン師」なる者に宛てた親書を持たせて医者フィリップを派遣するが、フィリップは帰らなかった。一三世紀の伝道師たちは進んでおなじ道をたどった。そして「同盟」という意図は、中世末までの西洋の王たち、その顧問たち、ローマ教皇たち、そして代表的な修道院当局の意識にはそのまま生きていた。アジアを歴訪する旅行者は探している。「その方」はどこにおられるのか。その王国はどこにあるのか。解釈者それぞれが、勝手に不確かな答えを出している。ピアン・デル・カルピーネやリュブリュキ、さらにマルコ・ポーロは、ジャン師という名を多くの状況報告のなかに混ぜている。ダミエッタのフランス十字軍参加者はジャック・ド・ヴィトリーの話を信じて、ジンギス－カン（アラブ人の帝国を攻撃したということが、正当に知られている）をジャン師の息子か、それとも子孫だとみなした。ジョアンヴィルもその説に傾いている。[204] 探求は一四世紀でもつづけられる。それから、ついにジャン師はアジアで知られていないということが明らかになった。しかし、ジャンが体現していた大いなる期待——人類的空間の統一を回復するという期待——をあきらめるというよりはむしろ、その空間を他所へ移動させたのである。つまり一三一〇年ごろから、抑えがたい噂がジャンの国家をエチオピアに置く。ジュルダン・ド・セヴェラックにとっては、一三二九年の『驚異的な話』において、それが確実なこととされ、ジャン師はエチオピア王にされる。一三世紀以降の「ヌビアの」キリスト教徒、ならびにアビシニアのキリスト教会についてわかっているわずかなことから、おそらくそのような移動の経緯が理解できるだろう。[205]

こうして空白が人間で満たされた。一三世紀に、ブルネット・ラティーニはあいかわらずア、フ、リ、カ、が地中海の南方にある沿岸だとしか考えていなかった。それから先は、灼熱のためにどんな生命も生きられないと思われたのである。一四四七年、ジェノヴァ人アントニオ・マルファンテは、アルジェを出発して、サハラ砂漠の横断を企てたが、束の間の試みだった。古代人がナイル川の源泉をめぐる問題を残していた。その大河はどこからきているのか。おそらくエチオピアからだろう。しかし「エチオピア」とはどこにあるのか。この漠然とした地名は、はるかに遠い広がりを指し、どこかでアジアに接する、「インド諸国」のひとつを指すのだろうか。一四〇〇年から七五年ほどのあいだに、そのような伝説の地に到達しようと期待する探検の企てが続いた。ただエルサレム方面を遍歴するアビシニア人修道士から聞き取った、とてつもない印象のほかに何もわからない。一四〇〇年ごろ、シチリアの探検家ピエトロ・ランブーロはそれなりに成功した。彼はエチオピア皇帝の国で暮らし、そこで結婚もした。そして新しい主君の使節として行ったナポリで、体験談を話すことになる。

ちょうど西洋の知識人が、他所への興味にとりつかれた時代である。地理的観念は知識観念と区別がつかなくなり、具象的芸術を語るにも、距離や視点や次元に頼る空間的用語が用いられる。地中海沿岸地域の人民は、もっとも進取の気性に富んでいる。海と海事慣習が地域の状況を少なからず動かす、たとえばイベリア半島におけるレコンキスタ運動の終結や、イタリアにおけるブルジョアたちの企業精神である。ランブーロの体験談で、ジャン師について推測されていたことが確実になる。モンゴルの果てまでジャン師を探しに行くのは無駄になる。アフリカという名も今後は分裂し、抽象的に二つの現実的な部分をさす。ひとつは外交的な使節団の派遣(その世紀のあいだに二、三度)のおかげで噂として知られ、キリスト教国に属している。もう一方は未知であり、まったく外地である。一四六〇年から一四八〇年のあいだに、匿名の多くの旅行者がアビシニアについての、あいまいな知識を多少とも豊かにしている。たとえば地理学者フラ・マウロはそのような情報を収集し、一四七四年に、教皇シクストゥス四世はローマにエチオピア学院を創設する。一四八二年、さらに一四八四年には、バティスタ・ディモラはエジプトから出発して、アムハラの中心部までさかのぼる。その地でイタリア人とフランス人からなる職人の入植団を発見するが、そのなかには二五年間もそこに住んでいる者らもいたとか(206)！

ポルトガル人も負けてはいない。国王ジョアン二世は、陸路ならアフリカ大陸を横断し、海路では、かの有名な「ジャンの国」を見つけようとあらためて思いついた。一四八五年と一四八九年に、二度、探検隊を派遣したが無駄だった。一五二〇年から一五二六年にかけて、フランシスコ・アルヴァレスを団長にして最後の試みがおこなわれるが、彼は、(エチオピア王から盛大な歓迎を受けて、その豪華さにすっかり目がくらんでしまい)その国を「ジャン師の国」とする真正の記録を伝え、一五八八年には、それがリヴィオ・サヌートによって作製された最初のアフリカ地図に記載される。

そのあいだに、ジャン師の名はアリオストの『狂乱のオルランド』第三三歌で取り上げられていた！

大西洋

ヨーロッパが自発的に南方を目指したとは思われない。おそらくマグレブのイスラーム圏のほうが、危険だとみなされても、仲介になるヨーロッパに対して視界を閉ざしていた。アフリカの列強諸国、たとえばガーナ、カネム王国、そしてとくに一二世紀から一四世紀にかけてはマリ帝国の天然資源が、隊商やアラブ市場のおかげで地中海方面へ送られるようになる。たとえば塩、象牙、香料、奴隷、またとりわけセネガルやニジェールの金である。一三世紀以降、多くのスペイン人やその他の国のキリスト教徒がモロッコに住み、商業に従事している。しかし、それより遠くへ行くことはためらわれる。一二九一年、ヴィヴァルディ兄弟が、二艘の小船とともに海岸に沿って航海を試みる。彼らは難破したか、殺戮されたかわからないが、どこかで消えている。一三四六年にはスペイン人による新しい探検が試みられるが、何もかも失われる。

しかしながら、インド諸国へ向かう陸路が閉ざされても、大胆な人びとは、代わりに海路をとろうと考える。というのも、アフリカという巨大な大陸が想像できなくて、その大陸がアジアにつながっていると推測されたからである。一四世紀初めに、イタリア商人ニッコロ・デイ・コンティはその冒険に挑もうとした。そこで、ペルシア湾から東南へ向かい、インド、セイロン、西マレーシアに沿ってジャワ島まで航海した。一四四〇年に帰国し、少なくとも自由に海路でインド諸国まで行けることを実証した。一四世紀を通じて航海技術は進歩し、ポルトガルではとくに進んでいたので、大西洋にも挑戦できるようになった。一五世紀の三〇年代には、数十年このかた知られていて位置もわかっている近くの諸島に関しては、スペインとポルトガルに独占される。たとえば、一四二〇年ごろにはマディラ諸島、一四二七―一四三九年にはアゾレス諸島がある。カナリア諸島については、ここは一四〇二年以来、二人のフランス騎士、ジャン・ド・ベタンクールとガディフェール・ド・ラ・サルによって征服されていた。この二人は、その諸島をカスティーリャ王へ献呈しようという気になる前は、見事な探検の欲望と新しい土地への好奇心に動かされていたようである。

一四一五年以降、ポルトガル王ジョアン一世の第三王子エンリケは国家の権力と資金を配下の航海士たちに役立たせることで、国に海洋政策を促している。彼は風変わりで、一筋縄ではゆかない人物であり、精神的にはその時代の商人というよりはむしろ古風な騎士に近く、最初はモロッコ十字軍を思いつき、ついで名誉欲と新発見の楽しさに動かされ、四五年間も巨大な人力と資金を費やして、ヨーロッパでもっとも性能のよい測地器を利用することになる。彼は封土サグレスに航海士や宇宙形状誌専門家を養成する学校を設立している。一四七五年以降は、王子（後の国王ジョアン二世）がその事業を受け継ぎ、その後、インド諸国への交通路を支配する世界的戦略の中心人物になる。

ほとんど毎年、ポルトガルの小型船の船団が、当然、災難に遭いながらも、アフリカの海岸に沿って、前回よりは少しずつでも南へ航海を延ばす。すべては大評判になった軍事的成功から始まった。つまり一四一五年の〔ポルトガルによる〕セウタ攻略であり、これがヨーロッパの大いなる躍進の始まりとなる。それから二〇年のあいだ、ポルトガルの船員たちはモロッコの沿岸海域を調査し、風の状態を研究し、「進路」を調整する。この見事な操縦は最適の潮流や風向きを利用しているので、いったん船団を沖へみちびいてから、リスボン、そしてベレン塔へ直行させ、その拠点が開口部となり、港を監視している。一四三四年にはボハドル岬を通過しており、その後は加速度的に前進する。一〇年後にはベルデ岬を回り、一四七五年にはコンゴ川の河口を過ぎている。

技術的にもおなじ進歩がみられる。ポルトガル人は、いまや大西洋とその変化についてすばらしい経験的知識を獲得した。だが発見したことは秘密にして、外部に漏れないようにする。せいぜい、信仰も法律も知らない裸体人の話、金鉱や奴隷のことが噂として広まったくらいである。この果てしない海岸線に沿って標石が立てられ、航海者の進展の痕跡が残される。セネガルとギニアの金の取引は、胡椒や奴隷の取引とおなじように繁栄する。ニエーブラのスペイン人も競争に乗りだそうとするが、無駄である。一四八二－一四八四年のあいだに、ジョアン二世が、今日のナイジェリアの海岸に要塞とエルミナ市場を建設させたからである。

そのときには、すでに幾年も前から赤道が通過され、南半球の空が発見されている。これは当然、船員たちを恐れさせ、慌てさせる経験である……たとえマルコ・ポーロが、かつてこの半球で見られる光景を暗示していても（噂にもとづいて）。多くの偏見が少しずつ消されてゆく。そのうちアンダルシア人が競争に割り込んできて、厄介な存在になる。一四七六年、事態はゲリラ戦へと悪化し、それから四年後にようやくポルトガルの占有権を確保する協定が結ばれて、収まる。一四八八年、バルトロメオ・ディアスはジョアン二世から「喜望峰」と命名される岬を回る。彼がリスボンに勝ち誇って帰還するとき、クリストファー・コロンブスも出迎えている。それ以後、ポルトガル人は思い切った行動にでて、アジアへ突進することになる。ディアスの九年後にヴァスコ・ダ・ガマは航海に出るが、それは最初の世界一周になる。そこで、長い準備のために出発が遅れる。というのも、たくさんの文献・資料を集めて検討する必要があり、またジョアン二世が亡くなったことにもよるだろう。そのあいだに、コロンブスは大西洋を四度も横断した。一五〇〇年、アルヴァレス・カブラルはヴァスコ・ダ・ガマがたどった方向へ進んだが、少し西寄りに「進路」を広げたので、偶然、「島」に寄港し、「サンタ・クルスの地」と名づけた。今日のブラジルである。

イベリア半島以外のヨーロッパは、宗教改革や戦争で荒れ、半世紀のあいだは発見の主導権をポルトガル人とスペイン人の思い通りにさせていたから、それだけ簡単に大探検時代の最終段階が展開する。間もなくトルテシリャス条約で、ローマ教皇に見守られながら、世界の空間が両国で配分される。両国民はおなじ夢にとりつかれている。「インド諸国」とそのすばらしい富に到達することである。ポルトガル人はそれを実現するために一世紀もかけて粘り強く努力してきた。一四九〇年には、東回りの航路で成功しかけている。スペイン人には西回りの航路しか残されていない。多くの学者によれば、その航路のほうが短いとか。一四九三年の夏には、ドイツの地理学者ヒエロニムス・ミュンスターは、ジョアン二世に宛てた皇帝の書簡を代筆し、航海者をその方面へ派遣するように勧めている。彼はコロンブスが、ポルトガルのジョアン二世から断られて、スペインのために先手を打ったばかりであることを知らない。もはや後には引けない。大西洋に面したすべての港は、活気と野心と思惑と多少とも気違いじみた計画に沸き立ち、人びとの心は激しながらも漠然とした宗教心に目覚め、十字軍を再開しようという気概に、「地上の楽園」を発見しようという希望が重なる。当時までにインド洋が、特に驚異の海だとみなされてきた評判は落ちはじめる。いまや大西洋が、インド洋の夢幻的眺望に入れ替わる機能を果たそうとする。一五世紀における大地の大いなる発見は全面的に想像の影響下で展開され、開かれる広がり、征服される空間もまた、ある意味では現実の裏面であり、目もくらむような解放感における西洋人の幻想が自由に自己を映しだす仮想世界である。

大西洋は、古代の地理学者や北欧民族の伝説によれば島々が点在するところである。ちなみに、マルコ・ポーロの権威ある証言によれば、日本列島、つまりジパンゴの島々は七四五七を数えるとか！〔大西洋では〕アゾレス諸島、カナリア諸島、マディラ群島、ベルデ岬諸島、それらが物的証拠になる。したがってまったく疑いはない。つまり「七都島」あるいはアンティリア（「前島」）、サン－ブランダン島、名称しかわからないブラジル島、その他多くの島が航海者らの眼下に並んで現われ、秘かな夢をはぐくみながらも、便利で驚異的な停泊地を約束してくれることだろう。

一五世紀から一八世紀にいたるまでの長い期間に、ヨーロッパは航海できる数々の大洋について一覧表をつくったが、元型になる島の光景は、航海計画を支えた神話の不変要素にとどまっていた。つまり島、そこは海から突き出ていて、休息、真水、果物、女たちを約束してくれるところであり、周囲が閉ざされていること、そして囲んでいる大洋が無限であるために肝要な中心地であり、純粋な空間であり、島以外の外部を否定する。島の特色についての象徴的な感じ方は古代人に知られていた。だから「幸いなる」島という神話が一五世紀、さらには一六世紀における航海者たちの集団的記憶の奥底に残っている。まず最初に、どんな新しい土地をさすときにも航海者が用いる「島」という用語が流行するのもその神話のおかげである。それは普遍的なテーマであり、それが突然、若返り、活気づいたのである。親密と閉鎖、魅惑と呪い、かつてはキルケ、やがてキャリバンとプロスペロ。つまり魂の奥で、再発見された幼年時代の幻影のあいだで、対立するものが再生されて一致する。(207) トマス・モアの「ユートピア」も一種の島であり、『第四之書』のパンタグリュエルが船で向かう各地であり、おなじくサンチョ・パンサが馬鹿げた一時的な領主となって君臨するバラタリア島もそうなるだろう。おそらく、島という形象は、古い認識がぐらついたときに、中性化された空間内で同一性と差異性を同時に含められるような共通の場を、発見者の話に提供することによって以前から以後への移動をいっそう容易にしたのだろう。

商業的意図はあっさり夢に食い込む。一五世紀における西洋の地理的拡大は、貴金属不足の時期とともに、商業的資本主義の最初の飛躍と一致している。金を求めて出かけてゆく。だが少しでも遠くまで商いに出かけるとなれば、必ず儲けになるような投資をしなければならない。コロンブスは、ピンソン一家をはじめ、アンダルシアのイタリア人集落の商人から資金を借りている。一五一四年の、ヴェラツァーノ兄弟の第一回目の旅行には、リヨンの銀行家たちが出資している。一五二六年の第二回目では、王国政府の通商企画として全額負担が報じられている。ドイツの金融家ヴェルザーのおかげで、カール五世はベネズエラへ探検隊を派遣できるようになる。航海者にとって、商人のために商品を船に積み込み、契約にしたがって売却し、収益を持ち帰るのは一六世紀の通例である。探検家や征服者は短期投資の意欲にとりつかれているようである。理想としては、一気に「黄金郷」を発見することだろう。そのようなブルジョア的な考え方に、一五一九年からは、コルテス〔メキシコを征服したスペイン人〕とともに死と流血の趣味が混じるようになる。同時に、ヨーロッパにおける大西洋側のすべての港では海賊が横行する。つまり大洋の空間も大陸並みになったのである。(208)

かつて初期の航海者を魅了したイメージ、つまり「地上の楽園」や、時を超越した「黄金時代」というイメージが、いまではぼやけて混乱しているが、それでも航海者らの精神から完全に消え去るまでには長い期間が必要である。当時の神秘主義思想がそこにつけ込んで、一六世紀のただなかにおいても、さまざまな多くの説を流した。コロンブスも、ジョアッキーノ・ダ・フィオーレとその説「新しい統治」の期待を知っていた。彼はその予言を自分の企画と遠征欲に託した。L・メロ・エ・ソウサは、ブラジルに関して地上の楽園という神話を、実際に発見された土地へ投影させることがどれほど必要に応えていたかを証明している。それは、まったく別種のものを同化しようとするやり方であった。一八世紀においてもなお、ハボアタオにとっては、ブラジルは神の存在を証明するものではないか！　しかし「エデンの園と同一化すること」は獲得の前触れである。その錯覚が希薄になると、アメリカは外国となり不安な国になる。そこから意見の急変、対立が生じる。一六世紀以降、新大陸を誹謗する声が挙がりはじめる。一八世紀になると、それがますます多くなる。(209)

コロンブスは、「西の国」に入国し、すっかり中世人として、人間の歴史をメシア的神学流に考え、科学を権威とみなした。彼はその限界内で、たしかに良識があった。彼の知識の肝心な源泉である蔵書は多くなかった。たとえば、聖書を別にすれば五部ほどの新刊である。アエネアス・シルウィウスの『万物史』、ピエール・ダイイの『世界像』、マンデヴィルの『驚異の話』、それからマルコ・ポーロの

『東方見聞録』とプトレマイオスの『地理学』である。これらの本は、彼に宗教的な崇拝を生じさせている。もし経験したことが書物と違っているように思われるなら、むしろ自分の話を合わせる。たとえば、一四九九年付の国王に宛てた手紙のなかで、古代人に知られていない南半球に言及しているところで認められる。一五〇三年でも、マルコ・ポーロの旅行記のスペイン語訳の印刷業者はその本に地理学的序文を加え、そのなかでヴェネツィア生まれのポーロが訪れた多くの場所を、ジェノヴァ生まれのコロンブスによって「再発見」された場所と同一視している[210]。古い世界に接した空間から脱却するのは難しい。人間のなかの何かが尻込みし、既知の境界が実存しないとは信じかねるのである。

しかし一四九三年の数か月のあいだに、最初の大西洋横断成功という知らせがスペイン、イタリア、フランドルの知識階層すべてに衝撃を与えた。コロンブスが国王に宛てて成功を報告した書簡は、すぐ書き写され、翻訳され、印刷され、ローマのサン＝ピエトロ聖堂の役員によって韻文に直されたほどである！ この時代としては、あまりにも手早い作業である。コロンブスの航海が一世紀以来の宇宙形状誌から暗黙のうちに問われていた質問に答え、また期待を満たしていたからである。幾年かたつうちに、引き起こされた興味は情熱に変わった。したがって一五〇〇年以後のコロンブスの後継者の大部分は探検家というよりはむしろ科学者である。彼らの遠征の目的は、もはやたんに正しく大地を知ることだけでなく、「創造された万物」への人間的支配を確認し、広がりを制覇することである。彼らは「未知の土地」にすぎないところ（たまたま偶然にアメリゴ・ヴェスプッチのアメリゴという名称がこの大陸につけられる以前）、海岸地帯、誰のものかわからない土地、名もないところを探っている。まだ大陸としてではなく、むしろ広大な列島としてである。彼らは「インド諸国」から隔てられた最後の障壁を一周しようとしている。その障壁は越えがたい。まさしく未知の世界である。

未知の世界は恐ろしい。まったく新しい土地が、その場で「楽園とみなされ」たり、住民が「悪魔に見える」といった衝動を喚起するのであるから。(211)心理的にみて、空間の発見、征服、占領は、もっとも強烈な個性を助長し、個人的冒険の大胆さを扇動する。だがこれが他方では、ヨーロッパ文明の全面的進展をもたらすことになる。政治的にみて、ポルトガルとノルマンディー地方、ジェノヴァとアントウェルペンのように遠く離れていても、おなじ冒険に乗りだした地域間で、利害と文化の絆が結ばれたり、締め直されたりする。対立が起こる。深く根づいた農業国フランス王国にとって、真の問題は、一六世紀ではアメリカの征服ではなく、まさしく西洋に迫ってくるトルコ人の脅威である。この民族は宗教上の敵であるが、(まったくひどい組み合わせだが!)それでも立派に統治され、文明化され、強力で熟練した軍隊を有している。フランソワ一世のときに幾度か試みて失敗したので、フランスは一七世紀初めまでは空間的大冒険に乗りだささない。しかしオランダのブルジョアたちも非常に出足が遅れたが、フランス人よりもはるかに強烈な決断力を発揮することになる。

創造的意欲に燃えたフランス社会を動かす強力な原動力の枢軸は、幾年かのあいだに西へ移動する。それは、かつてオリエントから手を引いたように、今後、一、二世紀のあいだは地中海から手を引こうとする「古い」世界の悶《もだ》えである。ローマ教皇が介入して、一四九四年以降、各王国のあいだで新しい無限の広がりを配分させようとする。一五三三年に、フランソワ一世が地球を自由にするという自称権利の放棄を教皇クレメンス七世に認めさせるのに、どれほど精神力を必要とすることか。(212)

人文主義者は、画家であろうと思想家であろうと、ヨーロッパにとどまりながら、とりわけポルトガル人は古い知識と、海の男たちの思いがけない発見とのあいだに認められる矛盾のためにうろたえ、ためらっている。これほど多くの新知識を吸収し、調和させるのは、幾世代にもわたる仕事になるだろう。

ジャック・カルティエが二冊目の旅行記において、国王へ宛てた献辞のなかで強調しているのは、航海の学問的な効用性であり、航海のおかげで古典作家の不正確な見解を訂正できることである。慎重に、知性は伝統的な束縛から抜け出す。想像力のほうは逞しい。詩の言語は、カモエンスのような詩人の叙事詩的表現、ジャン・パルマンティエのように敬虔な叙情詩的表現を超越して、海や、その危険性や、その可能性から生じる隠喩に浸る。ヨーロッパの人類の生活条件はすっかり変わった。一七世紀半ばでも、発見の衝撃で人間の感性はまだ興奮している。

しかしながら、探検は次から次へと急ピッチで盛んになる。J・ヘールスの表現によると、それはまさに「殺到」[213]するごとくである。幾世紀も前からヨーロッパにおいて蓄積されてきた欲望が、コロンブスによって開かれた突破口へ押し寄せる。「信仰」が勝利するだろう。「黄金」が獲得できるだろう。「国家」が建設されるだろう。目的地もよく知らないまま出発したり、何のために到着したのか、よく覚えていないこともある。充分に明確な報告がなかったので、一五〇五年にゴンヌヴィルが接岸した海岸地帯がどこだったか、一八世紀まで、はっきり決定されなかった。マダガスカル島であったか。オーストラリアであったか。実はブラジルであった。

一四九七年に、カボット〔ジョヴァンニ・カボート〕はイギリスの利益のためにラブラドル半島を発見する。一四九九年には、アメリゴ・ヴェスプッチはアンティル諸島へ向かって出発し、南方への長い航海を試みる。一五〇〇－一五〇二年に、コルテ・レアル兄弟はニューファンドランドに沿って航海している。ポルトガル人は条約に縛られているので、喜望峰経由で東方へ進出する。彼らは一五〇九年にマラッカに達し、その翌年にはゴアに着き、一五一六年には中国に接岸していて、一五一七年にポルトガル王が中国へ使節を派遣する（失敗に終わっている）。一五一九－一五二一年に、マジェランの船団が世界一周を試みて悲劇に終わるが、これで象徴的に大いなる躍進の一世紀間は幕を閉じることになる。正確には一〇五年間である。一五二二年には、ポルトガル人はジャワ島に達し、一五二四年、ついで一五二八年に、ヴェラツァーノは北アメリカの沿岸地帯を探査し、一五二六―一五二九年に、ブラジルの沿岸地帯を探査する。彼の二度目の航海は極東を目指していた。さらに三度目は、パルマンティエ兄弟の航海と同時にスマトラ島に向かって展開されるが、それはディエップの富裕な商人ジャン・アンゴからの融資による。一五三四年、一五三五―一五三六年、一五四一年、この間にジャック・カルティエはカナダを発見。一五三七―一五五八年に、フェルナン・メンデス・ピントは、ピカレスク小説から抜けだしてきたようなアンチヒーローとして、アラビアからインド、中国、その国を経めぐってから、こんどは日本へ渡って滞在し、商人になったり、物乞いになったり、使節になったり、奴隷になったり、さらにしばらくのあいだはイエズス会修道士になっている。(214) 一五三九年以降、イエズス会伝道師が中国に進出する。マッテオ・リッチ師は一五八二年から三〇年間、中国で伝道生活を送り、近代中国学を創始することになる。一五四五年にはニューギニア島が発見された。一五四六年に、フランシスコ・ザビエルはモルッカ諸島で説教をおこなっていたが、ここはそれより二〇年前にポルトガル人が三五万デュカ（金貨）でスペイン人から買い取っていた。一五九六年、オランダの最初の船がコルネリス・デ・ハウトマン指揮下でこの海域に出没する。すべての水平線が開放されたのである。もちろん、広大な空間における「未知の地」は残っているが、（少し前から獲得された知識のおかげで）「人間」に適したところになっていた――西洋の伝統において人間的な名称で指し示すのに適したところである。その地へ行ってみることは近代ヨーロッパ人の仕事になるだろう。

海外へ向かった航海の成功は、その目的の意義を変えさせる。一四九二年にコロンブス一行が抱いていた意図は発見と開路であった。それはいち早く別のものへ移行する。たとえば、一四九三年に二度目の航海が準備されるが、これは植民地開発と原住民改宗（キリスト教化）のためである。かくてすでに移動活動が始まり、それは多くの世紀を通じ、中世の大いなる進展の波に乗って、ヨーロッパの過剰民を大量に西方へ追いだすことになるが、それは「新大陸」を、認識すべき世界というよりはむしろ再生した過去のイメージにすることである。一六世紀のアメリカは、ヨーロッパ人の想像的世界においては、一三、一四、さらに一五世紀でも、「インド諸国」が演じた役割を復興させる。当時から「東インド諸国」と区別して「西インド諸国」と呼ぶのが一般的だったのではないか。

両者の大いなる相違、それは後者が無人島とみなされ、海を渡ってくる人びとの入植に提供されたという点である。一四世紀末、そこにはもはや金鉱もなく、奴隷化できそうな住民もいないとわかる。何もないから、自由にできる。そこが「楽園」どころではないと証明される。だからその広大な舞台に、国家観念のうちで育った役者の思いどおりにヨーロッパ的な舞台装置がほどこされる。そうでもしないと、これほど巨大な広がりのなかでは、誰も生き延びられないだろう。間もなくその地に都市の建設が始められるが、ヨーロッパの都市を模倣すると同時に、離れたいという気持ちが働き、それらの都市は無政府状態となり、すぐ荒廃し、絶えず解体される。

しかしながら、すでにアメリカに対するヨーロッパの考え方はまとまりかけている。アメリカは、啓蒙主義の世紀にいたるまで、事実上、無視された現実と、利益のために開拓した人びとにおいて、言語的で観念的なヴェールとして介在するだろう。その哲学的で郷愁的な考え方から、あるとき突然にアメリカ革命が起こって政治の基礎がつくられる。ヨーロッパ人の想像（そのころまでは乏しい経験の限界内にとどまっていた）では、一見、処女地のような土地には無縁で、その地にいる民族、つまり西洋的なやり方で手に入れたのではないが、社会的生存の媒体となっている土地において、明らかに滅ぼされた（殺戮の夕べに）集団とも無関係な常套手段を展開させるべき空間を発見した。そこから、新しい到来者には、再生への牧歌的な願望が生じ、現地の自然との接触で存在者に特異な純粋性が与えられる——同時に、そのように委ねられた土地が一七、一八世紀の多くの旅行者に悲哀を感じさせる(215)——という確信が生じる。

13　他の空間

怪奇なものへの恐怖

アジアへ向かう伝道師や商人の遍歴、アフリカに沿ってゆくポルトガル人の航海、西方へ向かうスペイン人の航海、つまり大旅行は三世紀のあいだヨーロッパ人に、伝統的になじんできたものとはあまりにも異なる位置にある空間との接触を絶えず引きおこす。事実、人間の歴史において、一三世紀中葉以前では、まず、まったく見当もつかなかったが、一三〇〇年から一五〇〇年までのあいだに経験が重なり、少しは慣れようになる他者との対決も、最初はまったく思いがけないことだった。本質的には、おなじ宇宙形状誌的原則、おなじ象徴的先入観（重々しく神学が含まれている）が、はじめのころの大西洋横断にいたるまで、またそれを含めて、他所を理解するため、つまり他所を切り離して理解する――他所を考える――ために使わざるをえなかった解読表を形成していた。ある空間、ある生きもの、ある新しい物を「発見」したというのは、既成観念に満ちた頭、予感でいっぱいの心で出発したということ、そして体験することによって前者を確かめ、後者を正当化したということを言いたいのである。それが多少とも一八世紀にいたるまでの状況であり、今日の観光客のあいだでもそれが通念になっている。

ユーラシア大陸の主要な文明は、実際には非常に多種多様であるにもかかわらず、産業化時代以前には、比較的発展した段階に達していて、おなじ程度の技術（生産的、輸送的、軍事的）を整備していた。それらの文明に含まれた世界観はそれぞれ異なり、表面的には相反するものであっても、土地や人間や精神については類似した深い認識を示していた。しかしこの広大な地理的全域の両端において、一方ではヨーロッパ、他方では中国が、介在する諸民族や諸文化とは対照的な自我像をつくっていて、外国のものすべてを勝手な想像で卑しむべきか、あるいは危険なものとして他の空間へはねつけた。つまり自閉的であったが、ヨーロッパは中国よりもはるかに早く解放されたのである。

一六世紀以降、ヨーロッパの精神的境界は事実、明瞭でなくなっている。そこからも新しいあいまいさが生じる。人間の普遍性（キリスト教の伝道的視点において）は空間的観点でしか想像できない。しかしながら、どの社会も、存在しつづけるためにはどこか別の社会に対抗したいという生命的欲求を感じる。その欲求は、ヨーロッパ人にあっては移動し、明示される。アフリカやアメリカで発見された遠い民族は異様であり、理解しがたい文化を有していて、この上なく「別もの」である。それらの民族については、変化しつつある社会・政治的状況において、いつか植民地主義のイデオロギーとなるものが形成される。

根本的に、「別もの」とは、それが存在する空間の「他所性」の結果として生じる。中世の旅行者の精神では、まったく「別もの」と「他所」がはっきり区別されない。しかし違った知覚が介入してきて、その関係をいっそう複雑にする。たとえば「ここ」に接している「近隣」から「はるか彼方」、つまり「他所」にほかならないものが区別される。

「他所」は「ここ」を否定する。それは「近隣」を打ち壊す恐れがあり、生存の権利を奪い、「はるか彼方」を規準――恐るべき――とするかもしれない。したがって宮廷詩人ジョフレ・リュデルの「はるかなる愛」や「遠い彼方の愛」には、悲痛な叫びが聞こえるようであり……彼も旅立ったが、典型的な彼の伝説を信じるなら、行き着く先は死である。旅はここからの出発であり、必然的に「他」と出会うことになる。「他の存在」は未知の、新しい空間を指し、その空間はここで確認されることに比べるなら、形（土地や身体の形）という具体面、さらに行為、言葉、信念という精神面においても異なる。古期フランス語で表現される「他所の、奇妙な、見慣れない *estranges*」空間であり、その語源的な意味としての「他所の」という意味が残っている。もちろん、奇妙さが意味をなさないということはありえないが、その意味を既知のものに関係づけ、ここの色彩に変装させて追っ払わないためには努力が必要である（そのような努力は今日にいたるまで西洋人にはむずかしい）。ロマンス語あるいはゲルマン語で書かれた古い叙事詩では、聖地について巡礼の思い出が散在する場合を除いて、ときには主人公が到達する遠い国を想起させる記述はまったく提供されない。未知の郷土というよりは、むしろ想像的空間にとりつかれた物語ジャンルにおいても同様である。

中世が極度に倹約して自然空間を利用しているので（狭い路地、束ねられた都市、微小で脆い村落、いつまでもつづく雑居生活のような人間の境遇）、その文化を推進する欲望もなんらかの形で条件づけられる。たとえば充実と隣接の欲望、そこから空白や距離や断絶への恐怖または嫌悪が生じる。おそらく、そのような特徴は、一六、一七世紀に、ヨーロッパ人の心をまごつかせるような形態のアメリカ大陸の広大な広がりをあいついで発見することによってぼやけてゆく（消滅するまでに）。ヨーロッパ人は、いたるところで海に浸食され、どの区域も他の部分（わずかな差が圧倒的であり、長い閉鎖もつづけられない空間）から長くは孤立できないような、狭い郷土の出身者でありながら、果てしない大地の

「新世界」を発見したが、その内部に目を向けると孤独な運命に閉ざされているではないか。[216] 何もかもがそこに吸収され、目もくらむような求心的運動のうちで何も総合されず、固有の物体も解体し、先祖も出身地も否定される。ヨーロッパ人にとっては出自でなく、遭遇の空間である。そこから土地への吸収、混血の傾向が生じるが、各自の異質性とともに個性主義が生じる。一四九二年以前の中世社会ではそのようなことが何もわからなかった。他人だとわかれば、公然と闘争を招き、当然、暴力沙汰になり、確かに相反する素性どうしの対決になるだろう。

かくて、政治的にも神学的にも重大な意味において問題が起こった。それが明らかな形で現われるのは近代の初めになってからであり、アメリカにヨーロッパ人がはじめて入植するときである。事実、アメリカという空間は、聖書で語られておらず、古代の作家らも知らなかったのだから、幻想にすぎないのだろうか。その大陸は存在するはずがないだろう。そこから、悪魔がそこに徘徊しているというような漠然とした考えも現われる。それがラス・カサスとの論争におけるセプルベダの内心である。彼は、熱烈に世界の完全さを擁護する。もちろん、自然は、新しく発見された土地があまりにも美しいので「楽園」を喚起させる。だがその楽園は悪魔の手中に落ちたのではないだろうか。だから、おそらくニューイングランドの清教徒や「南極フランス」〔アデリーランド〕のカルヴァン派新教徒、さらにアメリカ西部征服に際してのモルモン教徒によって普及された浄化的理想社会が散在することになるだろう（あいまいな聖職位階制の枠外で）。

中世の旅行者が見て記録する事柄は相違点であって、類似点ではない。たとえば奇異なこと、驚くべきこと、そしてしばしば憎むべきこと、要するに想像もつかない空間の次元にあるものである。旅行者は本能的に類似を恐れる。自分が他人のようであり、他人ではないかと心配するのである。もちろん、地上の空間と人間の世界において、絶対的な他者が存在するとは考えられない。それでも古代末期から中世にかけては、怪物という見方が生じた。未知の世界、真っ暗な深淵の奥で「怪物」は完全に他者である。その手前では、いかなる他者の存在も相対的である。しかし相違の程度は無限に変化する。その極端な場合が（いずれこの問題に再度触れることになる）、北アメリカ大陸の広がりに接したときだろう。カベサ・デ・ヴァカの旅行記からフランスのイエズス会伝道者の報告書、一八世紀ボストンの知識人が書いた作品、さらには一九世紀の画家にいたるまで、その処女地の広大さは、伝説の空間、「エデンの園」の光景とともに、人間の太古的で神聖な荒々しさ、たとえばインディアンの抵抗運動の指導者によって母なる大地という中心観念が白人の神話から引きだされたほど（最近の研究による）[217]、われわれに世界との一致を希求させるような、人間の過激さを表わしている。

彼方では、つねに起こりうる異教的で不吉な昔への復帰に対する恐怖、キリスト教の奇形学的想像界につきまとう、とてつもない形状への恐怖、「世界像」や明らかに合理的な理解の範囲を越えたおなじジャンルの作品で強調される他所への恐怖。しかし二〇世紀初めのセガランが言う意味での「異国趣味」――幻想にいっそう広い場を残すために、対象を眺める距離をわざと延ばす異国調の美学――はまったくみられない。中世の人間は、空間的にも時間的にも外部の誘惑に負けまいとし、恐怖心または不快感によって抵抗する。

一六世紀半ばごろ、その抵抗は地理的発見があいつぐうちに軽減し、やがて消滅する。だが、それまでのあいだ、ヨーロッパ人は世界の広がりを通して各地へ恐るおそる出かけてゆくうちに、意識するか、あるいは自分に属すると思われる価値観に執着しようと試みた。一六、一七世紀から、その価値観のため、またそれをめざして、明らかに絶対的な優位の証拠になると思われたとき、略奪者に変身し、獲物に飛びつくようにあらゆる空間へ襲いかかる。ヨーロッパ人はそれで楽しみ、古代ローマの征服者流に勝利者となる。コロンブス以後のすべてのアメリカ航海者らはインディアンを拉致する。というのも当然、通訳として必要であることもあるが、さもなければ政策上、首長を逮捕したのだろう。その首長がいなければ配下の者らの抵抗を弱めることができるからである――さらに首長を捕えておけば、象徴的に土地も押さえることができる。しかしながら、連れてゆかれたインディアンの大部分の者は新しい主人らの興味を満足させるだけである――一九世紀でも、興行師「バッファロー・ビル」〔ウイリアム・コーディ〕のインディアンたちのように。彼らは羽飾りをつけさせられて舞台から舞台へ引き回され、ディエップのサン＝ジャンでのように描かれたり、彫られたりしている。一五二五年から、そのような見世物はノルマンディー地方では頻繁に開催される。一五五〇年一〇月一日には、盛大な「ブラジル祭」がアンリ二世のルアン入市式典を祝って開催されている[218]。土地への違和感や出会いを想定して、驚異的なものへの興味が沸き立つ。しかしもっと深いレヴェルでは、こんな馬鹿げた催しは、見物人の知らないうちに、キリスト教的社会という状況では、食人種の風習に等しかった。自分らの犠牲になっている者たちの食人風習を知って気も動転したはずであったのに。

そのような精神的態度は、根深い集団的熱望（ごく少ない知識人だけが多少でも抑制できたが）で支えられる。たとえば、思いがけないことを味わいたい、考えられないものを見たい、他所から来た証拠をつかみたい、つまりここから出てみたいという熱望である。言葉はあらゆる言語で、適当なあいまいさによって、そのように求められている性質を表現する。たとえばフランス語では、*estrange, divers, merveilleux*〔他の、変わっている、驚異的な〕がある。一六世紀には、テヴェが「奇妙さ *singularité*」について語るだろうが、この語を前代未聞という意味のほかに大評判とも解するだろう。

「奇妙さ」は他所を特徴づける相違を表わし、その相違は驚愕を引き起こす。奇妙さは、普通の距離を越えて、遠隔という距離を示す。旅行者たちは主張する──私が目にしたものは、善かれ悪しかれ、知られているのとは似ても似つかないものです。「他の一切から遠ざかり」、「まるで他の世界にいるようです」。これは彼らの旅行記では、ほとんど万能の表現であり、それらの言い方に対する反語も多い。一五三〇年ごろ、セント・ローレンス川の岸辺とその景色の新鮮さを〔航海者〕ジャック・カルティエは、まるで「ブルターニュ農民」のように描いている。(M・モラによる)[219] 地球の南半球には、まったくびっくりさせられるような珍しいものが残っている。というのも、熱帯や赤道地帯における気候の特異性が発見され、さらにひとたび赤道を過ぎると、夜空には別の星座が現われる。突然、世界の現実が、われわれの対称性の要求を拒絶する。ピガフェッタが注意深く日誌をつけていたので、一五二一年七月九日に、今日の旅行者なら当然のように「時差」と呼ぶ現象が確認される[220]。時間でさえ、ある程度の距離を越えると、それ自体の法則を守れなくなるとは! ピガフェッタは教養があり、懐疑論者のイタリア人であるが、理解が速い。しかし周りの無学な船員らにとって、また帰還してから彼らの自慢話に耳を傾ける聴衆には、それこそ奇跡以外の何ものでもなく、〔アマレク人を攻撃するあいだ〕太陽の動きを止めたヨシュアが、必要なら、聖書的な前例になったかもしれない。

ヨーロッパ人的な想像力は、他所が他に存在することを納得するように、奇妙さを強調しなければおさまらない。地上の空間には、高度に異様で、またつねに遠隔、孤立、あるいは苛酷のために近づきがたい領域にある地帯、場所が含まれていると思われている。それが奇妙な他所、不確かな領域を定義する規準であり、その領域に神秘的に依存するのが、一般人の見解では、詩の語りにおいて好まれる多くの登場人物である。たとえば叙事詩での巨人、物語に頻出する小人《こびと》、つまりすべての人物は背丈(身体が占める空間）によって明らかに「他のもの」であり、したがって怪しく、滑稽か、醜いか、それとも残忍かである。アフリカ人の肌の黒さもおなじ効果を生む——彼らの領土を支配している炎暑の結果として。その黒い肌はずっと以前から知られていた。聖書で暗示されていたし、地中海沿岸諸国では、（ポルトガル人がセネガルやギニアへ遠征するよりはるか以前に）南方からきた奴隷の肌を見ていたからである。その特徴は、奇妙かつ意味ありげで、魅力的だった。奴隷制度が一般化しやすかったと想像される。この象徴的な意味合いは強烈だから、各地で、画家たちが悪人の顔や手を黒く描くほどである。たとえば、一二〇〇年より前のフランスの壁画で描かれているヘロデの首切り役人のように(221)。

そのような視野において、「主の公現の日」に東方からキリスト礼拝に来た三博士のひとりが「黒人」であるという考えが現われる——一三世紀から散発的に、一四世紀中葉ではいっそう明確に、一五世紀になると一般的になる。キリスト誕生の祝いに駆けつけたこの三人の博士については、中世初期からすでに福音書の短い記述を注釈する作業が認められる。五—六世紀には東方教会において、その伝説から三博士の名が示され、ノアの三人の息子の子孫とされ、古代人によって分割された三大陸の代表者となる。したがって、そのうちのひとりが「エチオピア人」であり、黒い肌が存在論的に言っても美徳と矛盾しないことが証明される。これらの話が西洋に伝わり、権威が認められるのは、フリードリヒ二世治世下において、奇跡的にミラノで三博士の遺物が発見され、ケルンに移されたときである。一三六四—一三七五年に、カルメル会修道士ヨハン・ヒルデスハイムの『三博士物語』(222)では、ハムの子孫である博士をことさらに「黒人」とし、さらに例の「ジャン師」の祖先にしている。かくて最初の遠洋航海が始まる直前に、他所の人間がなかば悪魔払いを受けながらも、当時の作品で言われているように「見事に」恐ろしい存在として現われた。

しかし、この上なく奇妙な地帯はアジアである。『世界像』（またしてもピエール・ダイイの作品だが）という論集に集められた記録は、多くの部分で『驚異の話』の目録によって普及した幻想的な事柄と区別されがたい。後者は西洋人がアジア大陸について抱いているイメージをつくりあげている。だからマルコ・ポーロの思い出（おそらく美化されている）の口述を引き受けたピサのルスティケロが、その旅行記にあらゆる種類の驚異的な話——推測されるように、逆説的に本当らしく見せようとして——を改めて挿入しているほどである！　修道士になったアルメニア王族ヘイトンは一三〇七年ごろ、『オリエント物語傑作集』をフランス語で書いたさい、話題によっては伝説資料を利用している。クリストファー・コロンブスも、その旅行記で、権威ある作品としてマルコ・ポーロやダイイの旅行記、「エズラ記」とともに、ジャン・ド・マンデヴィルの『驚異の書』を引用している。

一三世紀半ばまで、アジアは西洋人にとって、ほとんど架空的な地方のままだった。古代末からまったく接触が停止した。はるかなオリエントは、古代人から伝わった名称を持っているが、はっきり限定された地方というよりは驚異的なものを喚起させる。つまり「インド」である。インドは世界の隠れた顔であり、想像的世界を展開させるのに適している。それについて知っていることは風聞にすぎず、もっぱら、三世紀にソリヌスによって集成され、七世紀にイシドルスから容認された伝説とか、解釈学の憶測からきている。それらの原資料から、あるときは単純素朴、あるときは意地悪につながるような、無尽蔵の、富と活気のイメージが生まれる[223]。その点については、たくさんの文献が流布していて、細密画や図面が挿入されていることが多いが、実際に「目撃した」旅行者らの書き物や証言にはほとんど影響されていない……ただしその旅行者たちが神話を通して現実を見たのでないならば、だが。

アレクサンドロス大王の思い出をめぐってつくられた伝説は、そのような信じやすさを生んだ精神性や、希望に混ざった不安を説明している。事実、インダス川流域にいたるまでのアレクサンドロスの戦役の思い出は、聖書そのものにおいても（「ダニエル書」と「マカバイ記」）、オリエントでの勝利者について記述されているので、紀元二世紀から、キリスト教徒にはいっそう信じやすい一連の夢物語に仕上げられていた。アレクサンドロスはユダヤ教ラビの伝承にも入れられた。イスラーム教聖典『コーラン』第一八章でも、その名が引用されている。また、ヨーロッパで流布したラテン語、ギリシア語、ヘブライ語の多くの物語では、アレクサンドロスが、不思議な空間の探検者に変身していた。九世紀には、匿名の作者が『アレクサンドロスが探検とインドの位置についてアリストテレス宛てに書いた書簡』を発表したが、これは中世末まで、もっともよく引用された作品のひとつである。西洋人は、その書のなかにオリエントをみいだしたつもりになっていた。そのために十字軍の時代にはアレクサンドロスが流行した。ロマンス語やゲルマン語のような俗語では、その題材が取り上げられ、長編の物語に仕上げられた。たとえば今日残っている最古の例は、一二世紀初めのオック語で書かれた断片である。フランス語では、もう少し後になって成立する物語群であり、それらの話は「エデンの園」とともに「ゴグとマゴグ」の呪われた王国に結びつけられた「他所」に対する作者らとその読者らの、恐怖心が混ざった幻惑を表わしている。

怪物と不可思議なこと

インドは、まったく異様で、不思議の国である。でもその不思議さは、もっと真実な「実在性」と少しも違わない。発見される瞬間まで不可能事と思われたものが歴然と明白なものになるのだ。不可思議、それはまた、たしかに夢の空間でもある。たとえば『ロランの歌』でシャルルマーニュ大帝が未来の戦争が起こる場面を夢に見ている。またクレティアン・ド・トロワの『クリジェス』では、若者が好きな美女を手に入れる夢を見る。不可思議なことは、その周りの奇妙なもの、そしてときには「驚異なもの」、キリン、ワニ、潮の干満、エジプトのピラミッドのような神がかりの不思議さと混同される。*mirabile, miraculum, magia* とそのロマンス語へ派生した語、*wonder* とそのゲルマン語系の造語は、なじみのない地域を扱う物語作品すべてに高い率で頻出している。不可思議なこと、それは寓意的に解釈しても不適切な部分を残さずには把握できない。もちろん、その境界は明瞭ではなく、それを規定するのは、固有の空間というよりもむしろ、それが現われる場所において、習慣的な因果論が働かなくなるという事実である。一二、一三世紀のヨーロッパの物語文学は、そのような驚異の源泉にたっぷり浸っている。旅行者のほうは、当然、不可思議なことになじみやすい。それ自体、よくも悪くもない。興味をかき立てるか、恐怖を覚えさせるだけである。神によって創造された万物において、超自然的なものすべてをさしている（一種の天と地の類似性によって）。そこから、受け入れられるときの素朴さと信頼と同時に、その第一原因と目的について投げかけられる問いが生じる。つまり神は、理解できる者の前に顕現し、さもなければ悪魔がひそんでいるのだ。このように不可思議なものは他所へ意味を与えることもある。

画家や彫刻家は、幾世紀も前からすでに不可思議なもののテーマに専念していた。彼らは記録から借用するので、つくりだす形象は二つの想像的投影からきている。聖堂の上部装飾や半円形小壁（タンパン）で、その図像が特徴的に教化的機能を果たし、信者に贖罪的意図の空間的普遍性を暗示する。ヴェズレーの教会堂の半円形小壁に見られるものは、一一二五年ごろに彫られたものであり、小人族、目玉族、鼻なし族、さらに犬頭族のあいだで尽くした使徒たちの布教活動を想起させる。つまり怪物はそれ自体では、キリストが弟子たちを派遣した「地の果て」という、全体図ほど意味ある（構図上）存在ではない。一三世紀では、最初に流行した長旅とおなじころ、ゴシック様式の安定が崩れてゆくなかで、これらの図像はますます多くなる。[224] 一四世紀中ごろ、旅行記の原稿を装飾しはじめる挿絵は、明らかに作品の伝達を読者の視覚に訴え、また挿絵でもって読者を感動させたり、笑わせたりしながら啓蒙するのである。

　マルコ・ポーロの旅行記の原稿をめぐる経緯は、その点では典型的である。もっとも古いもの、初稿からあまり年数がたっていないものには挿絵がない。一三五〇年ごろに作られた写本には若干の細密画が挿入されている。一五世紀になると挿絵（比較的独創的なもの）の数は増加し、一六世紀初めからのアルスナル図書館〔パリ〕所蔵の古文書五二一九号の作品では二〇〇近い挿絵が数えられる。[225] 当時は、木版がそのような挿絵を普及させはじめている。またピーテル・ユイスとかブリューゲルといった画家たちの悪魔絵の時代でもあり、彼らの師にあたる巨匠ヒエロニムス・ボスは、ちょうど中世末期の人間としてその内臓を吐きだしているようである。つまり「物事の絆が断ち切られた」（コロンブスが引用している劇作家セネカの詩から）世界に酔いしれるほどの妄想であり、われわれに与えた恐怖の対象を排除するかのような奇怪な破裂である。タッソーの叙事詩的地誌には、もはや役に立たない昔の「驚異の書」の最後のこだまが聞こえるようである。

　王侯の宮殿や庭園の建造もこの他所への礼賛に加わっている。ヨーロッパの王侯貴族は、おそらくビザンティン帝国に倣って、費用のかかる動物庭園に囲まれ、珍しい動物を飼い、それを眺めるだけで、好奇心を満足させる以上に、世界における自分らの広い権力範囲を証明している。それは古代ローマ人における円形競技場での競技会〔皇帝主催〕とおなじ効果がある[226]。

しかし想像力は、自然の平凡さと単調さに飽きやすい。自然のものを捉え、「怪物的」で奇抜な代償の要素を引きだす。セヴィーリャの聖イシドロスは『語源論』第一一巻で、あらゆる奇形を厳密に分類している。たとえば背丈の高すぎる者や低すぎる者、多すぎたり、足らなかったり、変形したりしている手足、部位の移動や不調和、全体で一四（七の二倍）の部類であるが、これは面白いことにまったく神秘的な数字である[227]！　かくて犬頭族あるいは腹顔族は、今日の神話的な宇宙人とおなじように自然の人間に類似する。それらの種族とわれわれのあいだに介在する空間が、彼らの怪物性を説明し、正当化する。「怪物」化した「他者」は、他の存在性を際立たせ、神によって創造された万物の豊かさと繁殖力（聖アウグスティヌスによる）をそれなりに示しているが、同時に暗黙のうちに恐るべき問いを発している。つまり、人間的存在は他所においても同一性を保てるだろうか。

紀元三世紀からカロリング朝時代にいたるまで、六世紀の匿名のフランク族の聖職者が、擁護者である貴族のために作成した『怪物の種類に関する書』に類する解説書がつぎつぎに出され、飽きることなく繰り返されていた。ソリヌスからマクロビウスにかけて、マルティアヌス・カペラからフラバヌス・マウルスにかけて、また一二、一三世紀の『世界の諸相』、さらにバルテルミー・ラングレによる一二五〇年ごろの『特異な性質について』（一四四〇年ごろ、フランス語に訳されている）にいたるまで、その項目を共通の文化に合体させて詳述していないような百科事典的作品は存在しないほどである。フランスの武勲詩でも、嘴があったり犬の頭をしていたり、突き刺せない肌をしていたり、臍に口があったりする人びとをサラセン人と混同する傾向がみられる。シチリアのルッジェロ二世は自分の部屋の壁にケンタウロス像をいくつも描かせている[228]。コロンブス一行の水夫たちは一四九二年でも、船べり近くの波間から人魚が現われたと思い、また提督自身もインディアンたちの話から、その列島の少し先へ行けば尻尾のある人間や一つ目や犬鼻の人間どもに出会えると聞いても別に驚く様子もなく、また多くの征服者らの心はアマゾン〔好戦的女人族〕たちの神話的な思い出に悩まされることになるだろう。

　怪物どもは本質的に他所の存在である。戦士、ついで伝道師と商人らの活動は、一三世紀から西洋の人びとを東方と南方へ向かわせ、身体的空間が不自然にゆがめられたそれらの存在と遭遇させる。彼らはいかなるものに出会うのか、ほぼ察している。たとえば、かなり多くの知識人が伝承の色の濃い伝統的情報を調べて、一覧表と分類を作成した。一二四〇年ごろに出版されたトマ・ド・カンタンプレの『自然科学百科』第三巻では、四二種類（七の六倍）が区別され、アマゾン（女人族）から六本腕の人間まで、一つ目小僧から両性具有体まで、一本足、無頭、両肩に両眼、胸に鼻腔、両足後ろ向き……といった人間が記載されている。犬頭族の人間は話す代わりに吠え、イシドルスにつづく学者たちからみれば、とくに注意を引く対象である。その種の人間の出自は一般にインドやエチオピアとされているが、司教アダム・ブレーメンによれば、バルト海の奥の島々だとされる。使徒「外伝」では、多くの改宗が述べられているほどである！　しかし単純な人びとの心では、そのような怪物とイスラーム教徒とが同一視された。そこから、おそらく「犬め」とか「犬畜生」といった罵声が生じたのであろう。

　怪物の存在は、他者の存在を知覚することから生じる別の問題を引き起こす。怪物の生物学的な正体がわからない。事実、一方では、悪魔の表現にはすべて必然的に怪物的な特徴が与えられ、それが典型となって[229]いるようである。他方、多くの怪物の様相は、ホノリウス・アウグストデュネンシスの指示にしたがって、人間というよりはむしろ動物に属さねばならない。たとえば、龍からリビアの神秘的なカトプレブレパス〔地面を這うほど長い首の怪物〕までいるが、後者については巨大か極小かもわからず、吐く息または睨みで相手を殺すのかもわからない。一二世紀のアレクサンドリアの「自然学」の伝統、さらにアルベルトゥス・マグヌスの『動物誌』、あるいはチェッコ・ダスコリの〔詩作品〕『アチェルバ』にみられるような「動物」は絶えず奇形学に接近していて、「異国」の動物が問題になると、たちまちそのように扱われる。

しかしながら、古代の権威は動物と人間のあいだに中間的存在を認めている。たとえば上半身は射手の人、下半身は馬という「ケンタウロス」、これはむしろ「人馬宮」〔占星術〕と呼ばれる。そこから神学上の問題が生じ、聖アウグスティヌスとその「創世記」注釈以来、繰り返されてきた議論になる。用心深く、『ジャン師の手紙』の作者は、アジアにおける怪物という疑わしい存在を否定できないので、その影響力を弱めるかのように怪物を神聖な君主国の真ん中に置く。問題になるのは、まさしく魂の救いの教えであり、洗礼の授与である。一三〇〇年以降、ローマ法の影響下で、法学者らは、キリスト教徒の家庭で奇形児が誕生する場合を考慮するほど問題を広げている。それは一五二〇年になってもまだ議論されていたが、一四世紀初めからはフランソワ・ド・メイロンヌ、一四三五年ごろにはジャコモ・フィリッポ・フォレスティが、両性具有者、亀食い人、馬脚人、一つ眼巨人、一つ眼人、等々をキリスト教化できると言明していた[230]。

怪物は神によって創られたか、少なくとも容認されているので、存在意義がないはずはない。だが、その意義をどのように明らかにすればよいか。聖書に頼るか。おなじフォレスティは、バベルの塔の崩壊の犠牲者だとしている。もっと古い人びとは、（ラビ的〔ユダヤ教〕伝統に含めて）カインの子孫だとか、ときにはハム、つまりノアの呪われた息子だとみなしており、マンデヴィルにいたってはそのハムという名にモンゴル人の首長（汗《カン》）に相当するものを察知している！　主要な傾向としては、むしろ古期フランス語で表現されているように「徳化」を促し、「道徳意識」を引きだそうとする。人間、動物、さらに植物においてさえ、いかなる体形的特徴も、なんらかの超越的真理を宿していて、その真理は「文字どおりの」事実が常態からはみ出せば、それだけますます明白になる。動物寓話、説教、トマ・ド・カンタンプレの『百科』のような啓蒙的な集成作品、『イングランド物語集』の話など。それらの作品は一四世紀半ばまで多くなり、その遠い闇の世界へなんらかの光を当てようとしている。そこでは、怪物によって、他所は「他のもの」を意味するようになる。

それらの概念は、異様で誇張的で「グロテスクな体形」というイメージとなんらかの関連を有し、そのイメージは中世の後まで長くヨーロッパ人の想像につきまとった。つまり手足の欠如であり、これはおそらく個人を周囲の普通人から分離したくないという傾向と並行していて、[231]「人間」が腕の代わりに枝を張っていると想像しても不合理ではないということになる。事実、一三世紀が進み、遠い国々との接触が多くなるにつれて、伝えられてきた話の信憑性もいくらかは低下してゆく。比較したり、さらには批評したりするようになり、記述内容が確かめられたり、あるいは少なくとも問題の事実が局地化される。マルコ・ポーロ（あるいはむしろ「筆耕」ルスティケロ！）も修辞的には誇張法を使っているが、読者のほうは、疑いを抱くようになったので、ポーロは死に際に（ジャコポ・ダクイによれば[232]）、「あれほど大変で、巨大で、信じられないほどのものに遭遇した」地域について、誠心誠意、いつわりがない、と抗議しようとしたほどである。

一三世紀のスコラ哲学によって挽回された新しい合理性は、知的な活気にブレーキをかけ、統一傾向を妄想だとした。アルベルトゥス・マグヌスは『生けるものについて』のなかで、「経験によって充分に証明されていない」ものを疑問視している。[233]事実、旅行者の数が増え、そのひとたちの話が伝わると、怪物を信じる気持ちも薄れてゆく。人間が世界を直接に知ることが空間的に広がってゆくにつれ、また知られざる地域の視界が遠ざかるにつれて、怪物もまた一歩一歩退いてゆく。一四五九年、フラ・マウロ〔ヴェネツィアの宇宙形状誌学者、世界地図製作者〕には、もはや信じがたい存在になっている。しかし〔航海者〕ディエゴ・ゴメスは一四四六年に、モーリタニアの犬頭族の話を聞き、エドゥアルト・パチェコ・ペレイラは批判精神に恵まれていても、一五〇八年、ギニアにサテュロス〔半人半獣〕が住んでいると指摘している。ジャック・カルティエは、〔カナダの〕サギーネー川には尻なし人間が生きているという噂を伝えているほどである！

実際、一六世紀には、怪物のようなものへの好奇心がよみがえり、明確になる。そのいちばん雄弁な証言はおそらく〔外科医〕アンブルワーズ・パレの著作であろう。一五七三年に出版された『怪物と驚くべきもの』は三五年間に四回も版を重ねた。地図学者らは、事実上、怪物の姿を徐々に中心から周辺へ押しやっているが、それでも伝統的には〔装飾としても、また資料としても〕世界地図には怪物が多く見られた。一三世紀のエプストルフ世界地図では、アフリカの空間に怪物がたくさんいる。一五〇〇年でも、まだ怪物が多く見られる。たとえばコロンブスの同行者で立派な宇宙形状誌学者だったファン・デ・ラ・コーサは、おなじ年に作成した世界地図において、犬頭族や腹顔族——実際にはアジアの東北端に押し込められているが——を描いている〔象徴的だろうか〕。このような怪物が描かれる余白も乏しくなってゆく。いずれ怪物も姿を消すだろう〔それが近代への入口を示すことになる〕。おそらく怪物は人間の内面的世界へ逃避したのだろう。そこでは、まだ目覚めている。

他所の人間

以上が、はるか遠い地で、西洋人が本当に別（と思われた）の存在、つまり未知の空間から現われた驚異的、または恐ろしい「奇怪な」人間と接触して、たまげた遭遇である。

そのような他者は決して探し出されたのではなかった。偶然に出くわしたのである。最初の衝撃は中世初期の社会を震撼させた。たとえば九世紀において六〇年間にわたる〔ガリアへの〕ノルマン人の侵入、一〇世紀において四〇年間にわたるハンガリー人の急襲、それは想像もつかない広がりの存在が突如として出現した。もちろん、その被害は当時の年代記編者や文献・資料で示されているほどではなかった。しかし、そこで確認されている事実が問題である。出来事の感じ方には、五世紀のローマ時代の歴史家がフン族について書いた恐ろしい記憶が含まれている。そのような感情が新しい空間の発見ごとによみがえる。一三－一五世紀におけるキリスト教徒としては、ブラック・アフリカとの稀な個人的接触も、イスラーム世界に対する恒常的恐怖感にとりつかれた（一般的に、友好的でないとしても、平和的だったのに）。しかしアジアの場合は、なおさら恐ろしいものがあった。たとえば、幻想と龍と恐ろしいほど奇形なものの国である（にもかかわらず）そこから西洋芸術があまりにも多くの装飾的なモティーフを拝借した！）。一三世紀半ばごろ、名称が結合して恐怖心に神話的な形が与えられる。たとえば、タタール族（東アジア人の大半を表わす）は（古代ギリシア神話の）タルタロスの末裔であり、世の終末的な災厄として地上に放たれた存在になる。ルイ九世やフリードリヒ二世のような賢王でさえ、そのような組み合わせを喚起しているが、前者は冗談で、後者は恐る恐るである。[234]

一三、一四、一六世紀に、ヨーロッパ人は生まれた空間から外へ押しだされることによって、他所の「ヨーロッパ人」と対決し、以後その存在を知るが、あまり多くを知らない。完全には無知でなくなった状態から、ついには積極的に知ろうと望むようになるには、ヨーロッパにとって、さらに一二ないし一五世代の期間が必要であった。少なくとも「外国」〔バーバリー地域〕という古代観念（ある者はためらいながらその観念に頼ったが）は、もはや明らかに現実に合わなくなっていた。アジア文明の豊かさと巧妙さが、一三世紀には古い観念の中身をすっかり捨てさせていた。アフリカやアメリカへの遠征、さらにその後のポリネシアへの遠征を終えた近代になって、ようやく「原始的」を「文明開化的」という語に対立させることで、その観念の特色を作り直すことができた。

キリスト教会は伝道師を派遣することによって、差異を減らし、あまりにも遠い精神的距離を縮めようと試みた。二世紀のあいだ、聖職者は二つの世界の対決から生じた問題を、信仰、洗礼、魂の救済という問題に還元しようとねばり強く努力した。その活動は一五世紀を通じて失敗に帰した。しかし一四九三年の教皇教書 *Inter caetera*〔境界画定教書〕は、アメリカの発見者らにインディアン改宗の義務を課していた。コルテス〔スペインのメキシコ征服者〕は引き受けた。まず、一五一九年のコスメルにおいて、この大陸史上、最初のミサがおこなわれたときは何よりも強制力に頼った。そのつづきは知られているとおりである。

しかしながら「他者たち」は集団をつくっていない。彼らがすべて他者だとしても、彼らどうしで異なっていても構わない。技術も個人の身分も、いたるところでおなじだとはかぎらず、われわれ固有の言葉においてしか差異は表わせない。ポルトガル人アズラーラは黒人の「騎士」を語り、コロンブスはタイノー族の「貴族」について語っている。記録されたイメージはさまざまであり、明らかに矛盾し合うことが多く、その煩雑さでぐらつくヨーロッパ的規準では分類されにくい。そこから、不当あるいは間違っていると思われるような方法であろうと、早急に単純化しなければならない。コミュニケーションがとだえる。解読コードは機能しなくなり、意味記号は何も示さず、おそらく意味記号も存在しなくなる。無茶苦茶な状況であり、各自は何とかその場を切り抜けようとして、「他」、つまり人間であろうと場所であろうと、その様相を寓意的に表現して、世界の伝統的な解釈法で意味を回復させようとする。おそらく、そこから命名を心がけるようになり、地名や人名が、ときには気まぐれに作られ、せいぜい、未知のものを具体的発話事例とすることでなじませようと心がける。だから「インディアン」とか「ヌエバ・エスパーニャ」〔新スペイン、つまりメキシコ〕といわれるようになる。ちょうど一三世紀にモンゴル人のことを「マゴグ」〔「ゴグとマゴグ」から〕と呼んだように。これらの新語は、西洋人の象徴的環境には同化しにくいか、あるいは非常にゆっくり同化する。外的世界をさすだけである。つまり表示不能、あるいはもっと悪く、示される実在の悪魔化を想定させる。しかしまた――それまでの過去が一掃され、象徴的に原初的な処女性に戻された土地で――これから新しい名称を配当することによって、ヨーロッパ人はアダムの功績を刷新するだろう。ヨーロッパ人は、その浄化された土地において、「征服者」として、祖国の存在を投影することが使命だと宣言する。残るのは深い不安であり、おそらく、そのようなあいまいさの結果に対する恐れだろう――また、この「大いなる躍進」の目撃者の多くにおいては、拒絶願望、排除欲望が残り、それが否定的判断の根拠となり、われわれ西洋人のまわりに「自然」、つまり神によって境界線が画されたという確信を正当化する。

　一四九二年以降、コロンブスは、アンティル諸島のアメリカ・インディアンについて、裸体を強調しているが、これは精神的に完全な他者性を表わし、その代わり、彼らの身体的優美さを賛美しているのは、以前にどれほど怪物的存在だと思いこんでいたかを証明している。ここで、突如として、裸体の、美しい「インディアン」が図像に取り入れられるようになる。その姿のもっとも古い版画は一四九三年作である。しかし実際に見たものというよりは、むしろ純粋に想像的産物である。一六一一年のジョン・スピードの『大英帝国劇場』にある挿絵（イギリス植民者の記録による）は、バージニア原住民を表わしている。つまり民間伝承に認められるような、昔のスコットランド人やブリトン人の容姿が借用されているのである。その後、性別を心がける傾向が明らかになる。たとえば資料や画像で、男のインディアンは攻撃的で残忍な特色が描かれるが、女のインディアンには、むしろ優しさと親切さが与えられる。とはいえ、一六〇三年にチェザーレ・リーパがローマにおいて自作の『図像解釈学』を木版画で補充して再版するときは、「アメリカ」という女性像（比喩のためなら仕方がないが！）に容赦なく男性的特徴を付与している。

今日まで、「インディアン」は「白人」から不可解と思われ、白人はインディアンを見つめながら自分のほうに不可解なものがあるのではないかと困ってしまう。そこから双方に無理解が生じ、強食弱肉という避けがたい事態となる。コルテスの〔メキシコへの〕到着は、モクテスマ二世にとっては古来のケツァルコアトル神話で説明がつく。突然、海から出現したこれらのひげ面《づら》たちは楽園へ向かって流浪する神々の一族にほかならない。スペインの世界は別種の存在だから、抵抗できない。唯一にして超越的な神の名において、われわれを滅ぼしにきたのだが、その神は無神論の仮面にすぎない。それに反して、わが古代の異教徒の古い神々は地上のいたるところに現存している。

逆に、つぎのような問いがある。インディアンに魂があるだろうか。一五一〇年ごろ、そんな議論が起こっている。同時に奴隷制度に関して法律‐神学上の問題も起こっている——その種の生きものに対してわれわれに所有権があるだろうか。もっと深刻なのは、ある種の学者にとって、インディアンたちの地理的出自の問題である。事実、――神の「啓示」によって、全面的に孤立させられ、無視されてきた大陸では――人類の単一起源説をいかに適用すべきか。その点について、一五三五年以降、多くの説が対立する。たとえば、インディアンはノアの息子ハムの子孫であるとか、あるいは（人文学的立場から）カルタゴの航海者の末裔だとか。もっとも可能性のある説としては、（それがエズラ書を根拠にしているからだが）四散したイスラエル人の部族の出であるとか。一七世紀半ばまで、その説は、ある地域では信じられた(235)。

かくて、インディアンとその歴史の他者性は白人の視線によってゆがめられる。強烈な侮辱的含みをもったイメージがつくられるが、表現されているものとはまったく違う。その点で、インディアンの運命は大陸の「大発見」によって「新世界」――一五〇四年、アメリゴ・ヴェスプッチの名をもらう――に与えられる運命と切り離せなくなる。彼の名が利用されて大陸の名称になる以前のことである。新大陸発見者らの想像力にいっそう強烈な衝撃を与える「インディアン」文化の特色は、キリスト教からみて罪悪とされる事柄であり、また越えてはならない境界線を犯すような特色である。たとえば食人であり、裸体であり、性器である。ヴェスプッチは若いロレンツォ・デ・メディチに、自分が観察した卑猥な風習について面白そうに書き送っている。興味本位か、「原罪」以前の自然状態への郷愁か。欲望か。そのような沿岸地帯を目指してゆくようにさせた金《きん》に対する渇望の別面か。それから七五年ほど後に、モンテーニュは「食人種」について書くとき（『エセー』巻一、第三一章）、やはりあいまいな気持ちへ逃げている。彼はその民族を超時間的に喚起し、われわれには恥ずかしいことだが、その人種と西洋人を隔てている距離のせいにする。おなじく「馬車」についての章（同書、巻三、第六章）では、スペイン人が引き起こした戦闘の悲劇的な語りにおいて、その神話的なヴィジョンを歴史、つまり西洋人の歴史の視野のうちに置き替えようと試みる。

ある語り方が始まり、それがまもなく旅行記において成功し、一九世紀までつづく。もっとも遠く離れた地域の人間は、恐怖を与えるというよりはむしろ好奇心の的になる。その人間は、自然の欠陥というよりはむしろ何世紀も前から西洋人によって「野蛮人」、つまり野性人、森林人と呼ばれて森林空間の非人間性に浸った生存タイプの、空間的に特殊化された所産とみなされる。その者は裸で、毛深く、人間の特徴と動物的な動作をあわせもち、四つ足で歩いたり、重い棒に寄りかかりながら動き、木の根や生肉を食っている。つまり文献は、はるか以前からこのタイプの人間を取り上げていた。モンマスのジェフリ作『ヴィータ』に登場するマーリンは激怒のあまり、しばらくのあいだ野蛮人になるが、クレティアン・ド・トロワ作『イヴァン』のなかの毛むくじゃらな羊飼いは、おなじ野蛮でも、わずかに温和な様子を見せている。野蛮性は騎士道の反対であり、親しく和やかな視界から離れ、荒野への逃避を意味する。一三－一四世紀から、いや一五世紀からでも「野蛮人」をかたどった画像が多くなっていて、まるでそのころからそんな生きものが問題になっているかのようである。たとえば彩色装飾の縁で描かれていたり、豪勢な家の正面の外壁に彫られていたり、教会堂の半円形の小壁（タンパン）で彫られている。神秘主義者ゾイセは一三二七年作の『真理論』において、「野蛮人」を寓意的に、待たずに何でも欲しがる直行型で要求型の人間だとしている。[236]

それでも「野蛮人」は、世界の水平的視野というよりはむしろ垂直的視野に位置づけられ、隔離が正式に認められ、要するに偶発にすぎない。神と教皇から貧者にいたるまでの階級で、貧者のすぐ下の階層にしがみついていて、鬼や「反キリスト者」や悪魔よりは上位にいる。[237] 野蛮人をわれわれに対立させるような、他者の存在は生存の仕方全体に関わる。たとえば衣服を着ない裸体であり、騎馬で行かずに徒歩で行き、家の代わりに掘っ立て小屋に住み、鉄の代わりに石を使い、口頭ですませて筆記をせず、法律並みの効力をもつ放埒さである。一六、一七世紀における宗教裁判の記録によれば（一九九二年一一月、J・M・ド・ビュジャンダの教示による）、スペイン本国では「信仰に対する犯罪」が大半を占めるが、アメリカでは「道徳違反」、つまり現代語に訳すと「支配的文化に対する違反」が大勢を占めている。

かくて、西洋人は人文主義に鼓吹された優越感にこだわるようになる。一四九二年以降、コロンブスは、インディアンたちから「天来の使者」として遇されるのも当然だと思う。相違と奇妙さはしだいに空間的だとは感じられず、むしろわれわれが文化と呼んでいるものからきていると思われるようになる。[238]したがって障壁は乗り越えられる。たとえば一五〇五年に、ゴンヌヴィルが大航海から帰国したとき、ブラジル人の男エソメリックをオンフルールに連れてきた。港町の人びとは「そんなに遠い国から来た人を見たことがない」ので驚いたが、そのインディアンはおなじ航海者の姪と結婚し、ノルマンディー地方に落ちついて、子孫を残した。このような話はほかにもある。

それから半世紀後、ブラジルから帰国したフランス人、たとえばテヴェやレリーの記録で、一八世紀にはなじみ深い「よき未開人」というイメージを先どりするようなものが現われる。その根底には漠然とした暗黙の了解が、何となく原始的な無邪気さとともに生じる。これまで言われてきたような「原始主義」のためではなく、むしろ英知への希求、平和な自然への復帰欲、「黄金時代」という神話のキリスト教化という一般的な傾向においてである。おそらく、そのようにして中世の至福千年説の伝統が、絶えず抑圧されながらも、一種のはけ口を見つけているのだろう。

「よき未開人」、それは自己矛盾した不名誉な西洋人にとっては「他者」である。したがって一三世紀を通じてモンゴル方面へ旅行した多くの人びとの記録では、まだ洗礼を受けていないが尊敬すべき善良な異教徒が存在するという印象が徐々に広まった。バラモン教徒の賢明さやアマゾン族の美徳が噂にのぼるようになった[239]。その思潮が、ドイツのニコラウス・クサヌスのような神学者らにつづいて、コロンブス、ヴェッラツァーノ、ジャック・カルティエらに影響を及ぼす。一四八五年から、コンゴ国王は信仰教育を受けさせるために家来の一団をリスボンへ派遣することに応じた。そこで二世代のあいだ、コンゴ河の河口地域において、キリスト教的王国が、ポルトガル人になんとか支援されながら存続できた。未開人は、他所において、近づきがたい隠れ場所がなくなった世界では、完全には野蛮ではない「他者たち」のあいだに置かれる。黄金時代のスペインの詩人らと同様にスペンサーにおいても、未開人は、ものを言わないが、本能的に――シェイクスピアのキャリバン〔『あらし』のなかの醜い奴隷〕が遠い自分の島にいるかのように――、これからは無茶なことをしないようになる。

個人や集団の言語事情がそのような葛藤を反映している。すでに（本書第7章）ヨーロッパ空間において、一地域における、多言語でなくとも一般的な二言語の使用について触れたが、それは長期にわたって西洋文化を象徴的に絶えず越境させた。キリスト教国の内部で話され、変な異教徒的言葉にすぎないと思われる言語があり、これは旅行者にはまことに困ったことである。意味のあいまいさによって、言葉の共通用法としては、それらの言語のあいだに区別が付けられないので「アラビア語」とか「カルデア語」とみなされることがいちばん多い（いかなる正統性とも無関係であるという以外は、それが何語であるのかわからない！）。『テオフィルの奇跡』で、リュトブフの魔法使いは悪魔に話しかけるとき、「カルデア語」を使っている。クリストファー・コロンブスは一四九二年、ヘブライ語のほかにアラビア語もすこし心得ている改宗者ユダヤ人ルイス・デ・トレスを乗船させている。そんなやり方で船長は

「インド」へ突入できると信じたらしい。

言語の障壁は距離以上に乗り越えにくい。多くの旅行者はそのことで悩み、またある者らは無知から生じた重大な結果にまったく無自覚でもない。地名（ときには人名と間違えられたが）は何とか理解されるが、勝手に使うためにゆがめられることも多い。それ以外のことになると、一般的な方法として、もっぱら身ぶり手ぶりに頼る。そこからヨーロッパの拡張における二つの性格が生じるが、これは歴史的に考慮しておくべき事柄である。そのような身ぶり手ぶりの利用からどっと生じたはずの、信じられないほど多くの誤解である――それから、新しい状況を説明するすべての表現が身体的レヴェルで成立したという事実である。通訳者は滅多にいないし、いてもほとんど能力がない。たとえば、中央アジアの伝道者らは一四世紀初めにローマ教皇庁へ、そのような仕事をしてくれるハンガリー人、ドイツ人、あるいはイギリス人を派遣して欲しいと依頼している。フランス人やイタリア人は他国の言語に弱いからである！　手順を段階式に進めなければならないこともある。たとえばピアン・デル・カルピーネ〔ローマ使節としてモンゴルの首長に会ったとき〕のロシア人通訳はまずトルコ語をラテン語に訳し、それからそれをモンゴル語に直してもらった。(240)〔おなじくモンゴル首長に会った〕リュブリュキは、不実な通訳に欺かれる。

最善の手段は必要な言語を自分で学ぶことである。パレスチナで暮らしていたギヨーム・ド・ティールはアラビア語を知っていたし、ペルシア語の初歩も心得ていたらしい。一二五〇年ごろのアンドレ・ド・ロンジュモーはアラビア語に通じ、シリア語も少し知っていた。それから三〇年後、ジョヴァンニ・ダ・モンテコルヴィーノは、アラビア語、ウイグル語、さらにおそらくアルメニア語、そしてたぶん中国語も知っていた。マルコ・ポーロに似ているが、ポーロのほうは、さらにペルシア語も学んでいたらしい。これら旅行者のひとりが「タタール人の言葉」が話せると言っても、何のことかわからないだろう。諸言語が記憶のなかで混乱してしまう。ちょうど、遍歴してきたあまりにも多くの土地の起伏や広がりのように。

一六世紀において、また一八世紀まで、言葉の問題がすべての航海者らの心配事だった。ジャック・カルティエは深刻にその話をするが、とくに二度目の航海ではそのとおりである。一五二〇年代以降のメキシコでは、フランドル人、ついでスペイン人の伝道者らが原住民のキリスト教化を進めるためにナホワトル語の学習に努力した。一五五〇年ごろ、サーグンはその『ヌエバ・エスパーニャ概史』において、その語を使っている。フアン・デ・サン・フランシスコは、奇跡的なひらめきで語学の才能を授かったとみなされた(241)。一五二一年、ピガフェッタは、マライ語の基本語辞書を作っていた。かくて征服の効果を上げるために、遠隔の不便さが補われた。

14　見えない世界

至福千年説の夢

一二五〇－一三五〇年のあいだ、アジアへの進出という最初の遠隔地発見の時代は、西洋社会の行動における、いわば外向的危機を形成する。そのため、悲痛な意識が知的、感情的、社会・経済的変動の犠牲者に生じ、それが結果ともなり原因ともなる。そこから、ある環境では、一種の内向的な補償意志、つまりこの世の王国で地上の空間にみいだせると思われる事柄を精神という内面に求めようとする内向性が生じる。そのような視野にしたがって、一般に「千年王国」と呼ばれるような、さまざまな運動を位置づけることができるように思われる。たとえば絶望的な期待心、可視的限界からの脱出願望、物質的で人工的な偽りの無限という狭隘さからの脱出欲である。

かつて、「霊」はこの世のものではないとキリスト教会が教えていた。しかしこの世代は（一二〇〇年、一二五〇年ごろの、一部の人びとには考えられたが）、法学者や商人らとともに、霊を下界に降ろし、その冒瀆の代償として「国家」をゆだねる。キリスト教会が一役買っているのである。教会はわれわれを裏切った。「金銭」が君臨し、われわれを圧迫する。「黙示録の狂信者たち」（N・コーンの指摘による）は、空間と時間の接点で、二つの世界の断絶線上に宗教的で社会的な怒りの陣営を張る。彼らは狂信的、または離教した聖職者、都会の工房職人、農地を持たない百姓、そしてときには零落した貴族らである。彼らは、一四、一五世紀のヨーロッパにおいて、既成の秩序に対する継起的な反乱とその挫折の事件に関わっていた予知能力者たちである(242)。しかし多少とも明瞭に彼らが体現するすべての観念は、きわめて一般的な多くの人びとの不安のなかで高まる。その熱意がアメリカ大陸獲得とおなじ年代――宗教改革が熟する年代でもある――、一四八〇－一五三〇年に最高潮に達する。しかしそれはA・デュプロンの言葉によれば、「根本的に終末論的な」文明という本質的特色からきている(243)。その観念は、しばしば文明の遠い過去までさかのぼる。そして第一次十字軍のメシア的時代にそれらは力を得る。十字軍はいわば、はけ口としての役に立ち、たとえば「ならず者 tafurs」〔サラセン人をさしたり、キリスト教徒連合軍、さらにいかがわしい連中をもさす〕、つまり物乞いたちの集団であり、これが騎士の十字軍参加者らに加わって害を与え、騎士隊においても、トルコ人のあいだでも恐怖をまき散らす。また「貧者」からなる卑劣な戦隊は、窮すればユダヤ人を虐殺する。

　聖戦は空間に「世界の終末」というイメージを投射する。そこに建設される「王国」は聖なる地上における神の統治を保証する。しかし一二〇四年以降、十字軍の敗北が明らかになると、略奪欲や征服欲が内在化する。「反キリスト者」はもはやオリエントにはいない。そこから追いだせると思われたのだが。ところが、それはわれわれの心中にいて、都市ブルジョアに支配されたキリスト教会にいるのである。「天上のエルサレム」というイメージも人びとの記憶から薄れてゆく。一二五一年、さらに一三二〇年でも、「農民十字軍」――聖職者殺し、破門された者、呪われた者――が、かつては言うまでもなく地上だが、他所に「楽園」を求めて、むなしい苦労をした活動の最後のあがきを示している。そのころから、突然、運動が起こり、展開し、場所を変えることなく、その地で尽き果てる。たとえば、一三―一四世紀のフランドルにおける自由心霊派、一三八〇年ごろのイギリスにおけるジョン・ボール信奉者たち、またおなじころのオーベルニュ地方やラングドック地方での「森の民」〔森林一揆民衆〕、一四二〇年ごろのボヘミアにおけるタボール派、さらにそれから一世紀後のトマス・ミュンツァーの時代でも起こったドイツ選民同盟の活動である。

当時は、最初のキリスト教伝道師らがアメリカへ派遣されたときである。この出来事は、伝道の任務を引き受けた托鉢会修道士らのあいだに、発見されたばかりの、一見、果てしない空間において、改めて浮かんだ至福千年説を希望のように秘かに再燃させる。[244] 引き離されていたものが併合されるだろう。つまり、地上の空間の充実性――これから獲得される――が時間の充実性を告げている。一五世紀初めから、ドイツでは、民間で秘かに文書が配られる。その文書は「この世の最後のときの帝王」、つまり世界の王であり聖職者であり、キリスト教会を浄化し、「金銭」の汚れを洗い落としてくれる方がまもなく到来すると宣言している。一五〇〇年になっても、まだその文書は読まれていて、いっそう過激なものになっている。

一六〇〇年以前に、すべては沈静する。そのころから金銭は一般的な商業化へ進む社会において全能になり、諸国民は完全に内向的となる。地上の空間を統一するという夢は消え去った。大発見の時代は終わったのである。

至福千年説は、個人的生活を越えて集団的運命を対象にする。とはいえ、各人は順々に死んでゆき、信者は居場所を変えるだけである。魂の救済と至福への願望は、死と地獄行きの可能性に対する恐怖と入れ替わる。一般人の想像力と感情のうえでは後者が優勢である。こうして人類の運命が到達する空間は、たとえ現実的であろうと、生きている人びとには感知されず、さもなければ、ごく稀であるが奇跡的な直観で感知される。地上の空間は色があり、混合的で、両義的である。他の空間は超自然の世界であり、純粋の光あるいは純粋の闇であり、均質的で、不変である。一三、一四世紀の絵師や彫刻家は、その特徴を比喩的に暗示しようとして、星の完全な天体的規則正しさに一致させる。その後は、新しい画法が、おなじ目的のために、もっと隠喩的なやり方でなく、上と下の対比、場所と規模と遠近の関係を利用することになるだろう(245)。

生きている人びとと亡くなった人びととのあいだに、いかなる関係がつくられているかは、ひとつの社会の根本的なあり方を示しているに違いない。近代文明はその関係を葬儀請負業界に委託する(ほぼそれに近いことをおこなう)ことによって、中世的だったような、空間と時間、合理性と非合理性の同質的で包括的な感じ方を放棄する。キリスト教徒は、少なくとも宗教改革、さらに反宗教改革(カトリック改革)まで、この世とあの世の現実的な一体性を肌で感じている。この世では戦闘的、あの世では凱旋《がいせん》的な唯一の教会に属していると信じる。自分の死について抱く考えのなかには、俗説的な神学思想に、それとは違った古い信仰が混じる。というのも想像的、思想的な形式によって、すべての宗教

（おそらくそこから共通した主要な特色がきている）が魂の運命と墓の彼方における来世のイメージを具体化する欲求を表わしているからである。つまりこの世で、あるがままであるが神聖化された場所につながる生存の絆の最終帰着点としての信仰と儀式である。六世紀以降、絶えず、また近代になっても遅くまで、「教化的」文学がそのような元型の思い出を保存し、その統一を確保した（地域的な迷信や風習の多様性にもかかわらず[246]）。

神は非物質的である。したがって異端でないなら、その存在を疑うことができないだろう。しかし信者の想像力は、画家の絵筆と同様に、神をどこかの場所に置いたり、空間のなかで移動させるのを拒むことはできない。一五世紀末の民衆劇『聖母への訴え』でも、神は無数の場所に住み、また神のいるところには神の法廷が開かれる、と教えている。善良な死者は、神と天使たちの住み処へ行けるが、地獄へ落とされた者は悪魔の、汚れて、ひどい巣窟に押し込められる。あの世はどこもわれわれの手の届かない彼方にあり、見わたすかぎりは、水平でもあり（非常に遠いから）、垂直でもある。それぞれ「天空」より高いか、どんな深淵よりも深い。

このような信仰のかなり柔軟な枠内で、多くの宗教は闇に包まれ、その下に隠れて安らいでいる。キリスト教とその教義にとって、またその宗教を維持し磨いている神学者にとって、この世の生活とあの世のあいだは、きっぱりと断絶される。キリストと、わずかの奇跡の人だけが、そのあいだを往復できた。それに反して、民間信仰では継続性と類似性がある。つまり見えない世界ということだけが、あの世を区別している。天国でも飲んだり食べたりする。まるで地上の饗宴の日であり、極楽のようである。地獄は牢屋であり、拷問部屋である。

古いケルトの伝統は、極西〔極東に対して〕の民間伝承に広がっていたが、ついで、一二世紀から物語文学によってヨーロッパで高められ、普及した。その伝統は、おそらく非常に改変され、詩人らによって勝手に作り直された結果、あの世はわれわれのあいだに存在し、死者の空間と生者の空間は、見かけによらず隣り合っているか、それとも重なり合っていることを証明する。そこから、見かけを撤廃か解体すれば、特有の「不可思議なこと」が現われる。古代のケルト人にとって死者の異教的空間であったものは妖精や魔法の空間になる。それが「帰らざる谷」である。つまりわれわれの世界の二重性であり、そこにはおそらく道化者か狂人しか特別に入れない。「そのころ」で物語が始まるとすれば、「その空間では」でもある。聖職者の話に、あっさり感動する無学な大衆のためには、キリスト教徒の場所と死を隔てる境界線をどこに引けばよいだろうか。ガリアの伝統はアーサー王を死後、ヴェール〔ガラスの意あり〕島へ移している。ケルト人の異教の神々は、島々という清められた空間からきていた。

　C・マクダネルとB・ラングは「天の歴史」に関する共著において、中世の幾世紀かを通じて、あの世の概念が、神人同形論の鈍化へ進んだことを証明した。それは古い恐怖心が薄らいだ結果（原因でないとしても）である。死の普遍性は、もっとも残酷な形式においても、事実、一一世紀には徐々に恐怖感を与えなくなり、少しずつ楽に典礼——地上でも天上でも——によってなじまれるようになり、永遠という見通しにおいて組織され、構造化されてゆく。選民の場所という神中心の観念に替わって、人間中心のヴィジョンが起こってきた。したがってわれわれの世界、つまり社会的階層や制度、城、町、庭という光景のもとにあの世を表現するようになる——そのほうが敬虔な心の持主には、たしかに下界から天上へ行きやすくなるのだった。反対に、地上と地獄のあいだの通路は、簡単に通りやすかったのが、突然、宙に浮く。地獄の場所が逃げたようである。地獄を表わすイメージは果てしない下降、つまり目印もなく、呑みこまれるだけであり、深淵であり、渦巻きである。古代の黙示録にあったようなすばらしい光景は忘れられ、すべては責苦の激しい描写でしかない。そこから多くの芸術家、画家や詩人（アングロ－ノルマン人ブノワからダンテ、そしてヒエロニムス・ボスあるいはルーカス・クラナハにいたるまで）が、渦巻く苦痛を合理化しようとして、しかじかの苦痛と、しかじかの罪、または名指しでしかじかの故人とのあいだに対応を設定する。ダンテにおいては、「地獄」は「地上」のような存在である。いずれも「天地創造」に属している。自然の形状がおなじであり、河あり、谷あり、沼地あり、砂漠あり、岸辺がある。それに反して、「楽園」は純粋に心地よく、視覚で捉えられるような立体性がない。道徳的神学あるいは歴史が権利を復活させ、「社会的」組織という名目で死刑執行人と犠牲者、犯罪の場と懲罰の場を対比させる。

一二世紀の聖職者は（キリスト教会においてすでに古い考え方とともに民間的信仰からも影響されて）、正義感の洗練、さらに厳しい個人的責任感から、天国と地獄という二種のあの世のあいだに「浄化の場」という贖罪と免罪の場を思いついた。J・ル・ゴフはその歴史について、すぐれた論述をおこなった〔『煉獄の誕生』邦訳、法政大学出版局刊〕。それは、アジアに向けて最初の航海者らが出発する直前に信仰者たちによって発見された新しい大陸とも言える。その「煉獄」には、天国の光も地獄の闇も君臨していない。その空間は、人間の大半がそうであるように哀れな罪人たちにとって、天国への玄関として設定されたのである。死んだ人間はそこをさまよい、多少とも辛いところであるが、至福を目指している。この世に生を受けてから、そのような考えが希望を支える。そこで、この世と天国のあいだに生き生きした、具体的な継続性、行程がつくられる。それに反して、地獄によって劫罰という絶対的な断絶が画される。

それでもなお不明瞭なイメージに、ダンテの天才がはっきりした形を与える。それは精神的な形であるが、地理的でもある。「煉獄」は高く、切り立った山のようだ。魂は、崖から崖へよじ登り、へとへとに疲れながら、一歩一歩、天国へ向かってゆく。しかしながら、「神人同形化」の傾向は新しいあの世に変化を与える。一五世紀末の画家たちにとって、煉獄は不安というよりはむしろ平和な風景であり、人間の地上的環境に一致した期待の場所である。それは今後、未知のあの世ではなくなり、測れる空間と時間に置かれる。

自分の運命を感じて(漠然としていても)、人間は、すぐにでもあの世の広がりを見たいとか、また少しでも支配したいと思うようになる。そこに広がっているところは本当に、決定的に断絶した「あの世」だろうか。そこは不滅であっても、この世とおなじように物質的ではなかろうか。思い出がわれわれの伝説、空間における巡礼の伝説によく現われる。多様であるが一致した伝承では、そのような疑問や期待が語られている。たとえば古代ギリシア・ローマの伝承、プルタルコスに伝わっているような伝承、たとえばテスピオスの幻視において。さらにユダヤの黙示録の伝承、たとえばエズラやバルクの幻視、あるいは『アブラハムの遺言書』があるが、最後のものは一〇世紀までに写し直され、手直しされた。これらの文書は、わからないうちに、ビザンティウムまたはシリア出自の新約聖書外典、たとえば一〇か国語に訳された『聖パウロの幻視』のように、キリスト教団のあいだに、ごく早くから出回っていた文書へ変わっている。

この地中海とオリエントでの傾向とともに、原住民の異教的伝統、ゲルマン人的(とくにスカンディナヴィア伝説がその思い出を保存してくれた)、またとくにケルト人的な伝統が合流している。古いアイルランドでは、神々や死者の島国へ神秘な航海をする物語「イムラーム」という詩のジャンルがなじまれていた。つまりこれらの作品の多くが中世初期からキリスト教化され、ラテン語に直され、たとえば『トゥンダリの幻視』、『聖ブランダンの航海』は各国の俗語に翻案された。イギリス王妃アエリスのためにブノワなる者によって一一二〇年ごろに作成された『聖ブランダンの航海』のアングロ－ノルマン版は、フランス語で書かれた最古の資料のひとつなのだ！　この物語は本当の航海の思い出からきていると推測されたこともある（ブランダンはコロンブスの先駆者にされてしまったのだ！）。しかしこの作品は一三世紀以降、ヴァンサン・ド・ボーヴェによって虚偽のかたまりだと非難されたが、その写本の普及からみて、一五世紀にはヨーロッパに知れわたった。

一一九〇年ごろ、女流詩人マリー・ド・フランスによって翻訳された『聖パトリックの煉獄』は、いっそう伝統的な概念に適合している。つまり井戸からあの世へ入ってゆく。黄泉の国の空間はわれわれの空間の下方にあって、坑道のようである。しかも、これらの物語で描かれている世界がどのようなものであろうと、その世界は暗く、脅威的で、人間の侵入を拒み、われわれの世界のネガ像として存続する。つまり、西洋文明がエネルギーを総動員して、「世界」の空間を占領し、人間に主導権をゆだねようとしているときに、古風なイメージである。しかし「幻視」の伝統は、一五〇〇年を過ぎても細々とつづいている。オルレアン大聖堂の声楽教師エロア・ダメルヴァル作の『悪魔物語』は、一四八〇年ごろに地獄の恐ろしさを描出したが、一五〇八年になってもまだ印刷されている。

それらの異質的要素は、キリスト教によって集められ、まとめられた。紀元四〇〇年の前後には、キリストが「地獄へくだった」と言明する文節が『使徒信条《クレド》』〔われ、信じる〕に挿入された。つまり黙示録的文書が教会教導権に圧力を与えた徴候である——抵抗はあった。というのも、その新機軸が定まるまでに三世紀を要したが、さらに正式に認められるまでには六世紀以上もかかっている！　しかし一二世紀には、クレド箇条や文学テーマとして、その「地獄くだり」は、すべての人びとの心に通じている。ニコデモの福音書外典は、その経緯を詳しく述べているが、俗語に訳され、フランス語版だけで三回も訳された。

しかしながら、あの世へ簡単に行けるのはキリストしかいない。死者がいる見えない空間を喚起させる作品のほとんどすべては、フィクションという手段に頼る。事実、人間は生きているかぎり、神秘的な幻視（それは特権的な若干の聖人にしか起こらない）によるか、運よく夢の中でしか、あの世をじかに知ることはできない。夢は、眠れる者に特別の空間を開いてみせ、そこでは時間はその深層において瞬時しか「見られ」ない。聖書は幾度もその手を使って、夢にすぐれた威厳を与えている。中世の修辞法や物語法は、図像であいまいさが強調されるような様態を夢に与える。

「あの世への旅」の大半は、他所への導入と開口という二つの経過を兼ねている。つまり主人公は、目が開き、自分の視界内で移動するという夢をみるのである。それから目が覚め、思い返してみる。キリスト教は実際に、ごく早いうちから黙示録的な霊感を喪失していた。たとえば、ヨハネの黙示録を除いて、古い黙示録はすべて五—六世紀のあいだに外典として捨てられた。パウロの黙示録だけが存続し翻訳されたが、地獄の責苦を描いた部分だけに短縮された。他の部分については、集団的記憶において、ばらばらになったイメージが生き残った。旅程のように順序よく組織された話が、混乱した予言的黙示と入れ替わるのである。

おなじく、ある文学ジャンルがその規則——さらに社会的な話し方に影響を与える能力——とともに成立する。C・ゼーグレはその相対的な厳しさを証明するのに、空間の四、六あるいは七方向を対《つい》にして対立させる元型にはっきりもとづいた物語的構成の原則にしたがった[247]。一六世紀からは、すべての言語で作品が多くなる。H・R・パッチは以前、一三世紀半ばまでの三〇編ほどの作品を研究したが、その数字は実際より少ない[248]。ダンテの『神曲』が書かれたのは、そのような伝統においてである。しかもこのフィレンツェ人は、マホメットの天国訪問に関するアラビア語の物語を知っていただろうか。一九二五年ごろ、アシン・パラシオスはイタリアの詩にイスラーム教の終末論の痕跡を、ためらうことなく指摘した。それで問題が解決したわけではない。やはり、その伝説のアラビア版のひとつが、一二五〇年ごろ、アルフォンソ一〇世の宮廷においてカスティーリャ語に翻訳され、ついでラテン語に訳され、さらに一二六四年にはフランス語に訳されている。預言者マホメットは天使ガブリエルに案内され、一段ごとに啓示的な出会いをしながら梯子にのって神のそばまでゆく。その訪問は夜間におこなわれている。しかしながら、夢の中で展開するように見えず、目覚めが告げられることなく日常的現実のただなかで終わっているのである。あの世の三世界を巡歴するダンテの場合とおなじである。彼の長い歩みは純粋な思考ではなく、その身体も含まれ、正確な地形、地理、宇宙形状誌に記録され、その詩の最終行がわれわれに究極的構造と鍵を想起させる。

一三〇〇年ごろ、西洋では、見えない空間がますます想像しにくくなってゆくようである。どんな空間でも、その意味に証拠がなければならない。それともその空間を寓意的な形象にしてしまうか。一二五〇年より前から、一種の不具合が現われている。つまりフランスでも、イタリアでも、あの世への旅を茶化した作品が現われている（H・R・ヤウスの解釈による）[249]。事実、一四世紀には、敬虔な作者のなかには寓意文学の法則に倣って、擬人化された美徳と悪徳のあいだで「魂の巡礼」をさせ、最後に救われるところまでを描いている者もいる。その先達者はシャーリー大修道院のシトー会院長ギヨーム・ド・ディグルヴィルであったと思われるが、彼が一三三一年にはじめて書いた「巡礼」ものは一三五五年に増補され、一五世紀までに幾度か改訂され、新版にされ、挿絵がほどこされている。さらにリドゲートによって英語の詩に翻案され、ついで匿名の訳者によって散文に直されるが、清教徒ジョン・バンヤンの『天路歴程』をすでに予告するものである。このバンヤンは貧者のミルトンともいうべき人で、彼は、一六七八年でも、天上のエルサレムへの道中において幾度も投獄されながら、未来のキリスト教徒を教導している。一五世紀において、多くの言語に訳された世俗的な寓話詩が、そのような手本をまじめに利用している。たとえばフランス語では、愛する辛さを嘆く「愛の煉獄」があり、あるいは「悪い亭主の煉獄」がある。ポルトガル語では、『総古歌集』の「愛する者らの地獄」がある。とにかく、愛の場所は今日の場所ではない(250)。

墓碑

しかしながら、異質な(なぜなら見える境界を保っているから)国境地帯がこの世からあの世への移行を定めている。「死者の」というよりは、むしろ「生を全うした者の」と言いたい空間である。というのも、その空間を生に結びつけ——また古風な象徴の効果で結びつける効力を示すためである。そのばらばらの思い出が、なお地域的風習の強大な表面的多様性のもとでキリスト教の実践につきまとっている。たとえば土葬の儀式で生じる象徴(おそらく旧石器時代から)があり、なつかしい母体への復帰を促している。その死から、共同体のための利益を引きだし、それでもって個人的にして集団的な生き残りの保証とし、日が昇り、エルサレムがそびえる東方へ向けられた遺体の頭で一種の世界像を象徴する(251)。

最悪の不幸は、故人に空間がないということだろう。だからこそ、近代の初めまで罪人に墓所を与えることが拒否されたのである。つまり罪人は刑場か共同墓穴で朽ち果てるがよい。キリスト教徒には墓の権利がある。墓はみすぼらしいこともあり、少し土を盛っただけ、小石を盛っただけのところでもよい。どんな墓も記念物であり、家や教会堂のような建物の部類に属している。Ph・アリエスは墓の類型学を考えだしたが、それは一種の建築学である。[252] 故人は「復活」によって、ドアを開くように墓石を持ち上げるかもしれない(福音書で確認されているし、多くの画家によっても描かれている)。そして立ち上がると、その仮の住まいから出て、神の前へ赴く。それでも、遺体は板石の下で屍衣に包まれていても、しっかり収められ、保存されていなかった。しかし一三世紀には、棺の習慣が普及する。大物らの墓にはその彫像を立てたものもある。一二世紀から「横臥像」あるいは「裸体像」となり、いまは別の空間で楽しんでいる身の至福を喚び起こす。ただ王侯の墓ともなれば、立派な芸術作品であり、そのような図像製作の明白な進化を示している。たとえば横臥像の目は閉じられ、故人は死者になっているが、その後、一五世紀になると、不気味さが強調され、われわれの地上世界から完全に追放するかのようであるが、一六―一七世紀には神秘さもない穏やかな像に戻る。

墓は「記憶」として場所に固定される。[253] したがって墓はあいかわらず実生活に属している。フランスの多くの大修道院(モンマルトル、マルムティエ、アンジェなど)で、修道院付属の墓の跡や調度品が故人の階級序列や社会的地位を記念していることが確認された。王族の葬儀、墓の厳粛な扱い方にもおなじような心遣いが表われていて、その気持ちは王が代表する共同体全体に及ぶ。一一―一二世紀から、貴族の家族においては家系の意識が、埋葬の場所の選定とともに墓碑銘の書き方においても確証を要求する。空間と時間、また政治と歴史において、である。グラストンベリー修道院の修道士は、その修道院がアーサー王の創設だと偽り、一一九一年に、教会堂内でこの伝説の王の墓を「発見した」という主張を公認してもらおうとした。もはやいかなる疑いも許されなかった。かくて多くの叙事詩の主人公たちの墓が公開された。ブライユではロラン、サン゠タルヌー・ド・メスではエルヴィスの墓が、というように。一二、一三世紀の物語では、墓の循環的テーマ（発見された、開かれた、そこから身体もない声が聞こえた……）が、作品の全体的な構図に取り込まれ、主人公の空間に、克服された死の存在を証明している。現実的なことが、見えないで展開するという視界が開かれ、決定的で隠れた光景が現われる。そのテーマはほとんど切れない糸のように「ランスロ゠聖杯」という膨大な散文物語群に織り込まれている。(254)

一般に、墓は墓地に集められる――教会堂の存在と切り離せない。土地と時代でその形状はさまざまであっても、つねに、近くの教会堂が墓地の空間を神聖化しながら隔離している。つまり教会堂の「領地」とし、その周りを石垣で囲う――それで外部からの侵入を防ぎ、あるいは故人が出てゆくのを禁じる。しかしながら、故人は死者である以上に不在者である。故人は「安らいでいる」と碑文には刻まれているが、「眠っている」のである。その現在の存在は、生きている人びとにとっては夢の世界にいる。だが夢は覚める。各人の記憶、伝承には、幽霊やまぼろしの話でいっぱいである。ちょうど叙事詩や物語が、知覚できる場所や形がなくても力強いものにしているが、生きている人間によって漠然と「死」に結びつけられるように。

かくて死と生の境界は合理的な見かけによらず、移動してやまない。墓地は、地域住民にとっては公共の場である。隠遁の場所として教会法に守られながら、逃亡者や追放された人びとを受け入れる。そんな不幸な人びとのなかには、墓地に落ちつき、隠者が閉じこもっている小屋のそばの、墓のあいだで寝泊まりする者もいる。都会では、墓地は最適な社交の空間である。なぜなら人が集まり、散歩し、市が立ち、競売や騒々しい遊技がおこなわれ、聖職者が説教をし、行列もあり、法廷も開かれる（ジャンヌ・ダルクはルーアンの墓地で裁かれた）。また夜中には盗賊や売春婦たちがひそむ。しかしながら、一三－一四世紀以降、とくに一五世紀には、教会側からの抗議と市条例が、国の上層部によって不法とみなされはじめるのに反対しようとする（しかし成功しないが）。なぜなら、二つの世界の雑居であり、そこから生じる各人の平穏な生活に対する脅威になるからである。おなじく一四五〇－一五〇〇年を通じて、ルネ・ダンジューの『恋心』をはじめ、多くの作品において、「愛の巡礼者」（心情の完成を求めて）を「誠実な愛人たちの墓地」へ導いているが、墓地のすべての墓碑が証言し、「希望」を支える。それで断絶は完成する。したがって、アレゴリーの形式に、如何ともしがたい主題の断続性が含まれる。

第Ⅳ部　形象化されたもの

15　旅を語る

語り手たち

一〇世紀以降、アラビア世界では、旅行記は物語に類似した独特の文学ジャンルとみなされた（そう教えられることもあった）。最古のものは九一五年にシーラーフのアブ・ザイードによって書かれたものであろう。その伝統は一七世紀までつづく。そのあいだに、イブン・バットゥータの大作である旅日記が現われるが、それは一三二五－一三四五年にアフリカとアジアを遍歴した記録である(255)。キリスト教諸国では、右の旅行記に多少とも匹敵する作品は、知らされた事実により、集団的精神性に与えた意義によって、読者や聴き手にかなりの影響を及ぼした。たとえば、もっとも著名な作品の手書き伝統から判断すると、それらの作品は知識層の要望に応えていた。マルコ・ポーロの旅行記の写本は一四三部にのぼり、ハンス・シュターデンの旅行記（一五五七年）は、一年間に四版も出ている。また旅行記全体の写本全集、たとえばパリ国立図書館にある一三八〇年度のもの、一六－一七世紀に出版されたものとしては、一五七四年におけるヴェネツィアのラムジオの『航海誌・旅行記集』のような旅行記、一五九〇年から一六四〇年にかけて、テオドール・ド・ブリの『旅行記全集』一三巻が、ラテン語版とドイツ語版で出ている。一三世紀以降は、十字軍の派遣とモンゴル人との戦闘によって一般の関心がオリエントへ向けられた。一四世紀からはトルコの脅威で、その関心がふたたび目覚めた。思いがけない敵国を知って不安になった西洋が防御反応を示したのだ。ついで一五―一六世紀になると、新しい通商上の必要性から、政策的観点でその関心を保持し育んでいた王侯もいる。

ところで、そのころには、旅行記に対する興味が明らかに減退していた。あたかもヨーロッパが食べすぎて、獲物に飛びつきかねているかのようである。当時、そのような経験で人文主義が潤っているが、地理学や宇宙形状誌学の専門家たちは、おそらく軽蔑していた旅行記のような作品には学ぶべきことがあまりなかった。ジャック・カルティエは、サン＝マロの善良なブルジョアとして生涯を過ごしたが、彼の「旅行報告」も『簡略な紀行文』も、その時代の人びとの興味を惹くことができず、彼の栄光は（クリストファー・コロンブスの場合と同様に）一九世紀にならないと獲得できなかった。誤解は古くからある。すでに一三世紀において、ヴァンサン・ド・ボーヴェもマシュー・パリスも、マルコ・ポーロやピアン・デル・カルピーネの旅行記を活用しなかった。リュブリュキの旅行記も、実際には一六世紀まで知られなかった。マルコ・ポーロの本が普及したのは誤解の賜物である。というのも、『東方見聞録』がお伽話のように受けとられたからである。おそらくそのような誤解に抵抗するために、フランスでは一三世紀から、イタリアでは一三〇〇年から、カタルーニャとドイツでは一三二五―一三三〇年から、それぞれの俗語を使う作者（あるいは写本家）が多くなっている。

旅行記のなかでも、巡礼を主題としたものは、一三世紀までは少なくとも独自の作品群を成している。その大半は体験記であり、またその意図を言明しているものも多く、それも巡礼共同体の激しい感情から発している。どのキリスト教徒も加わるように呼びかけ、すでに巡礼に行った者は、他の人びとに向かっておなじ道をたどるように勧める。実際、肝要なのは道であり、おそらく遍歴すべき聖地によって定められた道筋であり、心がけるべきこと、話題の中心になるのは最終目標のローマあるいはサンティアゴ・デ・コンポステーラである。巡礼記の作者は浮かんだ幻視や体験した事実を証言することで、たんにありがたい光景を賛美するだけでなく、勤めが果たしやすくなる情報を提供しながらも信仰の仲間たちに自分を真似るように説得したがっている。不幸にして巡礼に出発できない人びとは、少なくとも作者の聖なる感動を分かち合えるだろう！　作者は耐え忍んだ苦痛を知らせ、参加できた儀式を列挙し、ふけった瞑想を想起する。おそらく意識せずにだが、聖性にいたるまでの行程を示している。記憶が神聖な空間に投影され、記憶から生じる語りが先導の機能を果たす。

それは強烈な機能であり、中世キリスト教、つまり時間というよりはむしろ空間の宗教的特色からきている。だから、たいていの巡礼記は聖地、つまり人間が神に出会え、したがってそのような話の特権的な対象として最適の「場所」を述べるのである。それらの作品の多くは、〔モーセが十戒を受けたといわれる〕シナイ山への登山を含んでいる。そこでは空間の神聖な構造の意志が格別の明晰さで示される。谷と山、登山と下山、砂漠がある。聖書におけるモーセの物語は、そのように模倣されると、信者の使命を寓意的に語ることになる。

この伝統は四世紀初めにさかのぼり、その時期から有名になっている作品が残された。たとえば、紀元四〇〇年より以前の女子修道院長エテリアの『巡礼記』がある。一六世紀までには類似した作品がすべての言語で書かれたものを合わせると一〇〇編以上にのぼり、十字軍からもほとんど影響を受けない連続した系統をつくっている。しかしながら、一三五〇年以降、巡礼記は性格を変える。たとえば二、三〇年間、中断を余儀なくされた後で、巡礼は、エジプト王の支配のもとで変わり果て、厄介な行政に服したパレスチナに到着するが、カイロを迂回させられることも多い。その結果、風習や人種、イスラーム世界とその政治機構との、まったく世俗的な経験を味わう。好奇心が増大する。これまで抑えられていた好奇心はいまや自由になろうとし、そのためにますます証言は個性的になり、話も俗化する。一五世紀末になると、巡礼記も他の旅行記とあまり違わなくなる。あるいはエルサレムが中心に語られ、神の不在、失楽園、現存するが浪費されている恩寵のイメージを喚起させる。つまり、追放された気持ちに通じる内面的な道を開いているのである。

この話し方は巡礼そのものとともに、中世における人間の精神性の、もっとも深奥な不変的形態に依存している。その特徴は一四世紀から強烈に現われる——あたかも西洋世界の動揺が期待の役割とともに一種の離別感情を強調するかのようである。そこで文学の手法は、自然現象を扱うように、巡礼のイメージを用いるようになる。たとえばチョーサーの『カンタベリー物語』において。おなじく、J・B・ハロウェイの解釈によると、ラングランドの『農夫ピアズ』において。さらに、前章で扱った「魂の巡礼」もの、あるいは「あの世への旅」において。それらの作品では、教化的な説教のために寓意が言葉を利用している。テレサ・デ・アヴィラの一五六五年作『完全な美徳への道』もおなじ伝統に入るだろう。

語り方のタイプ

以上の作品を合わせて既成のジャンルとみなすことはできない。あまりにも多様なので、まとめることができない。というのも、基本的状況、意図、手段をはじめ、作品の性質もあるからである。伝道の思い出、伝道師の物語、たとえば一二五三－一二五五年のフランチェスコ修道会士ギヨーム・ド・リュブリュキのもの。とくに一四世紀からの使節らの報告書、たとえば一四〇〇年ごろのアンブロジオ・コンタリーニ、あるいはゴンザレス・デ・クラヴィホのもの、あるいはトマス・ホビーのものがあるが、これは一五四七年から一五六四年にいたるまでの生活全体に触れている。航海者の日誌や終えた任務を報告する手紙、たとえばコロンブスの『報告書簡』は旅行と調査の物語であり、回想録で夢物語、そして宗教的なことや政治的なこと、予測的戦略と君主主義的宣伝をまぜている。商人の道中記は、とくに費用と距離に注意が払われる。たとえば好例として一四世紀のフィレンツェ人ペゴロッティの『商業指南』がある。その他の作品は、たんに驚異的な事柄の羅列にすぎない。

しかも、これらの作品の種類はどれもはっきりした区別がない。たとえばアドルノの「旅行」は使節任務か巡礼かわからない。おそらく両方であろう。ある旅行記は一通の書簡にすぎないが、他のものは一冊の本になるほどである。あるものは（紋切り型の内容が詰まっていても）多くの独創的な覚書が含まれている（ときには解読しにくい部分もあるが、あまり問題にはならない）。また他のものは古い資料の寄せ集めか、さらには剽窃である。ある作品は内容が、遍歴した順路に沿ってまとめられている。他のものはあまり一貫性がなく、内容を一覧表的に列挙している。要するに、旅行が主たる関心事でも興味の対象でもないような「旅行記」がけっこう多い。一六世紀には「旅日記」が現われ、道中の日誌が綴られる。たとえばイタリアへ出かけたモンテーニュの旅日記は一五八〇－一五八一年にわたり、この種の作品としては最古のものであるが、公刊されたのは一七七四年になってからであり、地理的な興味とともに主観的な語り口でもって大成功する。

それでもやはり統一性は存在する。つまり慣用的統一というよりはむしろ、一五世紀のドイツ文学に関連してフーゴー・クーンが名づけたような「魅了タイプ」から生じる一貫性である。それは他所における空間世界のタイプであり、それを知ることは、最良または最悪の場合を含めて他所の存在を経験することになる。もっとも洗練された作品には、N・ドワロンがアンドレ・テヴェの『偉大なる島国人』、あるいは一七世紀の若干の旅行記のような作品について正当に主張している指摘[256]を適用することができる。たとえば、これらの遅れて発表された作品は、きわめて乱雑ではあるが、実際にはそれ以前の作品が目指していた表現を実現している。身体の移動と、その移動によって生じる独特の感情を述べるのに適した修辞法が求められていた。一種の常套句ができあがっていて（「いま、私が言うことは学校では教えられないことです」、「それが、私の証言です」）、最適な文飾が表われ（誇張法、感嘆詞、列挙法、等々）、内容の区切り方も徐々に整理される。たとえば出発、旅行期間、未知の国、歓迎や拒絶。その「機会」の多くは、お伽話の宝庫から出てくるようだ。

こうして話の空間が展開し、場所、人民、個人の固有名詞が並べられる。その結果、どの「旅行記」も語りと描写の二重記録を含むことになる。そのいずれかが優先し、作品に全体的な調子を整える。話が組み合わされて、全体的な叙述にまとまることは珍しい。旅を語る者にとって、その話は出発地の、なじみ深い世界に戻ることもある（記述あるいは口頭で）。しかし主たる目的は、その旅の実際を語るというよりはむしろ、体験を引き伸ばして語ることが多い。しかしながら（それが話し方であるからだが）、一五―一六世紀までは、おおむね記述は「素朴な」覚書というよりは、むしろ一般に「常套句」（世界に関する、書物の上の知識から借用された）に頼っている。したがって具体的な詳細に乏しく、また、実際の道順にしたがって構成されていても、余談にさえぎられ、まとまりを失うことが多い。語り方については、話のなかで連続的に地名を並べ、それぞれの場所にこだわっているので、空間的な広がりにおいて展望するというよりは、むしろ象徴的に領土の獲得を意味するようである。したがって全体の性格としては、中途で断絶することが多く、穴が空き、不完全で、写本が多すぎる異本のせいで混乱しているようにみえ、さらに同一の作品から写した説明も多すぎる。(257) 言語が、なんらかの技巧で(たとえば「私は来た」とか「われわれは到着した」というような言葉を使って)、移動を表現するのに空間的印象を与えてくれる作者は稀にしかいない。

しかしながら、これらの作品における語りの要素は、たとえ不完全だとしても、内容は充実している。なぜなら実際に、きわめて一般的な観点からみて、想像できるあらゆる人間の移動のなかで「旅」を特徴づけることどもは、旅行者が語ってこそ頂点に達すると言えるのではなかろうか。もっと一般的な事実の例として、いかなる領土獲得も物語を介しておこなわれるが、たとえそれが権利の証明であれ、偽造であれ、かまわない。歴史(事実、ありのままだった旅だが、いわく言い難い)と地理とのあいだに緊張が際立つ。つまり取り戻せない時間と、常時、提供されている空間のあいだ、である。そこから、この深層レヴェルで、われわれの精神において「現実的なこと」と「想像的なこと」とを対立させる規準が、題材と時代には受け入れがたいという事態が起こり、作者も読者も信憑性の規準に対して無関心になる。その結果、マルコ・ポーロの見聞録が口述されてから一二〇年たっても、あいかわらず幻想的な挿絵が入れられていたのだ!

一六世紀を通じて徐々にではあるが、新しい要求が起こる。つまり真実をどのようにして明らかにできるか。一五五七年、ヨハン・アイヒマンが航海士ハンス・シュターデンの回想記を出したとき、またモンテーニュも一五八八年に、おなじ疑問を公開している。それは、認識力の数学的(「科学的」)規範に魅せられた近代性の始まりを告げるものである。スイス人医師テオドール・ツヴィンガーは一五七七年に旅行記の『書き方』を出すが、これは説得的修辞学に教えられながら、旅行目的の決定と手段についての記述法に重点をおいている。[258] しかしながら、すべてがそのようなモデルに帰着するとはかぎらない。なぜなら、現実的なものには柔軟で統合しにくい領域があり、真実は、自然の所与というよりはむしろ、ある程度は不確実で、歴史の不規則性に従属する言説規則の産物であるからだ。旅行記で用いられる話は決してただちに証明されない——不可能である。それが反論もできないフィクションとの類似性であり、旅行記固有の特徴だからである。[259] おかげで旅行記は、一八世紀に立派な文学ジャンル——事実、世界の開発というすぐれた象徴的手段で——の地位にまで高められるようになる。

一六世紀も遅くまで、旅行記作者らは何とか信じられそうなことを語ろうという気になっている。そこから、部分的には古代や近世の「著作者たち」に依存する必要が生じ、著作の資料を剽窃し、ときには体験を無視し、また他の旅行者や外国人の口頭で集められた証言の調査とは矛盾する。そんな背景の上で考え方が練りあげられる。

たとえば、マルコ・ポーロ（近代における彼の栄光は多少とも独占的である）は、信頼できる憶測にしたがうなら、まず、「旅行記」の短い草稿を作ったらしい。これはヴェネツィア商人を対象にした旅行案内のようなものである。[260] ついで、一二九八年、ジェノヴァで投獄されていたとき、われわれが知っている見聞記を口述し、それを一三〇七年に加筆訂正した。しかし、最後までこの書の構想の中心にあった商業的な意図が読みとれる。そこに、M・モラは「市場調査」のような事柄を解読し、ペゴロッティの『商業指南』との類似を認めている。[261] 見聞録の初稿の各種写本にはさまざまな題が付けられている。たとえば『旅行記』、『驚異の書』、あるいは現代の出版社で考えられた〔日本では〕『東方見聞録』〔直訳すれば「世界の記録」〕である。この「見聞録」は通常、「記録」と訳される。私としては、むしろ〔世界の〕「配置」とか「尺度」と解したい。この作品はマルコ・ポーロによって口述され、ピサのルスティケロによって書き留められた（この点を注目していただきたい）。ルスティケロは当時のイタリアで知られた物語作家である。したがって彼の役割は、この作品において自分に属する部分と口述者に属する部分を区別するのは容易でないが、平凡な筆耕にとどまることができなかった。両者の協力から中世の百科辞書的伝統における真の「書物」を作ろうという計画が生じる。献辞はジャンルの形式にしたがって科学の権威、真実性、普遍性を謳っている。そのようなメッセージの受け手は人類全体である。

もっとも古い草稿を検討すると、雑多な作品が現われる。というのも、文章の特徴が二重の口頭的伝達に重ねられているからである。思い出を口述するマルコ・ポーロ（それはたぶん数か月間もつづいた）の口誦性と、第二段階として、以前に収集し、いま伝える物語の口承性である。そこから決まり文句や繰り返し、ときにはぎくしゃくした調子、さらに政治的または経済的な効用しか念頭にないヨーロッパ的観点では、明らかに完全な興味の欠如となる。ときにはひどく単純で、語る内容は表面的にとどまっている。さらに、ルスティケロは格調の高い言語、フランス語で書いているが、語るマルコ・ポーロは何語を使ったのだろうか。言語の置き換えに際して、誤謬の範囲はどの程度であっただろうか。たとえば〔都市〕サマルカンドと書くべきところを「サン－マルカン」と書いているのは容易に訂正できるが、その他の誤解はもっと重大な結果を招いたかもしれない。一般の読者にとって、ルスティケロという名は、二〇年も前に『メリアドゥス』という題で出版された長編の〔円卓〕騎士物語の作者として知られていた。たとえば『東方見聞録』の最後の幾章にもわたって（作品全体の五分の一も占めている！）ジンギス－カンの戦いが完全に「物語風」の武勲として追加されているのは、おそらくひいきの読者層の期待に応えるためであっただろう。

同時に、マルコ・ポーロはなんらかの威信に頼るかのように自分の話、父や叔父の話を挙げているので旅が重なり、「私」は「彼」、ときには「われわれ」、さらに「あなた方」と入れ替わる。つまり話し手が入りこみ、われわれ全体をまきこむ。これはすでに近代的な態度である。また彼の物語の意味レヴェルが、完全に異国的な文化にうまく適応した証言で構成されている――その適応の仕方は、それまではヨーロッパ的伝統において拒否されてきたものであり、その後も一九世紀まではごく少ない孤立した例しか存在しない。

したがって混成的な作品であり、私見によれば、旅行記というよりはむしろ百科全書である。つまり時間を無視した体験の水平的投影である。だが、この視点からすれば、今日では概してまじめな話とみなされる情報が、評価しにくいほど混雑している。伝統的な精神的図式と実地に観察された事柄とのあいだで矛盾が生じた場合、マルコ・ポーロの良識は後者を選ぼうとする。彼は古代の書物を世界において追認するだけの人びとにはまったく属さない。有名な天文学者で人文主義者のピエトロ・ダバーノによれば、彼はマルコ・ポーロに質問して、一三一〇年に、ためらうことなくポーロの証言を利用してアリストテレスの命題に反論している![262]

各作者、どの旅行者も自分の素養、経験、生活状況にしたがって、書く対象を定める。一四五〇年ごろ、ウソディマーレは債権者らを安心させるために書いている。コロンブスはマルコ・ポーロの後継者だと自任し、その考えで語りを集中させる。その他の者、たとえば一五二九年にパルマンティエの航海に同行したクリニョンのような人びとは人文主義者であり、さらに詩人である。気質の多様性も少なからず影響し、またときには出資者の要望もある。一二五〇年ごろ、ピアン・デル・カルピーネのまじめさは、一三七二年におけるブルゴーニュ公の配下ベルトランドン・ド・ラ・ブロキエールの印象主義的な軽妙さと対照的である。すべての作者は当然、読まれたがっていて、読者観が作品の構想に影響する。ところで、一八世紀までの読者の問題は、他者（所）性がフィクションとしか考えられないことである。ポルトガルの航海者の物語——海洋冒険にすっかり熱中した国民を相手にしている——でも、概して、本当らしさや、驚異的な事柄への明白な拒絶、有益な詳細への関心が強い。たとえば一五〇〇－一五〇二年のカブラルの書記カミーニャの「航海日誌」がある。[263]一五〇五年のノルマンディー人ゴンヌヴィルの航海記もおなじ性質の作品であり、今日では完全に忘れ去られた。

近視眼的な叙述、俯瞰の欠如（例外はある）。一般的な常套的表現と作品が伝える個別的な詳細とのあいだに空隙が生じていて、それは注釈的解読でも、作者の主観的告白でも埋めることができない。作品は読者に地名（現地の発音である場合が多い）、奇妙な風習の特色、記念建造物の説明、住民の権力に関する資料（それが多くの探検者にとっては心配の種だが）を伝えている。ときには、その情報がいくらか正確なこともある。たとえば一四八三年のエジプト旅行記の作者、ファブリにみられるように。このときは事実を整理する概観に欠けている。もっとよくあることは、近似値が数字になると間違いを犯す。ところどころで、驚くほど暗示的な看過法がみられ、「他のこと」には無関心と思われるほど好奇心が欠如している。あるいは、細かい話がたくさん集められて、情報過多となり、おそらく作者が充実した世界を信じ、空虚への恐怖を表わしているが、作品には架空の真実らしさしか与えない。真実らしさが空間の中に配置された特色を列挙しているかぎり架空的であるが、その解読の手がかりがないので、空間の特色がまったく無意味になる。ギヨーム・ド・ボルダンセルがアヴィニョン教皇庁の枢機卿から依頼を受け、一三三六年に書いた『海外地方の記録書』（二七部以上もの写本がある）は、おなじタイプの旅行記の好例である。[264]初期のアメリカ大陸発見者たちの旅行記——とくに熱帯地方に関するもの——については、その作者たちは言葉にならないような異国調に幻惑され、その様相を寓話風に表現しようとする傾向がある——そこから乱暴に意味が引き出され、やがて黄金の採取が望まれるようになる。[265] 現実の豊穣さから、そんな都合のよいことだけが選り分けられ、ほかのことはどうでもよいのだ。

しかし、この語り方には、固定したものは何もない。やがてさまざまな要素が介入し、その語りを分離し、別の言葉をつくるだろう。たとえばブロキエールは出会った人びとを個人的な見方で観察し、ボルダンセルは地理学的、水路学的、気象学的な用語を駆使する。こうして大航海が準備される時代には、場所的な認識から観察的な認識へと精神が移りはじめた。したがって、それは認識論的視野の漸進的な変化であり、中間的に、作者の感受性と経験された知識を旅行記に同化させるようになる。

空間の観察には、正確さの規準（知覚と言説の正確さ）が徐々に要求される。現実性と信憑性が一致する。この近代性は、ヨーロッパの主要国とイタリアを旅行したF・モリソンの一六一八年の『旅行記』において成功する。とはいえ、すでに一六世紀から、テヴェの諸作品（一五五八年、さらに一五七一年）、あるいはブラジルについてのレリーの作品（一五七八年）、トルコ人についてのブロン・デュ・マンの作品が、遠くから今日の民族学を告げている。フェルナン・メンデス・ピントは日本まで行った三〇年間の遍歴の後で、一五六九年に『巡礼記』（旅行記）を完成するが、これは極東全域にわたる、最初の個性的で生々しい旅行記であり、ピカレスク小説を思わせる。この『巡礼記』は一六一四年に公刊され、L・コスタ・リマによれば、シェイクスピアの『あらし』（一六一五年）や『ドン・キホーテ』第一部（一六〇五年）とともに、近代への大いなる転換を示している。[266]

一七世紀、さらに一八世紀になると、旅行記と小説との隔たりが縮まる——前者がますますテーマ化されるようになるからである。それまで旅行者の話は、伝統に対する作者の態度と同様、類型表現によって、むしろ実話に似ていた。その緩慢な変化に先立って、おそらく調整されながら、もうひとつの変化、つまり最適の知覚法、したがって、およそ確認するときの精神性に関わる変化である。というのも、一四世紀から一六世紀にかけて、徐々に認識の根本的機能において視覚が聴覚に取って代わるからである。中世初期の伝統では、目より耳による証拠が尊重された。それが優勢な口承の慣習と結びついた文化的特徴である。当然、伝聞には権威があった。視覚は、せいぜい確認するだけであった。その後、視覚の権限が広がる。そしてバロック時代には勝利する。一四世紀では、精神はまだためらっている。一五世紀末になると、この近代性が強烈な自信家に要請される。そこで、いままで伝聞で知っていたことが、これからは普遍的に確認されてから知ることになる。それが、一四五〇年ごろのポルトガル人アズラーラに、また一四七〇年のアドルノに、さらにサンタンヘル〔財務卿〕へ宛てたコロンブスの手紙にみられる「類型的な表現」である。事実、これらの作者は実際に見てから、読者に理解してもらおうとし、自分らの言葉に全面的な信憑性を要求している。M・ド・セルトーは、ジャン・ド・レリーの〔ブラジル〕『旅行記』において、目と口の交互活動、「手に取るより、もっとよく見よ」をモットーにした作者の聴取と記述のあいだ、ペンの下、精神のなかにおける無限の反射作用を研究したことがある[267]。旅行記は変わりはじめ、体験と知識によって書かれるようになる。旅行者の語りはますます明瞭に、自然の合理性と言語領域への還元性の要請にもとづこうとするようになる。一七〇〇年ごろにラオンタンが書いたニューフランス〔カナダの旧フランス植民地〕への『旅行記』は案内記であるとともに、それ以上に哲学書である。

同時に、一三あるいは一四世紀以降、若干の旅行記の写本を飾っている挿絵も徐々に性質を変えてゆく。挿絵師は、描写的というよりはむしろ表象的な画風をつくりだす。たとえば東洋人〔オリエント諸国民〕は頭にターバンを巻いていたり、その他、それとわかる服装の特徴で識別できる。作者のクロッキーがない場合は、画家あるいは挿絵師は原稿にしか頼れず、その作品自体もきわめて「類型的」になる。わずかの旅行者（一四五四年にエルク・フォン・エーインゲン、また一四五八年にはカポディリスタ）は、道中で、記憶すべき場所や人物を描こうと心がけるが、これは一五世紀より以前にはみられない。

とはいえ、それが全般的ではない。一四一〇年ごろの、ジャン無畏公がジャン・ド・ベリー公へ献呈した、パリ国立図書館所蔵の美しい写本は、マルコ・ポーロの本からマンデヴィルの本にいたるまでを収集していて、多くの細密画（マルコ・ポーロの作品だけで八四枚）を挿絵に使っている。というのも、J・-B・フリードマンとPh・メナールがそれらの絵を検討し、『東方見聞録』に関して、〔オックスフォードの〕ボドレアン図書館所蔵の、少し以前の二六四号との比較で明らかにされているからだ。[268] この画家には、相反する二つの傾向が対立している。一方では、異国的効果を狙い、描く場面の奇抜さを強調しているので、古代末期の奇形学的伝統の影響が作用していると感じられる。他方、明らかになるのは——とくに西洋でも、よく知られている分野の現実性（たとえば都市、戦闘、玉座の王）——、専門的な手法にしたがって描かれていたり、描写されている画面を日常的経験に近づけようとする配慮である。たとえば画家は都市（本書第6章で検討したようなモデルによる）や戦闘（騎士道物語の挿絵師が示している技法による）の構図タイプを通常のやり方から借用する。その他の点についても同様である。

最近、A・C・ギィニョティが、ブラジルの現実を描いた最古の絵の幾枚かを検討したが、それは一六世紀中ごろの各種の版画であり、とりわけ複雑さの点でもっとも興味深いのは、一五五〇年のルアンにおける「ブラジル祭」の話（本書第13章で触れておいた）を描いた挿絵である。つまりトゥピナンバ・インディアンの日常生活の光景が主として表わされ、演出されている。だが人物の配置（三〇〇人に及んでいる！）は豊富であるが、画家たちは選択していて、対照的に、見る者の良識に最適な特徴だけが描かれている。それでも、演劇的興味から、男女「役者たち」の演技が中心になる。その結果、夢幻劇であっても、ある点に関しては民族学的な資料になっている。

それはたんなる偶然ではありえなかった。当時、新しく発見された土地からもたらされた物品が蒐集されはじめる。たとえば、植物、貝殻、鳥、織物、その他の珍しいもの。航海者は同行者に挿絵師や画家を加える。また航海者のなかにも絵を描く者、水彩画の上手な者も多く、それが新奇なことを述べるための言葉の不足を補う役に立っている。一五九九年、シャンプランは中央アメリカ旅行から、とくに植物や動物の絵をはじめ、多くの美しい素描を持ち帰っている。芸術が科学的意図を果たしながら、奉仕しているのである(269)。

想像的社会から理想的社会へ

遠い旅行の体験から得られた版画の利用は、カロリング朝時代から一七世紀までの旅行記では、全般的で反復される詩的行為である。旅の絵は、空間の表現がたとえ想像できても、既知の世界から外へ出され、運命の鍵としての隠喩となる。たとえば、カロリング朝時代の作品でありながら、古代の作品で、ギリシア語から訳されたものだとみなされる『北極地帯の諸島と知られざる民族』では、ヨーロッパ諸国の外海を航行する哲学者エティクスが語られている。一四世紀でも、匿名のスペイン人による『すべての王国に関する知識』は、世界中を遍歴したフランチェスコ修道会士の回想録という体裁になっている。この作者は物語に充分、検証可能な情報を混ぜているので、近代人もついだまされた(270)。すでに他のところで引用した『聖ブランダンの航海』や、アレクサンドロス大王の驚異的なインド「遠征記」の好例もある——前者はケルト古代の遺産であり、後者は古代ギリシア文明の遺産である。テーマの民俗学的根源（あるいは新芽）は物語文学において指摘されたが、その文学は、「帰らざる国」——さらにその国へ至る旅の参加儀礼的機能——という考えにとりつかれているように思われる。(271)

それらのフィクション的産物において、想像力の効果と、経験の葛藤関係を解決することは、今日では比較的容易である。しかし中世の人間には、そうではなかった。コロンブスは、それらの作品によって宇宙形状誌の考察や地理学をも豊かにした。それらの権威は、事実との厳しい接触によって徐々に失墜してゆくだろう。

一四世紀に、とくに、もっとも驚くべき（もっともよく読まれた！）作品が存在する。それはイギリス人ジョン・マンデヴィル卿著となっている『海外の旅』であるが、本当は医師ジャン・ド・ブルゴーニュのペンネームであろう。一三五〇年ごろに書かれたこの旅行記は、一三二二年から聖地をはじめ、中国や中央アジアにいたるまでの旅行を語っている。この本は、長いあいだ、本当のことが書かれているとみなされ、大好評を博し、権威書となり、遥か遠く、世界でもほとんど知られていない地方についての情報を知りたがっている知識人、あるいはそれに近い人びとからなる読者層（ますます多くなってゆく）に影響を与えたが、それはわれわれには理解しがたいことである。この書はフランス語で書かれたが、一〇か国語に翻訳され、そのうちにはラテン語版も含まれ、その写本が三〇〇部と、一四七五年—一六〇〇年に印刷されたものが九〇版も残っている！　一四八一年の版には、古代の資料や動物画から学んだものにしたがって、付属的に作者が強調する怪物の絵が挿入されている。そのような神秘的な存在を記載するのは、いわば無限に遠い場所を測る一種の距離計を提供しているのである。

「マンデヴィル」は「先達者たち」、たとえばピアン・デル・カルピーネやオドリコ・ダ・ポルデノーネ、その他の人びとの旅行記を臆面もなく剽窃している。彼の作品は、あるときは人文主義者の書、またあるときは通俗書とみなされた。実際には、他の作品から借用した資料において、多くの情報は信頼に値する。[272] しかし全体的な構想は、地理学的というよりはむしろ象徴的である。この作者は世界の無限の広さ、したがってわれわれの社会的条件の脆さを感じさせようとする。ある近代の読者は、彼の作品のあちこちに、はるか未来の一八世紀を告げるような道徳批判の片鱗を指摘している。たとえばスマトラ島の住民の裸体姿に関して、それと対照的にわれわれの服装に触れている。重要なのは、正確さというよりはむしろフィクション的効果の強力さである。だからこそ、おそらく逆説的に、コロンブスから愛された作者のひとりになっているのである。とくにコロンブスの心を打った一節があるが、それは西から東回りで地球を一周するのに成功したという人物のうわさ話を「マンデヴィル」が伝えている箇所である。

とにかく「マンデヴィル」は、「地球」、およびわれわれと地球とのあいだの対照的関係を視野においていた。それが真実であるかどうかは大したことではない。なぜなら、哲学的暗示に満ちた意味の旅が問題だから。おなじ時代に別の作品は、ある知識の内容を寓話化している。たとえばフィリップ・ド・メジエールの『老巡礼の夢』は、「真理」という名の女王と、その宮廷の貴婦人たちによっておこなわれる視察をめぐって、当時知られていた世界を描いている。ついには、他の作品が地理との最後の絆を断ちきって、人物らを寓意と隠喩の世界へ投じる。たとえばクリスティーヌ・ド・ピザンの『運命の変化』や『長い旅路』。あちらこちらへの旅路の帰着点（「婚礼の御殿」であろうと、「魔女の巣窟」であろうと）は、自己の見直し、さらに知識と個人的真実との一致を意味している。騎士における遍歴のように、旅がわれわれに教えてくれるのは、知るということが、まず文字どおり、出立した者に実感されることである。それから一世紀後、つまり一四八三年に、オリヴィエ・ド・ラ・マルシュが晩年になって作詩した『毅然たる騎士』は、ある男の生涯をたどっている。「この世の楽しさ」、「幸運」、「愛」、そして「思い出」、最後に「老い」の国にいたるまで。

これらの作品では、つねに隠喩と常套句のもとで、もはや人間の自由にならない空間に対する恐怖ではないとしても驚愕が目覚めている。それらの伝統のすべてのつながりが――発見談という諷刺として――ラブレーの『第四之書』において結合されるはずである（おそらく間違っていると思われるが、ラブレーがジャック・カルティエの旅行記を知っていたと推測されたことがある）。しかしながら、旅の比喩は詩人たちへ移行した。ジャン・パルマンティエは航海者としての経験から、ルアン文芸協会のコンクールにおいて聖母マリア賛美の詩を成功させるような隠喩をつくっている。一六一三年にラ・セペードは、おなじ調子を『贖罪の聖なる神秘に関する思索』で利用するだろう。

一六〇五年、パリで『両性具有者の島』と題された匿名の奇妙な本が出版された。すぐ飛ぶように売れたので、国王も興味を覚えたほどである。ある男がフランス王国を引き裂いている内乱にうんざりして、アメリカへ向かったという話である。そこでも失望して帰国しようとするが、帰りの船が、ある浮き島に着き、この旅行者は島民と風習を調べる。その島にゆきわたっている調和は、「古い世界」の堕落とともに「新しい世界」の野蛮性をも比較して糾弾させる。[273] また他の空の下では、一六〇二年からカンパネラが『太陽の都』を執筆している。シラノ・ド・ベルジュラックは、そこから『日月両世界旅行記』の構想を思いつき、ル・ブレがそれを一六五七年と一六六二年に出版する。一七二六年には、スウィフトの『ガリヴァー旅行記』が現われる。西洋全体において、この伝統は確立したように思われる。

空想的な旅行文学のジャンルは、一五世紀における大発見と一六世紀における大征服から生じ、以後、その手法を確信して、想像的旅行記のジャンルはユートピアのヴィジョンと言語を合体させた。

トマス・モアの『ユートピア』は、一五一六年以降、その様式を生んだ。しかしこれは、一般に認められているよりもはるかに中世における驚異の旅行記、たとえばアレクサンドロス大王の作とされている『遠征記』のような旅行記と類似している。人文主義者としての多様な素養のある皮肉、語り方と叙述のあいまいな協調、ラファエルという人物のあいまいさ——その苗字も愚かさを喚起させているほどである！　空間が開かれ、それから閉じられる。島の周りは描かれていないが、この島はユートポス〔無‐場所の意〕という大事業のおかげで人間によって創造され、したがって他所から来るものを一切受けつけないという意味を表わしている。岸辺はやっと人間が入れるほどである。都市の周りは険しい城壁で囲まれている。決定的に自然から文化へ移行したのだ。つまりL・マランの言葉によれば、地形から場所論へ移ったのである[274]。ユートピア島は不確定な場所、つまり場所ではない。ユートピア島はおそらく「楽園」の逆である。楽園では清水の大河が流れている。ユートピア島では狭い小川しかない。ユートピア島は、あまりにも悪い世界を拒否し、それに対して防備している。一六〇〇年ごろ、ヨーロッパ社会において至福千年説の伝統が消滅してゆく一方で、ユートピアは、一六一九年のヨハン・ヴァレンティン・アンドレアエの『キリスト教都市』という、真の宇宙変貌に供された書物における錬金術的な成果に伝えられている[275]。

一六世紀の読者は、他のいかなる主張よりも、トマス・モアのうちに、アメリカを「発見した」世代の精神的混乱を感じていた。ユートピアは、虚空に向かって開かれたような認めがたい現実を撤廃してくれる。それは書物によって、また書物のなかで空間を構成するために実際の空間を閉ざす。あるいはむしろ語りがその空間をつくり、表象の空間であり、そこでは経験された矛盾が表現され、そして相殺され、またあらゆる尺度を失った世界で生き残るために残された為すべきことを前にした当惑が解消される。

疑いもなく、以上のような理由によって、それ以前の時代には厳密な意味でのユートピア、つまり、空想的な場に置かれた理想国家というイメージを提供する政治的、道徳的な目標をもった語りは知られていなかった。せいぜい一二世紀以来、形成されつつあるユートピア思想、さらに多少とも自分らの生活空間が脅かされていると感じる人びとを慰めようとするかのように、図形的に外面化されたがっている存在の動きがあることを周期的にうかがわせる。たとえばM・-L・オリエは、円卓物語におけるアーサー王国という概念を騎士のユートピアだと解し、G・ザガネッリは『手紙』で描かれているジャン師の国を聖職者のユートピアだと解し、またA・ド・リベラは大学という観念すら知のユートピアだと解している(276)。しばしば、都市の描写(物語であろうと絵画であろうと)には、溢れるような幸福感のニュアンスが付与される。たとえばブノワ・ド・サント-モールの物語において再建されたトロイ、あるいは典型的な手本から思い描かれたイメージにおいて、ローマやエルサレムやビザンティウムが存在するが、そのうちローマとエルサレムは事実上、人間社会の繁栄を意味する以上に神の存在を証明している。超自然的な存在がユートピアではなく、後者は前者を暗黙裡に否認する。

つぎのように自問できる。幾世紀ものあいだ、大半の西洋人にとって、ユートピア的な意味合いを含んでいたのは、都市の観念ではないだろうか。カロリング朝時代からヨーロッパ諸国民が想像力を向けた中世前期のアイルランド人は、理想国家として構想された修道院の多くの建設計画、さらに設計図を残しているが、それは人間とその「創造者」とのあいだの完全な調和の空間である。たとえば『聖パトリック伝』によれば、〔アイルランドの宗教的首都〕アーマーの建設設計は「神聖にして偉大なる七」にもとづいた「数の神秘論」に依っている。J・ル・ゴフは一二―一三世紀の都市に関する多くの著書に見られる理想化傾向を指摘しているが、それは人的事業から恐怖を追い払う悪魔祓いの手段としてである(277)。

社会の都市化という一般的傾向には、社会の想像面で、ユートピア的な期待がともなう。一九世紀になると、よく理解され、さらに進歩という神話が植えつけられた(278)。中世は、巨大都市になるまでの長い行程につこうとして、進みはじめた。やがて、知識人の考え方は、達成しがたいが望ましい完成のイメージを、部分的には空想的に好ましい場所（君主の宮廷所在地、あるいは皮肉に「テレーム大修道院」〔「なんじの欲することを為せ」を唯一の規則とする世俗的共同体、ラブレーの『ガルガンチュア』から〕を上げている）へ向かわせていた。「ルネサンス」という原動的活力から生じ、「中世の衰亡」をともなう精神的な「革新 *renovatio*」という奔放な努力からなる基本的活動である。

トマス・モアにとって、ユートピアという島には整然と配置された五四の都市があり（6×9、つまり三位一体説の数字〔3の倍数〕）、いずれの都市もおなじ構図、おなじ景観であり、地理的な空間全体を合併してこそ重要になる。つまり空間を総括しようという積年の夢の実現であるが、ちょうど新世界発見という現実で緊急事態に直面していた。想像の進行が目標に達しようとしていた。ジャン師のアジアも、アフリカの島々も、一三、一四、さらに一五世紀において、真に「ユートピア的効果」を生んでいなかった。だが西洋の人間が幾世代にもわたって没頭した緩慢にして手探りの事業――生活空間の除去、および空想的な場所の設定――は一五〇〇年ごろ、夢想意志に到達していた。

その意志は、一六世紀に大西洋を渡った教養ある航海者の話において成功している。たとえばレリーの場合、ブラジルとの最初の接触のときであり（その後、カルヴァン主義的ペシミストになる）、さらにテヴェはブラジルで一〇週間滞在し、その「悪」のない土地を楽園のように描いて報告している。一五五〇年ごろのリオ〔グアナバラ〕湾におけるヴィルゲニョンの「南極フランス」や一七世紀におけるマラニャン島の「赤道フランス」〔旧フランス領ギアナ〕は、ユートピアを実現しようという、はかない試みである。それらの試みは失敗するが、長いあいだ反省と文学を養っている。ユグノー派の勢力圏は、もっと北の清教徒の勢力圏とおなじように布教計画の結実というよりは、むしろ自由願望――自分の手でつくる空間――の成果である。

かくて「旧世界」における「アメリカの夢」が誕生したので、それを語るだけでユートピアがよみがえることになる。その夢からゆっくり、漸進的に目が覚めた。それを知らせる最初の騒動はアメリカ合衆国の独立と一致した。それ以来、合衆国は避難所、幸運を提供した――多くの人びとにとってはたしかにラテン語固有の意味における「アリバイ」、つまりたんなる「他の場所にいる」という意味である。生まれつつある産業社会は近代的な幸福への意欲を――進歩的観念という奇妙な誇張までも――獲得し、同時に、自然をエネルギーに変えるという古代の錬金術的な夢を抱いた。その社会にはトマス・モアの場合とは違った「他所」が必要だった。つまり中世的反応へ戻ると見せかけて、知識操作の面で、ユートピアに取って代わろうとした。一八世紀最後の一〇年代から一九世紀の最初の一〇年代にかけて、急なテンポで、太陽や月、惑星への架空的な旅行の話、宇宙人との遭遇、またときには星の無人的荒廃の話があいついで現われる。今日のＳＦ小説の苦しい初登場だ！　ユートピアについて言うなら、それはもはや存在しない。

16 地図の作製

世界地図

人間の発明のなかで地図作製が記述に先行したというのは、当然のこととして主張された。若干の有史以前の素描、コロンブスに発見される以前のアメリカ原住民の骨または貝殻の上に描かれた図面、オーストラリア原住民において、砂の上に並べられた小石、あるいは素描。これは人間が生き、移動する空間を描こうとする普遍的な意志の現われであり、距離を中心にして場所と場所の関係を確定することで世界を整理しようという欲望の徴候である。生命の欲求が図示することで満たされようとする。つまり広がりの一地域を決定し、獲得することである。生みだされた思考形式と技術は文化によって異なり、またときにはそれぞれの文化の伝統に、激しい多様性が支配する。実際、「地図」(作製された図面を、最初からそう呼ぶことにしよう)は、表現される実態とは同一でなく、たいていは、その一部、あるいは選ばれた一要素しか表わしていない。したがって複雑な記号体系を含んでいる。空間を図像化するが、何にもとづくのか、知覚か、観念か、神話か。地図は自動反射的であるので、想像的な他の空間にも存在感を与えるだろう。

地図の対象は、まったく具象的なこの「地球」である。主体としての人間が感覚運動によって把握する構図、それを語る言葉、それらが文化の特徴のひとつを構成している。その意味で、また文脈全体に関連して、地図は〔レーザー写真の〕ホログラムのように機能する。したがって、それぞれの画素が全体の情報を含む。地図は集団的人間の知識を保存し、もし集団がみずからの歴史を反省の対象とするなら、地図はなんらかの方法でその歴史を記憶にとどめる。だから一四〇〇年より以前の中世地図の多くは、いつも聖書や古代作家の教えを反復している。地図は、散らばった場所をつなぐことで各地の空間を全体にまとめ、他所とこの場所を関連づけ、経路を示して、標識を立てる。したがって、暗黙のうちに放浪を否定し、放浪精神とともにその身体をも非難する。安定性に賛成だ。一三世紀から一五世紀にかけての前‐近代的な地図作製の隆盛期は、スコラ学的合理性、国家の勝利、利潤経済の最初の飛躍の時代である。祖先の遊牧生活から拒否されていたすべてのことが躍進したのである。

　地図の作製は不確定なものに解読グリルを重ねることによって――適用することによって――、不確定なものを規定しようと努める。そのために図面、いわば模造品を作製する。地図作製者は長いあいだ「地図描き」と呼ばれてきた。しかし図面は平面である。放射状の空間を線方式に直すのである。さらに、その表面は必然的に縮小され、枠をつくって境界の範囲を定め、またときにはその枠が、そのまま利用できるものになる。たとえば、枠の上か下に表題が付けられ、その境界内の意味を特定することができる。最後に、地図作製者が活用する多様な図示法はある種の言語に比較できる（きわめて広い観点で）全体像を構成するが、実際には、コード化された要素やコード外の要素を組み合わせている。すでに言われたことだが、地図は図示の実験場であり、また大いに（ここ数十年来の技術的発展の前には）創造の場であり、作者の個性が刻まれていた。そのために正常な線と、地形の思いもよらない形状とのあいだに絶えず不一致が生じた。
その結果、地図は（おそらく、どの地図も）独自の論理を有している。地図は、案内と伝達の手段として、大まかにサインを送る。しかし送られるそのサインは（本当であって、たんなる兆候ではないと仮定して）、空間的現実というよりはむしろ、文化的伝統に制約されながら、描く図像を表わす。地図を生みだす図形化・象徴化という手段は情報の喪失をともなうが、他方では、そのように「原型」を練り上げることによって、ある意味では虚構の作品を作ることになる。そのような虚構性が（今日では科学的表現によって隠されているが）古代後期から一三あるいは一四世紀にいたるまでの地図作製を支配していた。

　だから一枚の地図は記述された一ページとしては読めない。むしろ「作品」として読まれると同時に解読されなければならない。中世前期の地図作製者は、その要求をよく知っていて、神学的な「地球」観のために地図の普遍性を利用した。事実、地図はその情報機能とは別に、地図を調べる者の想像力に働きかけ、またそのレヴェルで、一般的規則として地図を媒体とするコミュニケーションが成立する。そこから、たとえばL・マランが、ボルヘスの寓話に関して指摘したユートピア的側面が生じる[279]。また、その影響力、権力との結合（多くの歴史家によって明らかにされている）もある。たとえば周囲の社会が個人に及ぼす漠然とした権力（コロンブスがその時代に作られた地図を解読したことは好例になる）。さらに、もっと正確には政治力との結びつきである。たとえばヨーロッパ諸王国の相対的な弱さは、一四世紀以前に各国の地図がなかったことと関係があるだろう。

　西洋における地図作製の伝統は、はるか昔の紀元前六世紀におけるミレトスの〔哲学者〕アナクシマンドロス時代のギリシアから発し、さらに正確には四世紀のメシニのディカイアルコスに始まる。そのころから古代ローマ時代や中世前期を通じて、一七―一八世紀の数学を基礎とした作製法の出現まで、継続的で、[280]かつ均質的な地図作製の歴史がみられる。その歴史は最近、多くの研究の対象になり、文献も豊富である。

地図作製者が、現地点から遠ざかるにつれて、空間の再現にも変化が生じる……あたかも距離が遠ざかるにつれて、確かめられる具体性から象徴的な抽象性へ移行させられるかのように。古代における図示は人類居住地に限られていて――だいたい、アイスランドからサハラまで、そしてアイルランドからイランまで――、その地帯を普通、円い平面で囲み、また極限の「大洋という大河」で仕切られている。その形式などが受け継がれ、六世紀からは、キリスト教にきわめて重要なものの伝達に役立つ。しかしながら、中世の伝統に特有な惰性が、明晰さと正確さを犠牲にして古くさい手法を守りがちである。そのためにローマ時代の地名が、ときには歴史的変動を無視して一五世紀の地図にまで存続することがある。さらに地理学者も、古代人に知られなかった民族、たとえばモンゴル人を空間のなかに位置づけるのに苦労する。また一七世紀半ばでは、アタナシウス・キルヒャーの地図が、マルコ・ポーロによってもたらされた資料にしたがってアジア大陸の内部を描きだす。

地図の作製は、古代ギリシア人においては、いっそう華やかであり、古代ローマ人においては、もっと実用的、政治的であるが、キリスト教に適用されるのはアレクサンドリアの修道士コスマス（あだ名はインディコプレウステス〔インド航海者の意〕）の作品を待たねばならない。この地図は六世紀に描かれたものであるが、現物はなく、九世紀の写しでわかる程度である。コスマスは、まだ異教的ギリシア文化に浸りながらも、反発的に「大地」の形状を象徴的に概念化している。つまり地球を、聖櫃のように四角い形のものと考え、そこに大地と大洋と大河と「楽園」を置いている。おなじころ、セヴィーリャのイシドルスは、西洋において幾世紀間も、三大陸を含めた円い平面図で成功を収める——古代異教的な原型であるが、それ以来、神秘的な意義を帯びることになる。（アインハルトの記録によれば）八一一年のカール大帝遺言書に載っている銀板はその図に倣って彫刻されたが、それには同心円的な三つの円で大地と天体が表わされている。

ちょうどその時代に、おなじくギリシアに由来するアラビア式地図作製法が考えだされ、それがキリスト教の伝統とは別に一二世紀半ばまでつづくことになる。両者がはじめて接触する機会は、シチリアのルッジェロ二世から注文された世界図であるが、それは一一五四年のイドリーシーによる『ルッジェロ書』〔または「世界旅行をあこがれる者の愉しさ」〕を飾る六八枚の地図であった。事実、この作品は（部分的には航海者らの話にもとづいていて、古代の資料を訂正したり、明確にしている）地元以外ではほとんど知られないままだった。アラブ‐イスラーム的影響の最初の兆しが現われるのは、一四世紀になって、アフリカ大陸に興味を抱く地理学者の著作である（たとえば、一三二〇年におけるジェノヴァ人ピエトロ・ヴィスコンティの世界球形平面図）。反対に、トルコ人地理学者ピリ・レイスは、一五一三年にイタリアやスペインの各種の地図を利用することになるが……そのなかにコロンブスが描いたものも含まれている。それこそ、一二年前の海戦のときにトルコ人に没収されたものだった[281]！

一八六四年に発行されたデトンブ目録によれば、八世紀から一五世紀までに、一一〇六種の「人類居住地」の地図があげられているが、そのほとんどが、確かに装飾用であり、きわめて図解的である。今日、発行されている地図カタログでは、はるかに多数の地図が挙げられているが、地図作製の歴史に興味を表わしている、いわゆる地図についてフォン・デン・ブリンケンが作成したリストでは一〇五点しかない。つまり世界地図が五〇点、地域図が三五点、そしてポルトラーノ（海図）（一四、一五世紀のもの）が二〇点である。[282]

それらの地図は（ポルトラーノ海図を除いて）、多少とも詳細な面になると、均質で、統一している のは稀である。百科事典的野心の知識を視覚的に投入している。投入は、図像学の発達のおかげで、再現されたというよりはむしろ推定された広がりの空間内に個別的で暗示的な空間を導入することにある。多くの視軸が同時に提供されることもあり、その豊富さがわれわれには少し厄介だが、尽きるというよりはむしろ時代とともに増加する。Ch・ジャコブは一五世紀末の例もあげているが、方位がまちまちで、その地図を理解するにはぐるぐる回さねばならない。[283] ほかに、水平線は垂直線と対立し、垂直線も斜線と対立する。海図では北を今日とおなじく上に置いているが、他の地図では迷っている。多くは東に置くが、ときには南に置いている（フラ・マウロの地図のように）。地図のあちこちで聖母マリア像や聖人像がどこか一点を凝視している。その効果を狙う作図法が多様化し、（線引きや画像や文や色彩など）意図が不安定で、変化するので、読者はその形式の錯綜に目を奪われ、概観を把握するのもやっとのことである。描かれた図面（幾何学的な背景、地形図、挿絵）が、限られた区画のなかで錯綜している。

幾世紀ものあいだ（一三世紀まで、もっと遅くまでのこともあるが）、地図の効用性は、主として聖書の「啓示」を図示し、神の意志に向かって地上から敬意を表することであった。だからこそ中世初期では（古代人の意見がどうであろうと）宇宙空間を「居住空間」に限定していたのである。というのも「贖罪」の対象としての「人間」が置かれているのは、この「地上」の一部だからである。またそのために地形的観点が、地図に描かれた場所または地域を特別扱いすることにもなる。たとえば、規模はおなじでも典礼祈禱のように特定化される。そこから、最終的に、地図（固有の空間において不安定な）

と、それを解読しようとする読者‐観者とのあいだの必然的な対話が設定される。

地図は質的に現実を包含している。その根拠になるのは階級序列、分相応、不一致の観念であるから、偏った読み方をひきおこす——紋章の場合と同様だ、とか。[284] したがって地図は内面的な巡礼である。中世における作図伝統の豊富さはやはり極端な多様性からきている。つまり図示の照準とともに、描かれた普遍的形式においても。それは空間の知覚とともに空間概念をも決定する視点の多様性を示す。言い換えれば、中世における各種の地図の相違は形式的というよりはむしろ意味的である。図示は絶対的な真実性を目指すというよりは、むしろ状況に即した特殊な用途に向かう。その変化は当時の人間の精神には当然のことと思われるので、資料において、おなじ者が描いた地図であっても、明らかに矛盾していることが珍しくない。おなじ作品、たとえば一一〇〇年ごろのランベール・ド・サン‐トメールの『リベル・フロリダス』〔『花の書』。中世の高等教育機関所蔵の細密画つき写本の集成〕には一〇点ばかりの世界地図が含まれているが、いずれも、描き方の原則が異なっているので、ちぐはぐである。[285]

図面に取り込まれる広がり（どのような視点からであろうと）は、つぎのような図面で分類できよう。

——「世界地図」、つまり世界全体でも、人類居住地でもよい、

——地域図、

——最後に、海図、つまり「ポルトラーノ」。

年代的には、一番目の地図は中世初期、二番目のものは一二‐一三世紀、最後のは一四世紀に現われている。

別のジャンル、つまり直接、古代ローマの伝統を受け継いでいるのは「巡礼者用旅行案内図」であり、その特徴は、連続した図面を理解するのでなく、道順をたどることである。とりわけ有名なものとして

は「ポイティンガー・ターフェル」〔古代ローマの道路地図〕があり、これは四世紀半ばにカストリウスが描いたものの写しであるが、そこには多くの旅行案内、つまり当時知られていた世界概略図の上で、おそらく商業旅行地図（事実、順路は分岐しているにもかかわらず、並行して表わされている）にもなる。地図全体は巻物の体裁になっていて、幅三四センチメートル、長さ七メートルに近い！ ローマの伝統では、巡礼の道程が世界地図作製の根拠を示していたとする仮説が立てられた。逆に、中世では後者の細分から道程がつくられている。事実、巡礼の道程にはまったく規準がなく、経由地間の距離は到着までに必要な日数で示され、また途中で出会う主な障害や、それをうまく切り抜ける方法が述べられている。

すでに八世紀に確立され一五世紀までつづく慣習に応じて、地球に与えられる形状は変化する。たとえば、円形、楕円形、四角形である。だが「現実」を模倣しようという意図が欠落しているので、むしろそれらの形状においては、いかなる地図をつくるかという配慮よりは、むしろ地図作製者からその場で提供されている図面を利用したいという欲望が一般的である。このような作図はおそらく、幾何学の抽象的特性についての古代ギリシア的省察からきている。そこから修辞学上の変化の可能性——限定された——がきている。たとえば数点の三つ葉形の地図があり、それぞれの葉が、おなじ大きさの円形または楕円形に図式化され、各大陸を表わしているが、エルサレムが中心になるように配置されている。たとえばハインリヒ・ビュンティンクは一五八一年にそのような地図を描いたが……君主におもねる目的で、何よりもまず象徴的な手法を踏襲した。事実、その三つ葉模様がハノーファー領主の家紋を表わしていた。[286] そのような意味を表わす様式は、中世初期から一三世紀あるいはもっと後まで世界地図における他の要素以上に重視されている。たとえば一一世紀のアダム・フォン・ブレーメンのような修史官のあいだでも、その種の地図を「素朴に」読んだことから生じたらしい誤謬が指摘された。セヴィーリャのイシドルス以来、世界が円形であるというのが支配的な考えになるが、これはおそらくその象徴的な威力のためであり、神の業《わざ》の完全さを示し、またその統制力を確実に象徴している。円形世界地図はもっとも多く、また一般的に重宝がられ、多くの場合、情報もいちばん豊富である。その地図を凝視しているうちに、視線は中心から周辺へ移動し、既知のものから、もう少し未知のものへ転じ、最後には誰にもわからない地帯へ達するが、そこまでの経路が方向を定める。したがって円形の中心が果たす重要性が生じ、その中心こそ、空間（しかじかの地域）あるいは地点とみなされる。そこがたいていの場合、エルサレムなのである。

半球形と呼ばれる地図は円形を二等分して、その一面だけが人類居住地であり、残りの半分は居住できない地帯だと推測される。最後に、「地帯別」の地図はとくに一一－一二世紀（しかし、あるものは一六世紀まで）に多くみられ、円形（あるいは半球形）を北から南へ平行した五つ（または三つ）の帯状に分割し、それぞれ、寒冷帯、温帯、熱帯の地域を示している。ここで円形とは、中世という時代によって多少ともぼかされた古い伝統によって、球体の投影図にほかならなかった。それでも九世紀の、ある地図では大洋・大河に囲まれたいちばん大きい円のなかに、五つの小さい円形の平面図で五つの気候地帯が表わされている。(287)

楕円形、長方形、あるいは四角形の地図について言えば、ときには形式的に密接な類似が認められる。その場合、描かれた空間の隅が円いのは角《かど》の図案化とも、曲線の断片とも解される。たとえば、いわゆる「アルビ地図」という世界地図は八世紀のものであり、おそらく古代ローマの地図の模造であり、また『コットニアナ地図帳』（九〇〇年ごろ）もおなじ伝統に属している。さらにスペイン人のベアテュス・デ・リエバナ師作（七八〇年ごろ）とみなされている「黙示録の注釈書」の「ロンドン写本」のなかに、一一〇〇年ごろ作成された豪華な世界地図もある[288]。その書には、一〇－一三世紀のあいだに、各種の様式の一五点を下らない挿絵がほどこされた。そのうち一四点が今日残っていて、地図作製の分野や系統では「ベアテュスの地図」とか「ベアテュス様式図」として扱われている。その他、長方形や正四角形の地図は、人類居住地の図面だけに限定して、これまた「大河・大洋」を波形にしてその図面を囲っている。

象徴から数へ

以上の歴史に明確な年代をつけるのはむずかしい。地図作製を促進し正当化する考えは、最古の時代でなければ統一しなかった。一二世紀以来、さまざまな意図が交錯し、新しい効用性が目と手に要求される。一三世紀になると、古い様式は残っていても、装飾的な機能を帯びるようになり、また当時、流行していた伝統的な世界概念に部分的な手が加えられた別の形式も導入される。しかしながら、古い地図の多くの特色も一六世紀までは散在し、一七世紀には孤立してみられるはずである。

中世初期の地図作製者は推理で作業し、ある原則から出発して、そこから再現の要素を引きだした。だから、解明し解釈しているので、その構想は確証することであり、なんらかの認識を生みだすことではない。最高の「ジャンル」は世界地図であり、それは古代末期から受け継いだ資料、たとえばオロシウス、エウセビオス、ヨセフス、ビード尊者から剽窃したものを、八五〇年ごろに、混ぜ合わせて編集した「世界年代記」と同様の作図である。世界地図は、神の摂理の現われと感じられる「創造された万物」の統一を称賛している。それは「図面」と「語り」をともに含意する「ヒストリア」という名称で示される。ホールディンガムのリチャードは一二九〇年に描いた大きい世界地図をフランス語で *estorie* という語で示しているが、これは長いあいだ、ヘレフォード大聖堂で所蔵されていた。

したがって地図の図式化は、図面を若干の主軸線に単純化することを意味している。それは純粋な幾何学的空想からきているのではなく（そのように思われるかもしれないが）、むしろ宇宙一体性への郷愁から生じている。つまり人間の五感によってじかに感じられるような一体性であり、同時に、外見的なものを超越して、その一体性の存在を確定する。その確かな証拠は古い時代に多くみられるような、いわゆるT－O地図である。それは古代からきていて、イシドルスによってキリスト教的展望で取り上げられ、円盤をT字形に分割した図形の下で人類居住地帯だけを表わしている。つまり横軸は地中海を示し、縦軸はナイル川とタナイス川（今日のドン川で、ナイル川につづくと想像された）、三分割された空間は大陸で、上がアジア、左下がヨーロッパで、右下がアフリカである。一二世紀から多くのT－O地図は詳しい図と地形的な表示を載せるようになるが、全体としては変わっていない。その地図は碑文のように読まれ、「円形世界地図 *Terrarum Orbis*」（T－O）と名づけられ、創造主から人間に譲られた空間と時間の全体を意味する表意文字を形成する。

この図面はヨーロッパ人の想像力に深く刻み込まれているので、長いあいだ、四番目の大陸を識別できなくした。くわえて、キリスト教的伝統はノアの子孫の三分割と世界の三等分を結びつける。つまりヤペテにはヨーロッパ、ハムにはアフリカ、セムにはアジアである。T字形は十字架を表わす。この構図の頂点にある東は日の出を表わし、またキリスト像が描かれるときには魂の救済の根源を表わす。たとえば一二三五年ごろの、かの有名なエプストルフ地図（一九四三年の爆撃で破壊された）でもおなじである。このきわめて美しい円形世界地図は直径三メートル五〇もあり、中世前期の最後に作製された地図とみなされ、また年代的にも、多くの具体的な情報を提供し、際立って地図的表現機能を表わす最初の作品でもある。それはベアテュスの伝統を受け、その様式をT－O図式に組み込んでいるが、T字形は作者によって解釈し直される。たとえば、垂直に交わる二本の線は、その両端によって示されるように、一本の手が北から南へ延び、二本の足で西を指す。これは明らかにキリストの手足であり、胴体は地図では隠されているが、基軸が交わる点で、エルサレムがおそらくキリストの心臓の位置を占めているのだろう。

同時に、エプストルフ世界地図は「百科全書的知識」と呼ばれるものの最初の地図であり、初期スコラ学の精神に合致している。つまり場所の決定（現実的あるいは象徴的に）と（建造物、動物あるいは植物の）表現を組み合わせ、歴史（キリストの墓）、神学（中心にエルサレムを置き、城壁の彼方のゴグとマゴグ）、地形（おそらくこの作者の祖国であるリューネブルクのザクセン地方についてはかなり正確である）、奇形学（地上に散在する怪物）を合わせながら、この地図は現実的なものと知識のすべてを記録している。

そのために、この地図が形成しているのは、当時の精神的背景において世界に向かって可能なかぎり広く開かれた人文主義的な言説になる。エプストルフ地図から五〇年後（この模範と当然類似しているが）のヘレフォード地図は、今日では失われたアグリッパの古い地図（二世紀）にもとづいているようであり、また、ローマ帝国（最終的境界をアイスランドまで延長させている）の図示を、プリニウス、イシドルス、さらに中世キリスト教関係の資料全体に適合させている。たとえば聖地を中心にして、エデンの園やバベルの塔の位置を決定し、聖史、聖人伝の伝説、アレクサンドロス大王の輝かしい時代な

ど に関わる図を統合するとともに、国王、宮殿、教会堂のみならず、アマゾン族、犬頭族、一本足巨人族、その他を地図に表わしているので、完全に独創的ではなくなる。

一三七五年のアブラハム・クレスケスの『カタルーニャ世界地図帳』もおなじ総合的性質を示しているが、西洋地図に関しては、一世紀来のカタルーニャ人航海者によって作成されたポルトラーノ海図を資料として利用している点が異なる。またオリエントについては、幾編かの旅行記が掲載されている。(289) まずこの地図帳は木板の上に貼りつけられた金銀その他の色彩図六点からなり、革張りの装幀であり、まず当時の宇宙形状誌的知識を要約した縦四段組みの文書で始まる。そのことから、当時でもまだ地理学を宇宙考察に結びつける密接な関係が示される。この「百科全書的」企画は一三、一四世紀の大型地図の特徴であり、一五、一六世紀の地図作製者すべてからまだ忘れられてはいない。一五六八年でも、バルトロメ・ベーリョの地図では、八面の天体球に挿入された地球が描かれている。

もうひとつの伝統、つまり起源も機能も異なる伝統が中世初期から世界地図の伝統とともに共存している。たとえば、「場所決定」の伝統であり、場所（実際には都市）の表示であり、記念建造物の全面的または部分的な図面と絵図の多少とも象徴的な組み合わせである。とくにエルサレムは（巡礼者らの物語や巡礼案内書において）幾世紀にもわたって、そのような図示の目標だった。すでに触れたカール大帝の遺言書は、銀板の上に刻まれた二都市の図を表わしている。つまりローマとビザンティウムである――事実、両者とも帝国的都市国家であり、カロリング王朝の政治的思想の象徴である。九五〇年ごろ、ヴェローナの一市民（おそらく、そこの司教だったラテリウス）がその都市の位置を描き、一一二〇年ごろには、ピサのグィドーネは自分が描いたイタリアの地図をローマとオトラントの図面で飾っている。というのも両都市は、巡礼の目的地あるいは経由地として重要だからである。巡礼者の役に立つことがまだ重要である。そのようなタイプの作図が一般化し、その後、政治権力の所在を示すような機能へ移ってゆくのは一五世紀以前にはみられない。しかし一九世紀まではないとしても、一八世紀までは建物の実際の外観や、さらに遠近法で家並みを分ける道路を、たとえ縮小しても詳しく表現する習慣は存続するはずである。

一三世紀を通じて、地図は希少でなく、また多少とも神聖化されたものでもなくなる。まだ漠然とはしていても実際に役立つという考えとともに地図の使用は普及する。各地で、慣習的な作図法を通して、経験的な空間的現実の特徴が表わされるようになる。ある要求が現われるが、それに対して、あいまいに図面が応えることもある。たとえば一一二〇年前後に、ランベール・ド・サン＝トメールは、もっと精密な原則でヨーロッパだけの地図をつくり、またピサのグィドーネはイタリア地図を描いている。しかし、それは従来の世界地図から切り抜いてきたものだとみなされる。そのような回り道をしないで、地域図を作製しようとする作者を発見するには、セント＝オルバンズの修道士で年代記作家マシュー・パリスを待たねばならない。彼はイギリスと聖地の地図を作製している。前者はとくに興味を惹かれるものである。というのもこの作者は、ある巡礼道中案内記を利用したが、そのため、ニューカッスルからドーヴァーまでの断片を引きだし、その部分を正確で精密にし、他方、余白によって、その島国をアイルランドやノルマンディー、さらに北海沿岸諸国との関連において位置づけている。二五〇もの伝説が図式的な状態の図面に挿入され、説明が付けられている[290]。

この地図の作製年代（一二五〇年ごろ）は、イギリスの中央権力が強固なものになっている事実を証明し、さらに王国の管理行政において文書の使用が進展している証拠になる。事実、地図は、特殊であるが本質的には本来の記述と変わらない一種の記述である。人間関係がほとんど完全に土地所有にもとづいていた中世という時代に、土地台帳も地域図もなかったとは、驚くべきことである。明らかに、当時の人間は空間に関して、今日よりもはるかに敏感な感覚と記憶を持っていたに違いない。しかし統治と公共組織の領域が拡大するにつれて、憲章、そして近い将来には地図が欠かせない保存手段となる。そのために、一三世紀から、また近代ヨーロッパの国家形成と並行して、古代の象徴性を犠牲にして地図作製の機能的な変化が生じる。それでも、境界線をめぐる紛争に際して、地図の証拠が求められるようになるには（南フランスにおいて）、一五世紀まで待たねばならない[291]。

新しい精神は最初の「ポルトラーノ海図」作製で頂点に達する。この海図について確たる証拠はないが（ギリシアとビザンティウムの沿岸経路としての「周航」と古い親近性があるために）、遅くとも一二世紀末という、比較的古い起源が想定された。わかっている最初の資料は一二七五年から一二九〇年までにピサで作製された。フランス王ルイ九世が、一二七〇年の十字軍参加に際してポルトラーノ海図を利用したかもしれない。そこでこの発明は、ピサ、ジェノヴァ、ヴェネツィアの大いなる航海発展とおなじ時期であるとともに、観察と経験の科学のために、単発的ではあっても最初にその必要性を訴えたものである。ポルトラーノ海図は、イタリアの富裕な商業的ブルジョアの作品であり、経済的な機能を果たした。したがって伝統的な地図作製に対して独自性を保持し、知的発想や用途のうえでも異なっている。ポルトラーノ海図は、長いあいだ排除されてきた効用主義の結実として、地図作製者の努力を航路の距離と水深を図示することへ集中させる。それは具体的に求められた要求に応じた各種の作り方で実現される。つねに、平凡な真実さがある。一四－一五世紀には、アラブ人、中国人も、類似した考え方とおなじような目的で、それぞれのポルトラーノ海図を持つようになる。

ポルトラーノ海図は、地中海の沿岸航行（その後、大西洋、さらにインド洋の沿岸航行）をする航海者のためのものである。それは一種の沿岸地図であり、一定の航路を区切って異変や位置を明示し、また内陸地は略されて縁飾りに利用されている。一三〇〇年ごろ、およびその後も長く利用された各種の世界地図とはまったく異なっている。この海図は百科全書的な趣向や神秘的暗示を完全に排し、少数の重要な区域に集中している。たとえば、なんらかの経験を記録し、それを実用的、かつ記憶的記号に置き換える。具体的な空間が考慮される。もはや図式的な輪郭はなくなり、わかりやすい地名の列挙もない。もはやたんなる場所の記録図ではなくなり、間隔、つまり距離を感知し、再現する。

ポルトラーノ海図は、技術的に羅針盤の使用を想定させ、その情報を統合している。旧式の羅針盤は、一二〇〇年ごろからノルマン人によっておそらく地中海の航行で使われたが、これは一六ポイントをつけた風配図〔ある場所の一定期間の風向分布を示す図〕の上で磁石の動きを記録していた。そこで船乗りは船の大よその速度を知ることができ、現在位置を測定し、沿岸地帯の異変を比較的正確に察知できた。その結果、数十年後には、古代で知られていた地中海の大きさ（極端に誇張されていた）が訂正され、今日、知られている規模に近づけられた。尺度（一六世紀末ごろまでは、地図作製の伝統では知られていない）がないために、差異の表示に現われる不規則さは経緯線の升目で修正される。当時の言い方では *graticula, marteloire, marteloio* である。つまり現実に、合理的な構造を与えようとするかのように、それらの経線は広がりを方位の線にしたがって三角の区画に分割し[292]、その結果、どの沿岸地点も他の地点との関連で厳密に位置づけることができるようになる。

自然の景色も、そのために感覚的な近似が一掃されてしまい、地球の、いわば幾何学的なヴィジョンに役立つ。近代精神となるべきものの目覚ましい躍進である。しかし、ポルトラーノ以外の地図で、おなじ種類の抽象的な特徴が現われるのは一五世紀以前ではみられない。たとえば、プトレマイオスから借用した経度と緯度の概念であるが、そのうち後者だけが、ガリレイ以前に、比較的正確に計測されている。一一世紀以降、経緯度という古いシステムは知られていた。一三世紀には、その効果が称賛された。しかし(ロジャー・ベーコンによれば)(293)キリスト教会の権威筋は、まったくその使用を認めていなかった——したがって疑われていたのである! 一四五七年の「ジェノヴァ地図」がその禁制を破った。

ポルトラーノ海図はイタリアで生まれたが、いち早く他の工房でも作られ、一四世紀からはカタルーニャで、一五世紀にはポルトガルとスペインで、一六世紀にはトルコでも出版されていて、その普及は作製法の競合をともなっている。その海図は海賊にとっても、ありがたい略奪品になる。一三五〇年ごろには、アラゴン国王配下の船長はその海図を二部用意しなければならない。その海図は一七世紀末まで作られ、描かれる地域も地理的発見にともなって広がってゆく。たとえば、そのひとつは一四九二年以前のクリストファー・コロンブス作とされていて、地中海沿岸とともに、当時知られていた大西洋のすべての沿岸地帯に及んでいる。一六二八年ごろの、ヘッセル・ゲリッツの「海図」は北大西洋からグリーンランドまで、さらにバフィン島まで含むことになる。一六三三年のアントナン・ルサンのものは旧世界の西部全域、アイルランドからセネガルまで及んでいる。一六六〇年のピーター・グースのものはインド洋からオーストラリアまで及んでいる。(294)そのあいだに、「専門的」作図技術はその海図の作者の経験から多くを学んでいた。一四世紀初めから、人文主義者のなかには、その興味を認めていた者もいる。たとえばジェノヴァ人ピエトロ・ヴェスコンティは、一三一一年から世界地図に地中海のポルトラーノ海図のデータを加えた。ジョヴァンニ・ダ・カルニャーノは一三二〇年ごろ、従来のおなじ海図の範囲を広げ、北ヨーロッパ、近東、サヘルまで含める。一四五〇年の「円形カタルーニャ地図」では、ポルトラーノ海図(ヨーロッパと西アフリカの沿岸地域)に加えて、かつてエラトステネスによって推測された「未知の世界南部」という広大な空間地帯で閉ざされた南半球も付けられる。このような多くの新しい発想から新しいタイプの地図がつくられ、「航海‐地理図」と呼ばれる。最初は簡素な便宜上の図面だったが、その作製に装飾がほどこされるようになる。たとえば都市や船の絵、風配図を表わした風吹き天使などの姿である。

一五世紀における「海外」への大いなる躍進は地図作製の活動にも深く影響を及ぼす。なぜなら、地図作製者の興味や、航海者の自尊心、王侯の貪欲などが刺激されたばかりでなく、彼らすべてのあいだに利害の拡張が起こったからである。ヨーロッパ全体の問題である。一四四八年には、ヴェネツィアにおいて、アンドレアス・ビアンコが、ポルトガル人によって探検されたセネガルの沿岸地図を作る。この作図者は船乗りによく尋ねて、知識を収集している。彼自身が国家にとっても商人にとっても同様に必要で、ほとんど欠かせない存在になる。それが本職となり、やがてその仕事も尊敬される。コロンブスとその弟バルトロメオは幾年ものあいだ、おなじ仕事にはげんだ。都市——ジェノヴァ、リスボン、その後、まもなくディエップ——に地図学校がつくられ、技術的な独自の秘伝を保持しているが、そのことは幾世紀も前から写本家の仕事においてみられ、新しい印刷術を目指すことになる。

その印刷技術は一四七二年以降、地図を独占するようになる。というのも、思いがけない収入源になるからである。その年に、アウクスブルクの、ある印刷屋が、古典的で確かな価値のあるイシドルス世界円形地図を発行しているではないか！　印刷された最初の地図は、手作りで、銅板または木板に彫り、きわめて費用が高くついたので、選び抜かれた地図でしかない。事実、一四九〇年以前では、新しい権威として、プトレマイオスの世界地図だけが印刷屋の注意を惹いたようであり、イタリアとドイツで、活版揺籃期の印刷で一〇種ばかりの地図が発行されている。少なくとも、この新しい技術は地図を普及させ、地図への興味を高め、また模写や再模写が現われ、使用者に劣らず収集家の熱烈な対象となる。たとえばキャンベルの目録では二〇〇点以上が含まれる。

地図の概念そのものを規定していた古い慣習は、以上のような転換期のさなかで、ますます減少してゆく少数の地図作製者のあいだに残っている。神の象徴化、また聖書の言葉に関連するような図面は、最後の円形世界地図の時代、つまり一五世紀の多くの地図にはっきり残っている。また一六世紀になっても、夢や幻想が、図面の余白の部分であっても、現実の表現に混じっていて、伝説的な怪物の図や、黒人とインディアンの絵もある（このほうが類似しているが）。地図作製における数学化に可能な近代的要素が、堆積した伝統から完全に脱却できるのは、一六七〇年から一七七〇年にかけての一世紀間におけるカッシーニ家の父、息子、そして孫息子のおかげにほかならない。というのも彼らの地図作製においては、三角測量にもとづいた比率の適性と、慣例的な記号を厳密にコード化した体系がみられるからである。

おなじく、はじめて天球を図面で表わそうとする構想が生まれるのも「近代性」の最初の開花期においてである。そんなに遅れているのかと驚かれるのも当然であるが、それは図示する素材が象徴的な解釈にとっては地上のほうが適していると思われたからである。しかし、実際にはヨハン・バイヤーが一六〇三年にようやく最初の天球図『恒星図』を著わすが、これは北半球だけで、実に一二七七個の星を五一枚の図に収録している。南半球の天球については、一六七六年に、ハレー〔またはハリー〕によってはじめて図面にされる。

プトレマイオスの介入

きわめて長期にわたる影響力をもった最初の変化は一五世紀の初めに起こった。それはプトレマイオスの作品が発見されたことであり、まず、いわゆる科学革新以上に「人文主義の大事件」であった。彼の『地理学』は事実、世界の記述というよりはむしろ地図作製論であり、挿絵になっている地図は、明らかに本文よりきわめて後世のものであるが、その作品はそのまま全面的に受け入れられた。一四〇九年以前にラテン語に訳され、たちまちイタリア、フランス、ドイツの知識人のあいだに広まった。一四七五年には、本文だけが出版された。一四七七年には、本文とともに地図も出版された。それから幾度も版を重ねた。その評判は一六世紀半ばまでつづいた。つまり「大いなる躍進」と同時期である。

しかしながら、プトレマイオスの作品には多くの誤りがあり、それが明らかになるには長い経験と失望を要した。たとえばユーラシア大陸に一八〇度の経度が付与されていたが、赤道には三万二〇〇〇キロメートルという数値が与えられたので、コロンブスの同時代人には、アメリカ大陸の存在は想像もつかなかった。ある点においては、目盛りが下げられた。というのも、ポルトラーノ海図のほうが地中海を比較的正確に測定していたからである。経線と緯線の格子を使うのは（まもなく方位線と組み合わされた）進歩を形成し、抽象的図示体系の設定を告げていた。しかし計算が定まっていなかった。たとえば地表で一度とは何を表わしたか。その尺度を知るには一八世紀を待たねばならなかった。

そのため、一五世紀以降、ギヨーム・フィラートルが、一四二七年に、はじめて読んだときから、プトレマイオスが北ヨーロッパについて無知だったことを弁護したような批評が続々と現われている。古い模範をプトレマイオス流に手直しするとか、矛盾することもある知識をまとめて総合させようとする。たとえば、一四四八年にコンスタンツのベネディクト会修道士アンドレアス・ヴァルシュパーガーによる古色蒼然とした世界地図とか、あるいは、プトレマイオスの原図に個人的な観察で大幅に訂正をほどこした一四五一年のニコラウス・フォン・クエス作のドイツ・中央ヨーロッパ地図、さらには一四六六年に、ニコラウス・ゲルマヌスによって提供される〔プトレマイオスの〕『地理学』のなかの地図であり、そこでは（おそらくビザンティウムの影響を受けてか？）経緯度を示す直角格子が梯形格子になっている。このようにして近代的な投影図法に近づいてゆくが、その最初の図はフランドルの地図作製者クレーマー（ラテン語名はメルカトル）によって考案され、世界地図上に現われ、一五六九年に出版された[295]。

復活されたプトレマイオスの伝統における最高の作品はヴェネツィア人でカマルドリ会修道士フラ・マウロ作の世界地図であり、これは中世の地図の傑作だとみなされた。この地図はサン＝マルコ大聖堂にあずけられ、かつてのヴェネツィア共和国によって大事に保存された。これは一四五九年以前に、長い年月を要した作品であり、ポルトラーノ海図作者で、またポルトガル人の航海に精通したアンドレア・ビアンコが協力した。フラ・マウロはプトレマイオスから提示された全体図において、その時代の旅行者やイタリア商業都市の海運業者をはじめ、マルコ・ポーロの旅行記、さらにおそらくアラブ人の資料からも得られた情報を収集している。したがってマグレブ〔アフリカ大陸北西部〕、中央アフリカ、インド洋については詳しい。この作者は明らかに極度の精密さを目指していた。しかし自分で採用した円形図に悩まされた。またプトレマイオスのまちがった測定は、エルサレムを中心に描くのをやめたこと――それだけでもヨーロッパとアジアのよい地図が作られるようになった――によっても部分的にしか修正されていなかった。[296]

一五世紀末の数十年間では、作図の発想は多様化し（ただし単発的だが）、象徴化を犠牲にして図形を圧倒的に優先させる傾向になる。たとえば、フィレンツェ人トスカネッリの地図（現在では消失している）は、コロンブスが学んだとされている。これは大西洋の両沿岸や島々を描いていて、ポルトガルを中国から経一三〇度の地点に位置させていた。そこで何よりもまず、ドイツ人金融業者で宇宙形状誌学者、ニュルンベルクのマルティン・ベーハイムが自分で製作したか、あるいは注文して作らせた最初の地球儀がある。この作品は一四九二年作であり、コロンブスの最初の航海以前か、航海中だが、コロンブスはリスボンでベーハイムと知りあっていた。ベーハイムはポルトガルの航海活動をよく知っていて、おそらく参加したこともあり、貿易事業の発展を促進したかった。彼は地球の球形を信じていたので、平面図を断念した。しかし当時としては、球体の投影理論はまだまったく考えられていなかった。

当時の政治・経済的変化から生じた精神的状況において、地図作製法はますます明瞭に、便利な現実性――つまり危険性――の図面化を目指すようになる。しかし大部分の地図作製者、つまり知識人にとっては概念処理が必要である。それ以来、あるときは形而上学に浸った伝統にしたがって作製したり、あるときは手探りで素材の新しい構成法を試みる。しかし一六五〇年までは、いかなる解決も完全には満足できるものにはならないだろう。地理学と地図作製を近代化へ向かわせるのは、一六一〇年のガリレイによる木星の衛星の発見であった。事実、その発見のおかげで地球の測定を確実な資料に即して基礎づけることができるようになったか……あるいは少なくとも一六六六年、カッシーニが一五年間の努力のすえにそれらの天体の運行表を発表し、またはじめて地図の「写実主義」における確実な基礎を固めるときから、その可能性が生じた。

とくに一六世紀初めのニュルンベルクにおいて、旅行案内図としての地方地図が現われるのは、おそらく以上のようなさまざまな理由（一五〇〇年という記念すべき年の大巡礼もある）からである。たとえばグダニスク〔ダンツィヒ〕からナルボンヌまでの空間を表わすエツラウプの地図、ニコラス・クラウディエンのボヘミア地図、ヤーコプ・ツィーグラーのスカンディナヴィア地図、その他、バイエルン、ポーランド、ハンガリーの地図がある。[297] はるかに限定された地域の地図もあり（たとえばジャン・ジョリヴェのノルマンディー地図）、その図示も幾何学的置換というよりはむしろ絵（小さい森、青い湖水、建造物）を利用するようになる。

新大陸が発見されても、各種伝統の惰性はすぐには覆らなかった。マジェランが世界一周航海を終えてから、はるか後の一五二〇年や一五三〇年ごろでも、またヨハン・シェーナーのような学者が、ベーハイム式の地球儀、つまりそれまで存在しなかった土地が描かれた地球儀を製作し、普及させはじめるときでも、書店はあいかわらずプトレマイオスの著書を売っている。しかし秘密の誘惑は強烈である。ポルトガル人もスペイン人も競争相手らに自分らの航路をたどらせたくない。しかも航海から帰った者の証言にも、あいまいさや矛盾がある。

新知識は断続的に広がってゆく。たとえば一五〇二年のポルトガルのカンティーノの地図、一五二二年ごろのスペインのヌノ・ガルシアの地図には、東南アジアやフィリピンがあげられている。コロンブスやその後継者によって西方から探検された土地については、ファン・デ・ラ・コーサが一五〇〇年の世界地図で最初の素描をおこなっている。一五〇六年には、コンタリーニの世界地図で、日本からやや離れてアンティル諸島が描かれ、アメリカ大陸は知られていない。またベネズエラやブラジルの沿岸地帯が神秘的な塊になって出現する。その一年後、マルティン・ヴァルトゼーミュラーはロレーヌ公の依頼を受け、サン＝ディエにおいて『宇宙形状誌のために』を著すが、これは世界地図であり、新しく発見された大陸（後方に、細長い地帯としてしか暗示されていないが）の沿岸地帯も描かれる。つまり明確な二つの部分に分けられ、一方の南のほうが「アメリカ」と名づけられている。この名称は、決定的には一五三八年にメルカトルによって採用されるだろう。ただし新しいアメリカ地図の伝統が形成されたのは、すでに一五二七年、ついで一五二九年のヴェラツァーノ兄弟以降である。時代が進むにつれ、また征服的な略奪が拡大するにつれて、しだいに地図のうえでも二つの大陸塊の厚みが増し、したがって地名の数も増える。

同時に、地図作製にとっても、愛好者や学者たちからなる購買層が拡大する。というのも、――地球儀の製造とともに――大きい地図帳の需要が増すからである。最初のものはオランダからくる。というのも、この国の権威筋がその事業に深い関心を寄せていたからである（長期的に、商業的な理由から）。まず、メルカトルが、聖書とはまったく無関係の「世界地図帳」を発表し、それにつづくのがオルテリウス、ヤンソン、ブラウ、ワーヘナールである。したがって一七世紀には、彼らの作品やその模倣者らの作品に、しばしば「劇場」という表題が付けられる。それが「図示」〔上演という意にもなる〕に与えられる意味である。

地図と装飾

地形図は、実際の状況で伝達の統一を構成する。たとえば、地図の図示、あるいは文字の要素は、たとえ美的機能を満たしていても、伝える情報の理解に必要である。建造物の光景、けだものや怪物や人間の容姿、四季の象徴、聖書や歴史や日常生活から借用してきた場面、そのすべてが異質であろうと、総合的に意味を帯びる(その空間に散らばっている文字と同様に)。しばしば全体像の構成すら、図面だけの判読では明らかにばかげたものになるだろう。地図は、学者たちの百科全書的知識を解体して、その断片を個別的な場所に関連づけようとするが、それらの場所を、なんらかの経路(過去、現在、未来の経路)の視野において結合させることによって、その知識に、別の水準で活力を再生するのである。(298)

地図帳のページは一見、平面にすぎない。多様な図像化方式がそこに加わっていて、ある方式は線の読み取りを求め、他の方式は「入れ込み構造」の感知を求めている。地図を読む者は、読み取れるものから、見て取れるものへ移ったり、その逆も求められる。つまり地図は記号であり、同時に指標であり、物体である。地図における図面、構図、記述は、それぞれ異なる意味様態に属し、前二者は羊皮紙に類似した模写を投影し、第三のものは一種の説明である。しかしあまりにも異なる表現様式のあいだにも、物語とその注釈とのあいだとかなり類似した(両者の意味において)関係が維持される。

全体的にみて、またその伝わりやすさにおいて、中世の地図は語りである。この基本的ともいえる性質は一六世紀にならないと希薄にならず、さらに完全に消えるには一七―一八世紀における技術の数学的処理効果まで待たねばならない。ただ、空想あるいは広告の地図だけは、人為的に、古い状況を再生してくれることがある。しかし、一二世紀の若干の作者が、そのフィクション的な文書に世界地図の描写を挿入して語りの豊かな効果が生じたことも理解される。彼らは空間のなかにひとつの空間をつくり、宇宙へ向けた窓が逸話のなかに開けられ、宇宙の話が個人の話の役割を果たした。たとえば、ボドリー・ド・ブルグゥイユは一一〇〇年ごろ、アデール・ド・ボア伯爵夫人の部屋(想像図か?)を描くとき、床のタイル張りのモザイクで詳しく「世界地図」を描いている。同様に、それから五〇年後、

『テーベ物語』の作者が四〇行の詩句を費やして描いているのは、アドラストスの住み処を飾る黄金板に彫られた地域別世界地図であり、キリスト教化されたマクロビウスのタイプにふさわしい最古の例であろう。

図面から記述へ、この不安定さは伝統によって決して規制されなかった（抑制もされなかった）。なぜなら、どの地図も個性的だからである。稀にみる極端な例として、図示される領域が文字によって占められていることがある。たとえば列挙された地名研究一覧があるとか、地方と人種の名称が隣接順に並べられていたり、また疑似地図では、「絵画」的効果のために、ときには文字の部分を分けるのに異なった色彩が使われているだけのものもある。一四一〇年でも、ダイイの地図作品に見られるとおりである。一般規則としては、二種の記録法の協力にとどまる。一一三〇年ごろ作の、ユーグ・ド・サン＝ヴィクトールの『表現論』序文ではつぎのように規定されていた。図画では、物事あるいは物事のイメージを示し、文書では、それらが意味するものをどのように言い表わすか、が問題である[299]。一四世紀では、ヴェネツィア人パウリヌス・ミノリタがその『世界史』のはじめで、おなじテーマを再検討している。つまり「世界地図がなくても、聖書や、ノアの子孫をはじめとする四つの偉大な帝国、その他の王国、またその地方の世俗的な文芸作品が教えてくれることを想像したり、理解することは難しいが、不可能だとは言えないだろう。しかし、この世界地図は二面から成り立っていなければならない。つまり図示の面と記述の部分である[300]」。

かくて記述と図示のあいだの内的な関係が決定される。文字の部分は地図に書き込まれ、図示の一面を成す。「凡例」（本来の「読んでおくべき事柄」という意味で）、しるし、短い注か長い注、これは地図上の各地に配分されていて、一般的には、描写的または説明的な単純な注であり、聖史または古代の歴史上の人物、記念物、逸話で、各地の特色に関わる知識の要素を割り当てる。それらの要素を挿入するのに決まり文句がある。たとえば「ここに……がある」。「ここに」は、それによってある地点が構成される地図をさすと同時に、地図の外の想像されるべき現実の場所をもさす。地図によって、記述はまばらで少ないこともあるが、多い場合もある。たとえばマシュー・パリスのイギリス地図は二五〇か所を下らない記述がある。ここでは、記述は（たいてい）没個性のままだが、別のところでは個性的で、さらにフラ・マウロの地図のように論争的なのもある。

　地図が記述要素の一部分を構成して合体するなら——ときには純粋に装飾的なもの、たとえば縮小されて、装飾文字で飾るとき——、同時に外的な関係が生じることもある。とにかく、地図が記述部分、さらにはその本全体に挿絵を入れるのは伝達の統一としてである。地図が後から挿入されたときは（古代の書物を編集する写本家の発想から起こるように）、その地図は状況を変え、したがっていくらか意味を変える。一四世紀初めに、十字軍派遣の計画を述べた若干の作品に地図（ときには立派なものがあり、たとえばピエトロ・ヴェスコンティの世界地図）がみられる。一四五〇年ごろにつくられた『タタール族の話』の写本は、ピアン・デル・カルピーネの物語〔『モンゴル人の話』〕にもとづいた地図を挿入している。しかし旅行記に地図が挿入されるのは珍しい。意外に思われるのは間違っている。なぜなら、地図はそれ自体、一種の語りであるから、わざわざ余計な要素を加える必要はないだろうからである。そのような組み合わせが普及するのは一九世紀初めになってからである。知られるとおり、シャトーブリアンは『パリからエルサレムまでの旅』のルノルマン版では地図を挿入するように頼んだ。地図は当時、もっとも具体的な要素から純化され、物語に、科学的な保証や、いっそうの真実らしさを与えた。

　中世の用語法で「絵」は、地形とともに、それに生彩を与える表現図、つまり「絵図」を指す。地図のうえでは、その絵図は記述に代わるというよりはむしろ、それを視覚的な描写に直して、直接性と明白さを確保し、それを図面化にゆだねる。絵図はそれ自体で存在し、意味の媒体となる。絵図が置かれた空間は、あらかじめ組織化され、それ自体、意味を表わし、性質と配置を決定するが、絵図は空間の、究極的、知的、感情的で、さらには神秘的な目的を表わしている。

人間、動物、植物などの姿形、多少とも象徴的な建造物、山らしい輪郭——ちょうどそれだけの数の語り手が地図作製者と地図の読み手のあいだの仲介をつとめ、概して図面では表わせないものを説明してくれるようだ。たとえば一隻の船は海を語り、動植物はしばしば地域と気候を話し、人間（あるいは旗や紋章）は国民性を表わし、また建造物は（抽象的すぎる地点が見つからないので、前‐近代の地図では役に立たない）広がりのなかで点在したり、広がりを構成したりする場所を示すだけである。われわれが多少とも強調しようとして、パリとかボーリユー‐シュール‐ドルドーニュを示すためにいくらか力点をおくところに、「絵師」は教会や城、さらに、必ずしも写実的ではなく建造物の全体を描きだす。それが一七世紀に共通した作図法であり、今日では、装飾的機能として認められる。

規模はあまり問題ではない。ヨーロッパの〔地図中の〕絵図はたいてい小さい。この大陸図に必要な凡例の数によるからである。アフリカ地図の絵図は砂漠という空白部分のせいで〔凡例が少ないので〕大きくなる。だが絵図には不思議な力がある。たとえば、こちらで奇跡の思い出を喚起するかと思うと、あちらでは叙事詩的な伝説の思い出を呼ぶ。また他のところでは、世界の未知の地域で出没する怪物（聖書や古代人によれば）を喚起させる。たとえば獅子や象、犬頭族、あるいは巨足族。そこで地図は「不思議なもの」の寄せ集めになる。一四〇〇年に、トスカーナのある商人がバルセロナの地図作製者に四枚の世界地図を注文している。その契約の規定によれば、挿絵には一六五体の人物と動物、二五隻の船、一〇〇匹の魚、一四〇本の木、三四〇種の旗が描かれることになっている(301)！　一三世紀以降、ヴェネツィアの作製者は地図の隅に聖人の肖像を描いているが、その聖人はおそらく地図作製者の名において、神の創造に敬意を表するためだろう。一五－一六世紀には、地図の真ん中に荘厳なる聖母の像が飾り枠のなかに入れられていることもある。一六世紀のアメリカ地図では、やはり画像を使って「彼ら」と「われわれ」、自然と文化、野蛮人とキリスト教徒の対照を明らかにしようとしている。

しかしながら、一七世紀初めになると、地図作製者はそのような図面に対してためらうようになっているようだ。まず、最初の変動はどうしても地図作製を抽象化へ向かわせることにある。もちろん、画面は残されるが、それは図面の余白へ押しやられる。まもなく枠の中へ隔離される。彫られた木版が印刷所へ回され、規格的な図面が純然たる複製として刷られてゆく――そこから図面もあまり意味するものが少なくなってゆく。かくて、世界を個人的に読み取ったり、世界の驚異的な多様性を思索するという地図の伝統的な機能も終わることになる。

「絵」という語のあいまいさ（われわれにとって）は、中世では絵画と地図が区別されていなかったことを想定させる。いずれも現実的なものを表現するために、おなじ技術を使っていた。一三世紀までに教会堂の壁に描かれていた多くの世界地図は、ロマネスクまたはゴシック様式の宗教的芸術作品に属している。たとえば、M・クプファーはシャリヴォワの世界地図をヴェズレーにおける絵師の仕事に関連づけ、フリードマンはエプストルフとヘレフォードの世界地図をマグダラのマリア霊地を訪ねる巡礼の順路を示した作品に関係づけている(302)。一〇年ほど前から、多くの研究が発表され、オランダの黄金時代の絵画と、おなじ時代のすぐれた地図作製者の作品を結びつける関連性が指摘されている。

フラ・マウロが、地図をつくづく見つめる楽しさを表明したとき、彼は地図の美的な特色しか主張しなかった。K・ホワイトは最近、若干の古い地図を思いだし、「啓発的」で「完璧な美しさ」と言っていた。彼はアラビア、中国、日本の有名な地図の例とともに、一六－一七世紀において、リスボンやセヴィーリャ、さらにディエップで出版された地図も挙げている[303]。これはあまりにも限られたリストである。中世の地図は、概念のうえでなんらかの「美しさ」という視点におかれ、対象との味わいのある接触と享楽のうちに意味の表出を狙う。中世のどんな芸術家とも同様に、地図作製者は現実の混乱を超越できるほど確かな領域を創造しなければならない。したがって現実のさまざまなイメージをつくりだし、各空間を特徴づけ、図面を明示し、文字を引き立たせるために、彼が使う色彩の機能はそこにある。なぜなら、今日の地図のように符号化された配色ではなく、照応関係がうまくいって調和がつくられる色彩だからである。かくて図示された人物や物体の、ときには驚異的な配置（しかもほとんど「写実的」ではない！）が説明される。というのも、それらの相互的均衡、数、特徴が、あるときは逗留、あるときは出発を喚起させるからである。

地図のこのような意味深い特性は、（地図から受ける楽しさのために）幾世紀にもわたって地図が装飾品にされた理由である。教会堂だけが地図を装飾に使ったのではない。王宮でも地図が描かれた。文書の余白の挿絵、挿絵の飾り文字、さらには印璽にごく小さく地図が描かれた。おなじ特性によって、意味の濃厚さのおかげで、一六－一七世紀には、空想あるいは心の旅路として、寓意的な地図が考案された理由もわかる。たとえば、ユートピアについて描いたトマス・モアの地図、『天路歴程』に先立ってバンヤンが一六六四年に解説として描いた地図、そしてついには、その時代の、もっとも美しく、また見事な模倣的作品としての有名な「愛の地図」もある。

これら、後の世の脱線は、地図の象徴性の問題、さらに空間をいかに表現しようとも意味の可能性があるという問題へ導かれる。中世における大方の地図の極端な緻密性は、多様な判読や多くのレヴェルでの解読を要求しているようである。地図作製者は空白を恐れる。古い時代の地図は、たとえばT－O世界地図でも、緻密性を解釈に供している。キリスト教団が世界を独占しようと前進しはじめたときから、まだ忘れていた地があることを知らねばならなかった。つまり一二、一四、一五世紀、さらには一六世紀の地図上に疑問符を打たれるような「未知の土地」である。それでも、その地について語れるはずである。地図作製者はその不確かな土地に、自分の幻想や知識から暗示されるものを集中させる。たとえば奇怪な絵図とか説明文（「ここには荒れ果てた砂漠地帯しか存在しない」……）、さらにたんなる方位の方眼、そして方位図。事実、空白はまさしくナンセンスである。

　しかし地図のさまざまな要素に、必ずしも同時的な指示機能があるとはかぎらない。たとえば歴史的に異なる時期も指すからである。判読規則もなく、いわゆる解読規則もない。地図の言葉は、予言的でないとしても、詩的な性質のものである。中世初期、さらには一三世紀の世界地図でも、神の摂理的「計画」、あるいは、いまは失われたシャリヴォワの世界地図のように、キリスト教徒社会の構造を意味し、またエプストルフ世界地図のように地球とキリスト「聖体」との一致を表わしている。一四世紀には、カニストリスのオピキヌスの奇妙な地図はポルトラーノ海図の上に、原罪の世界的遍在を意味する寓意的な絵図を「載せている」。一五三六年に、人文主義者オロンス・フィネは地球の「ハート形」投影図を想像している。つまり世界は心臓の形をしているが、心臓は道化師帽の下で顔の代わりをし、帽子は「なんじ自身を知れ」という標語をいただいている。一五八二年には、ホーヘンベルフはスペイン領のオランダにベルギーを縦に並べて獅子の略図をあてがい「ベルギー獅子図」という地図を作製している。この伝統は一八世紀半ばまで継続する。[304]地図の構成が数学的制約からまぬがれているかぎり、地図作品は必然的に文字によらない判読に供される。一八世紀まで、地図的空間は基本的に想像的な世界に属している。もちろん、はるか以前から現実世界を表現できるものに近づいていた。一七〇〇年ごろ、ついにそれは科学的資格を要求する。それでも現代の情報科学までは（おそらく）決して完全には科学的になれないだろう。

17　絵　図

現実と絵図

　あるイメージを彫刻したり絵に描いたりすることは、それを具体的な場所に置くことであり、文化的に符号化された関係によって、その絵図が具体的な場所に置かれることもある。しかしそれは何よりもまず、その絵図を、奥深い存在性において、ユニークな場、実現と現存という空間の中心とすることである。おそらくそこに、究極的には「芸術」のもっとも普遍的な定義、また詩について与えられた定義が発見されるだろう。先史時代の洞窟壁画の研究によって、それらの壁画が独特の神秘的な空間をいかに構成しているかが想定されている。

　それでも空間はそれ自体では存在せず、広げられるさまざまな形態によって存在する。視覚的な芸術様式の多様性はそこからきていて、この芸術は各時代や共同体における文化、空間における人間固有の暮らし方、空間とのあいだの精神的関係を表わす。中世、一四または一五世紀までの芸術は絵図を自立させている。つまり空間を客体化している。絵図を浮き立たせる具体的な広がりがいくら微小であっても構わない。その表現のすばらしい豊かさ、またメダル形式を完成した一五世紀イタリアでの印璽や飾り文字の見事な美しさが有名である。中世では、神聖さが加われば、特色を見事に発揮させる手法が発明された。たとえば、神や聖母や国王の「荘厳なる」図像化がある。玉座にいる厳かな正面像、さらには聖人像の周りに光り輝く光背。しかしながら、時代の流れにともなって漸進的に傾向の変化が生じる。たとえば一二－一三世紀でも、それまでのように「客体化された」空間は内面的空間であり、そこで響く言葉は隠された「神意」への祈りであり、称賛である。だが少しずつ外的空間が、その映像でもって内面に侵入し、内面を変換し、一五世紀には、唯一の世界環境として君臨するようになる。

ここで、中世を考えるうえで重大な問題に触れる。絵図は、現在の現実として提供される。しかし具体的に経験されたこととどんな関係があるのか。アリストテレスは『霊魂論』巻二、巻三において、後にトマス・アクィナスから本質的なものとみなされる思考力に関する学説を説いている。人間は世界を見るが、もしなんらかの欲望がその視覚を対象、つまり絵図に置き換えられる対象に結びつけることで精神がそれを把握できるようにしないなら、その視覚は無用になるだろう。したがって身体と精神はいっしょに知覚行為へ参加し、物を共－有する。物体とおなじく、絵図は素材であり、同時に形体である。したがって形体が物の形体を模しているか否かを知ることは、様式の歴史以外には、あまり重要ではない。真の問題は、はるかに全般的であり、絵図と「現実的なもの」との関連性である……この言い方が近似化というよりましであるならば。もし現実的なものがあるなら、中世の言葉では「移動、置換」を受ける。絵図自体は現実的でも非現実的でもなく、それは、事物をほしいままにしようという秘かな魔術的欲望がその対象へ投影されるように、絵師の筆から生まれる。たとえば、おそらくラスコーの洞窟画で見られたように。イメージとは意識の働き、なんらかのものを意識する行為であり、主体とともにその対象をも抱き込む。それでも絵図は、それがおそらく表現しているそのものではない。それ自体としての、あるものである。

だからこそ視覚芸術の特性は、対象になるものがそれ自体で価値があり、また、そのままの状態で判読されるものとして視線に提供される。したがって、しばらくのあいだは、どこかの空間における芸術から生みだされた絵図のあいだに関連性が生じ、交換がおこなわれ、道路網が分岐し、やがて図像形式が、知覚された世界の大半——潜在的にはその全体——を占めるようになる。つまり空想的空間をつくりだすのであり、その構造、規模、内的法則は「現実的なもの」の法則や規模や構造に対して自立を願うとともに、一方では文学的類型論、他方では「記憶術」の「場」の理論に比べられるような相関的「類型」全体を構成する。典型的な模範の集成は、工房から工房へ、芸術家や専門家のもとへ回された。たとえばヴィラール・ド・オヌクールの『画帳』は、明らかに「図像便覧」(L・エアーズ)であったし、またリール大修道院にあるものは詩編の絵画的頭文字に効果的なモティーフを提供している(305)。

ヨーロッパの歴史を通じて、さまざまな影響のもとで、そのような実情や、つねに隠れた「現実」への郷愁を意識して生じる一種の良心の呵責が幾度も表明された。中世のすべての世紀がそのような危機に近づき、本当にはそれがわからなかった。一三世紀に、ヴィラール・ド・オヌクールのような人物が動物や植物を「ありのままに」描いているが、人間の姿を描くときの規則は、R・ベクマンによれば「記憶術」の規則と違わない(306)。そこで実物の模倣的表現という考えが人間の精神において発展しはじめる。つまり、まだまだ遠い近代性を予告しているのである。主体的自己が徐々に芸術作品に現われるようになるが、これは外部の世界に対して距離をおこうという願望からきていて、その意味を安定させることによって、いずれは世界を支配することができると確信することが重要である。しかしながら、それについてはまだ何も明確な計画がなく、まして学説によって定められてはいない。感受性と思考は、まだ幾世紀ものあいだ、ある物体の存在を視覚的に明示する「相似、見かけ *semblance*」（この語は、正確を期して古期フランス語から借用した）と、可視性によって物に隠されていることを表わす「類似 *similitude*」（修辞的な語）の対照（一方は感じ、他方が正当化する）によって決定されているだろう。「類似」は「明白、見えるもの *evidentia*」、「視覚で捉えるもの」という語を生みだし、「眼力のある」精神、あるいは洞察力のある精神活動になるが、その精神には、新プラトン主義的視野において、多くのキリスト教会教父たち、つづいてユーグ・ド・サン＝ヴィクトール、つまり一二世紀半ばの具象芸術の大いなる飛躍とおなじ時期の人物たちも関わっている。その伝統の背景には、神意の不完全な写しにすぎない非＝実体としての個体に対する不信が目を光らせている。しかしながら、新しい主張が、――アリストテレスではないとしても、トマス・アクィナスよりはるか以前のボエティウスを復活させながら――アベラールのような神学者たちには、無尽蔵に豊かな象徴によって救われるような事物礼賛や個人への注目という新しい感情を普及させる(307)。

絵図は活力であり、しるしと威力を合わせている。そのために聖イシドルス（『語源論』巻一九、一―二）は、みずから嘘偽りだとみなしたものを激しく攻撃するために「描いたもの《ピクトゥラ》」と「作りもの《フィクトゥラ》」と、ごろ合わせをしながら宣告した弾劾が、おそらく異教再来への恐怖心として表わされる！　しかしそれから一世紀後には、〔ビザンティン帝国における〕ギリシア聖画像破壊運動に対して西洋人が示した反感は絵図への関心の高まりを表わしていた。それは、類似的なものへの魔力に惹かれたというよりは、むしろ自然の威力を尊重したからであろう。そのころ、有識者のあいだでは、無学の者を教育するのに絵図が文書に取って代わったという意見が広まっている。しかしまた、詩人が、恋をしている男の胸に刻まれた愛《いと》しい女のイメージについて語るとき、その表現は言葉であり、付随的にしか肖像という観念を示さない。たとえばチョーサーの『名声の館』において、またシャルル・ドルレアンのような詩人をはじめ、バロック芸術家までの多くの詩人にいたるまで、その表現だけで充足した意味が保たれている。旅行者の回想や語りとしての報告を図解し、さらに多少でもそれらの作品から着想された挿絵は、一六―一七世紀のヨーロッパ人の精神に（実際の体験以上に）「アメリカというもの」……したがって散漫ながらも、その大陸の将来に影響するものを形成する役に立った。

かつてE・マールは――以上の表現が誤解されることなく隠喩的に用いられた時期に――中世の芸術を、絵図が文字や語であったかのような記述または言葉に比較したことがある。F・ガルニエは、もっと技術的なやり方で、記号の相関関係、最小単位の結合、語形論、統語論にもとづいた適切な記号論の観点から「絵図の言葉」、「図像の言葉」について論じている。[308] たしかにそのとおりである。絵図と言語は絶対に対立しあっている。一方は他方で言い換えられないし、その逆も同様である。両者は異なる感覚領域に属していて、詩人がどう言おうと（まったく別の意味で）、一致はありえない。たとえば今日の広告業者はそのことをよく知っていて、場合によっては絵図しか説得力がないと心得ている。たとえ言葉の作品が書かれようとも、それが読者に受け入れられるには、絵図が要求する場合とはまったく違った視覚的回路が必要であろう。見えたものと書かれたものは違った空間に存在し、それらの空間の規則も異なっている。

とはいえ、絵図の「統語論」、つまり統語としての表意的空間配置について語らねばならない。たとえば背景がつづいていて形をなさないとか、空疎な場であるとか、「東方三博士の礼拝」あるいは「若きイエズスの奉献」の背景となる都市または田園の景色のように、主題とは明確な意味関連なく、特殊な表意画面を構成する背景に絵図を配置することによって生じる効果がある。また別の方式になるが、体系的ではないとしても、もっと記号論的な紋章図形があり、その各形状は明白な表示をしている。[309]
しかし、そのような関係にあまりこだわりすぎてもいけないだろう。事実、絵図は——もっとも新しい技術によってその調子が（さらにその特性も）変えられてしまうまでは——時間について何も語らず、影響も与えないが、それでも時間は言葉のあり方を設定する。中世の芸術家は、並置または反復、連続性または同時性によって、H・ダミッシュの言う「視線の語り」を暗示し、つくりだし、導くことによって、その難題を切り抜けている。[310]大きさと場所を巧みに活用することで、時間の継続と効果を観る者に充分理解させることができる。したがって時間は仮想的に空間へ転換される。ラテン語も、俗語の慣用的表現と同様にそのことを理解していた。つまり*historia*という語は、継続中の語る行為を意味すると同時に、連続する絵図をおのずから統合させて表わすことを意味している。一五世紀のフランス語*historie*はたんに「挿絵入りの」という意味になり、多様な図柄で装飾された織物は「描かれて、書かれたもの」と言われるようになる。
この両義性から生じるあいまいさは、現代における再現までは、近代の初頭までつづくはずである。絵図が発揮する力量感が、記述とは（原則としては）絶対的に区別されるとはいえ、絵図は共通した古い遺産を記述と分かち合っていて、両者とも本来の画面や輪郭、それぞれのやり方で対象となるものを自由にしようという欲望から生じている。理解される空間も——時代とともに、そしてとくにアルファベット発明の結果——両者のあいだで分離した。しかしそれら両空間の扱い方しだいでは、表面的ながら両者間の絆が結び直されようとする。次章において、文字を絵図に変える手法について触れるはずである。作品における挿絵はその書の注釈をつとめることになり、読者を記号化された視覚性から直接的な空間的視覚へ移るように促す。壁画や絵に付けられた「題」、銘、ときには長文の銘は逆の変形をおこなっている。一三世紀以降、西洋全域において多くみられる「絵本」は両表現領域の一方を使って別の領域を説明している。一二五〇年ごろの『愛の動物誌』で、作者リシャール・ド・フルニヴァルは序文において、絵図の比類ない効力ならびに記述の不可欠な合理性にもとづいた制作をなんらかの形で理論化している。(311)

平面図

絵画、素描画(これは一五世紀にならないと独立した芸術ジャンルにならないが)、版画、これらは技術的、制作的にも多様な制約を受けようと、共通して素材の平面性を保有している。この状況から二つの結果しか生じない。つまり芸術家はすべての空間性を平面という空間性に帰することを受け入れるか、あるいは立体感と深度という錯覚を生じさせようと試みる。この二つの傾向は一四世紀までの中世の芸術に共存しているが、後者のほうは自信の欠如から芸術とは異質の試みへ向かう。概して、絵図はモノクロの背景、それとも表現の外へ脱落するのを防ぐ枠内に描きだされる。後者の場合は画像が「舞台」のように閉じこめられる。絵図によってわれわれの目にゆだねられる現在の空間は宇宙的な広がりではなく、演劇的な場である。両者を結びつける関係は、演劇的なアクションと実人生との関係に似ている。

しかしながら空間は、まず光のように知覚される。そこに中世的精神の顕著な特徴があるので、本書第19章であらためて検討しよう。ただ、絵画芸術だけは色彩作用のおかげで、その効果を発展させることができる。しかし画家は、影と光の戯れで日の明かりを模倣するか、または絵図固有の輝き方において内面化するかにしたがって異なる手法を用いる。後者の方法のほうが古い。前者は一二世紀から漸進的に認められはじめ、一五世紀になってようやく成功する。その出現はステンドグラスの普及と一致しているではないか（驚くべき補足ではないか！）。ステンドグラスは前者の手法の究極的神髄であり、その隆盛期は一三世紀であり、一四世紀の「グリザイユ」（単色画）より以前である。これら中世の二種の絵画様式は、もっと一般的な観点からみれば、かつてフォシヨンによって区別された二種の図像様式のいずれかに属している。ひとつは「記念」様式であり、見る者の目の前に外向的、模写的な絵図を投影し、なんとかして「現実効果」を生みだそうとする様式であり、もうひとつは「細密画」様式であり、内的空間にこもって、類型的な図示へ向かう。

他方、用いられる素材の性質で決定される三つの伝統を区別しておくべきだろう。いずれの伝統にも多くの独特な技術があり、互いに手法の交換も珍しくない。たとえば文書の挿絵、壁画、そして枠内絵画である。第一のものは絵図をページの開かれた面と、その書の構造に一致させる。書物は声をあげて読まれようと、歌われようと、絵図は声の空間において開花する。ユーグ・ド・サン＝ヴィクトールは、読書を旅に比べながら、写本の彩色挿絵が記憶に残る些細な話のように記憶の助けになってくれると述べている[312]。花模様、組み合わせ模様、奇抜でグロテスクな装飾で飾られた書物の縁どりは、書物本体の広がりに重ねられた想像的世界の広がりを開示してくれる（聖遺物箱を装飾する七宝工芸のように）。飾り文字は文字に秘められた内容を明らかにするので、その空間的潜在力を無限に現実化する。もちろん流派は多く、制作機関も多様をきわめ、それぞれ秘訣や秘法を有している。書物の内容の比較的抽象的な面を経験的な世界に結びつけようとする一般的な傾向は共通している。

壁画は、「ロマネスク」時代には、窓の少ない広大な壁面、また教会堂、宮殿、王侯の部屋の薄暗い場所で盛んに描かれた。描ける面を減らし、広間の明かりを強くする「ゴシック」様式の普及にともなって、その芸術の発展も一三世紀には鈍り、そして最終的に停止した。もっとも隆盛をきわめた一二世紀に、壁画（フレスコ）は、量塊《マッス》を尊重するとともに美化し、安らぎ、あの世の世界へ向かい、感受と感覚の極限まで延びる。よく見られるように描画と装飾要素の図式性は、飾り気なさによって切迫したあの世への誘いがはっきり示される。画面があまりにも広すぎるときは、画家はその面を帯状に分けるか、それとも碁盤の目に区切り、なんらかの物語を絵にして並べる。サン゠サヴァン聖堂やパドヴァのスクロヴェーニ礼拝堂の壁画では、「天地創造」全体とその歴史が象徴的に描きだされている。

「枠内」絵画とは、周囲の空間とは線、縁、あるいはなんらかの境界ではっきり限定され分離された幾何学的な画面の絵画という意味である。たとえば三連板〔祭壇画〕、二連板〔絵〕、画板絵がある。この絵のジャンルが潜在価値を発揮するのは一四世紀の画架判絵画による。写本の挿絵は形式のうえで制約を受けたが、「枠外」にとどまった。なぜなら画像が描かれた面とおなじ平面上にあって、その面との関連によってしか理解されなかったからである（たとえその絵が飾り枠で囲まれていても）。壁画の場合も同様である。たとえば、壁画に見られる巨大な聖クリストフォロス像、山岳、沸き立つ川が、意味深長な冷静さで壁画の規則的な四角形をあちらこちらでつぶしている。逆に、枠は破られない。枠は平面的な空間を区切り、その内部において枠の存在だけで求心的な力強さを発揮する。枠は絵図に自立性を与え、周囲に対立させ、可視的な興味を集中させ、したがって枠は表現のもっとも強烈な意味において絵図を「見させ」、混沌たる広がりから明白に切り離された特別の空間として感知させる。枠は距離や間隔や深遠さをつくりだす。ときには枠が装飾されて、効果を際立たせる。たとえば渦巻装飾、組み合わせ模様など。絵は、窓が空や地へ通じるように、心象《イメージ》へ開かれている。

平面の絵図は二重の空間的存在を内蔵する。つまり語りの空間を提供して、漸進的な理解を求める。

また図像の空間を専有するが、その空間は純粋な性質であり、理性の体系ではない。一種の方向決定であり、なんらかの内なる庭園へのいざないであり、すでに最初からそこへ通じている。そのためにときには誤って、外観への拒否と思われたが、それは物事の意味が豊かに表われるような他の空間への郷愁にすぎない。たとえば「ルネサンス以前の絵画（プリミティヴ）」に見られるような金地の背景は、金地のほかに何も表現されていない。一四世紀から、個人主義の要求が出現し、思想の世俗化が始まり、古風な感受性もともに衰退したので、長い努力なしにはその美学を達成するにはいたらない。一五世紀には、すべてが突進し、ボスやブリューゲルにおいては、対象自体が反抗し、人間性を解体しようとし、以後閉ざされた空間のすべての次元において破裂し、……他方、デューラーはヨーロッパの絵画史上、最初の自画像を描く。一四〇〇年代からは、アルベルティのようなイタリア人文主義の画家は、芸術の起こりうる混乱とともに新しい精神分裂症的現象を心配している。彼らは修辞学に保証を求め、装飾の「多彩」を絵図の「豊かさ」を生みだすべき *compositio*（文字どおりには「配置」であるが、ここでは生き生きした空間構成の意）の概念について思索をめぐらしている(313)。

一四世紀半ばごろまで、絵を見つめる目は、絵図が眺められる唯一の場ではない。その絵図は同時に多くの「視点」に提供され、どの視点も特権的ではない。したがってそこから図像の可動性や、豊かな意味を生じさせる分散が起こり、「現実的な」対象は多様に変化し、そのため対象とのコミュニケーションが充実する。見方は移動し、修正され、絵図を捉えるのはひとつでなく、無限の視線になる。そして幾世代かのあいだに、すべてが変化する。集中的活動（その方式とテンポは郷土から郷土へ、学校から学校へ変化してゆくが）がフランス、フランドル、イタリア、ドイツで展開し、絵図を安定させ、視点を統一し、視覚的判断を制御（教化）しようとする。

視線は対象を把握して具体化する。どんな形か。望まれた、または暗示された解読の仕方とおなじだけ可能な形がある。たとえば、実際に実現可能な二六種の「遠近法」まで数えられたことがある。その数はあまり問題ではない。M・カラニの研究スタッフは、古代から今日までの西洋美術史で立証された一三種をあげている。その半数がわが中世の全世紀にわたっている。中世前期で、画家は壁面や写本の紙面に人物や光景を並べて描き、その空間的な深度は垂直面における隔たりで象徴的に表わされた。それとも、ときには「逆遠近法」と呼ばれる手法によって距離が増すにつれて、描かれるものは拡大され、絵図は画面の前方に置かれ、ぼかされた領域へ漠然と向かっているように見える。(314) つまりおなじ時代に流行した文学的手法と奇妙に似ている技術であり、徐々に大きいほう、または強いほうから、小さいほう、または弱いほうへ向かうという漸進的なやり方を示すことにある。

一二五〇年を過ぎると、背景が主たる絵図の後方を占め、生き生きすると同時に(またそのためにこそ)画面の下に凹んだ空間がつくられる。そのなかで、劇場の舞台上のように見世物が演じられていて、その動きは、図の特徴を集中させないで束ねる多くの消線の共存から生じる。パノフスキーによれば、ジョットとドゥッチオはこの点では先駆者だった。(315) 一四世紀半ばごろには、イタリア人において、この多様性は減少してゆき、一四〇〇年ごろ、ランブール兄弟はベリー公のために作成した《いとも豪華なる時禱書》において、とくに背景に技巧をほどこし、ほとんど視覚的構造を統一し、その背景の線、(新しいことだが)色彩、そして陰影の戯れが、距離と深部を調整しながら遠景を多様化している。ロレンツェッティ兄弟は、空間全体へ消線を向けたタイル張り模様で作品の下方をうずめようと考える。

一五世紀初めに、西洋全域で試験的な探求が流行する。画家をはじめ、建築家や石工も(ブルネレスキから、プラハのマテウス・ロリッツァーにいたるまで)新精神の驚くべき要求のなかで自分たちの芸術を護れるような技術を手探りで探求しているようである。未来の近代性に向かう分散的なこの前進において、フィレンツェにおけるブルネレスキの有名な実験〔フィレンツェ大聖堂〕が始まる――彼の伝記を書いたマネッティによれば、おそらく一四二〇年のことだとされている(316)。その少し前に、ペリカーノは『遠近法の諸問題』において、各種の試みを詳細に検討していた。たとえば、中世の伝統において、光景（ヴィジョン）の科学としての光学を指す技術用語を用いていた。以来、古代的意味は「自然的遠近法」または「普遍的遠近法」と呼ばれ、画家の問題は「構築的遠近法」とみなされ、これは対象の知覚とイメージの光景を一致させることになろう。アルベルティの『絵画論』は一四三四年に、それらの多様な発見を最初に体系化したものである。

アルベルティが言うような「適性な構築」は、直線的投影にしたがって空間を平面、立面の輪郭とする厳密な視覚的ピラミッド形とともに、すぐには評価されない。論争がつづけられ、とくに距離の効果について、距離と対象サイズの最適な比率について議論される。あるいは「構築的遠近法」が絵図の一部分だけに適用される。古い手法の支持者も残っている。つまり空間を表現様式または色彩によって断片化したり、視点または釣り合いを多様化したりするのである。新しい手法が各地の集団において研究され、試みられ、フィレンツェ、ミラノ、ヴェネツィア、ボローニャでは人文主義運動も加わり、またフランドルではファン・アイク兄弟がすでに新しい方法を駆使している。それに反して、ドイツでは、長く遅れて追従する。つまり一五〇〇年ごろ、デューラーがイタリアのさまざまな手法を学ぶようになる。ちょうどレオナルド・ダ・ヴィンチがそれらの手法の利用を体系化し、成果を開発するころである。

「適性な構築」は、すべての空間関係をユークリッド幾何学に帰着させ、その幾何学が空間というよりはむしろ抽象的な図形を対象にしていることを無視する。「構築的遠近法」は論理的な合理化と単純化の方法を形成し、建築家たち（最初に空間の法則を形式化した）が実際に空間を把握するのとおなじやり方で空間を象徴的に占有させる。視界は遠ざかる。狙いをつけられたのは全体的空間である。つまり同質的で、連続し、無限であり――デカルトから「延長」と呼ばれるものであり――、物体を寄せ集めたところであるが（空間のほうが先に存在する）、矛盾して、ある題材を中心にしている。だからパノフスキーはカッシーラーの言葉を借用して、アルベルティの「遠近法」を「象徴形式」（表象によって世界を征服しようとする人間に役立つ形式）の部類に入れたのである。事実、「構築的遠近法」の発明家たちは空間に心理的様態を否定した。彼らは虚構の芸術を設定したが、その虚構は中世の終わりにおいて、これから普及する考え方、つまりものの透明性の観念、ものの意味をあまり苦労しないで伝える能力という観念に適合している。

かくて勝利する新しい芸術の限定性、さらには潜在的な抑圧性も、そこから生じる。その点に関して、一八世紀半ばまでに発表された多くの論文の作者たち――イタリア人、オランダ人、ドイツ人、フランス人――は、本質的には幾何学者や数学者である。たとえばピエロ・デッラ・フランチェスカ（一四七〇年）あるいはデューラー（一五二五年）、G・デザルグ（一六三六年）またはA・ボス（一六四八年）、ポッツォ師（一六九三年）、グラヴァンサンド（一七一一年）またはブルース・テイラー（一七五九年）にいたるまで、進歩してやまない技術的発展へ向かうことになる。そしてついにはバロック様式が、一般画家と遠近法研究家との離反を祝福するだろう。なお、後者の科学は数学の一部門になっていった。それでも絵画は「近代性」を示す三、四〇〇年のあいだに、われわれが存在する空間に加えられた衝撃の結果として性質を変えたはずである。しかし、その重い遺産が消滅するには一九〇〇年あたりまで待たねばならないだろう。ユークリッド的な時代遅れの空間は、印象派やセザンヌによって揺さぶられ、モンドリアンによって一掃され、一九世紀に起こった視線の解放運動や、見られたもの以上に重要な見方の、自由で、まだあいまいな意識に屈服する——時間を作品自体の源泉へ復帰させることによってである。そのため、象徴主義を除けば、ほとんど中世の美学概念へ戻っていた。

「構築的遠近法」は、一五－一六世紀の西洋に必要な空間をつくっているように思わせる。それは、人文主義の文学面というよりはむしろ科学面と組み、一五世紀以降の光学や幾何学、さらには解剖学や植物学に対する学者の興味を利用する。実験と理論を一致させようと努める。同時に、画壇には自然や宇宙に関して知識人のあいだで普及している人間中心的な概念が浸透する。それこそ、「君主」の姿を中心とする政治的領域、伝統的な類型から解放されようとする詩の領域、さらに言語の領域における個性化意欲の現われである。国内運動が西洋のすべての言語に作用し、言語を統語法の再構成とともに語彙拡大へと向かわせ、いっそうの時制的正確さや意味空間のさらなる明晰さを追求させる。

しかしながら、線遠近法にある「構築的」なものは、あらゆる種類のゆがみを生じさせることがある。マニエリストやバロック様式の芸術家たちはそのことを気にしないだろう。自分の顔を凸面鏡に映して見入るパルミジャニーノから肖像画家アルチンボルドにいたるまでだ！　北欧の画家たちは厳密な規則性から早く脱却したようである。あるいは実験的制作に終始している。たとえば直線軸が曲がったり、中心が移動する。そのような型破りによって歪像画法は頂点に達する——またこの画法の流行が一世紀間もつづく。おなじ描かれた面も、二つの視点から検討されると、異なる二つの主題を表わすことになる。そのもっとも古い例はデューラーの《使者たち》（一五三三年）に組み込まれた。つまり作者のサインが、ある形の上に判じ物のように描かれているが、その形は適当な視点からみれば人間の頭蓋骨に見える。それからまもなく、エーアハルト・シェーンは《謎の画像》という版画を制作するが、そこには二つの主題が重ねられていて、テーマはそれぞれ補完される。輝かしい治世と国王の肖像である。歪像画法は、遠近法主義者らから数学的に研究され、一七世紀には〔平面、円筒形、さらには円錐形の媒体上にカーブ鏡またはプリズムの効果を使ったり、使わなかったりして〕物好きな収集家の歓喜を呼び起こす。一六四六年には、〔宰相〕マザランに献上されたJ・Fr.・ニスロンの《光学的魔術》が現われるが、これは一六六三年にメルセンヌ師によって修整され再版される。

空間を彫る

石工、象牙細工師あるいは木彫り師、あるいは青銅彫刻師にとって、彫像に充分な立体感や独特の空間的実体性が確保できるまでには一一―一五世紀までの四、五〇〇年が必要だった。彫刻師の作品が建造物によくマッチし、建築装飾として〔構想されないとしても〕なんとか制作されるとき、つまり一六世紀になって、ようやく作品を背景に結びつける絆が本当に断ち切られることになる。表現された身体は、たとえ作者によって少しくらい仕切り壁から離されても、周りの空間に囚われ、その空間は、体形とのあいだに保たれた関係を変えることなく拡大する。旅行者がローマやビザンティウムで見つけた古代の若干の彫像は、辛うじて写実的な「驚異」に分類される。それらの彫像が地面の上に安定して立ち、堂々とし、中心的存在になっていて、空間全体が周囲で整えられているからである。ロベール・ド・クラリはそれらの作品について「回想録」の三章を当てている。その点に関して、しばしば怪しげな伝説がつくられ、「奇怪さ」という、おそらく悪魔的な領域に入れる(317)。そのような彫像の前にひれ伏すような偶像崇拝を心配して、キリスト教徒は純粋な称賛ができない。

西洋における彫刻の伝統は、最初の石彫の偉大な時代、つまり一一世紀に形成される。この芸術家たちが考えだした技法は、各地方での制作や入手できる素材によって微妙な相違があるとしても、カロリング朝時代を通じて受け継がれた象牙や金属の板材、さらにギリシア時代のオリエントから輸入されたもの――本の装丁、聖遺物箱――、あるいは古代建築のフリーズ〔柱・壁・家具の帯状の浮彫り装飾〕をつくりだした技術である。たとえば、ときにはすばらしい彫刻美術（ヒルデスハイムの青銅の扉に見られるように）が、丸彫りとしてよく扱われる図像の垂直または水平の媒体からわずかに浮き出ている。浮彫が壁面の造形的な仕上げを形成し、やがて彫像が円柱の表面を仕上げることになる。だがすでに、図像をはめ込み、包含している量塊《マッス》では、外部へ向かう抑えがたい動きがおののいている。たとえば、スイヤック〔修道院聖堂の扉口〕のイザヤの像が踊っているように見える縄状刳り形（torsade）、モアサック〔サン－ピエール聖堂の正面玄関〕のティンパヌム〔破風の引っ込んだ三角面の部分〕に彫られた「黙示録の光景」〔四人の福音史家と二四人の高齢者に囲まれた主キリストを描いている〕に現われている老人たちの挙手、脚、頭。聖堂という閉ざされた空間のかなたに提供され、開かれている広がりで、いかなる行動、いかなる征服を訴えているのか。

装飾されたティンパヌムの歴史は、一一世紀末から一四世紀初めのあいだに建てられた大聖堂の大部分において特別の場所を成している。この特殊な形式を生みだした最古の大聖堂はラテン西洋において、たとえばコンクからオータン、マコンからハーカ、モデナからサンティアゴ・デ・コンポステーラまでの各地に散在している。ティンパヌムの半円形は地平線で下界と断たれた空の完全性を意味し、神の示現の最高の場を表わしている。ここで、彫刻家はカロリング朝時代の画家を引き継いだようである。変化したのは、仕上げられる素材だけの問題ではなく、外部への表出、前方と前部への突出、現実感を希薄にするような距離の短縮の意図を示している。ティンパヌムは、玄関の上方にあり、通路を開き、一種の通過儀礼を果たし、巡礼者がちょうど聖所の神髄に触れようとする瞬間、視野に現われる。その形状を見れば、まもなく聖遺物や「聖体」を拝させてくれるだろう。彫刻師が発展させたテーマは、以前は建物の暗い内部に納められた絵図に表わされていたが、いまや後部から前面へ押しだされ、日の光にさらされ、太陽や宇宙のようになる。キリスト、聖人たち、アダムとイヴは「他者」となる。私の外にいて、私を存在させてくれる方々である。「最後の審判」は、まことに、すべての人びとを審判することになるだろう。ボーリュー＝シュール＝ドルドーニュ〔ここの教会堂の正面玄関に「最後の審判」を表現しているティンパヌムがある〕では、巨大なキリストの広げた両腕が場面全体を抱え、歴史と魂の救いと永劫の断罪をまとめて暗示している。その中心から天地創造の空間全体が発散する。世界の尺度、それは神の次元である。

　目に見えるものをそのまま賞揚すること、つまりゴシックと呼ばれる様式がその法則をつくるだろう。一三世紀末まで、ティンパヌムは、素材の手配が可能な地域のいたるところで、許されるかぎり大きくなるばかりであり、巨大なものにまでなってゆく。しかしこの芸術には別の重要な意義があり、それは見かけほど作品に現われていない。というのも、知られているように、ロマネスク様式の彫刻は、巡礼の道筋、とくにサンティアゴ・デ・コンポステーラへの巡礼路に沿って発展し、また幾世代にもわたって石工や建築師たちがその道を歩んだからである。彼らの足跡は、高地イタリアからブルゴーニュ地方、サン＝ブノワ＝シュール＝ロワール、クリュニー、トゥルニュから、コンクやモワサック、さらに一〇か所を経てトゥールーズ、レオン、そしてシロスにいたる。そのようなわけで、目に見える世界を開陳するために巡礼者とおなじ足どりをたどり、その順路に聖人の図像を並べ、神聖な旅路に合わせて教会堂の玄義を再生している。

　一二世紀後半になると、新しい彫刻様式がイル＝ド＝フランスから西洋全体に伝播し、スペインからドイツにいたる芸術家をはじめ、小規模ながらイギリスの芸術家にまで、幾世代にもわたって影響を及ぼすことになる。彫像と建造物との調和が本質的であることには変わりがないが、前者はこれまでより自由になる。いわゆる彫像になるが、それでも全体から孤立した作品ではない。その位置は依然として建築環境によって決定され、それを見つめる信者にとってもその意義は同様である。

男と女の姿が、それぞれの身体と衣装の特徴とともにテーマを占めるようになる。芸術家はそれらの人物像の曲線のしなやかさ、顔の表情、ヴェールの襞まで生き生きと表現する。しかしそれらの彫像は並んだ円柱のあいだに置かれ、円柱に包容されるか、あるいは人物像が円柱の代わりをつとめる。一三世紀半ばには、巨大な聖堂の上階に置かれるようになり、遠ざかった視覚的効果を埋め合わせるために像が引き延ばされることもあり、その容姿も細長くなる。いっそう装飾的な豊かさが増し、像のもつ立体感の間隔もあけられ、すばらしく繊細な仕上げとなり、ゴシック様式の彫刻は以前の様式のような叙事詩的な力強さを失い、またつねに表面に現われなくとも、万物生成のマグマのように量塊《マッス》を持ち上げるという、深いところで作用する運動となる。建物の正面や、平行して帯状に装飾された玄関の造形的に落ちついた構成は聖史物語の空間‐時間を、不連続な場所や太古の時代に変えていた。英雄的で型どおりの武勲につづいてこんどは魂の物語が生まれ、征服の欲望の後に内面化の願望がくる。孤立した彫像の上には天蓋が施され（古代のアーチから受け継いだのだろうか）、その機能は広がりのなかへ溶け込むのを恐れるかのように、運動の範囲を限定している。

フランボワイヤン様式の建築の活気と最初の画架判絵のあいだで、相反する二つの傾向が一四世紀を二分し、一六世紀以前まで調和しない。絵図の内面性が強調され、同時にその絵図は完全な空間的自立のうちに開花しようと試みる。その努力から生じたもっとも感銘深い結果は、王侯たちの大きい墓碑の流行であり（それ以前にいくらか試みられた）、それが一四、一五世紀におけるフランスやブルゴーニュからヨーロッパ全体に華々しく展開される。その墓碑に掲げられた肖像画に見られる「写実性」とか「真実性」がよく賞賛された。ただし、このジャンルの紋切り型を脱した傑作の場合だけである。むしろ肖像を記念的構想や、それとともに外面的な統合的形式にしたがわせるという事実を強調しておきたい。おそらくそれらの拘束を断ち切るのは困難な業ではないが、それでもなお存続している。シャンモール〔カルトゥジオ会修道院〕にあるクラウス・スリューテル作《モーセの井戸》のような傑作でさえ例外ではない。ただ一三五〇年ごろの、きわめて珍しい国王や聖人の彫像（たとえばルーヴル美術館にある《聖ルイ王》……実はシャルル五世の像、トゥールーズの聖アウグスティヌス会修道会美術館〔今日のトゥールーズ美術館〕にある《洗礼者ヨハネ》）だけが、一五〇〇年ごろの芸術家たちが古代の彫像熱に心を奪われ、すべての空間を満たそうとする欲求に捉えられることを予告している。

　中世の彫刻は、幻想の芸術として、またきわめて緩慢で部分的な変化がついには模写的な芸術を引きだすが、それでもまだ幾世紀間も絵画に組みこまれていた。彫刻は色彩をつけられていたが、その色は今日ではほとんど残っていない。色彩効果は、絵画と同様に二重であった。つまり現実を象徴的に把握するとともに空間の深さをもてあそぶ。その点では、彫刻のほうが絵画よりも明白な立体性で有利だった。そのために聖画像を制作するときは彫刻のほうが好まれた——ミケランジェロの天才と彫刻のおかげで、一五〇〇年ごろに、彫刻が普遍的で主要な「芸術」となり、建築がそれに従属するようになるのも、そのためであろう。

　比較的に仕事がしやすく、石材ほど日数もかからない木彫は、屋内で飾る建物に対して、石彫よりも自立性が高い。その自立性は、たしかに（機能的に建築に同化されるために）彫られているか、塗られている木製の装飾的羽目板または三連板の羽目板においてはあまり邪魔にならない。しかしながら、コンク〔大修道院〕にある「サント・フォワの聖遺物像」（一〇世紀の頑丈な、異国の偶像）のような古い聖遺物‐彫像から、一五‐一六世紀における、もっと豪華な服装の聖母マリア像にいたるまで（さらにはクラクフ〔の聖母マリア教会〕にあるファイト・シュトス作の祭壇木彫に見られる人物像まで）、象徴的暗示から生活模写へ、また宇宙の広大さに驚く開いた口から心の奥の内省まで、おなじ抗しがたい変動が起こっている。

像が空間を彫り、その色彩は、衣服が身体を被い、身体の容姿を美しくするように空間の形を生きいきとさせる。中世は、その時代につくりだされたすべての彫刻様式を通じて、そのような考え方に酔っていた。それでも、ある要素がそのような当初からの単純な前提に加わり、観念を運動という空想的なテーマにするはずであった。しかし一線を越えると、「驚異」のただなかにいるような気になる。一二世紀初めから、歴史や古代神話を扱った物語作品が植物や動物や人間を、本物のように動くロボットとして描写することが多くなる。それらの移行のうちには、ビザンティウムの技術者の発明が関与していたかもしれない。しかしテーマにはそれなりの力強さと豊かさがある。一一六〇‐一一九〇年のあいだの『テーベ物語』や『トロワ物語』では存分にそのテーマが開発され、『フルワールとブランシュフルール』も同様であり、また『シャルルマーニュの旅』という英雄滑稽詩もあり、さらに『七賢人』はオリエントからきた物語を集めた作品であり、一二世紀から一四世紀にかけてラテン語をはじめ多くの国の俗語に翻訳されたが、これはウェルギリウスが青銅製の射手像を考案して、手をたたくと、すぐ矢を射るという話である。リュブリュキとオドリコ・ダ・ポルデノーネは、知られている世界の果てのモンゴルの汗《カン》宮廷で聞いたという、いろいろなロボット（木や龍や鳥）の話を感嘆しながら語っている。

18　作品の空間

口誦空間と書記面

　おおまかに言って、「文学」とは社会空間を想像で投影したものである。しかし、この自明の理は文学の機能について何も説明しない。今日、文学作品について空間を語ることは、三つの異なる言説のいずれかを扱うことになる。第一のもの（一九七〇年から一九八〇年にかけてよく聞いたことがある）は、記述、ページ、本の物質性を扱い、私見では「作品空間」と呼びたい。第二は、物質的空間の文学的表現の問題をめぐって論じることにある。それは、ときには不明瞭さを残しながらも記述の美学に関わる。「つまり記述空間」である。最後に第三は、もっと複雑であり、隠喩を基調とするものであり、先覚者モーリス・ブランショから「文学空間」と名付けられた（私なら、むしろ誤解を避けるために「詩的空間」と言いたいが）。しかし批判的反省を経て到達した現時点では、この最近の議論はつねに、総括しがたい多くの主張を破裂させる恐れがある。

　「中世文学」に関しては、各領域の考察において生じた問題はつぎの事実によって複雑化する。その研究対象は、伝達手段としての口述が記述に勝る――しかも、はるかに――ような文明に属していたために複雑化する。この点については拙著『文字と声』、とくに第五、第九、第一一、第一二章を参照されたい。一六世紀以前では、歴史家としては、ヨーロッパ諸国の文化において「作品」と「文書《もんじょ》」の観念を分離しないでは済まされないだろう。作品《テクスト》は、その名称が暗示するように作られた一種の織物である。それは一方では、共通の言葉を横糸として作られ、他方では言語価値を生じさせ、それ自体において正当性を認めさせるのである。これらの特徴のいずれも、文書の媒介を要するとはかぎらない。純粋に口誦的な詩作品も、やはり作品である。しかしそれは、別のあり方である。事実、そうなるのは声の作用によるからである。それが最古の詩や物語の本体であった。そしてローマ時代のラテン語、あるいは初期ゲルマン語、初期スラヴ語から出て、ヨーロッパ諸国の俗語が用いられ、それぞれの国語の独自性を発見しようとしていたのである。

文字が徐々に固有の領分を獲得するのは、そのような「自然的」基盤においてである。あるとき突然に「俗語の作品」が聴衆のあいだで人気を博したので、知識人は興味を抱き、それらの「作品」を書かれたものとして集め、あるいは口誦の効力に当てられた模倣作をペンでつくりあげる。それらの作物《さくぶつ》、そして近代の初めにいたるまで、つづいて出された作物すべての特性には明らかに矛盾した様相が現われている。作品はそれ自体の歴史において、文字を通じてなんらかの時期へ移行する。この文書化はさまざまな意図から起こったので、きわめて異なる機能を果たすようになった。しかし、あいかわらず作品の伝達には声が介入する。たとえば歌、暗唱、朗読、読み上げ、ミモス劇。ときには独《ひと》りで読書をするときでもはっきりと声をあげて読まれた。西洋では、その習慣は一五〇〇年になってもつづいていた。しかしながら、一三世紀以降、とくに権力や法律、おなじく学問の領域では文書が増加した。そして文明は徐々に新しい状態へ移行し、今後、幾世紀にもわたって、権力と知識と詩……、そこからわが「文学」が誕生するのだが、それらの効果的な唯一の担い手として、文字が厳重で主導的な役割を果たすことになる。

文字の世界では、伝達の統一性と不変性が強調される。口誦の分野では、通用範囲での権威が強調される。ところで、グーテンベルク時代以前から、多くの変化がつぎつぎに起こっていて、はじめはほとんどわからない程度だったが、やがてそれらの変化が合併し、急速に進んだ。かくて、一〇世紀から一七世紀にかけて作品の空間性が漸進的に変質していった。最古の「作品」は具体的な空間で開花し、そこでは人体が存在し、声が響いている。文字が介入すると、その空間は、他の空間、つまり文字の描線、ページの大きさ、本の厚みから生みだされる幾何学的な空間へ投影される（そこに吸収されることなく）。最後の段階では、文字の空間が声の空間に取って代わり、後者はたんに付随的に存在するにとどまり、もし、たまたま書かれた作品が人間の声で朗読されるなら、今後は演劇への転用としての平凡で偶然の結果として感じられる。事実、俗語で書かれた作品だけがそのような変化の弧を完全に描くことになった。ラテン語の作品は、その言語が長いあいだ文書を独占していたので、変化の最初の段階を知ることができなかった。だから突如として、ラテン語の作品は、対立する空間性のあいだにおいて、協力でなければ、対決の場になった。

この変遷の結果、長いあいだに伝統的な「作品空間」が激変した。中世初期のヨーロッパは、あまり文字（特殊な環境、たとえば修道院では文字の使用がつづいていた）になじんでいなかったので、いわゆる言語活用としては、演劇に近く、見物するだけで、書かれたものの支持も権威もないものを、詩的伝達の唯一でないとしても普通の手段だとみなしていた。しゃべる者、歌う者が生身でそこにいるということが現実性を構成していた。声を出す身体、それを耳で記録する他の身体、全体が一緒に、言語活動にゆだねられ、侵され、少しのあいだは支配される領域を決定していた。身ぶり手ぶりが声にともない、聴衆は聞いているうちに心も手足も感動させられた。交感が生じ、集団的な舞踊になることもあった。その証拠として、やがてキリスト教会の厳しい弾圧が起こる！「作品」は、言語活用のあいだ、生きいきした社会的一体性を形成するすべての身体と結ばれる。そして作品は社会的一体性において、またそれによって存在する。そのおかげで、「作品」は場所に結びつき、たとえば、どこかの辻、広場、広間、貴婦人の部屋に結びつく。おそらく偶然の機会に、人びとの記憶に残るだろう。または、ここではこの「作品」、あちらではあの「作品」を上演すると定められた伝統によるものであった。言語活用において、口誦の「作品」と、その現実的な場所的環境との関係は、書き物と読書する場所、たとえば図書館、学習室、婦人のサロンなどとの関係よりは当然、はるかに密接で強固である。つまり口承的作品を構成する根本的な関係であり、それが読書においては付属的であり、せいぜい便利な関係にすぎない。

口誦的作品の空間は公共的である。作品は社会的な言葉の発現として受けとられる。したがって古代古典作家の権威、あるいは革新的作家の大胆さで栄誉を得ようとするなら、後退するか、前進しなければならない。だからその場所は、すべての人びと、いや少なくとも多くの参加者－作者に開かれている。その後、「作品」が文書に写され、読書に供されると仮定すれば、それは「心底」の知的、情緒的な空間において大きく変化する傾向がある。かつては耳が、生活の場の光景とともに騒々しい雑音の聞こえる「作品」を聞きとっていたが、それがいまや、目は書かれたものを判読し、読んでいるあいだにすべてが書かれたものに明示される。それでも読み解くことはむずかしい。西洋語で、読むという行為を示す語彙は、肉体の動作を表わす古い含意を保存している。たとえば *legere* あるいは *lesen* は「果実の摘み取り」を表わし、*read* は「監視」を指している。たとえそのような意味上のニュアンスが記憶から消えても、読書という行為は辛いことだと思われていた。一二世紀の修道院では、読書を病人に免じているところもある(318)。実際、見るだけでは充分に読めない。「語」という言葉の起こりは定かではないが、基本的には唇を動かすことだったと思われる。作品の大半は書記面でうずまり、余白がなく、語の区切りが不規則で、略語が多く、筆跡があいまいなこともある。どの行にも疑問があり、発音してみて、はじめて実際に解明できるほどである。したがって、一二―一三世紀における文字の最初の華々しい普及の時代に、作品が機能するには、その言述の内面化された空間が、身体の身ぶり手ぶりの空間と切り離せない声という聴覚的な空間によって受け入れられ、いわば「現実化」されなければならなかった。句読点の使用と目的については、今日、残っている若干の証言から疑う余地もない。七世紀におけるセヴィーリャのイシドルスから一三世紀のスコラ学派まで、さらに最初の人文主義者にいたるまで、長い系列の文法学者や知識人はピリオドやコンマの用法を、統語的構造とともに文の音声的リズムを示す符号として正当化し、注釈している。書かれたものを通じて声が聴かれるのである。

「副次的作品《パラテクスト》」（G・ジュネットが提案している語―― *paratexte*）というものはほとんど存在しない。つまり、作品空間を組み入れる枠を表示する記載（題名、前口上、その他）は、言語活用において、その作品の内容に先行し、内容を結論し、さらには内容に付随する説明（面白いもの、「宣伝文句」、あるいは教化的なもの）にすぎない。しかも、その説明は朗読者からも聴衆からも寄せられる。最古の文書では、「書きだし語」と「終止語」を除けば、用法がかなり不規則で、作者名もあちらこちらで献辞や結論部分に埋もれ、作品の区分を明確に、また系統的に示すものは何もない。近代の「副次的作品」は一三―一四世紀以前ではあまり認められないが、その利用は印刷術の発明によって作者の名誉のために普及し、それ以来、作者名は作品の創作者を示し、(同時代の新大陸征服者、つまりコンキスタドールが海外の土地に対しておこなったように) その作品の空間を占有したと表明する。

物理的に文字やページは、例外を除いて本の内容に閉じこめられる。ところで、六世紀から西洋では「冊子本《コデックス》」形式が圧倒的になるが、この形式は紀元初めから知られていて、競争相手の「巻物」を放逐する。したがって冊子本とは、フランス語の「本」を指す。そして *volumen* とは、縦または横にひろげる巻物を指す。この入れ替わりは、キリスト教徒である聖書写本家の影響による、と確認されているようである。つまり、神の言葉を、幾何学的で確定的、明瞭にして、しかも紙面を挿絵画家の技巧にゆだねながらも統合性を確保できるような装丁で覆われた空間という不可侵の聖所に仕舞っておきたかったのである。中世の世紀を通じて無学の人びとが、本というものに迷信的な敬意を注いだのもそのためであり、またそのために、装飾され、高価で、貴重な備品として、富裕な資産家が宝石か、それ以上のものとして「作品」を所蔵し、自慢したのであり (と推測される)、またダンテが『神曲』の最後の挿絵において、「意味」の全体を含む「愛」によって装丁された「本」を喚起しているのもそのためである。古代の巻物は、声のように、生命のように、最初から最後まで展開されたが、その両端は同時に感知されなかった。冊子本のほうは抽象的で、議論の余地なく全体的に存在感のある、自立的なミクロコスモス的空間としての「様式」を生みだす。一三–一四世紀における散文の物語作品は、好んで「先で」とか「後で」という場所の副詞を使って参照させている。それでも自立性は、完全に実現されているというよりはむしろ潜在的であり、その「様式」には弱点がある。冊子本の質的統合性は、少なくとも俗語では作品の統合性にほとんどマッチしない。中世「文学」として今日残っている大部分の写本は、現代の習慣に照らせば、「本」というよりは書類である (さもなければ、がらくただろう!)。

印刷術の普及によって、われわれの文字の古風な特徴は、数十年のうちに消えるほど希薄になっていった。本は、それまで唯一のものであり、写本（もし存在するとすれば）も独自性と固有の特徴を有していたのだが、ありふれたものになる。まったく見分けられなくなるほど、たくさんの本である。本は商品化され、可能性として大衆の消費に供され、ますます読者の身体から遠ざかる。親近感が消えゆくばかりである。本に含まれ、守られている作品空間もますます抽象的になる。一六世紀には、補助策が講じられるが、そのやり方はすでに、スコラ哲学者によって一三－一四世紀から、確立されようとしていた。たとえば注の符号、目次、索引、アルファベット順の一覧表が考えだされ、本文に付属して技術的に整理される新しい空間を生みだすことに努める。人文主義者らによる活版印刷はその効果を促進する。そこでこの印刷術によって、表題は明確にされ、ページははっきり区切られ、注で余白が整理され、段落がはっきり示され、見える「連続体」から特権的な紙面を確実に切り離す。同時に、一三世紀からは、略語が多くつくられ、活字のサイズが縮小され、羊皮紙に代わって紙が主として使用され、すべてが本というものを扱いやすくし、携帯されるようにし（羊皮紙製の古い聖書は、重さが五キログラムもあった！）、やがてはもっと安い値段で取引されるようになる。

それでも、作品がこの社会に受け入れられるためには、人体という空間が必要である。その点で、音声と記述とのあいだに認められる相違は、必要度というよりはむしろ両者が訴えかける知覚領域の違いによるところが大きい。書かれた文字は動作の結果であり、動作は無言のミニ言語活用をしている。それは多少とも時間のかかる複雑な動作であるが、その範囲はなんらかの媒体で限定された紙面に厳しく制約される。その媒体の上に線（それ自体、書体と文法的規則に制約される）を書き並べることは普遍的空間のなかでひとひらの「紙面」を切り取り、その上で写本家が能力に応じて全力を尽くす。したがって読者はその成果を両面から感じとることになる。つまり書かれた部分の判読、そして文またはページの外観である。事実、書かれたものは、文字だけを提示するのではなく、字体とともに羊皮紙や紙にインクで書かれているか、書かれていない部分の相互的な配置から生じる視覚的構成を含んでいる。

文字の勝利がすでに予想されている時代に、作品空間をページ上の文字空間に単純化しそうな傾向全体に対して、無言の抵抗が起こっているようだ。それはさまざまな形式となって現われるが、どの形式もすべて、息詰まるような構造を揺さぶり、作品を真実と感じられる唯一の空間、つまり視線を浴び、のどから息が吹きだす空間の中心へ戻そうとする努力の現われである。そこで紀元一三〇〇年から一六世紀半ばまでに、イギリスからイタリアやスペインの、フランスからボヘミアのあいだで、ヨーロッパの歴史上、もっとも野心的な演劇が誕生するのも偶然ではない。この「聖史劇」は、都会において、独特の看板で目立つその中心部で、集団的な祭典の夢幻劇に混じり、もっぱらしゃべるか、歌う声のために書かれた韻文で成り立っている。おなじ時代に、詩の表現が、いたるところで、ときには古い起源（俗語やラテン語で）を有し、当時までは使い方が限られていた手法で提供され、書かれたものを感得するのに直接に聴覚的で視覚的な感動をもたらすような技巧が投入されているのも偶然ではない(319)。

もちろん、ラテン語も、その後のヨーロッパ諸国の俗語も、表意文字の体系を有していなかった。しかしながら、幾度も指摘されてきたように、そのような言語（たとえば、中国語や古代エジプト語）の体系とわれわれのアルファベットとの対立には、なんら絶対的なものはない。一方のほうが読むことに適し、他方は書くことに向いているが、両者の機能は双方で一方から他方へ行ったり来たりできることである。G・ジュネットが「ミモス劇」で示しているように、なんらかの交換が起こるのは作用の移動を通じてである。アルファベットは原則として、音素を表記する記号体系である。したがって視覚的または音響的な面において、その慣習からきている意味とは異なる意味を引きだせるような、いかなる扱い方にも向いている。さらにアルファベットは、修辞学によって類別された「音形」の用法と効果の基礎になっている。われわれにとって重要な作品にもっとも頻出する脚韻と頭韻（後者はゲルマン語系言語に多く、前者はロマンス語系言語に多い）は一五世紀にはかなり洗練されて、詩作の優位を占めるようになり……ときには、一五〇〇年ごろ、フランスやブルゴーニュの、最高に技巧派の宮廷詩人らにおいて、詩が慣習的に読まれるか、それとも読む音声の連続として聴かれるかによって、二つのメッセージを同時に出現させることになる[320]。それが成功するのは珍しいが、紙面の長方形と、作品が存在する無限の広がりにおいて、同時に作品の空間的内破が起こる。

　書かれた作品の空間は、原則として、意味解読ができるように定められている。ロマンス語系、ゲルマン語系、スラヴ語系の諸語では左から右へ、そして上から下へであり、セム語系の言語では異なるが、それなりにおなじ必然性にしたがっている。それに反して、象形文字はそれほど厳密な制約を受けないで媒体の空間を占めているので、様態は立体に近い。しばしば、文字記号によって絵図として表わされる。われわれのアルファベットは、いかにそのような自在さから遠いことか！　それでも、一三世紀から、作家や写本家のあいだで、書記法の線形を意味深く破ろうとする傾向が現われる。たとえば「凝った」署名、アナグラム（転綴語）、アクロスティック（折り句）は、紙面上で違った順序に並べ替えられ、最初の正当なメッセージの下に隠された別のメッセージを見つけるために原文や原語の単位（文字、ときには音節）を並べ直すようにと、見る目に要求する。このような技巧の流行もまた一五世紀には拡大し、今日の注釈者らを当惑させるほどである。それでもアナグラムの使用は中世末期の詩作品における（付随的とはいえ）著しい特徴である。

どんな文字が使われるにしても、文字という記号を書いた手は、なんらかの意図で、その書かれた空間を探求する読者の目の下に思いがけないものを呼び起こし、驚きまたは感嘆を引き起こし、おそらくたまげさせようと努めたかもしれない。そのとき、手が用いる技巧は、いずれも、目が見るために読むのを中止するようにし、また精神が作品の空間から、絵図の媒介なしで描きだされている雰囲気的空間へ移らせることである。「朱書き」(今日、本の表題がイタリック体で書かれるように)の使用は、それが作品のなかで目立つように挿入されているので、この方面での第一歩をしるしている。花文字は遥かに発達している。なぜなら、字体全体が絵図を作りだすからであり、(場合によっては)表題、箴言、唱句、さらには展開される作品全体をも対象にして、二つの価値(言語的、造形的)がたがいに不可分的に統合される。花文字のもっとも普及した形式は、作品の最初の文字を飾ることである。つまり色つきで、飾られた文字であり、伝説または歴史をつくっている生きものや事物の姿を美しく表わしている。またその伝説と歴史は、文、ページ、その混合体的原型から生じる作品で重なり合う。中世のセム語系の言語は、花文字を使って偉大な芸術をつくった。たとえばアラビア語(おかげで、西洋の装飾芸術は「アラビア模様」からきている)は、おそらく『コーラン』口誦の結果として生まれた言語であり、ヘブライ語は、文字の本質的空間性への精神と視線の集中、さらに文字の象徴化に対するカバラ的〔聖書解釈におけるユダヤ人の神秘的、秘伝的〕性癖から生まれた言語である。事実、両言語の伝統はおなじ目標、つまりページという窮屈な場から脱出することを目指している。

さらに革新的な出来事がこの時期の曲がり角で起こった。古代の伝統がほとんど崩壊しようとするなかで、未来のヨーロッパ諸国民はラテン語を作り直し、その文字を活性化し直そうと試みていた。そこでガロ-ロマン人、アングロ-サクソン人、イタリア人の聖職者から、二世紀のギリシア文明化されたエジプトや、四世紀の退廃したローマで流行した「絵図詩」という詩劇の規則を再発見する者が現われる。書記法にしたがって描かれた連続線が、詩とともに素描をつくりだしているのである。私もかつて九世紀の一例について、そのような記述法を詳しく検討したことがある。それは六世紀から、聖ウェナンティウス・フォルトゥナトゥスの「十字架賛歌」[321]で孤立して現われ、カロリング朝時代の文芸復興期に再現する。アレクサンドリアのディオニュシオス、あるいはポルフィリウス・オプタティアヌスのような詩人にとって、ただ技巧的で、面白いだけであったものが、中世初期の詩人たちにとっては、ほとんど儀式めいた厳粛さを帯びる。一点の「図」は二つの面で浮かび上がる。作品全体は、一瞥のもとでは、四角い書かれ方で意味を表わし、それぞれの詩句はおなじ数の文字を含み、その数は詩の行数とおなじである。この驚くべき一致から、いわばページの第三次元が生みだされ、そのページを別の、まだ空白の空間に変える。詩句が「記された」行《ぎょう》で描きだされる素描が現われるが、「記《しる》し」といっても文字を並べただけであり、目で発見しなければならない（ときには、色インクでヒントが与えられる）。たとえば、一〇世紀のナポリ人エウゲニウス・ウルガリスは、三三文字からなる三三行の詩で、文字全体で一文を水平に三回、垂直に三回、斜めに二回描いていて、それらの文字は、同時に、全体で規準どおりに水平に並べられた語に属している――

「場所、物、そして精神の支配者にして組織者[322]」
（*Rector terrarum rerum mentis moderator*）

これらのラテン語は左から右に読んでも、その逆に読んでも意味は変わらない。ときには両面のヴィジョンが、今日のカリグラム〔図形詩、アポリネールから〕のように一致することもある。たとえばフォルトゥナトゥスの詩は、CRUX〔十字架〕という語から始まり、左から右、右から左、上から下、下から上に読め、ギリシア十字を描きだすような韻律のある（文字数で）文をページの上に描いている。この作詩の意図の神聖さが暗示されるというよりは、むしろ明示されていると言ってよい、すばらしい妙技である。

このような「絵図」は、ときにはいっそう複雑な詩において、単純な幾何学的図形で構成されており、まるでその図形が空間を生みだすオカルト的特性を有しているかのようである。たとえばP・リプソンは、そのような作詩法に、聖なる舞踊行程を示した遠い昔のギリシア迷路をしのばせる、と考える。しかし、可能なすべての図形のなかで、十字架は古くからもっとも多く見られる。つまりキリスト教的な含意が支配的であり、絵によって想像的世界へ象徴的に開かれる空間は、歴史または救済の空間である。

一〇世紀の騒乱、そして記述の後退が起こるが、他方、口誦空間において俗語の詩が、長く、緩慢に現われるあいだに、「絵図詩」の技法は忘れられた。一五世紀の社会危機のとき、孤立した若干の修辞学者がその技法を再発見する。たとえばモリネのような修辞学者で詩人が、ときにはおなじ技法を使っているが、当然、一種の慎重なためらいが認められる。ただ、デストレだけはカルトゥジオ会修道院に閉じこもり、その詩の技法を発揮している。これらの詩人がよく訪ねる宮廷においては、言語の仕事は愛嬌とユーモアを装う必要がある。作品と絵図のあいだの空間的移動、楽しい混同の詩作は、むしろ判じものか、ごろ合わせへ発展し、当時、多くの作詩法が考案されたり、あるいは再発見されている。[323]

これらの記述的技巧はすべて、読者を文字から逸らさず、ページから離れさせないで、読者が抱くヴィジョン、したがって読者が感知できる空間的状況に大きな効果をもたらす。書かれた文字記号は二つの異なる意味領域をさしているかのように現われていて、そのいずれの領域にもそれぞれ整合性がある。両者のあいだには、もはや形式的な照応はない。一方は連続的で定められたものとしてしか存在しないが、他方は非連続的であり、作品外の現実性に関して模倣的であり、一方は判読を求めるが、他方は原則として単純な視覚的感知を求める。しかしながら、両者のあいだに意味循環が生じ、作品の記述性になんらかの疑問を抱かせるほどである。作品の歪《わい》形は、そのページを作品の空間的条件から解放すると見せかける明らかな口実になる。

修辞学と運動

ここで危機にぶつかる。空間の芸術と時間の芸術との対立（レッシング以来、古典的な）が消滅しているかと思われる。おそらくその区別もつけにくい。古い起源の修辞学では区別されていなかった。たとえば、ホラティウスのよく引きあいに出される言葉「絵のような詩」の意味どおりのように思われる。中世の知識人が詩とは何かを思索するかぎり、おなじ修辞学から概念と言葉が提供される。「修辞法」は、もともと雄弁家を育てるためのものであったが、実際にはクィンティリアヌスのときから文学芸術として制限された機能を果たし、それでも文字という観念とは完全に切り離された。ところで、よく指摘されたことであるが、修辞学の多くの基本的用語は、空間における場所や移動の状況をさす語根（ギリシア語では *phôra* または *ballein*, ラテン語では *ferre* または *stare*, その他、数十語）、あるいはおなじような意味をもつ接頭語（ギリシア語では *ana, hyper, kata, meta,* あるいは *peri,* ラテン語では *ad, ex, in* あるいは *sub*）がある。*metaphora* と *translatio*〔いずれも「隠喩」の意〕はいちばんよく引用されている例であり、*structura* は建築家または石工の言葉から借用した語である——またこの伝統は、Ph.・アモンが指摘したように、今日では文字または作品を示すイメージ豊かな多くの表現において復活している。[324] M・コローは、G・ジュネットにつづいて、絵が言葉の平凡な連続を引き離し、文字と意味のあいだに空白を穿つことで生じる「絵の空間」[325]について適切に述べたことがある。

アリストテレスによって弁証法の一部とされ、修辞学者らによって回復された類型的表現論（トピカ）は、（この技法の最初の論点において）論理の進展によって必要になった位置に「置かれた」論拠を列挙している。その後、F・イェーツはそれらの論拠を「記憶術」（もし民族学の前提に従って判断するなら、記憶術は吟遊詩人の即興的技法をも完全に統御したはずである）の想像的区分と同一視していた。「類型的表現」とは、作品が言語と伝統の要請事項を合わせて受けとるという作品の場である。記憶、つまりいつでも空いている概念貯蔵庫としての類型的表現は、中世初期から受け継がれた精神的伝統が充分な整合性を保有したかぎり、長いあいだ言説に君臨した。そこで当時の人間は、そのように「話される」状態にいることで安定と平和を見いだしていた。あるとき、危機が起こり、安定がつぎつぎにぐらつき、平和の視野が混乱した。それは一四、一五、一六世紀のころに起こった。その後、もっとも厳しい精神の持ち主はみずからの言語を手に入れようとした――あるいはむしろその言語が言うことに個人的な返答を与えようとした。「類型的な」表現から抜けだそうとする努力には、ひとつの出口しかなかった。自分の内面的空間の闇である。それがおそらくヴィヨンの場合であり、また別の様式では、大修辞学者たち、そしてフアン二世の宮廷に仕えたスペイン詩人たちである。

修辞学は、空想と理性の交差点において、平凡な使い方で弱らせてばかりいる表現力を語に取り戻せる力をつけようとする。それらの語を、いくらかすり切れた意味を帯びたものから、豊かな意味記号に「移し替え」、言述の連鎖において輝かせながら、「移動させ」、「隠喩化する」。だがこの作業は、性質上

（その潜在的空間性）、言語活動から逸脱させてしまう。たとえば一五世紀に、レオン・バッティスタ・アルベルティの周囲や後続の画家たちは、芸術の法則を修辞学的用語を使って考案するほどだった[326]。それでは、空間的イメージにとって、語の芸術の魅力、語彙や技巧をもてあそぶ魅惑は、いったいどうなるのか。歴史的には、そこに〔古代ギリシアの〕市民広場を満たしていた雄弁な声のこだまの、遥か昔の思い出が認められるかもしれない。想像できるかぎりの空間の果てまで、声という存在が広がっていたのだった。

おそらくここで、われわれはその時期における「文学」の特殊性の核心にいる。つまり作品の空間と詩の空間が結ばれ、ときには混然となる位置である。その点でたしかに中世は、あらゆる作品の普遍的性質を独自に様式化しただけであり、また言葉の本質に依存している。それは近代の作品について「空間的論理」と名づけられたものであり、その論理にしたがって、それぞれの言語的連続要素が作品全体に宿っている内的な存在を指し示す。その結果、作品を読むことは一度に多くの基軸にしたがって進むことになり、言述において時間より空間の優位を表明する（古典的「現代性」――その効果を疑い、黙殺しようと努めた――に反対することで）。

今日の社会、またおそらく中世の世界ではなおさらであるが、詩的言語の機能は耐えがたい緊張感をほぐし、人間が自己に関する意識の矛盾した面に解放的解体を引き起こさせることだと思われる。G・ジュネットは初期の著書において、言葉自体の空間性から生じた――語と文の連続性という唯一にして無視できない事実から生じた――文学作品の「表象的だが表象されていない空間性」を喚起していた[327]。それでもやはりここで、一四－一五世紀まで、さらに領域によっては一六－一七世紀までの詩作品（さらにいかなる言述においても）の制作と伝播の特殊な条件、おなじくそれらの作品に対する一般的または個人的な受容のされ方も考慮しなければならない。たとえば、拙著『詩学試論』において「領域」という言葉で包括した条件と方式である[328]。

印刷術が徐々にこの「領域」を終息させた。しかし、それは印刷術が招いた画一化のおかげというよりはむしろその普及に知的、精神的な激変を招き、そのために権威の新しい観念が作品にいかなる「近似性」をも禁じたからである。一四〇〇年、一五〇〇年ごろまで、場所によってはもっと後まで、またかなりわずかの例外を除いて、事実、詩作品は、ヨーロッパの近代詩において、注釈（解釈を含めて）と翻訳（置換の関係）によって始まるのとおなじような経過に由来していた。その結果として、いかなる作品も、口誦的であろうと書かれたものであろうと、他所からきた記述を転換する場として現われた伝統のなかで、またその記述が新しい状況において喚起した対照性によって聴衆または読者のために生みだされた意味世界のなかで、そして最後に、作品が引き起こした解釈、またしばしば作品がその文字に統合した解釈網の内において、一斉に展開した。

後の二つの場合は作品の受け手を含めていて、作品はその受け手に想像力の飛躍に開かれた新しい生《せい》の空間を比喩的に提供する。しかしこれら三つのものは不可分である。中世の作品は部分的には、他の作品でバフチンが理解したより平凡な意味において「対話」的である。作品は対話として存在するが、対話としての意味をなさない。作品は朗唱者を介して、美しいか醜い顔を現わし、奇妙な服装をし、臭いを発散させる現実の人びとから見られ聴かれるように演じられ、すべての者に訴え、呼びかけると、各人はそれぞれ関与している気になる。最近、M・シャルル[329]は、読むことが、われわれのために作品に記入されていて、その作品を書き直すことになる、と述べた。おなじく、中世の伝統においても、作品を聴くことは、その作品を存在させることであり、存在していると確認することである。

わが「近代以後」の初頭で（異なる水準と視野とにおいて）、歴史家にとっては、中世文化の言説的、詩的、そしておそらく精神的な傾向が再現するという、別の兆候も現われているようだ。マラルメ以来、すべての詩、ほとんどそう言える詩が、空間を創造する詩とみなされた。そこで作品は、透明になり、辞書のように読まれるのを妨げる距離、闇領域をつくる——これはすでにペトラルカがたしかに直観したことである[330]。たとえこの言い方が実際に詩を作る者や批評家にとっておなじように意味化されないとしても、詩が、次元、発散、進展としてたしかに指示できるここ‐あちら、内《うち》‐外《そと》に自己表現するという全般的な直観は残る。したがってその観念は、M・フーコーの言う「外部の観念[331]」として、われわれの省察や知識の外におかれた空白という場しかない。それが詩の空間であり、視線と欲望であり、言葉の作用によって表わされた別の世界、しかし決定的に彼方への飛躍であり、詩は移住の意欲であり、亡命であり、果てしない放浪であり、詩人は標識もない森をさまよう騎士である。それが（言葉を連発する口実としてのエピソードと見せかけて）西洋のすべての地域における宮廷詩人とその弟子たちの芸術を活気づける暗黙の構想ではないだろうか。詩であるとともに音楽であり、純粋な歌でもある「トロバール」（そう呼ばれた）は、人間の声に、その声が響きわたる共通の経験的空間のただなかで閉ざされた庭園の入口を開ける世話をゆだねている。つまり愛の悦楽境としての「エジー」（南仏の方言）、「エーズ」（古期フランス語）であり、これらの語にはラテン語の *adjacens* つまり「そばの場所」、つねに「脇」という意味が生き残っていて、必然的に引き延ばされる所有を意味する。そこから歌の作品がそれ自身へ向けられることになる。

「歌を無から引きだそう」

と、一一〇〇年ごろの最古の恋歌は歌っている——あるいは「わが歌の対象は無だ」と。この奇妙な詩句の注釈は数知れないほどある。

「トロバール」の歴史的重要性、またその歌がわれわれの文化に残した刻印の深さは、一般の見解によれば、歌に要求された言い方とともに感じ方からもきている。他のすべての原因の下に隠れた基本的なものが、むしろつぎのような飛躍からきているのではないかと考えることもできる——オック地方やフランス、オーストリアやライン川沿岸諸国、カタルーニャ、ガリシア、シチリアの古い歌い手らとともに、ヨーロッパの詩はその声のすばらしさに無限の空間を発見したが、それはわれわれの普通の文章が展開する空間外においてであり、またそれ以降、(絶えず消滅する主体として)幾世代にもわたって詩人たちが遍歴した空間である。しばしば、「恋歌」において、欲望の相手が無名で、地名でもって示され、離れているという不確かさが表わされる。たとえば「彼方が恋しい」、「山が恋しい」、さらには(ジョフレ・リュデル、ほか多数において)「遥か遠くの」、永遠に自分から離れていて、言葉の届かない彼方が恋しい。

やがて詩人のうちには、「トロバール」の表現法を学び、それを宇宙的ヴィジョンとして比喩的に表現する者らが現われる。たとえばイタリアの「清新体」詩人たち、ペトラルカ、そしてヨーロッパのペトラルカ派詩人たち。その他、とくにフランスの詩人たちは叙述の基軸を移動させ、形式的過飽和によって逸脱を強行しようと試みる。その先駆者は一二〇〇年より前の、おそらくアルノー・ダニエルであり、その定型詩、いわゆる「セクスティーヌ」は一気に、この道を可能と思われるかぎり進んだ。ダンテ自身も、ペトラルカも彼を模倣しようとしたほどである。その詩形を利用した多くの手法では、おなじ活力が働き、それが詩人を自分の言葉でもって、その言葉を越えた他所の感知しがたい領域へ突進させたのである。かくて、一五―一六世紀の「大押韻派」やバロック様式の叙情詩人らは初期の宮廷詩人の試行錯誤を永続させた。しかしその時代、つまり書き物が支配的になった時代では、存在よりは所有のほうが重視され、開発され、修辞学からも知られた空間が他の何よりも詩的叙述に与える安心感を希求していた。そこから物事の外側に固定された視線や難聴が生じ、もっともすぐれた人びとにおいても、そのために不安が生じている。

有名な『バラ物語』(「ギヨーム・ド・ロリス作」「第一部」のほうが「第二部」〔別作者〕より重要)は、一二四〇年ごろの宮廷詩人の夢が何であったかを明らかにしている。この「物語」は夢を語る(まったく両義的な明快さで)――そのやり方しか、夢を意識し、緊迫状況を受け入れることができないからである。あっという間に、主人公(「私」)は眠りのおかげで現実の苛酷さから救われ、夢の世界へつれてゆかれる。春であり、草の花が咲き乱れ、清らかな小川が流れ、喜びに満ち、のんびりしている。だが突然、彼は塀にぶつかる。そこにはきわめて忌まわしい絵が描かれているではないか。塀を乗り越えたい欲望が「私」を燃えさせる(「欲望に燃える」と、書くべきか)。狭い戸口が見つかり、戸をたたき、そして「閉ざされた庭」の中へ入る。これは第二の移行であり、第二の生きるべき空間の縮小である。そのときから、泉の中でかいまみた「姿」を求めて「恋する男」はいっそう狭いところに閉じこめられる。彼の心は「愛」に封じ込められ、身体は投獄され、「憎しみ」の塔で果てるだろう。かくて放浪は、独房の奥から果てしない嘆きへ移る。「果てしない」というのは、「物語」がそこで、つまり四九二八行目で終わるからであるが、それでも、この挫折は唯一可能な信仰対象だと告白されている。四〇年後、この傑作に巨匠ジャン・ド・マンが延々とつづく「第二部」を出してもあまり意味はない。〔「第一部」が〕「未完成」だと言われても、それは意図的であり、完全に意味を表わしている。「恋歌」における愛の希求は「出る」ための劇的な努力である。どこへ出るのか。われわれの平凡な時間‐空間的条件の彼方へ、であり、すべての居場所は牢獄である。

このような移転を、寓意に頼らないで、どうして語ることができようか。つまり体験する野性的な潜在性を受け入れ、記憶することで繰りだされた隠喩の網目を通し、またその完全な囲い地――それがなければ望まれた外在性が虚言にすぎなくなるだろう――を確保しなければならない。寓意的構成以外に、一七世紀までに（おそらく『ドン・キホーテ』だけは例外として）ヨーロッパで洗練され、生みだされた各種の語り形式は、この「場所でないところ」の詮索にはあまり適さない。叙事詩、ファブリオー、あらゆる趣向の短編、たとえ複合的な物語でさえも、現実的な地形的空間の存在を、人間の行動の直接的な材料として、あっさり受け入れている。どんな語りも、内と外の境界におかれ、その活力は前者から後者へ投影され、それを独占するか、征服するという運動から生じるのである。

それが全体的な「本筋」（アクション）の枠であるが、登場人物はそれぞれ、そのことを意識させられているのではなく、各人は自分の小‐宇宙のなかで動き回る。そこから争いが起こり、話が進展する。物語作者もコント作者も出来事を話すというよりはむしろ、その出来事を演出するのである。かくて彼らの作品のうちに、語りの類型が形成され、それがいつかは一七‐一八世紀の「近代性」として勝利し、二〇世紀初頭までの西洋文学に君臨するはずである。語りの模範は、すべての人間の言葉において、存在に到達する「歴史」である。それは課せられた領域である。修辞論が、物語作品の根底に「領域」問題を設定したのも無駄ではない。「自然的」であろうと「技巧的」であろうと、領域は時間‐空間的連続性という観点から決定される。したがって詩の空間は宇宙的隠喩となり、そして「宇宙」は物事の領域を定める正しい配置を示す。

それだけではない。中世の語り物（もっとも洗練されたものであろうと）に特有の外在性は、その語りで、対称性、反響、明瞭な照応を使って時間と空間の関係が感知できるようにしなければならない。そこで二分化、繰り返し、反復、音声過多、構文の並行というような文彩が重要になる。この文体は一二世紀以降、口誦的伝統に固有のものと推測されていたような（おそらく誤って）古い叙事詩的形式体系から解放されるとしても、その若干の特徴は一五世紀の「騎士物語」まで残存する（たとえば、おなじ文の繰り返し、賞賛用語、特徴的形容語）。それらの古風な表現は、一六世紀を過ぎると、「通俗」文学にしか残らなくなる。おなじ外在化は中世全体を通じて俗語で書かれた作品の構造、つまり部分全体の配置によって生みだされたとおりの構造に現われている。修辞学の教育はその配置を加算という算術的立場でしか考えられなかった（当時、作成されていた教育論にしたがって）。語り手、武勲詩朗唱者、物語作者らの伝統は、ただ彼らに作品をわずかな節に区切るようにさせたが（ときには、あまり明確ではなく）……それについてあまりにも好意的な現代の批評家たちは、それらの節が、まことに機能的であると必死に証明したがっている！　実際には、作品は一人または複数の作者によって同質の世界として構想されているので、構成を区別しようとしても無駄であろう。せいぜい、作品のスケールが大きい場合は、なんらかの指標、通告、反復、さらには「別のことへ移ろう」と言うだろう。その点では、多くの作者らは数霊術の便宜さに頼った。詩人は、読者の想像力に向けて開いた領域について、象徴性の高い、一種の土地測量をおこなっている。

最後の特徴は、つぎのすべての特徴と一致する。つまり一三世紀から一五世紀までに、叙事詩や物語の作品が作品群として編成し直される。たとえばギヨーム・ドランジュの武勲詩群、「聖杯」の物語群、さらに『きつね物語』のさまざまな「枝編」を写本に収録したものもある。作品群が、組み合わされ、翻案され、それまで散逸していた以前の作品が継続されたりして何とか編成されるようになると、あらゆる方向へ増殖し、主人公たちの架空の系譜をさかのぼったり、くだったりし、筋の運びを減速したり、ついにはその増殖を止めることになるが、それは限界に達したというよりはむしろ作者たちが衰えたか、それとも流行が終わったためだと思われる。本来、作品群はその発見者に語りの世界を無限に発展させる。たとえば勇気ある最初の旅行者が当時、挑戦したアジアの世界が無限であったように。しかしながら、作品群のすべての分野が必ずしも全体として定まった立場を占めているのではない。なぜなら、写本の伝統をみれば、それぞれの分野が比較的に自立していることがわかるからである。そこから視野、構図と逆構図という不安定な結果が生じたのであり、そのために、かつてF・シュールが作品の循環化を「ゴシック的特徴」だと規定したほどである。おなじ時期に、最初の「叙情詩集」、つまりシャンソン選集が編集され、それらの詩集において本の空間が内容と一致する。「神学大全」も物語群や詩集とほぼおなじころに著されている。ここでもやはり言語表現は、巨大さがやっとわかりはじめた世界の果てまで拡張しようと試みているようである。

ジャンルと空間

一一世紀から一四世紀にかけて認められる各種の物語ジャンルは、以上の特色をおなじようには具体化していない。それぞれのジャンル固有の詩の空間があり、独自の分野へ視線を向けているように思われる。フランスの面白いファブリオーでは、もっぱら「ここ」（家、町）が扱われ、その影の領域を詮索し、笑う（また、ときには歯ぎしりする）。逆に、物語はフランスでもドイツでも、不安定な筋書きの彼方を目指して進む。西洋を通じて、あいかわらず職業的演技者によって歌われる叙事詩においては、激しい戦闘のなかで、立派な「キリスト教団」と「異教徒の土地」が対立し、いずれも各王国の境界とともに土地が仕切られている。一二〇〇年ごろの新しい正史は家系と、「地球」を掌握する支配者たちの権力を正統化しようと努める。そこで、家系というのは空間的投影図である。たとえば系図、あるいは「ヤコブの階段」〔「創世記」二八〕である（ロシアの『王朝身分の書』の作者が、国民の歴史全体をそのように位置づけているように）。この点に関して、D・リカチョフは意味深長に、「空間とは、永遠性の特殊な表明である[332]」と書いている。

したがって、語りのジャンルからジャンルへ、異なる欲動が同時的に表出されるようになり、人間をその環境へ結びつけるダイナミックな関係を、味わい深く矛盾させながら高揚する。その意味において、今日では習慣化しているように、一三、一四世紀の「都市文学」を語ることができる。しかしここで、すでに最初の旅行記が人類居住世界という寓話的光景を限定し、その世界を無形の宇宙へ引き延ばそうと試みるようになる。一三〇〇年を過ぎると状況は突然、混乱し、以後、正確な相違があいまいになり、すべてが緊急で、執拗で、多岐にわたる広大な語りにとけ込み、そこでは叙事詩、物語、通俗的短編、正史から受け継いだ慣習が混ざっている。そこで「創世記」によれば、神が人間に与えた地球は大きすぎるようになったので、目まいを起こさせる。

『ロランの歌』から『わがシッドの歌』と『ニーベルンゲンの歌』（おなじジャンルに属しているという理由で）にいたるまで、空間は古い叙事詩の本質的な前提事項である。たとえば、J・ル・ゴフから借用しているF・シュアールの言葉によれば[333]、「征服の想像域、欲望の地理……原地名全体」である。数年来、中世の叙事詩における「地理」に関して多くの研究が進められてきた。叙事詩で示された郷土とか、叙事詩を生んだ郷土であり、その思い出が作品に刻み込まれていたりする。そこでもやはり方式が異なっている。フランス詩人における地理は、あっさり概略ですまされるか、あるいは象徴的な空想へ走る。スペイン詩人の場合は、もっと劇的に国民の自覚と関わり、なんらかのアイデンティティをしっかり確かめようとしているようである。アンドレア・ダ・バルベリーノは、一四世紀にフランスの叙事的な歌をイタリア語に翻案して歌集としてまとめ、真の地理的情熱を示し、神話を汲み上げるように地名（とくにイタリアの）をたくさん増やしている。

ジャンルは二極に分かれたようである。一方では、わが叙事詩は、近代国家の形成過程が始まろうとするときに、社会的、文化的共同体の形成を視野にいれて検討されなければならない。それが「領土化」の段階であり、想像のうえでも、言語表現のうえでも、さらに地上においても、存在するとは占領することであり、範囲を定めることであり、防御することである。そこで絶えず場所が指定され、場所の名が、歴史または聖なるものの存在の空間的痕跡として記憶にとどまる。たとえば『ロランの歌』におけるエクスとかサン＝ジルである。しかしまた、そのような追憶の彼方に、おびただしい地名が現われ、歌い手や、おそらく聴衆にも、場所の名をあげたり、強烈な詩的機能を帯びた名と戯れたりして味わう歓喜は明らかである。架空であろうと実在であろうと、大部分の作中人物は、居住地、あるいは征服地といった地理的由緒にちなんで呼ばれる。それぞれの詩に、少数ではあるが、高名で、決まり文句の地名が含まれる。たとえば「うまし国フランス」(334)とか「都パリ」とか。B・ギドは六編の武勲詩において、そのような表現を一二四例以上もあげている！　しかしながら、この絶え間ない再‐中心化、空間過剰化に対して、絶えず限界をかすめようとする傾向が対立し、結びつく。R・ラフォンが名づけたように「境界線上の叙事詩」である。(335)スペインの「ロマンセ集」の一部分のように、あまり新しくない武勲詩は、二つの世界の境界線上におかれていて、その一方の世界は他方の世界の抵抗のおかげで成立し、その世界に対して詩人は名称にあまり注意を払わず、みずからの存在感が無に近いことを示しているように思われる。B・ギドがあげた一二四例のうち、三分の一に近い地名が固有名詞で明確に示すのをためらうように「異教徒たち」の郷土を大まかに指している。叙事詩の言語表現は「わが国」にいるという意識を高めるために、距離を置いた言い方をする。スペインの叙事詩は、イベリア半島というまとまっていると思われる空間の中にあっても、引き離されたり、取り戻されたりする運動によって絶えず限定し直されて動く「わが国」を際立たせる。

西洋全体において、このような言説に固有な形式的様式は（統語法において支配的な並列的構成とともに）、その効果をあげるのにたいへん役立っている。つまり、常套句の反復と、それが作品に与えるリズム感、さらに常套句でない箇所との対立から生じる言述部分は、物語が展開されると同時に「すべての他者」と、直接に感じとられる現実性との隣接から生じる脅威を遠ざけるような空間をつくりだしてくれる。形式芸術のこの予防的機能（だが闘争的機能でもある）は、筋立て（アクション）の空間枠を定めるのに用いられるたくさんの常套句の存在で強調され、確認される。たとえば『ロランの歌』における不安な「山は高く」という句、あるいは遠隔、接近、道の遠さ、苦しい山越えを表わす常套句すべてである。

物語〔ジャンル〕は、古い封建制度の絆が断たれ、また、各地の君主国が統合する時期に誕生した。その時期はまた、西洋全体において、開拓が進んだ結果、人間はそれまで知っていて、所有していた土地から進出するようになった。だからおそらく物語は衝突でなく、移行を話すのであり、「よそ者」にぶつかるというよりはむしろ未知の人に向かってゆく。語られる話はたんに場所から場所へ読者を導くだけではなく、それらの話を統一する連続性を感じるようにわれわれを促す。「ランスロ‐聖杯物語群」は、フランスとイギリスをさす「写実的な」地理的横糸の上に架空の地名を縫い付けている。スペインの『アマディース』では、主人公はスコットランドからコンスタンティノポリスまで、ヨーロッパを横断している。だが、この地理は抽象的な空間しか示しておらず、島、城、架空の王国が多少とも象徴的な名称とともに散在する。かくて、四、五世紀を通じて宮廷社会で愛読されたすべての物語で、作品から不可思議な空間が生みだされ、それは森の奥やどこかの恐ろしい湖水の彼方での孤立により——またしばしば、浮かび上がり、空間を浮き立たせ、環状で、奥深く、誇張された物影で——強調される。

しかしながらエピソードの「組み合わせ」方しだいで、この語りの空間に緻密さや柔軟さとともに、予期しないものを意味する能力が得られる。一二世紀末のフランスにおける物語作者によってつくりだされた組み合わせ方は、一三、一四世紀には物語の法則として認められ、一五世紀までの散文物語群の構成原則になる。つまり「ランスロ‐聖杯物語群」からイタリアの『円卓物語』、ポルトガルの『聖杯探求』、トマス・マロリーの『アーサー王の死』にいたるまで、である。この特色は、かつてH・アッツフェルトが好んだように、物語的文学様式と建築様式のあいだで試みられた比較を正当化できる性質のものである。たとえば絡み合わせ模様、構造の躍動、この豊満さのなかへ不可思議な世界（他所）から差し込む光の戯れ、すべてが言葉でもって物語をつくっているようであるが、これはまさしく石造芸術に対するゴシック様式教会堂の関係に等しい。叙事詩は、その重量感、常套的素材の重厚性、幾何学的立体感からみて、むしろロマネスク様式を喚起させるようだ(336)。

今日では、近代の経験から、われわれは小説ジャンルを時間との関連性を考慮して定義しがちである。中世の物語は空間との関係を優先させる。一三、一四、一五世紀における物語言説、数少ない図式に制限されながらも、たくさんの人物が現われていて、その空間で時間をとらえ、空間に過剰な意味を与えるために時間を利用する。語りを構成する筋立てては連続する冒険のなかで実現する。冒険という語、またその多様な意味の歴史は幾度も書かれてきた。「冒険」は、初期では波乱に満ちた運命をさしていたが、やがてその運命を享受するとともに明示し、自発的な試練となり、またそのために勇猛心の発揮、個性の開花、騎士しか入れない世界の神秘な「次元」を明らかにしている。「冒険」は「出来事」と結ばれ、同時に「到来」（儀式語では「クリスマス準備期間」を表わす）とも結ばれ、ラテン語での未来という起源を保有している。この語は、まだ実現していないが、主人公に運命の恵みが定められていることを示している。かくて冒険は、騎士という職で神聖化され、避難所、休息、安全地帯から外へ出た者の特権になる。冒険は、この外へ出ることによって引き起こされる戦いを内面化し、なんらかのやり方でもって「神の摂理の道」にしたがう。聖杯物語には冒険に霊的な意味を与えることによって、摂理の道と同一視する作品もある。しかしながら、一般的な言語用法では、この言葉の意味を到底そこまで拡大していない。ヴィルアルドゥアンの回想録では、起こることすべてが「冒険」である。しかし物語のなかの騎士にとって、冒険は「未知の世界」、「外部」、「他者」に挑戦する対応となり、それがいったん完了すると、未知の世界、外部、「他者」の世界の真ん中に光明と意義の核心を出現させ、その周りで混沌は秩序立てられる。

したがって冒険物語は、発見と（いわば）未開な僻地の空間の植民地化を語りに投影することである。事実、冒険には語りが必要であり、それは解釈に伝えられ、提供され、語りにおいて、また語りによって意味をもつようになる。つまり夢と同様である。しばしば、その語りは「探求」を語ることになる。たとえば、あるもの、あるいは欲しいか、失われたものの探求である。散文物語『ランスロ』には、そのようなものが六〇をくだらない！　探求は冒険に、その時間的にして空間的な尺度を与える。冒険の可能性があるとか、「探求する」必要があるとすれば、それは外的な混乱を示す兆候であるとともに、この混乱を克服する具体的なチャンスでもある。冒険は、旅行案内書が旅をガイドしてくれるように、探求によって方向づけられる活力を発揮させる。探求は冒険をさせてくれるが、冒険が場所の移動を含めているかぎりは、である。帰りの冒険は探求に意味を与える。探求は、ただ連続を前提とする空間の概念を明示し、場所から逃げ、二次元の環境のただなかで絶え間ない運動によってしか存在しない。したがって、それは通過する行程に継起して起こる状況を統一し、それらに共通した意味を与える。

表象

中世の詩作品による空間の表象は二つの異なった水準で構成される。つまり場所、距離、推移あるいは内容は、「対象」の光景よりは、むしろ対象に当てられた類型的表現によって決定される。しかしながら、その叙述は座標の軸線の基底をなす組織網に記録される。座標軸のおかげで、叙述的表現の判読が方向づけられる。したがって事実、その外面的な流動性において、人間の空間性に関連する原型的イメージの急増を示す反意語が硬化し、ぶつかり合うことを推測させるのである。その事実は、あまりにも全般的であるので、中世の作品的遺産において、現代語では、他のすべての語りに対して「フィクション」の語りと言われるようなものを明確にしてくれる。語の下あるいは語のあいだに隠された解読グリルのおかげで、作品とその受け手の精神において、舞台要素への集中が生じ、その舞台は運命の生活空間、場所、図になる。

この問題に触れた研究は、いまのところごくわずかである。しかしそれらの研究は全体的に説得力がある。もっとも古い研究は、一九七〇年代中ごろに遡り、I・ロトマンの記号論とその文化記号学の影響を受けたものである。ファブリオーについてのR・ブルーゼガンの最近の研究成果を引用すべきだろう。[337] 作品に先行して存在する空間と、もうひとつの空間、つまり筋（アクション）が展開するにつれて生みだされる空間との区別が提起される。後者は「現実」によって提示される外在的空間であるが、前者は内在的な空間であり、解釈に供される。たとえ内在的空間が、俗語（なぜなら言語活用に適用させるため）の詩において、言葉でなく、身ぶり手ぶりや物まね（今日でもアフリカやアジアの語り手に認められる）を用いた特殊な方法で描かれていても（そう思われるように）、やはり言語的に知覚されるはずである。つまり発話として「ここで－いま－私」を示し、また「現実」空間の「描写」に導入されるコントラスト合わせを思わせる指呼詞の文章を想起させる。したがってファブリオーの作品群を検討すれば、描写あるいは空間的暗示の知覚と理解を決定する媒体が現われ、また、そこから引きだせる含意によって意味の視野が開かれる。たとえば「低く」に対し「高く」、「閉ざされた」に対し「開かれた」であり、移行する場所の劇化であり、そこから「無実」に対して「有罪」が生じる……

このファブリオーというジャンルの読み方は、苦もなく武勲詩に適用されるようである。武勲詩で取り上げられている空間描写の目録が最近、多く出版されるようになった。B・ギドのおかげで、詩人が距離や深さを印象づけるために、ときにはまとめて集めている一連の用語、たとえば「山」、「谷」、「浅瀬」等々というようなキーワードに限定される、かなり一律で簡略な統語的方式に関するもっとも完全な字引が作成された。[338]『ロランの歌』の構造における基本的対立に関するR・ルイス・カペランとF・アランブル－リエラの分析研究は、その作品の四〇〇〇行の端から端まで、明らかに地上を意味する水平性と、極から極、つまり天国から地獄にいたる宇宙を示す垂直性のあいだのダイナミックな緊張感を明らかにしている。それらの主軸の交差によって、秩序と混沌、「われわれ」と「彼ら」、所有しているものと征服しようとするもの、の境界が示される[339]。

物語では、それらの効果がいっそう強烈で、濃厚で、作品自体に作品の作用を同化させる。一一五〇―一二〇〇年の物語作者は、おそらくそのことを意識していた。だから私としては、彼らが絶えず真実性を言明し、物語の描写を強調し、イメージを引き締めようとしていることに注目したい（彼らを筋の展開よりはむしろ舞台装置に関連づけることによって）。ここでは、すべてが「接し合っていて」、「現実性」が感覚的に知覚されるときには、その現実性を弱めたり、揺さぶる隙間もない。すべてが役に立つのである。たとえば、光と影の交錯、昼と夜、牧草地と荒地、休息できる城館と「道中の苦難」、刀剣の白い輝き、兜の金色または黒色、鮮血の緋色が、絶えずつきまとう家柄あるいは死を喚起させる。森の中では、木は人生という旅路の道標になる。逆に、情熱を生み、われわれを支配する隠喩的な目と心は行く者や来る者となり、その場にいるか、追放され、『荷馬車の騎士』三九七〇―三九八〇行のように、投獄されるか、解放される。そこから空間の描写の付加限定が生じ、同時にイメージの静止状態、また同時に強烈な閉鎖的印象が生じる。

その印象は、主として、隠れた組織網の緊密さからきているように思われる。最近、ルイス・カペランがベルールの『トリスタン物語』における垂直のイメージ全体を検討したが、それによるとイメージは、作品で、すぐ見つかるような多くの物語的媒体を生みだしている。たとえば「低く」に対して当然「高く」があるが、「空っぽ」に対して「いっぱい」もあり、「荒涼とした」に対して「建設された」があり、以下同様で、一方から他方への移行が、語られた出来事の多様性を包摂する[340]。マリー・ド・フランスの『短編物語詩』では、意味的、物語的な世界が、閉鎖と出口、境界と通過というような、空間を否定しながらも（窓を通るのではなく）、そこから「眺める」という窓のイメージに濃縮された少数の対照的形態にもとづき、それらの形態のいずれもがそれぞれ隠喩の側面を有している。つまり「法則」を閉鎖するが、夢幻境を開くのである。

したがって、いかなる語りにおいても、ダイナミックな関係が世界の描写と語り、構造の不動性と状況の変動性を結びつける。そのために、故意の急変、パロディー的脱線、さらに基軸の皮肉な逆転というような可能性が生じ、フランスのファトラジー〔諷刺詩のジャンル〕のように諸ジャンルの出発点を形成する描写要素をはじめ、西洋全体における、俗語やラテン語でも多くみられる意味をなさない詩も大混乱を生じる。そのために、一四世紀以降、すべての言語において、意味の伝統的空間を混乱させるあいまいな言葉遊びが流行する。それが、一三〇〇年ごろ、ヨーロッパ社会にとって、あまりにも狭い視野に限られた近視眼的ヴィジョンにますます耐えられなくなるような芸術の裏側である。事実、あちこちで、言説がその視界の狭隘さを打ち破っている。たとえばヴァントゥー山の頂上で、ペトラルカは無限を発見する。しかし、まだ何も獲得されていない。それから一世紀後になっても、シャルル・ドルレアンの詩はそのような経験にまだまだ到達していない。二五年にわたる〔イギリスでの〕「獄中生活」が、この詩人の記憶と言葉に永遠に刻み込まれたのだろうか。おそらくそうだろう。ただし父祖から受け継いだ言葉にその詩人を立ち返らせるという点で。彼の作品「ロンドー」や「バラッド」が表わす空間は、住居という焦点にしてつつましく展開するだけである（もちろん立派な住居であり、たとえばブロワ城がある）。世界はそこに安らいでいるが、「空間的野心はない」と書かれている[341]。一六世紀半ばになれば、それも終わりになる。空間は古い基軸を失い、光のように無限に拡大するだろう。

エピローグ

19　調和と光

世界の可視性

空間に対する中世人の知覚から、世界観をきずいている二つの観念が生じる（あるいは条件づけられる）。それは「光」と「調和」である。そこに、おそらく中世人の考え方がわれわれともっともかけ離れた特徴がある。

初期キリスト教の教父たちから伝えられた新プラトン主義の伝統によれば、光はその起源において無形であると同時に、「天地創造」においては有形である。かつて光を空間と同一視したプロクロスは、ディオニュシウス・アレオパギタと自称する無名のギリシア人（五または六世紀）によってキリスト教化された。したがって、この作者の写本は、九世紀になってサン＝ドニ大聖堂に保管され、エリウゲナによってラテン語に翻訳された。かくて思想の一系列が浮かび上がり、それは幾世紀をも貫通し、あるときは公開され、あるときは秘密のままで一七世紀の秘教主義にいたる。

光は、限りなく微妙な宇宙的物質として、宇宙を見えるようにし、その全体性を表わし、人間に理解させる。一六世紀から二〇世紀初頭にいたるまで、いかなる近代的進化もすべて、光の実体を明らかにする。したがって、ある意味では、われわれは光にその実体を返したのである。だが中世のわが祖先たちは、光の意味を二重に理解していた。つまり、光をそのまま受け入れる感覚能力、および光が彼らにもたらした意味である。後者の意味は、われわれから失われた。一二、一三世紀の哲学者らは、光という現象の二面を区別した。つまり「天地創造」を構成する「光 *lux*」そのもの、また放射する光としての「明かり *lumen*」である。後者には色彩という効果がある。そこから光と絵画のあいだに、ほとんど神秘的な関係が生じる。絵画は、一六世紀以前では、光る物体をそれ自体のものとして示し、創造された万物のそれぞれが視線の前に、永遠の光源のように投影される世界を表わす。

ユーグ・ド・サン＝ヴィクトールの教示によれば、光を感知する三つの方式がある。光を感知させる物体では、身体の目による。宇宙を見つめる知性による。さらに、神の輝きを感じる心による。[342] 光は科学と美の基礎になる。一三世紀に、バシレイオス・ディ・チェサレアの注釈から影響を受けたロバート・グロステートの『ヘクサメロン』〔六日物語〕注釈はグロステートから光の美学に関するプロティノス的観念を借用している。つまり光は、固有の美しさと物体の均整を示す特性から生じている。[343]

元型的イメージは、明るさを「善」の特性とする。『ロランの歌』の作者はヨシュアを思いだし、神から神聖視された信仰深い作中人物たちのために延命をはかるという奇跡を再現する。しかしそれは、一一－一三世紀の大半の傑作に光が浸透するという詩的テーマというよりは、むしろ至福の実体を拡散する語や絵図やリズムの素材としてである。ダンテが『神曲』（「煉獄編」第三〇歌）において煉獄から現われるとき、その詩は突然、すでに神の存在であり、至福の保証としての天と地、植物と泉水の光の賛歌となって破裂する。かくて光は、空気や風、そして身体という牢獄、キリスト教的禁欲主義が、脱出しなければならないと叫ぶように、閉ざされた場所から解放してくれるすべてのものに類似してくる。

そこから愛とともに宗教的熱意の表現と光が結ばれる。宮廷詩人の作品で、「完全な愛」の詩が、最初の句からそのようなすばらしい約束を願わないことは滅多にない。その後で、詩節は、まるで泡のように包まれ、外光に向かって閉ざされるが、みずからの焔にきらめきながら連なってゆく。ベルナール・ド・ヴァンタドールやランボー・ドランジュ、その他、多くの詩人にとって、歌は明るさであり、その表象にふさわしいのは陽光に満たされた花であり、また歌は、心から拡散し、周りの自然を一変させるような明るさを求める。

シュジェはサン－ドニ大聖堂を再建させるとき、われわれが「ゴシック」様式と呼んでいるものを創造あるいは確認しながら、エリウゲナ〔アイルランド生まれの中世の哲学者〕を再発見している。彼はベルナール・ド・クレルヴォーと論争する。というのも、クレルヴォーが疑問を抱き、クリュニー様式の聖堂の過剰な装飾を非難したからである。この気難しい精神に対して、シュジェはエリウゲナから学んだ形而上学の基本概念で対抗し、その感動的な瞑想を詩のなかで展開しているが、そこでは、ときには喚起力のある言葉が、まとまり積み重なって、ひしめいている。たとえば、「輝き、光る、新しい光、まことの霊感――いままで沈んでいた精神は、この光を見てよみがえる」。八〇〇年ごろ、アルクインはすでにおなじ言葉を使ってヨーク教会堂を描いていた。しかし、真に明るさを建築の構造に結びつけるのは「ゴシック」様式である。たとえば広い窓が陽光を浴びた壁面に開けられ、その光が石造りを輝かせる。建造物はわれわれから離れない明るさの必要性を高めるのに役立っているだけのようである。たとえば目の明るさ、そしておなじく知性の明るさである。ステンドグラスは色彩を帯び、虹の純粋な七色調とともに、時間や月日や季節の経過の調和ある変化をも再現している。たとえばシャルトル大聖堂では、一年中、朝日の光が広いステンドグラス窓の上の黄道十二宮のひとつひとつに降りそそぐ。ストラスブール大聖堂では、彩色ステンドグラス窓のひとつが、彼岸の中日には説教壇の十字架に緑色の光線を浴びせる……。何かをつくる材料のように、光はそのイメージとしての創造主を賛美するように芸術家にゆだねられている。その点では、シトー修道会の建築家も他の建築家たちと変わらない。教会堂の装飾は唯一の光に単純化される。建築技術も王侯の宮殿に適用されることが多く、窓は二つの不可分の機能を果たす。建物の正面を美化することと、光を吸収することである。なお、装飾のモティーフのおかげで知性を照らす教訓が加えられることも多い。

科学は技術と組んで、共通した能力で競い合う。日時計はおなじ調子で一日の空間と時間を刻む。一三世紀に、アラビア的アリストテレス派学説が西洋において普及する時期に、アル-キンディの『光線論』が「放射する星の光」という理論から占星術を正当化するが、その理論は宇宙の流動に浸っている個人の存在と国家の存在を決定するものである。ニュートンも『光学』のなかで、物体を光へ変換したり、またその逆のことに関しても錬金術の記憶をしのばせているように思われる――かくて非物体性の物理学の長期にわたる根強さが示される。

そのために、人類の起源から電灯が発明される日まで、人類の日常生活では、夜が恐怖感をもたらし、毎日の日暮れに不安がよみがえる。それは、すべての元型で、もっとも恐るべきもの――きのう、突然消散したように思われる――を、われわれの想像力の深層部に固定するはずのものである。しかし電気のスイッチを入れるだけで、存在全体にとって、夕暮れがいかなるものかを忘れさせてくれるようになった。地球は、光がなければ別の土地である。それがわれわれの地球だろうか、と疑われる。夜の地理は昼とは違う。郷土の視界は薄れるか、それとも出現して、怖がらせる。そこで曲線は変形し、空間は崩れ、もはや空しか広がりはなくなるが、その空も黒い穴があけられ、すばらしい星座もきわめて限られた少数の、多少とも魔術師的な賢者にしか意味をなさず、また、ごくわずかの人間にしか意味のない困難な苦行と引き換えでなければ魂を高揚させてくれない。

夜の闇は、ひそんでいる敵、待ち伏せる野獣、殺戮者、悪霊、つまり悪魔を隠す。だからこそ、キリスト教会は賛歌と祈りを勧めるのである。夜は人間をここ、家の中に戻らせる。たとえば暖炉の前、あるいは燭台のそば、おそらく、ろうそくの火が揺らめく明かりの周りに。外での労働は終わった。もう他所はない。もう外はない。ただし今夜、泊まれるところのない不幸な人びとを除いて。眠りと忘却の前、夢の錯覚か予感の空間が開かれる前に、語り手や歌い手の時間がある。文学作品には、われわれを世界の前に投げだした一日の後で、そのような自省を喚起するイメージに満ち満ちている。

このような光の神秘学は視覚とその能力の価値を高める。この時代の人間が視覚と聴覚について抱いた観念には抵抗が現われている。長いあいだ、後者は伝達される認識分野においてほとんど絶対的な権威に甘んじてきたが、対象を確認し、明白にし、凝視するという力は視覚に戻された。だから中世の芸術は演劇性を保っているのであり、たとえば詩、物語、短編、私的または一般的な能力を発揮できる作品は、機能的には現代の戯曲作品とあまり変わらない。すべては、見るために提供される。芸術は「表出」(この言い方は一五世紀では一般化している)であり、儀式的で、巧みに様式化された視覚化である。装飾芸術全体と、それを生みだす工芸技術は、人目を引き、色彩と光への趣味を満足させることが主たる目的のようである。そこで太陽は、甲冑、武器、剣の金属の上にまぶしく輝き、衣服の染色に攻撃的または優しい熱気となって輝き、モザイク模様やつづれ織りや寄せ木細工の上にきらめく。

耳は伝令官の叫びや説教師の話を受けとり、目は神秘的な聖餐式において(この祝典は一三世紀には主要な典礼になっている)、見るという欲望を満たしていた。責務の配分と権威領域の割当には一種の均衡が支配する。しかし一四世紀には、わずかのあいだにその均衡がぐらつき、それ以来——今日まで、そして予測できる未来まで——目が決定的に優位を占める。

この進化によって伝達手段の主権を担った記述と書物に関しては、すでに多く述べられてきた。もちろん、文字の使用は、支配階級では一二〇〇－一二五〇年以降、一般化しはじめ、文字は視覚を発達させ、間接的に利用した。しかし私としては、むしろここで、近代性の最初の出現とみなしてほしい事柄に改めて注目していただきたい。それは物体の空間的自立性の尊重であり、また美とは、距離をおいて物体に向けられた視線の産物だという考え方である。

耳も距離を感知し、音がどの場所からきたかを決定し、それが予感する空間には、時間のように一次元しかない。視覚は空間を把握する。たとえ私の視線が、ただの一点から広がりの広大さを感知するだけだとしても、私はいたるところから見られていて、この鏡面的効果は私の外に存在するすべてのものに私を同化させる。それは「私を見つめている」、つまり私に関係することであり、私を見ているのである。私は見ながら、見られていると知っていて、私自身の可視性が私を空間に存在させる。それこそ、オウィディウスに由来する詩学が、恋は目から心に入ってくる、と根気よく、味わい深く繰り返す高尚な理由である。一二、一三世紀の西洋文学すべてに共通した手法、つまり深く根づいた常套的な言い回しの理由でもある。たとえば、生ける者、物体、状況、行動も思い出されるなら、視覚動詞の助けを借りると明らかに同然である。たとえば「彼女は美しい」と言う代わりに「彼女は美しく見える」となる。これは注目すべき美学的特徴である。

盲目は人間を不安にしたり、怖がらせたりし、ブリューゲルの《盲人》たちの行列によって象徴化されるだろう（視覚の勝利とおなじ時期に）。肉眼の欠陥は精神の目をふさぐだろうか。盲人は聴覚と触覚で空間を感知する。たとえば一般的な無感覚さは、そのような能力を滑稽な性質とみなした。それが残酷にもあざけられる。盲人どうしの決闘が開催される。事実、神によって日の光を奪われた者はすべて、思考の基礎になるものすべてとの接触を奪われた。盲人は、誰彼なしに暗黒の世界へ沈む。盲人の姿は脅威、全面的否定、拒否、虚偽、さらには狂気をも連想させる。ウェールズ地方のリーア王（シェイクスピア流の書き方ではリア王）伝説で、狂った盲目の老王という古風な恐ろしい神話が出現する。ユダヤ教徒の寓意的な人物像では、わざと傷を受けたように目に包帯が巻かれている。しかし狂気には得をする面もある。というのは、暗闇が模糊としていて、神の意図を隠しているからである。一七世紀までのヨーロッパ全域で、叙事詩を歌い歩く盲人たちが往き来していた。その事実の意義については別のところで指摘したことがある(344)。

しかしながら一三世紀には、アラビア人アル－ハーゼンのうちにギリシア的光学が再発見された。たちまち科学者たちはそれに飛びついた。ロバート・グロステート、ロジャー・ベーコン、ジョン・ペッカム、ポーランド人ヴィテロらは一三〇〇年以前において、西洋にもたらされた最初の実験科学への道を拓いたと思われる。まず、学問の動機になるのは、すべての存在の最初の有形態として、またそれらの存在から生命エネルギー、「活力」となって生じる運動の第一原理としての光の学説に対する理論的興味である。

したがって光学は「神の天地創造」を概略的に認識できる鍵を与えてくれるだろう。しかし、光学は拡散する直線的光線を観察することで、ユークリッド幾何学と部分的に結ばれる。しかも知覚の「写実主義」観念は、物体の光景とその表現の区別を禁じる。つまり、見えるものは存在するものと一致するのである。この矛盾した要求から生じる結果は、中世の光学が物理学とともに数学にも依存しているが、他方、その実験作業は視覚の心理・生理学的領域を探求している。そこから、一六世紀の「遠近法主義者」に及ぼした影響のうえで不統一が認められる。本書第17章で取り上げたブルネレスキの実験はロジャー・ベーコンが専念した数々の実験と、認識論的、技術的に同類である。

一三世紀には光の進み方、虹、レンズ、人間の目が研究される。ペトルス・ヒスパヌスは白内障の手術をおこなっている。屈折角の測定がおこなわれる。一二八〇年には、眼鏡のレンズが発明されていて、ヴェネツィアはその製作で有名である。一四世紀に、ビュリダンは魂の活動に関連した視力の組成を思索し、光が形態ではなく、質だと考える。ニコラ・オレームの『魂の問題』によれば、「光 *lux*」の場所は太陽であり、「明かり *lumen*」の場所は大気である。精神的存在としての「明かり」は「光」の反射であり、創造された空間全体を占める。光のおかげで、いかなるものも空虚ではない。

理論の余白で実際的な知識が蓄積される。一五世紀末、ヨーロッパの知識人らは「暗箱《やみばこ》」〔暗い室から真っ暗な箱、それからカメラになる〕に熱中し、それに対してアタナシウス・キルヒャーは『明暗大技術』の執筆に全力を注ぎ、一六七一年にアムステルダムで公刊し、彼の数々の実験が黄金時代のオランダ絵画に影響したことは実証済みである。

鏡と、それが可能にする驚くべき作用は、一二世紀から広く珍品の愛好者層の心を捉えた。鏡は空間圧縮の不能を否定し、遠くにあるものの現実の姿を手元に映してくれる。同じものから同じものへ、という距離は消滅する。そこから大いなる暗示力が生まれる。鏡は、はるか以前から女性の色気と虚栄の象徴であり、また「完全なる愛」の常套句に入れられる。つまり恋しい顔の隠喩であり、その面影が心に投影されるのである。フランス語では、ティボー・ド・シャンパーニュからフルワサールの『恋するスピネット』〔楽器〕を経由してモーリス・セーヴにいたるまで、詩人はほとんど哲学的な意味を含めて、そのようなイメージを伝えている[345]。一二八〇年ごろ、ジャン・ド・マンは『バラ物語』における虹に関連した長い余談（一万七九八四―一万八二五六行目）のなかで、そのような哲学的含意を明示する。彼はわざとアル＝ハーゼンを援用しながら、鏡の物理的にして精神的な効力を列挙する。たとえば、きわめて小さいもの、きわめて遠いものも映しだせる能力、光を屈折させたり、集中させる特性、目をごまかし、「奇跡を起こさせる」（一万八一七八行目）効力である。ジャン・ド・マンは最後に沈黙する。そのような話題はあまりにも信じがたいので、聖職者にしか詳しく説明できないだろう。というのも、聖職者なら「その不可思議な科学」（一万八二五五―一万八二五六行目）を「証明で知っているはずだ」（私なら「実験で知っているだろう」と訳すが）、と彼は言うのだ。

実際、鏡はすべての魔術に適した不思議な道具である。かつてJ・フラピエは、言葉の深層において、「鏡 *speculum*」と「洞穴 *specus*」という語のあいだに関連性があると示唆し、「反射」という語が古期フランス語では「暗がり」と言われている、と指摘した[346]。ジャン師の宮殿の前には（本書第12章であげた「書簡」によれば）、円柱を積み重ねて造られた建物がそびえ立ち、その頂に鏡が取り付けられ、その輝きで七二の地方が騒乱から守られている！　物語『エネアス』〔『アエネーイス』のフランス版〕の作者は、カミルスの墓碑の頂点に鏡を置いている。そこからいかなる敵の接近も感知できる。これは原作者ウェルギリウスに同じような発想があったことを暗示しているのであろうか。たとえば異本では、ナポリやローマが守られるように構想されている。

鏡という物体には重厚な象徴的任務（精神的で、空間的な）が課されているのだろうか。それについて「コリント人への第一の手紙」（第一三章一二）は、なんらかの神学的な確信を与えていた。「鏡に映してみる」とは地上的な条件、そして否定的に救いの期待を意味する。一二世紀から一六世紀まで、西洋のすべての言語において、「鏡」とそれに等しい語は教化的あるいは教育的な多くの著書の表題につけられ、著書の冒頭で知識全体と模範的手本を示している。具象芸術にとって、鏡は豊かで充実した意味表示であり、その図像は状況によって多くの解釈を可能にする。たとえばF・ガルニエは極めて明白な例をあげた。純潔といわれる鏡は、「聖母」を崇拝し、「知恵の書」〔旧約聖書中の第二正典〕（第七章二六）の「汚れなき鏡」を喚起している。鏡は作中の女に向けられると、その美しさを表わすが、その女性自身に振り向けられると、だらしない生活を映しだす。罪深い者は、悪魔から突きつけられた鏡に、すでに死と地獄に落ちた自分を見る(347)。

一二世紀に、文学の伝統から、オウィディウス（当時のラテン語詩人に親しまれた作者）の『転身物語』から、ナルキッソスがおぼれたという、鏡のような危ない泉の神話が引きだされる。つまり、水に映る自分を見つめるが、愛憎が生まれる道のりはあまりにも遠すぎたのだ。オウィディウスの物語は一二世紀から一四世紀までに幾度も翻訳され、また多くの作家は、宮廷詩人ベルナール・ド・ヴァンタドール以後、その模範的な悲劇から、欲望の犠牲になる自己喪失について苦い反省を引きだしている。

数の力

中世の「光」には、それに含まれる現実の二面——物質と意識——において、物事のあいだの楽しい均衡（外的で、空間的）および一致（内的）という観念が含まれる。光は、創造された自然におそらく内在している現実的なものの統一に潜在する葛藤に、いい解決が見つかるだろうという期待となる。だから光は、主題的にも構成的にも、詩や神話や神学に取り入れられてきたのである。光を見つめるのは真理を経験することである。その経験には、ボエティウス以来の伝統では「調和」という名が付けられる。一一五〇年ごろには、聖女で神秘主義者ヒルデガルト・フォン・ビンゲンが『テンニン鳥のオーケストラ』と題する作品で自分の恍惚感を報告している。

それから二世紀半後、偽エヴラール・ド・コンティのような文化普及者にとって、なお調和は天体の運行を表わすのに用いられている。というのも、そのような確実性があらゆる知的な危機にも負けないからであった。調和は、人間と宇宙、空間と時間の類似から生じる。どちらにおいても、「神の意図」を表明する存在論的一致から調和が生じる。したがって認識はひとつである。事実、一三世紀から哲学者たちの考えでは、宇宙はしだいに表徴の集まりでなくなり、ますます広大な論理的図形になる。しかし、そのために調和的統一観念への深い同意が保たれる。一三、一四世紀、さらにくだっても、人間にとっては、哲学と医学、生物学と神学、またわれわれが研究と知識伝達の区別に用いるような、多くの抽象的な専門領域のあいだに区別をつけるのはナンセンスだろう。

「ソロモンの雅歌」に関する一連の注釈では——七世紀の聖ビードから一二〇〇年ごろのボドゥアン・カンタベリーにかけて——、調和は美の源泉とみなされる。それは、一六世紀のウィトルウィルスの注釈におけるバルバロの説でもある。[348] このような一致は、ときには陳腐になりながらも、美学者の思想においては一九世紀半ばまでつづく。さらに一九六八年には、R・インガルデンが「傑作」に関する著書〔一九六八年に独訳された、一九三七年の『文学作品認識活動論』か〕において同じ考え方に戻っていた。完全な一致を表わすものとして、事実、調和は、U・エーコの言葉によれば、中世の時代に特有の「均整の美学」[349]を包含し、正当化するものである。その象徴が、形、弦の数、音色からみてハープであり、さらにおそらく当時の感受性にひそんでいた古風な残像のためでもある。たとえば『エッダ』における英雄たちは火葬に付されるが、遺骸の足もとに置かれたハープの音楽で「あの世」へ送られる。

音の技法を調和に結びつける関係は「数」の形で表わされ、記録される。それは現実性の要素を集めて構成しながら作用する形而上学的原理である。数は、新プラトン主義哲学から発し、中世の幾世紀かを経て一六世紀にいたるまでの伝統によれば、存続する「観念」のイメージを、感知できる世界へ投影するという意味での「形式」である。したがって宇宙は、神の視線のもと、そして神の意図によって「数の構成――または順序――にしたがって」存在する。数は、空間および時間とともに、個人、社会、そして両者が結ばれる事柄をも決定し……実際上、以上三者の領域は辛うじて区別されるほどになり、また物体を詰め込んだ全体から自立した個体を徐々に引き離すには、一二世紀から幾世代にもわたる神学者やモラリストたちの努力が必要なほどであった。

数は、「知恵の書」でソロモンから讃えられ、「黙示録」では秘伝の言葉として用いられ、ユダヤ教の伝統では注釈の手段になる。六世紀の『セフェル・イェツィラー』で、数はアルファベットの文字に組み込まれ、象徴的に「天地創造」の全体を明らかにする。分数が知られていないので、幾何学的図形における、単純でなくても、簡単な比率を空間へ移すことができる。しかもこの方法は、無理な長さや比較できない大きさを表わせる唯一の可能性である。

しかし幾何学はかなり初歩的な状態のままである。それは一〇〇〇年ごろに再発見されるが、不正確であり、大した効用性もなく、その対象は空間でなく、規模である。またそれぞれの図形では数が支配し、したがって図形は数に捧げられているという考えが図形を奉仕者のように算術へ従属させる。経験的な技術として幾何学をもっとも有益だと思うのは建築家であり、一四世紀のイギリスの規則は「石工組合員」（フリーメーソン）に幾何学の知識を義務づけることになる。一三世紀に、その慣行はヴィラール・ド・オヌクールに各種の測定法について記述させるが、それはルネサンスの芸術家たちが再発見するだけでよいだろう。幾何学者の道具は石工の道具とおなじであり、物差しとT定規とコンパスである。一二世紀初めから一五世紀末までに、多少ともユークリッド幾何学に影響された著書があいついで現われるが、技術家たちはもっとも複雑な図形に、漠然とした魔術的な名を除けば、貴重な植物やなじみ深い動物のような比喩的な名称を与えている。たとえば「平等」「仲裁」「勝利」「平和と和合」「ロバの橋」「クジャクの尾」「ガチョウの脚」[350]。状況しだいで象徴的な意味を帯びる。たとえば円、四角、三角。

一二世紀末、カラブリアの非正統派ジョアッキーノ・ダ・フィオーレは教義の本質には触れないで、視点を変えた。彼によれば、図形の認識機能は、表徴から感知されうる領域を除去して純粋な知性とし、言葉の媒介というような不都合なしに観念を直接、知性へ移入させ、空間について直接に理解が得られる[351]。おなじような概念化が知識階級のあいだに多少とも普及したことから、位置と移動に関するおなじような解釈が、一二世紀からヨーロッパ全域において騎士社会にチェスゲームが流行したことを説明しているように思われる――すべてが予想された空間において自由に闘いつづける。

図形と数の組み合わせは、潜在的に非物質的なもの全体を包含していた。そのような視野において、完全な言葉は建築である。E・マール以来、中世の建築家が、どれほど「神聖な数学」という数の組み合わせを重要視したかが明らかにされた。その神学的な規準は、彼らには明々白々である。「ゴシック」様式が一貫してその規準を探究する。建物の大きさは3×3の構造要素から生みだされ、たとえば平面図では、内陣、交差廊、外陣。立面図では、地下聖堂、床《ゆか》、ドーム。正面には、扉、ばら窓、尖塔。それらの各部分は数値的比率にしたがっている。もっとも頻繁に用いられたのは偶数と奇数の組み合わ

せであり、シャルトル大聖堂のように、特に6と7であり、ほかでは5と6である。(352)

一二世紀以降、アベラールは「聖書」で描かれているようなエルサレム神殿のうちに、その調和の完全な具現、またそこから普遍的調和のイメージを明らかにする。この神殿は図像と象徴の典型になる。一五―一六世紀にこの類似的傾向の感情が希薄になったときでも（多少とも新プラトン主義的秘教主義のために）、ソロモン王によって建立され、創造主みずからその建築比率を伝授したというユニークな建造物に対する関心は存続する。一五世紀の〔ヴァチカンの〕システィーナ礼拝堂はその規準を再現したものとみなされている。一六〇〇年ごろ、エルサレム神殿の平面図が復元され、一六四二年には、スペインのユダヤ教祭司がその木製模型をつくる。この関心は一八世紀になるまで衰えることはない。(353)

数占い（数霊術でもよい）は、理論や言葉の全領域に及ぶ。聖典または一般書の注釈は、寓意的な解釈ではそれに頼る部分もある。数学と神学との境界も明瞭ではなくなり、後者は前者を植民地化した。詩は規則的に数的構成に頼る。というのも、作品において律動的な領域を生みだし、作品固有の調和を数値的に表わすためである。なんとなく象徴的であるか、あるいはそれなりに聖書的逸話とか、典礼的慣行とか、生まれつきの特徴を示す単純な数、3、4、7、11とその倍数、100その他は、詩行数または形容詞数というような部分の配置を決定し、極大または極小の原文のレヴェルにおける照応組織を形成している。ある作品、ある著者から他のものへかけて、方式の慣用は、極度に微妙であったり貧弱、平凡であったりして、大いに異なる。しかしカロリング朝時代から一六世紀初頭まで、その慣用は詩学の申し分ない補助（原則というよりはむしろ）としてつねに有効であった。

事実、この領域において中世研究者は、ときには単純な懐疑的態度や、おなじく単純な軽信ぶりを示している。残るのは総合的で、否定できない現象であり、それは一一世紀のフランスの詩『聖アレクシス伝』（この作品は5と33という数で構成されている）、オック語の『聖女フォア』、マリー・ド・フランスの『寓話集』、アイルハルト・フォン・オーベルクの『トリスタンとイゾルデ』、一四世紀の中世英語の『真珠』のような作品において、ときにはきわめて洗練された形で見いだされ、さらに『デカメロン』では全体的に配されている。もっとも洗練された数的構成は、疑いようもなく『神曲』と、その3、7、10、13、100を含めた組み合わせである。この問題については多く書かれていて、A・バックが研究全体を要約している。(354)

数は、なんらかの活力のリズムを調べるように、言葉の構成に絶えず介入し、それをなんらかの領域に同化させることができる。空に七つの「惑星」があることはわかっている（わかっている惑星のうち、五つに太陽と月を加えて）。ミサは七部からなる。神学者は七秘跡を列挙する。モラリストは七つの美徳と七つの大罪をあげる。人間の顔には世界に向けて七つの開口部（二つの目、二つの耳、二つの鼻孔、そして一つの口）がある。つまり七は「創世」の七日をさしている。キリストの身体には五か所の刺し傷があり、ひとりの大司教には、少なくとも一二名の司教、修道院長には一二名の修道士が必要であり……五は五体の五であり、六は「自然」、七は天地創造の神、一〇は神聖そのものを指す。かくて物体、魂、行為に内在する調和、つまりそれらを統合する連帯が明らかになる。

数は空間を開き、具体的に倫理学に一領域、つまり人間の運命に関わるすべてに測定できる生存様式を与える。「黄金分割」とか「黄金分割数」と呼ばれるものは古代から伝わり、正方形と円との関係を明らかにし（今日では、一対一・六一八と書かれるだろうが）、「数値的な割合」のもっとも洗練された形を成している。それはまた、できるかぎり深くその神秘性の深奥に侵入する。だから、おそらく建築者に利用された。たとえばトロアにある聖堂の交差廊の製作者がいる。

この効果は、一五世紀ではないとしても一四世紀より前では、数字の意味が完全に実感されていなかっただけ、なおさら強烈なものに思われる。数は関係、典型、したがって抽象的な正確さを表わし、数字は原器がないので、つねに近似値である。数固有の価値や計算の正確さに対する新たな配慮（ときには妄想に近いほど）が、まず都市的、商業的な環境においてかなりゆっくり普及する。その古い「象徴的な」使用は、一四〇〇年を過ぎると（若干の詩人らを除けば）、貴族階級の上席権を定める要素にすぎなくなる。現実的に、他の空間は、その間、開かれていたことになる。

そのときまで、あらゆる事柄に求められていたこと（他方、一二世紀以来、アリストテレス主義が不安的な概念機構を安定させようとして徒労に終わった）、それは固定し、安定した形式というよりはむしろボエティウスが『音楽論』で援用した「音楽」の具体的実現、つまり天空の運行と相互関係にある物体との生きいきした均衡である。この概念は幾世紀も通じてアウグスティヌス学説の伝統において成果をあげる。一六世紀における若干の人文主義者の活力を回復することにもなる。一四九二年に、コロンブスが未来のアメリカへ向かって船出するときも、ヴェネツィアで『音楽論』の最初の近代版が出版されている。

「音楽」〔*musica*, 音楽や詩歌〕はリズムから生まれ、リズムは「数」、つまり集束的瞬間の規則的な数から生まれ、各瞬間は、音の持続を表わすと同時に中断しながら、関係する主題のうちに独自の生活様式を、まばゆいほど予感させる。神話と宗教史から促される比較検討で、リズム、熱、火、身体、歌のあいだの閉鎖的な組み合わせ方、意味循環の存在が明らかになる。「音楽」はそれらの現実と意義を包括する。おなじく「音楽」は空間に結ばれ、空間に形態を生みだしながら、空間で実現される。それは天球の回転、人間の身体の活動、「神」の何たるかを暗黙裏にわからせてもらったその神へ向かう魂の行進を規定する。それは美の均整を規定する。それは言葉で「詩」をつくり、手段としての音と人間の声で「音楽」と言われるものをつくる。また、われわれの手足の動きで「舞踊」をつくる。以上の三つの芸術には、われわれを引き裂く対立を解消し、時間の遁走を制御し、欲望の飛躍を落ちつかせるという意欲、つまり言葉と同じほど古い意欲からきているのである。「音楽」は、それらを永遠の形象へ高揚させるために、その素材（音、語）を消滅的条件から引き離し、それらを包みこみ、それらに侵入し、それらを転換する。

I・フォナジーは、音と言葉の芸術の制作と、それらによって生みだされる印象が、いかなる心理・生理的な基盤のうえにおかれているかを証明した。彼はその基盤を咽喉の振動によって生じる空間感覚と一致させ、振動のリズムが加速するときの上昇、減速するときの下降、周期的変化の有無にしたがって起こる波動、振動がある。しかし、西洋の言語が知覚したことを記録し、メロディーについて、また低音または高音としての高い声または低い声について語りはじめるのは一五世紀半ば以前ではない。つまり「音楽」の伝統的概念が、唯一の音響芸術を指すための決定的な単純化へ向かっているときである。

つぎの世紀には、オペラの制作において、この空間的隠喩に関する新しい象徴体系が形成されようとしていた[355]。事実、オペラは一六世紀末に、ギリシア悲劇を真似た祭典で、人間の身体固有の空間が高揚される三つの芸術を合体させようと試みられていた。このオペラ創造者たちは野心に燃えていたので、中世の制作では、もっと慎重で、またあまり公然と組まないで、音響空間の要素を分離したかもしれない一切のものが避けられていたのを、おそらく忘れていた。だから詩、音楽、そして舞踊では、反復、回転、変化の美学、つまり運動性の要請と同時に本質的なものへの集中が優先していた。

他方、芸術家たちは言語活用で正当な音響効果へ強い関心を示していた。したがって教会堂の外陣や内陣における「応唱」歌手たちの場所が、声の音調で決定されていたのである（ビザンティウムやスラヴの宗教儀式のように）。典礼劇は、広場に集まった大衆のほうへ声が響くように教会堂のポーチの下で歌われた。しかしまた、とくにフランスやドイツでは九世紀以降、音楽家は音量を多様化し、増幅するための研究をつづけていた。そして結局、一二〇〇年ごろには、多声音楽《ポリフォニー》を生むことになり、その複合的で繊細な空間がゴシック様式の真新しい聖堂のドームのもとで開花することになる。

要するに、舞踊の多様な形式は中世初期に世俗的な環境において詩的、音楽的な効果全体を脚色している。キリスト教会も儀式的な舞踊を、みずから組織しないとしても容認している。かつて、M・サーリンズは輪舞の一種「カロル」という用語に「キリエ・エレイソン」〔求憐誦、「主よ、憐れみたまえ」から〕という語の俗化した形を認め、フランス語やドイツ語、さらにロマンス語のすべて、ケルト語、さらにバスク語でも、古代から受け継ぎ、漠然とした宇宙進化論的意味につながるような輪舞をさしているとみなした。最近、R・ラフォンは一一世紀の「聖人たちの歌」の数霊術的構成と、その歌で舞踊させていたという事実とのあいだに機能的関連性の存在を発見した。たしかに長いあいだ、行列と舞踊を区別することはまったく考えられなかった。一二世紀以降、騎士的、宮廷的な社会には独自の舞踊記譜法があり、それは文学作品や絵画によって、一般的に、庭園のような守られた場所で示される。さらに古い伝統が近代まで民間の文化に生き残る[356]。

しかしながら一四世紀末ごろには、領主たちの儀式的ダンスの習慣が、フランスやドイツの詩人や画家たちの悲痛な独創力に最初の「死の舞踏」を生みだし、それは音楽の洗練と歌詞の痛ましい強調のうちに、「最後の審判」の舞踊版として人間的空間全体を「死」にゆだねる。

破裂した空間

われわれとしては──「近代」という時代（あまりにも短かったが、破滅的だった）を経由して中世の世界から遠く隔たった二〇世紀末において──、もはや祖先が安らいでいたような包括的で熱烈な概念を抱いてはいない。われわれにとって「光」または「調和」は、近づきがたい実験室にいる若干の研究者を除けば、おそらく平凡な語にすぎない。しかしまた、中世が一六世紀の人類に「地球」を統合しようという努力とともに遺していた空間もまた、われわれから失われた。そこでは、人間、植物、家畜、鉱物も仲よく協力しあい、一八三〇年ごろには、まだ先史時代の輸送機関とあまり変わらない機関車で往き来していた。大きく開かれているが、無限ではない空間であり、活気が集中されはじめた都会と同様である。われわれのうちの最高齢者たちには、断片的で、はるか遠い思い出としてまだ残っている空間である。つまり彼らがまだ若かったころ、第二次世界大戦以前には、その空間は分解中であり、新技術の視界のなかで薄れてゆき、すでに彼らの精神や生活のなかでは実際に経験する現実というよりは、むしろ神話に属していた。今日では、もはや何もない。

ここでは恨みがましいことを言うべきではないが、その過去を（可能なら）個人的に理解するために差異を測らねばならない。中世の文明は、われわれには無用な概念に頼りながら、宇宙的現実において、同化、つまり歴史への同化を図るために苦労しながら、劇的に努力した。「近代という時代」はその問題をあっさり退けた。それがまた戻ってきて、われわれにつきまとっている。なぜなら、今日ではもはや宇宙に関するすべての可能な説を帰納させるような中心概念がないからである。空間についての科学もない。もちろん、中世人にもなかった。しかし彼らには空間の哲学があり、神学があった。われわれには何もない。あるいはむしろ散乱し、統御しがたい知識に圧倒されている。われわれは空間に置かれたものについては語れるが、ニュートン以来、その空間については、真空について話すように抽象的にしか語れない。

この「ばらばらになった手足」を、なんらかの普遍的で象徴的な「生態環境論《エコロジー》」に寄せ集めることができるだろうか（総合しようとしても無駄だろう）。学際的な思考の努力が必要だろう。そうすれば、われわれの存在を自分の身体という究極的にして効果的な規準で構成し直し、結局、各自にとって、生活空間に結びつけてくれるような、自然的で経済的、精神的で、かつ自律性と個性を確保してくれる「自然契約」(357)が発見できるかもしれない。それは遠い将来になるが、そこにいたる希望は、われわれの科学の残り滓のあいだで、あちこちに見え隠れしている。

過去五〇年ほどのあいだで変化したこと、それはわれわれが倦怠に襲われ、わが文明の効力や、宇宙的規模で成果を挙げている技術の絶え間ない氾濫への漠然とした恐怖にとりつかれているが、他方、距離感の喪失によって、われわれは誰彼なしに否応なく世界的で、脱‐空間的な行為者にされている。一種の困惑が、思想と行動を誤らせるとともに、地球、および輪郭が見えはじめた新しい領域に対するわれわれの攻撃的追求を後ろめたい気持ちで秘かに示している。

後ろめたさだろうか。いや、むしろわれわれを支える土地、しかし農産物加工業によってわれわれがそこで養われていることを悟らせないような、土地との一体化不能から生じた郷愁である。新しい単純さへの夢、目立たない生活面で断片化されていても、意味ある全体としてはまとまっている空間への夢であり、そこではわれわれ各自が単独でありながら同時に連帯的であるという正しい尺度をみいだし、近所と遠隔地、ここと他所との対立が高速自動車道路、工業地帯、あるいはスーパーマーケットを徹底的に破壊するのではなく、自己を制御し、他人を尊重し、世界への連帯性を自覚するという倫理感の基礎としてふたたび活性化するだろう。逆行するのではなく、新しく飛躍することによって、である。一九九二年六月、私がこの文を書いているときに開催されている「リオ・サミット」に際して、そう言われた。つまり地球の未来はわれわれの都市の未来、不可逆的な社会・精神的な複雑さ、もっとも野心的にして、もっとも抑制されないわれわれの技術能力の未来を経由することになる。

それも、近代性であったもの――形態とその味わいを犠牲にして力が勝利したような近代性という根こそぎにされた世界――と、われわれとの決裂になんとか貢献している。残るのは、まだ不安定で丸裸の状態だが、以上のような減退と束縛を拒否し、肉体的に経験された空間の意味をわれわれから消し去り、われわれの時代の統一性と規則正しさを破壊したもの――大都会の現状、おなじく古い農村文化や太古以来の農作業の伝統の消滅が今日、世界のいたるところで劇的に現われているように――、そして空洞が大きく開かれたように、まだ何も代わりのものがない状態と絶縁しようとするわれわれの意欲である。

A・ド・リブラはつぎのように書いている――「われわれの世紀は、技術の勝利というよりはむしろ合理性の敗北と無力の世紀である[358]」。二、三〇年来、すべての科学的分野をはじめ、世論や個人的意見をも支配している危機感は、量的なものの誘惑を挑発している。たとえば、数えられる事実、さらには偽-方式でごまかした偽-理論を大量に使って、亀裂がふさがれているのである。物事に直接ぶつからないで、コンピュータを使い、操作する。しかし、この不幸については、少なくともわれわれは意識するようになった。現代生活に画像がさまざまな形でどっと闖《ちん》入してきても、この現実との距離は容易に埋められないが、それは、仕方なく、深みのないスクリーンの上に、しばしば意図的に、科学的に、工業的に変形されて張り付けられた映像にわれわれが熱中していることを説明している。

われわれは、この視聴覚的ブリコラージュ〔器用仕事〕から生まれたもののあいだで仮住まいをし、歴史を語ったり、周囲のことを描いたりするとき、言葉の外部でおこなっているのである。つまりすべての外側で。周囲には、もはや地球に尺度はなく、別の空虚さでわが社会は病んでいる。幾百万の個人が精神異常である。われわれはこの不幸に目覚め、祖父たちの過失によってこうむった喪失を痛感する。かなり明確だが、気楽に暮らし、信頼できるほどあいまいな境界のあった地球の喪失である。そしていまでは、すべてが無くなっている——なぜなら、われわれにはすべてが可能になったから。スピードのおかげで時間が消滅する。時間がなければ距離はなくなる。しかし場所そのものも意義を失い、停泊地点として機能しなくなり、ただ危機に際して、憎い他人を告発するのに役立つ抽象的形式として存続している。人工的な光は都会人を昼や夜に対して無感覚にする。エレベーターを使って昇降することで、垂直の知覚が鈍り、空間の規準が狂う。

かつて、中世の世界の尺度は人間のうちにあった。人間はミクロコスモスであり、宇宙のすべての要素を一身に集め、神に望まれた宇宙的統一の場とされ、「贖罪」のドラマが演じられる時間‐空間としての大いなる集団の社会階層に登録された（われわれの個人性を超越して）。この概念は、もうまったく存続しない。近代は地上の空間という平面において、古い「神の顕現」という垂直位をひっくり返した。人間の動物的身体は結局、その努力のうちで崩壊し、領土としての身体のほうも解体した。そこから社会活動の無気力、停滞、細分化が起こっている。

かくて世界的にわれわれは、四〇年近く前にレヴィ‐ストロースが『悲しき熱帯』において「耐えがたい明白さ」を嘆いた「単一栽培」的な文化、またその味気なさのために知的香辛料、たとえば歴史、民族誌、地理等の研究とともに、わかりやすく読みやすくする写真——真実らしさという錯覚を起こさせるすべてのもの——を絶え間なく消費しなければならない文化に落ちついた。しかしおそらくそれは今日の時点では、もはや錯覚ではない。もっとも錯覚を起こさせる（われわれの空間を取り返すこと）のは、むしろ今日の社会の極端な可動性である。たとえば、生まれた土地から離れて暮らすのが普通になり、生活の空間的領域が解体して、ここで暮らすが、あちらで働くというのが一般的になった。薄給者の地下鉄‐仕事‐ベッド。実業家が世界をアタッシェ・ケースほどに縮小して飛びまわる出張旅行。

われわれが感じているような自由、地理的疎外からの解放という印象はごまかしである。なぜなら、われわれには制御できない交通手段への隷属をつぐなってくれるだけだから——しかもきわめてまずく。この問題に関連して、自家用車の利用について多く書かれてきた。自動車は空間の束縛を否定し、われわれを有頂天にさせる。しかし自動車は、それを生んだ技術に——さらに文明に——復讐している。それとも、われわれの心のうちに秘められたものが、われわれを罰しているのだろうか。ここでは、道路を血だらけにする交通事故という大殺戮については触れないでおこう。

夢想的イギリス人の発明である観光旅行を、われわれは産業化し（驚くべきことに、それはもっとも貧しい国々の主要な産業になっている！）、発展させ、「西洋文化」の基本要素にまで昇格させた——これまでに人類が知った、もっとも幼稚な文化のひとつであり、人間と地球の関係を活性化するのにもっとも適さないことである。「旅行業界」の成功は、二〇世紀半ばごろ、大半の学者が歴史に興味を失った時期と一致していた。しかしながら、価値の逆転とか、時間に対する空間の勝利ではなかった。いずれの側からも、おなじ恐怖反応であった。というのも、観光旅行はまったく世界的空間とは関係がないからである。それは、なんらかの囲いのなかを丸く回ることであり、各自は旅行かばんの中に歯ブラシ、消化薬、脱臭剤とともに自分の場所を詰め込んで、運んでいるだけである。

　最後の伝統的な放浪社会のなかから若干の集団がまだあちらこちらで生き残っていて、観光客のカメラにとっては幸いなことである。この放浪者たちは落ちぶれ、堕落し、もはや自分たちの土地ではない地球の生き残りである。数年来の放浪生活——今日では唯一の存在であるが——は、一九七五年にJ・デュヴィニョーから「不幸の放浪」と呼ばれた。たとえば「第四世界」〔第三世界の最貧困諸国〕、都市のあいだを移動する者、あるいは南方の貧民や迫害被害者を北方へ追いやるという移住から生じた卑屈な放浪生活である。[359] たしかにその移動は、まだ前兆にすぎない——少なくとも、現代性の脆い均衡の破綻を示しながら、われわれを突然、人類の空間の再発見と対決させる前兆である。

「古き時代の賛美者」という妄想は私から遠い。繰り返して言うなら、この釈明は、比較的遠い過去を理解するのに、いろいろと比較しなければならないために欠かせないことである。金言とおなじように過激な言い方をするなら、「中世」とは——表面的には——われわれの時代と正反対であるが、深層においては、濁った類似が現われている。中世初期から一六、一七、一八世紀にかけての「近代」の出現にいたるまで、全般的な変動に押されて、ヨーロッパ精神は空間の知覚と概念化を具体化しなければならなくなった。つまり、象徴的な前提から測定できる現実へ移行することである。一世紀以来、逆転と見えるようなやり方で、われわれは数学的に、象徴的ではないとしても、少なくとも人類の経験からますます離れた計測科学によって研究された宇宙として認められた空間を再構成してきた。

　しかしながら、以上の変動は経験された空間全体に等しく影響を及ぼすのでなく、一般概念と科学的規準を一変させ、遠い空間についてのわれわれのヴィジョンを変化させている。しかし、もっとも近い空間や、われわれ各自の身辺にはちょっと触れるだけである。もちろんその輪郭をぼかし、われわれとの固い絆を緩めようとする。だがそれも、習慣と観念の開放や革命が三〇年来、求めている個人的な空間的陋屋《ろうおく》をめぐって、である。そこで今日、われわれはますます苛立ちながら、自己喪失、広がりの経験から起こる精神異常を痛感している。この広がりの空間で、もはや発見もできないか……それとも、一三世紀の探検的修道士や一五世紀の航海者のように、物事の残酷さという厳しい真実とともに、そこに秘められた慣れない優しさを求めてゆくしかないだろう。

訳者あとがき

本書は、Paul ZUMTHOR, *La Mesure du monde. Représentation de l'espace au Moyen Âge*, Éditions du Seuil, 1993 の全訳である。法政大学出版局は、この原書が発行された翌年初め、邦訳のために版権を取得し、すぐ翻訳者に依頼したが、途中で事情のために責任者が交代したりして、翻訳の進行が著しく遅延し、依頼してから一〇年近くすぎてしまった。そこで改めて当方に邦訳の適否や諾否の問い合わせがあった。ところで、ほとんど訳出し終わっていた前の訳者の訳稿が、まだ不充分で、全体的な調整や統一が済んでいない状態だったので、全面的に新しい訳に改めるほうが手っ取り早いと考え、同出版局から前訳に関わった方々の了解をとってもらってから一年足らずで仕上げたのである。結局、原書が発行されてから一三年ぶりで、日本では、はじめてズムトールの西洋中世史研究の集大成ともいうべき最後の傑作の邦訳が読者の目に触れることになる。

著者ポール・ズムトールは一九一二年にジュネーヴで生まれ、学業を修了してから、アムステルダム大学付属ロマンス語・ロマンス文学学院で二〇年間ほど教鞭をとり、その後、「大学紛争」で揺れるヴァンセンヌ大学（パリ第八大学）へ転勤したが、すぐアメリカのイェール大学を経由してカナダのモンレアル（モントリオール）大学の「比較文学科」の科長兼教授として落ちつき、定年退職後もモンレアルに定住して研究と国際的学会活動をつづけ、一九九五年に同地で逝去した。結局、世界の五大陸で五〇校にのぼる大学において、専任教授、客員教授、あるいは招聘教授として活動したことになる。日本の広島大学や成城大学とも関係があったらしい。また、フランス、イタリア、そしてとくにカナダのケベック州政府から、名誉勲章や国家功労勲章などを受けている。本書で、「放浪」という語が頻発するが、ズムトール自身の生涯もまた一種の学際的で、国際的な放浪であったかもしれない。

ズムトールは、職業的なポストのうえでは比較中世文学を専門にしていたように見え、さらに創作活動もおこない、小説や詩集を出しているが、やはり本質は、れっきとした「中世史家」であり、専門著書は二四編をかぞえ、その多くは諸外国語に翻訳され、また研究論文は数百編に及んでいる。要するに中世史家として国際学会において、ときには会長に選ばれるなど、きわめて重要な存在であった。

本書『世界の尺度』を読んで、すぐ感じられることは、フランスの「アナール派」史学のように「精神史」的傾向の歴史を志向しているといっても、ズムトールの場合は、かなり深く中世比較文学に基づき、世界の地理的空間の発見をはじめ、聖地の巡礼や諸民族の放浪、さらに、ズムトールの得意とする「表象」形式、たとえば中世文学の作品や文字、世界地図や地域図、美術全般、口踊的伝承などを解釈し直して、有形・無形の「三次元的空間」の概念を通して、ユーラシア大陸の中に位置づけられた西洋中世という多元的文化の総合的な特質を解明している。その点では、ユニークな観点から中世文化と中世的精神を描き出している。

本書を読みながら思い出されるのは、古代史の権威ポール・ヴェーヌ氏が、なぜ古代を研究対象に選んだのかを尋ねられて、「まったく現代につながらない独立した世界だから」と答えたことで、ズムトールの場合も、それに近い考えではなかろうか。だからズムトールは、時間より空間を重視したのである。本書の意義は、西洋の「中世」を現代的価値観において見直すというのではなく、反対に現代思想の「混迷」を中世精神史との比較で再認識させようとしているように思われる。歴史は、過去を現代に「生かす」こともできるが、逆に過去によって現代を「批判」することもできると、本書は見事に証明している。

また、本書は著者の死去二年前に出版されていて、充分な校正を経ていないと思われるふしやミスプリントと思われるところもあったので、文脈の上から適宜解釈して訳出しておいた。本来なら、著者に直接、尋ねるべきであったが、残念ながら、わたしが翻訳を依頼されたときには、すでに著者はこの世にいなかった。

最後に、本原書の訳出に当たって、ラテン語や世界地図のことで、東北大学名誉教授、平田隆一氏ならびに吉田　忠氏から懇切なご教示をいただいたので、この場をかりて深く感謝したい。また興味深い本書の翻訳を勧めていただいた法政大学出版局の編集代表、平川俊彦氏に厚く御礼を申し上げるとともに、訳稿の編集作業において、大へんなご苦労をかけた同編集部の勝康裕氏に心から感謝を表したい。

二〇〇六年二月

鎌田博夫

著者

ポール・ズムトール（Paul Zumthor）
1912年ジュネーヴ生まれ．アムステルダム大学付属ロマンス語・ロマンス文学学院で20年間ほど教鞭をとる．その後，ヴァンセンヌ大学（パリ第8大学），米国のイェール大学，カナダのモンレアル（モントリオール）大学「比較文学科」科長・教授．1995年没．著書：*Essai de poétique médiéval*, Paris, Seuil, 1972; *Langue, Texte, Enigme*, Paris, Seuil, 1975; *Le Masque et la Lumière: la poétique des grands rhétoriqueurs*, Paris, Seuil, 1978; *Anthologis des grands rhétoriqueurs*, Paris, 10/18; *Introduction à la poésie orale*, Paris, Seuil, 1983; *La Lettre et la Voix*, Paris, Seuil, 1987など．

訳者

鎌田博夫（かまた・ひろお）
1924年東京に生まれる．大阪外国語学校フランス語部・京都大学文学部文学科（フランス文学専攻）卒業．1952年から大阪市立大学文学部専任講師を経て，1988年東北大学文学部教授退官．同大学名誉教授．フランス共和国パルム・アカデミック勲賞（シュヴァリエおよびオフィシェ）を受賞．著書：『スタンダール —— 夢想と現実』(1988年)，訳書：P. ヴェーヌ『古代ローマの恋愛詩』(95)，同『パンと競技場 —— ギリシア・ローマ時代の政治と都市の社会学的歴史』(98)，同『歴史と日常 —— ポール・ヴェーヌ自伝』(2002)，J. ジェルネ『中国とキリスト教 —— 最初の対決』(96)，L. マラン『語りは罠』(96)，J. ル・ゴフ編著『中世の人間』(99)，ル・ゴフ『ル・ゴフ自伝 —— 歴史家の生活』(2000)，ティエリー・ド・デューヴ『マルセル・デュシャン —— 絵画唯名論をめぐって』(2001)（以上，法政大学出版局刊）．

《叢書・ウニベルシタス　795》

世界の尺度

中世における空間の表象

2006年10月24日　初版第1刷発行

ポール・ズムトール

鎌田博夫 訳

発行所　財団法人　法政大学出版局

〒102-0073 東京都千代田区九段北3-2-7

電話03(5214)5540/振替00160-6-95814

製版，印刷　平文社／鈴木製本所

Printed in Japan

ISBN4-588-00795-5

原　註

ここでは総合的な「参考文献一覧」を提供するつもりはない．ただ，本書が準拠した主要な研究書のリストである．なお，書名のなかで，M は Moyen Age〔中世〕，m は médiéval〔中世の〕の略字である．

〔原著書では，本文の脚註で著者名とページ数だけが示され，巻末でアルファベット順に並べられた「参照文献一覧」から，それに相当する書名，その他を探さねばならないが，ここでは脚注と「文献一覧」の両者をあわせて通し番号の「原註」とした．そのうち脚註で示されなかった残りの文献については，「追加分」としてまとめた．〕

(1) Piaget (A.), *Les Mécanismes perceptifs*, Paris, PUF, 1961, p. 356; Dufrenne (M.), *L'Œil et l'Oreille*, Montréal, Hexagone, 1987, p. 25, 59-60; Kaufmann (P.), *L'Expérience émotionnelle de l'espace*, Paris, Vrin, 1987, p. 70-71.

(2) Damisch (H.), *L'Origine de la perspective*, Paris, Flammarion, 1987, p. 44-52; Durand (G.), *Les Structures anthropologiques de l'imaginaire*, Paris, Dunot (1re édition 1969), 1984, p. 473-474.

(3) Piaget, *op. cit.*, p. 350-375; Percy (W.), *Deserted M Villages*, New Haven, Yale University Press, 1991, p. 631-641; Steiner (G.), *Réelles Présences*, Paris, Gallimard, 1989, p. 117-118.

(4) Durand, *op. cit.*, p. 385; Certeau (M. de), *L'Ecriture de l'histoire*, Paris, Gallimard, 1975, p. 242-245.

(5) Durand, *op. cit.*, p. 51-66; Jung (C. F.), *Essai sur l'exploration de l'inconscient*, Paris, Gonthier, 1965, p. 131-137〔C. F. ユング／浪花博・岡田康伸訳『無意識の探求』誠信書房，1978〕.

(6) Schilder (P.), *L'Image du corps*, Paris, Gallimard (original anglais de 1950), 1968〔ポール・シルダー／稲永和豊監修『身体のイメージとその現象』星和書房，1987〕.

(7) Hall (E.), *La Dimension cachée*, Paris, Seuil (original anglais de 1971), 1978〔エドワード・ホール／日高敏隆・佐藤信行訳『隠れた次元』みすず書房，1966〕; Hall (T.), *M Stradtgrundrisse*, Stockholm, Almquist, 1978.

(8) Durand, *op. cit.*, p. 138-140, 150-151; Kaufmann, *op. cit.*, p. 275; Kappler (Cl.), *Monstres Démons et Merveilles*, Paris, Payot, 1980, p. 32-34.

(9) Le Goff (J.), *L'Imaginaire m*, Paris, Gallimard, 1985, p. 126, 134［(抄訳) ジャック・ルゴフ／池上俊一訳「中世的想像力」『中世の夢』名古屋大学出版会, 1992］.

(10) Guidoni (E.), *La città europea*, Milan, Electra, 1978, p. 141.

(11) Garnier (F.), *Le Langage de l'image au M.* I: *Signification et Symbolisme*; II: *Grammaire des gestes*, Paris, Le Léopard d'or, 1982, 1989, p. 164-166; Mâle (E.), *L'Art religieux du XIIIe siècle en France*, Paris, Armand Colin (2 vol.) (1re édition 1898), 1958, p. 185-188.

(12) Rykwert (J.), *La Maison d'Adam au Paradis*, Paris, Seuil (original anglais de 1972), 1976a, p. 65［ジョゼフ・リクワート／黒石いずみ訳『アダムの家——建築の原型とその展開』鹿島出版会, 1995］; Durand, *op. cit.*, p. 391-398; Notz (M. F.), *Le Paysage idéal dans la littérature courtoise*, thèse de doctrat d'État (dactylographiée), Université de Bordeaux III, 1984, p. 339-448参照.

(13) Durand, *op. cit.*, p. 173.

(14) Vandeloise (C.), *L'Espace en français*, Paris, Seuil, 1986, p. 81-128, 145-207.

(15) Genette (G.), *Mimologiques*, Paris, Seuil, 1976, p. 187-226［ジェラール・ジュネット／花輪光訳『ミモロジック——言語的模放論』書肆風の薔薇（水声社）, 1991］.

(16) Perret (M.), *Le Signe et la Mention*, Genève, Droz, 1988, p. 57-79; Kerbrat-Orecchioni (C.), *L'Énonciation: de la subjectivité dans le langage*, Paris, Armand Colin, 1980, p. 49-54 et 1991参照.

(17) Gourevitch［Gurevich］(A.), *Les Catégories de la culture m*, Paris, Gallimard (original russe de 1972), 1983, p. 17-18［アーロン・Ya. グレーヴィチ／川端香男里・栗原成郎訳『中世文化のカテゴリー』岩波書店, 1992］.

(18) Panofsky (E.), *La Perspective comme forme symbolique*, Paris, Minuit (original allemand de 1927), 1975, p. 16-17, 44-46, 54-58［エルヴィン・パノフスキー／木田元監訳『象徴形式としての遠近法』哲学書房, 2003］.

(19) Certeau, *op. cit.*, p. 215.

(20) Borst (A.), *Lebensformen im M*, Francfort, Ullstein, 1986, p. 168.

(21) White (K.), *L'Esprit nomade*, Paris, Grasset, 1987, p. 274.

(22) Bloch (H. R.), *Etymologies et Généalogies*, Paris, Seuil (original anglais de 1983), 1989, p. 92-114.

(23) Bakhtine (M.), *L'Œuvre de François Rabelais et la culture populaire*, Paris, Gallimard (original russe de 1965), 1970, chap. 3, 6［ミハイール・バフチーン／川端香男里訳『フランソワ・ラブレーの作品と中世・ルネッサンスの民衆文化』せりか書房, 1973］; Angeli (G.), *Il mondo rovesciato*, Rome, Bulzoni, 1977, p. 65-103.

(24) Le Goff (J.), *Pour un autre M*, Paris, Gallimard, 1977, p. 349-420.

(25) Martinez-Pizarro (J.), *A Rhetoric of the Scene*, Toronto University Press, 1989, p. 109-169.

(26) Zumthor (P.), *La Lettre et la Voix*, Paris, Seuil, 1987, chap. 12.

(27) Jacquart (D.) et Thomasset (Cl.), *Sexalité et Savoir médical au M*, Paris, PUF, 1985, p. 56-57, 129, 187-199, 229.

(28) Duby (G.), *Les Trois Ordres, ou l'imaginaire du féodalisme*, Paris, Gallimard, 1978, p. 318; Fumagalli (M. T.), *Le bugie di isotta*, Bari, Laterza, 1987, p. 162-163.

(29) Fumagalli, *op. cit.*, p. 58-59.

(30) Rey-Flaud (H.), *Le Cercle magique*, Paris, Gallimard, 1973, p. 87-110.

(31) Yates (F.), *L'Art de la mémoire*, Paris, Gallimard (original anglais de 1966), 1975［フランセス・イエイツ／玉泉八州男監訳『記憶術』水声社，1993］; Severi (C.), «Penser par séquences, penser par territoires», *Communications*, 41, 1985, p. 82.

(32) Panofsky, *op. cit.*, 1975, p. 59, 94-95.

(33) Le Goff, *op. cit.*, 1977, p. 46-70.

(34) Dupront (A.), *Du Sacré: croisades et pèlerinages*, Paris, Gallimard, 1987, p. 283, 452, 463-464; Gourevitch, *op. cit.*, p. 90.

(35) Parodi (M.), *Tempo e spazio nel M*, Turin, Loescher, 1981, p. 169.

(36) Kaufmann, *op. cit.*, p. 40-41, 94-95, 134.

(37) Borst, *op. cit.*, p. 169-173.

(38) Deloysie (Y.) et Lapierre (G.), *L'Incendie millénariste*, Paris, Cangaceiros, 1987, p. 14-17.

(39) Kiss-Rothenbeck (K.) et Moehler (G.) (eds), *Wallfahrt kennt keine Grenzen*, Zurich, Schnell-Steiner, 1984a, p. 89.

(40) Bonde (S.) et Maines (C.), «The archeology of monasticism», *Speculum*, 63, 4, 1988, p. 799-801.

(41) Galletti (A. I.), «Gerusalemme o la città desiderata», *Mélanges de l'Ecole française de Rome*, 96, 1, 1984, p. 480.

(42) Eliade (M.), *Le Mythe de l'alchimie*, Paris, L'Herne (1re édition 1978), 1990, p. 17-29; Cardini (F.), *Europe 1492*, New York, Facts on file, 1989, p. 90-91; Bik (E.), «Le forgeron lacustre», *Cahiers de civilisation m*, XXXV, 1, 1992; Ringger (K.) et Weiand (Ch.), «Aspects littéraires de la mine», *Revue de littérature comparée*, 232, 1985.

(43) Serres (M.), *Statues*, Paris, Bourin, 1987, p. 57-59［ミシェル・セール／米山親能訳『彫像』法政大学出版局，1987］.

(44) Bachelard (G.), *Poétique de l'espace*, Paris, PUF (1re édition 1957), 1984, p. 191 et chap. 9［ガストン・バシュラール／岩村行雄訳『空間の詩学』（ちくま文庫）筑摩書房，2002］.

(45) Vandeloise, *op. cit.*, p. 210-235; Marchello-Nizia (Ch.), *Histoire de la langue française aux XIVe et XVe siècles*, Paris, Bordas, 1979, p. 272-278.
(46) Neuburg (V.), *Popular Literature*, Londres, Penguin, 1977, p. 19-55.
(47) Dufrenne, *op. cit.*, p. 60.
(48) Wozniakowski (J.), *Die Wildnis: Deutungsgeschichte des Berges*, Francfort, Suhrkamp, 1987.
(49) Deschaux (R.), in *Voyage, Quête, Pèlerinage dans la littérature et la civilisation m, Senefiance*, 2 (numéro spécial), 1976.
(50) Piehler (P.), *The Visionnary Landscape: a Study of Allegory*, Montréal, McGill University Press, 1971, p. 75-77.
(51) Duby, *op. cit.*, p. 225-235 et *L'Economie rurale et la Vie des campagnes dans l'Occident m*, Paris, Flammarion (2 vol.) (1re édition 1962), 1977, I, p. 148-159; Pitte (J.-R.), *Histoire du paysage français*, Paris, Taillandier (2 vol.), 1986, I, p. 108-110［ジャン‐ロベール・ピット／高橋伸夫・手塚章訳『フランス文化と風景』東洋書林, 1998］; Duby (G.) et Wallon (A.) (eds), *Histoire de la France rurale: des origines à 1340*, Paris, Seuil, 1975, p. 426-430.
(52) Bechmann (R.), *Villard de Honnecourt,* Paris, Picard, 1991, p. 40-51.
(53) Le Goff, *op. cit.*, 1985, p. 66; Arnoux, in *Médiévales*, 18, p. 25-28参照.
(54) Cardini, *op. cit.*, p. 59-64.
(55) Pitte, *op. cit.*, I, p. 92-94.
(56) Chapelot (J.) et Fossier (R.), *Le Village et la Maison au M*, Paris, Hachette, 1980, p. 168-172; Percy, *op. cit.* 参照.
(57) Cirlot (J. E.), *A Dictionary of Symbols*, New York, Philosophical Library, 1962, p. 223.
(58) Gourevitch, *op. cit.*, p. 50-52, 81.
(59) Pitte, *op. cit.*, II, p. 52-61; Guyot-Gibassier, *op. cit.,* p. 117-118.
(60) Corboz, (A.), «Le territoire comme palimpseste», *Diogène*, 121, 1983, p. 14-16; Amphoux (P.) et Pillet (G.), *Fragments d'écologie humaine*, Albeuve (Suisse), Castella, 1985, p. 274-284, 298-308.
(61) *Edition J. Frappier*, Genève, Droz, 1964, p. 163.
(62) Ollier (M.-L.), *Lexique et Concordance de Chrétien de Troyes*, Presses universitaires de Montréal, 1989, p. 163; Kunstmann (P.) et Dube (M.), *Concordance Analytique de La Mort Le Roi Arthur*, Presses de l'université d'Ottawa, 1982.
(63) Chapelot et Fossier, *op. cit.*, p. 153.
(64) Borst, *op. cit.*, p. 172, 175-178.
(65) Baltrusaitis (J.), *Le M fantastique*, Paris, Flammarion, 1981, p. 55-58［ユルギス・バルトルシャイティス／西野嘉章訳『幻想の中世——ゴシック美術に

おける古代と異国趣味』全2巻（平凡社ライブラリー），1998]; Bachelard, *op. cit.*, p. 105-129 .

（66）Bachelard, *op. cit.*, p. 72.

（67）Rykwert, *op. cit.*, 1976a, p. 215-216.

（68）Pitte, *op. cit.*, I, p. 139-143; Duby et Wallon, *op. cit.*, p. 303-304, 515-518; Chapelot et Fossier, *op. cit.*, p. 255-335.

（69）Noulet (N.), *Communication orale*, mai 1990; Redon (O.), «Espace, objets et geste de la cuisine», *Médiévales*, 12, 1987.

（70）Gallais (P.), «Lexique statistique des *realia* chez quelques romanciers des XIIe et XIIIe siècles», *Prisma*, IV, 2, 1988, p. 136-144; Notz, *op. cit.*, p, 28-37, 43-46参照.

（71）Gourevitch, *op. cit.*, p. 57-58, 70.

（72）Novak (B.), «Le paysage américain» in Atlan (H.) (ed.), *Création et Subjectivité,* Albeuve (Suisse), Castella, 1986.

（73）Corboz, *op. cit.*, p. 28.

（74）Piehler, *op. cit.*, p. 72-78; Le Goff (J.)(ed.), *Histoire de la France urbaine: la ville m*, Paris, Seuil, 1980, p. 17参照.

（75）Delort (R.), *Le M: histoire illustrée de la vie quotidienne*, Lausanne, Edita, 1972, p. 74.

（76）Scobeltzine (A.), *L'Art féodal et son enjeu social*, Paris, Gallimard, 1973, p. 147-159.

（77）Pitte, *op. cit.*, I, p. 242-243; Le Goff, *op. cit.*, 1980, p. 384-387.

（78）Garnier, *op. cit.*, p. 174-184.

（79）Gardelles (J.), «Les palais dans l'Europe occidentale chrétienne du Xe au XIIe siècle», *Cahiers de civilisations m*, XIX, 2, 1976, p. 120-121, 123-124, 133.

（80）Le Goff, *op. cit.*, 1980, p. 234-239.

（81）Horn (W.) et Born (E.), *The Plan of St. Gall*, Berkeley, University of California Press, 1979; reproduction du Plan, Delort, p. 235.

（82）Labande (E. R.), «Vaux-en-Châtelleraudais vu par un moine du XIIe siècle», *Cahiers de civilisations m*, XII, 1, 1969.

（83）Scobeltzine, *op. cit.*, p. 163-172; Favreau (R.), in *Façade romane (La)*.

（84）Schwartz (F.), Carrie (D.) et Ludwig (B.), *La Symbolique des cathédrales*, Paris, Editions N. A., 1991, p. 58.

（85）Bairoch (P.), Batou (J.) et Chèvre (P.), *La Population des villes européennes de 800 à 1850*, Genève, Droz, 1988, p. 28-29.

（86）Garnier, *op. cit.*, 1989, p. 196; Bachelard, *op. cit.*, p. 32-41参照.

（87）Gardelles, *op. cit.*, p. 131-132.

（88）Sgarbi (V.), «Il romanzo della Manta», Milan, *FMR*, 32, 1985, p. 126.

（89）Vozzo Mendia (L.), *Leonor Lopez de Cordoba, Memorie*, Parme, Plastiche,

1992, p. 27-28.

(90) Chèdeville (A.), in Le Goff, *op. cit.*, 1980, p. 48.

(91) Demotz (B.), «L'Etat et le château au M: l'exemple savoyard», *Journal des savants*, 1, 1987.

(92) Edition Monfrin (J.), Paris, Vrin, 1967, p. 93.

(93) *Patr. Lat.* 172, col. 1117; Thoss (D.), *Studien zum Locus Amoenus im M*, Stuttgart, Braumüller, 1972; Notz, *op. cit.*, p. 225-250; Ringger (K.), «Der Garten in der höfischen Literatur Frankreichs», *Romanische Forschungen*, 98, 1-2, 1986.

(94) Labbé (As.), *L'Architecture des palais et jardins dans les chansons de geste*, Paris, Champion, 1987, chap. 1.

(95) Ringger, *op. cit.*, p. 27より引用.

(96) Cames (G.), *Allégories et Symboles dans l'Hortus Deliciarum*, Leyde, Brill, 1971.

(97) Le Goff, *op. cit.*, 1980, p. 94より引用.

(98) Walter (Ph.), «Géographie et géopolitique dans la légende d'Hervis de Metz», *Olifant*, 13, 3-4, 1988, p. 144-145.

(99) Le Goff, *op. cit.*, 1980, p. 395より引用.

(100) Combarieu (M. de), «Le nom de la ville: Toulouse dans la chanson de la croisade», in *Hommage à J.-Ch. Payen*, Université de Caen, 1989.

(101) Galletti, *op. cit.*, 1984, p. 476-477; Guidoni (E.), *La città dal M al Rinascimento*, Bari, Laterza, 1981, p. 176-185; Arentzen (J. G.), *Imago mundi cartograpfica*, Munich, Fink, 1984, p. 275-276.

(102) 引用は, Le Goff, *op. cit.*, 1980, p. 394, 399.

(103) Le Goff, *op. cit.*, 1985, p. 233-234.

(104) Taviani (H.), in *Voyage, Quête, Pèlerinage dans la littérature et la civilisation m, Senefiance*, 2 (numéro spécial), 1976, p. 9-10.

(105) Dagron (G.), *Constantinople imaginaire*, Paris, PUF, 1984, p. 120-121.

(106) Guidoni, *op. cit.*, 1978, p. 93.

(107) Guidoni, *op. cit.*, 1978, p. 147, 158-163.

(108) Galletti, *op. cit.*, 1984, p. 484.

(109) Hall (T.), *op. cit.*

(110) Guidoni, *op. cit.*, 1978, p. 45; Le Goff, *op. cit.*, 1980, p. 220.

(111) Le Goff, *op. cit.*, 1980, p. 224.

(112) Bakhtine, *op. cit.*, p. 148-160.

(113) Bianciotto, *op. cit.*, p. 45.

(114) Le Goff, *op. cit.*, 1980, p. 242-247.

(115) Twersky (I.), *Studies in M Jewish History and Literature*, Cambridge (Mass.), Harvard University Press, 1979, p. 307-314; Blumenkranz (B.), *Les Auteurs*

chrétiens latins du M sur les juifs et le judaïsme, La Haye, Mouton, 1963.

(116) Le Goff, *op. cit.*, 1980, p. 400-401.

(117) Le Goff, *op. cit.*, 1985, p. 242-247.

(118) Pemberton (L.), «The narrative structure of the siege», *Olifant*, 12, 2, 1987, p. 95-124.

(119) Konigson (E.), *L'Espace théâtral m*, Paris, CNRS, 1975, p. 110-112; Guénée (B.) et Lehoux (F.), *Les Entrées royales françaises de 1328 à 1515*, Paris, CNRS, 1968参照.

(120) Kiss-Rothenbeck (L.) et Moehler (G.) (eds), *Wallfahrt, Catalogue de l'exposition Munich*, Bairisches National Museum, 1984b.

(121) Gourevitch, *op. cit.*, p. 74-75.

(122) Musset (L.), in Poirion, *La Chronique et l'Histoire au M*, 1984, p. 103-104.

(123) Guénée (B.), *Entre l'Eglise et l'Etat*, Paris, Gallimard, 1987, p. 79, 101.

(124) Le Goff, *op. cit.*, 1985, p. 76-83.

(125) Perrone Moises (L.), *Vinte luas: viagem de Paulmier de Gonneville ao Brasil*, San Paulo, Cia. das letras, 1992, p. 18, 21, 22, 43, 44.

(126) Chaunu (P.), *L'Expansion européenne du XIIIe au XVe siècle*, Paris, PUF, 1969a, p. 56-57.

(127) Guénée, *op. cit.*, p. 19.

(128) Illich (I.), *Du lisible au visible: la naissance du texte*, Paris, LE CERF, 1991, p. 82.

(129) Lusignan (S.), *Parler vulgairement*, Presses de l'université de Montréal, 1986, p. 79-90, 引用は p. 109より.

(130) パリについては, Geremek (B.), *Les Marginaux parisiens aux XIVe et XVe siècles*, Paris, Flammarion, 1976, p. 79-110参照.

(131) Chaput (B.), in Allard (G.) (ed.), *Aspects de la marginalité au M*, Montréal, Aurore, 1975; Guglielmi (N.), *Marginalidad en la M*, Université de Buenos Aires, 1986, p. 137-179; Ménard (Ph.), «Les emblèmes de la folie dans la littérature et dans l'art», in *Hommage à J.-Ch. Payen*, Université de Caen, 1989.

(132) Ginzburg (C.), *Storia notturna*, Turin, Einaudi, 1989, première partie［カルロ・ギンズブルグ／竹山博英訳『闇の歴史――サバトの解読』せりか書房, 1992］.

(133) Guiral (J.), in *Exclus et Systèmes d'exclusion . . .*

(134) Le Goff, *op. cit.*, 1977, p. 131-144.

(135) Salmen (W.), *Der Spielmann im M*, Innsbruck, Helbling, 1983, p. 66.

(136) *Ibid.*, p. 91-104.

(137) Geremek, *op. cit.*, p. 29-40; Moore (R. J.), *The Formation of a Persecuting Society*, Oxford, Blackwell, 1987.

(138) Kiss-Rothenbeck et Moehler, *op. cit.*, 1984a, p. 10-22; Kunz (P. G.), in Bowman (L.) (ed.), *Itinerarium: the Idea of Journey*, Salzbourg, Institut F. Anglistik, 1983.

(139) Brilli (A.), *Le Voyage d'Italie*, Paris, Flammarion, 1987, p. 16.

(140) Fumagalli, *op. cit.*, p. 58, 163; Kretzenbacher (L.), in Kiss-Rothenbeck et Moehler, *op. cit.*, 1984a, p. 90.

(141) Bachelard, *op. cit.*, p. 108-109.

(142) Mollat (M.), *Les Explorateurs du XII*^{e} *au XVI*^{e} *siècle*, Paris, Lattès, 1984, p. 103-105; Richard (J.), *Les Récits de voyage et de pèlerinage*, Tourai, Brepols, 1981, p. 30-31.

(143) Toffler (A.), *Le Choc du futur*, Paris, Denoël-Gonthier (original anglais de 1970), 1987, p. 91［アルビン・トフラー／徳山二郎訳『未来の衝撃』（中公文庫）中央公論社，1982］.

(144) Guénée, *op. cit.*, p. 135-299.

(145) Kappler, *op. cit.*, 1980, p. 77-111.

(146) Duvignaud (J.), «Esquisse pour le nomade», in *Cause commune*, 2, Paris, 10/18, 1975, p. 34-35.

(147) Richard, *op. cit.*, 1981, p. 32.

(148) Chaunu (P.), *Conquète et Exploitation des nouveaux mondes*, Paris, PUF, 1969b, p. 278.

(149) Borst, *op. cit.*, p. 149; Gourevitch, *op. cit.*, p. 48-49.

(150) Gourevitch, *op. cit.*, p. 90.

(151) Brenner (R.), *Rivalry in Business and Science among Nations*, Cambridge University Press, 1987, chap. 5.

(152) Colombier (P. Du), *Les Chantiers des cathédrales*, Paris, Picard (1re édition 1953), 1973, p. 18-20.

(153) Mello E Souza (L. de), *O diabo e a terra de Santa Cruz*, Sao Paulo, Cia. das letras, 1986, p. 30-31.

(154) Musset (L.) et Mattoso (J.), in *Europe (L') et l'Océan . . .*

(155) Cardini, *op. cit.*, p. 151-152.

(156) Pulega (A.), *Da Argo alla nave a'amore: storia di una metafora*, Florence, La nuova Italia, 1989, p. 69-128.

(157) Sigal (P.-A.), in *Voyage, Quête, Pèlerinage dans la littérature et la civilisation m, Senefiance*, 2 (numéro spécial), 1976.

(158) Durand, *op. cit.*, p. 179-183.

(159) Duby (G.), *Le Dimanche de Bouvines*, Paris, Gallimard, 1973b, p. 183-191; Cardaini, *op. cit.*, p. 42参照.

(160) Kiss-Rothenbeck et Moehler, *op. cit.*, 1984a, p. 80-82, et *op. cit.*, 1984b, p. 52;

Goglin (J.-L.), *Les Misérables dans l'Occident m*, Paris, Seuil, 1976, p. 195-196.

(161) *Au carrefour des routes d'Europe* 参照.

(162) Dupront, *op. cit.*, p. 406-414.

(163) Dupront, *op. cit.*, p. 315-326; Kiss-Rothenbeck et Moehler, *op. cit.*, 1984a, p. 140-153, 527-542, et *op. cit.*, 1984b, p. 149-168, 184-223; Haren (M.) et Ponfarcy (Y. DE) (eds), *The M Pilgrimage of St. Patrick's Purgatory*, Enniskillen (Irlande), Clogher Historic Society, 1988.

(164) Richard, *op. cit.*, 1981, p. 16; Kiss-Rothenbeck et Moehler, *op. cit.*, 1984b, p. 92-100.

(165) Durand, *op. cit.*, p. 285-288.

(166) Bachelard, *op. cit.*, p. 105-120.

(167) Kiss-Rothenbeck et Moehler, *op. cit.*, 1984a, p. 78; Bottineau (Y.), *Les Chemins de Saint-Jacques*, Paris, Arthaud, 1983, p. 41-43.

(168) Richard, *op. cit.*, 1981, p. 15; Dupront, *op. cit.*, 375: Kiss-Rothenbeck et Moehler, *op. cit.*, 1984a, p. 129-131.

(169) Boeren (P. C.), *Rorgo Fretellus de Nazareth*, Amsterdam, North Holland Publishing Company, 1980.

(170) Dupront, *op. cit.*, p. 241-247.

(171) Alphandéry (P.), *La Chrétienté et l'idée de croisade*, Paris, Albin Michel, 1954, 1959, p. 9-56.

(172) Mahn-Lot (M.), *Portrait historique de Christophe Colomb*, Paris, Seuil (1re édition 1960), 1988, p. 168-172; Dupront, *op. cit.*, p. 296-305.

(173) Schmolke-Hasselmann (B.), *Der arthurische Versroman*, Tübingen, Niemeyer, 1980, p. 63-64.

(174) Stanesco (M.), *Jeux d'errance du chevalier*, Leyde, Brill, 1988, p. 33.

(175) Chênerie (M.-L.), *Le Chevalier errant dans les romans arthuriens en vers des XIIe et XIIIe siècle*, Genève, Droz, 1986, p. 504.

(176) Stanesco, *op. cit.*, p. 227.

(177) *Ibid.*, p. 219-220; Nerlich (M.), *Kritik der Abenteuerideologie*, Berlin, Akademie Verlag (2 vol.), 1977, I, p. 60-68参照.

(178) Riquer (M. De), *Caballeros andantes espanoles*, Madrid, Espasa-Calpe, 1967, p. 100-141.

(179) Nerlich, *op. cit.*, I, p. 43-46.

(180) Vasoli (C.), in Godinho (H.), *A imagem do mundo na M*, Lisbonne, Ministère de l'Education, 1992.

(181) Libéra (A. de), *Penser au M*, Paris, Seuil, 1991, p. 294［アラン・ド・リベラ／阿部一智・永井潤訳『中世知識人の肖像』新評論，1994］; Guénée, *op. cit.*, p. 90.

(182) Guénée, *op. cit.*, p. 256-269; Kenton (W.), *Astrologie*, Paris, Seuil, 1974, p. 19-22.

(183) Crombie (A. C.), *Histoire des sciences de saint Augustin à Galilée*, Paris, PUF (2 vol.) (original anglais de 1952), 1958, I, p. 66-74.

(184) Ribemont (B.), in Godinho, *op. cit.*, p. 178-204.

(185) Wright (J. K.), *The Geographical Lore in the Time of the Crusades*, New York, Dover (1re édition 1925), 1965, p. 56-57; Carey (J.), «Ireland and the Antipodes», *Speculum*, 64, 1, 1989.

(186) Bureau (L.), *La Terre et moi*, Montréal, Boréal, 1991, p. 26-33.

(187) Ribemont, in Godinho, *op. cit.*, p. 173-176.

(188) Gourevitch, *op. cit.*, p. 56.

(189) Desreumaux (A.) et Schmidt (F.) (eds), *Moïse géographe*, Paris, Vrin, 1988, p. 7-13.

(190) Mollat, *op. cit.*, 1984, p. 167-169; Mello, *op. cit.*, p. 25; Le Goff, *op. cit.*, 1977, p. 291.

(191) Cardini, *op. cit.*, p. 209; Tooley (R.) et Bricker (Ch.), *Landsmarks of Mapmaking*, New York, Dorset Press, 1989, p. 14-15, 21; Mollat, *op. cit.*, 1984, p. 128; Rocière (M. de La) et Mollat (M.), *Les Portulans*, Fribourg, Office du Livre, 1984, p. 20-22.

(192) Iwanczak (W.), in *Médiévales*, 18, p. 66.

(193) Mahn-Lot, *op. cit.*, p. 31-32; Rey (L.) (ed.), *Unveiling the Arctic*, Calgary, Nordic Institute, 1981, p. 330; Chaunu, *op. cit.*, 1969a, p. 68.

(194) Trigger (B.), *Les Indiens, la Fourrure et les Blancs*, Montréal, Boréal (original anglais de 1985), 1990, p. 169.

(195) Mollat, *op. cit.*, 1984, p. 93-96.

(196) Faugère (A.), in *Récits de voyage*, p. 29-34.

(197) Le Goff, in *Popoli*, 2, p. 837-838; Chaunu, *op. cit.*, 1969a, p. 334-339.

(198) Chaunu, *op. cit.*, 1969a, p. 79-87; Roux (J.-P.), *Les Explorateurs au M, Paris,* Fayard (1re édtion 1961), 1985, p. 87-93.

(199) Roux, *op. cit.*, p. 65-74.

(200) Richard (J.), *La Papauté et les Missions d'Orient au M*, Ecole française de Rome, 1977, p. 147.

(201) Kappler (Cl.), *Guillaume de Rubrouck: voyage dans l'empire mongol*, Paris, Payot, 1985, p. 55-61; Roux, *op. cit.*, p. 115-116; Richard, *op. cit.*, 1977, p. 65-120.

(202) Roux, *op. cit.*, p. 170-182; Kappler, *op. cit.*, 1985, p. 73-77.

(203) Zaganelli (G.), *La lettera di prete Gianni*, Parme, Pratiche, 1990, p. 7-49; Roux, *op. cit.*, p. 77-80; Gumilev (L. N.), *The Legend of the Kibgdom of Priester John*,

Cambridge University Press (original russe de 1970), 1987参照.

(204) Zaganelli, *op. cit.*, p. 29-31.

(205) Doresse (J.), *L'Empire du prêtre Jean*, Paris, Plon, 1957, p. 216-221.

(206) Mollat, *op. cit.*, 1984, p. 41-46.

(207) Durand, *op. cit.*, p. 273-274; Wunenburger (J.), «Surface et profondeur du paysage», in *Espaces en représentation*, Saint-Etienne, Travaux du CIEREC, p. 19-22.

(208) Mollat (M.), *Giovanni et Girolamo Verrazano*, Paris, Imprimerie nationale, 1987, p. 61-63, 105, 110; Julien (Ch.), *Les Voyages de découverte et les Premiers Etablissements*, Paris, PUF, 1948, p. 66-73, 113-115.

(209) Mello, *op. cit.*, p. 28-29, 40-45.

(210) Tooley et Bricker, *op. cit.*, p. 109.

(211) Mollat, *op. cit.*, 1984, p. 69, 130-131; Mello, *op. cit.*, p. 32, 46-49.

(212) Julien, *op. cit.*, p. 29-33, 115-117.

(213) Heers (J.), *Le Mirage et les Fièvres*, Paris, PUF, 1990.

(214) Saraiva (A.-J.), *La Pérégrination (de) Fernao Mendes Pinto*, Paris, Calmann-Lévy, 1968, p. 9-27.

(215) Bureu, *op. cit.*, p. 145-159参照.

(216) Bureau, *op. cit.*, p. 55-59.

(217) Gill (S. D.), *Mother-Earth, an American Story*, Chicago Universiy Press, 1987.

(218) Mollat, *op. cit.*, 1984, p. 238-240, et *op. cit.*, 1987, p. 151-152; Perrone, *op. cit.*, p. 167-168; Trigger, *op. cit.*, p. 176.

(219) Mollat, *op. cit.*, 1984, p. 164-166.

(220) *Ibid.*, p. 89-90.

(221) Kaplan (P. H. D.), *The Rise of the Black Magus in Western Art*, Ann Arbor, University of Michigan Press, 1985参照 ; Mollat, *op. cit.*, 1984, p. 236-237.

(222) Friedmann (J. B.), *The Monstrous Races in M Art and Thought*, Cambridge (Mass.), Harvard University Press, 1981, p. 172-174; Kaplan, *op. cit.*, chap. 3.

(223) Le Goff, *op. cit.*, 1977, p. 280-298; Heers (J.), *Christophe Colomb*, Paris, Hachette, 1981, p. 334-337; Bercovici (C.), in *Voyage, Quête, Pèlerinage dans la littérature et la civilisation m, Senefiance*, 2 (numéro spécial), 1976.

(224) Friedmann, *op. cit.*, 1981, p. 77-79; Baltrusaitis, *op. cit.*, 1981, p. 9-46.

(225) Ménard (Ph.), «L'illustration du *Devisement du Monde* de Marco Polo», in Moureau (F.) (ed.), *Métamorphoses du récit de voyage*, Paris, Champion, 1986, p. 65-90.

(226) Gardelles, *op. cit.*, p. 119; Chevallier (R.) (ed.), *Littérature gréco-romaine et Géographie historique*, Paris, Picard, 1974, p. 17.

(227) Kappler, *op. cit.*, 1980, p. 120-145参照.

(228) Tattersall (J.), «Terra incognita», *Cahiers de civilisation m*, XXIV, 3-4, 1981, p. 252; Gardelles, *op. cit.*, p. 131.

(229) Le Goff, *op. cit.*, 1977, p. 292より引用.

(230) Friedmann, *op. cit.*, 1981, p. 91-92, 178-184.

(231) Gourevitch, *op. cit.*, p. 58; Bakhtine, *op. cit.*, chap. 5参照.

(232) T'Serstevens (A.), *Le Livre de Marco Polo*, Paris, Albin Michel, 1955, p. 33より引用.

(233) Le Goff, *op. cit.*, 1977, p. 285.

(234) Baltrusaitis, *op. cit.*, 1981, p. 179-180.

(235) Desreumaux et Schmidt, *op. cit.*, p. 155-201.

(236) Libéra, *op. cit.*, p. 337-339.

(237) Gagnon (F.), in Allard, *op. cit.*, p. 86-87.

(238) Certeau, *op. cit.*, p. 215-216, 221-225.

(239) Friedmann, *op. cit.*, 1981, p. 164-171.

(240) Roux, *op. cit.*, p. 59, 146, 211.

(241) Duverger (Ch.), *La Conversion des Indiens de Nouvelle-Espagne*, Paris, Seuil, 1987, p. 38, 56; Roux, *op. cit.*, p. 96, 151.

(242) Deloysie (Y.) et Lapierre (G.), *L'Incendie millénariste*, Paris, Cangaceiros, 1987, p. 17-33; Goglin, *op. cit.*, p. 217-221.

(243) Dupront, *op. cit.*, p. 294.

(244) *Ibid.*, p. 293-294; Duverger, *op. cit.*, p. 33-34.

(245) Dupront, *op. cit.*, p. 193-200; Bratu (A.), «L'ici-bas et l'au-delà en image», *Médiévales*, 20, 1991, p. 75-90; Klein (P.-R.), «Programmes eschatologiques des portails du XIIe siècle», *Cahiers de civilisation m*, XXXIII, 4, 1990.

(246) Patch (H. R.), *The Other World*, Cambridge (Mass.), Harvard University Press, 1950, chap. 1-5［ハワード・ロリン・パッチ／黒瀬保ほか訳『中世ヨーロッパの夢と幻想』三省堂, 1983］; Le Goff, *La Naissance du purgatoire*, Paris, Gallimard, 1981, p. 148-166［ジャック・ル・ゴフ／内田洋・渡辺香根夫訳『煉獄の誕生』法政大学出版局, 1988］; Gourevitch, *op. cit.*, p. 55.

(247) Segre (C.), «Sémiotique de l'au-delà», in Ruhe (E.) et Behrens (R.) (eds), *M bilder aus neuer Perspektive*, Munich, Fink, 1985.

(248) Patch, *op. cit.*, p. 80-133; *GRLMA*, VI, 1, p. 181-215, et X, 2 p. 158-171; Le Goff, *op. cit.*, 1981, p. 148-166, 246-271.

(249) Jauss (H. R.), *Alterität und Modernität Der M Literatur*, Munich, Fink, 1977, p. 224-229.

(250) *GRLMA*, VIII, 1, p. 159-160; Rocha (A.), in Godinho, *op. cit.*, p. 261-282.

(251) Durand, *op. cit.*, p. 269-273; Ariès (Ph.), *L'Homme devant la mort*, Paris, Seuil, 1977, p. 21-23.

(252) Ariès, *op. cit.*, p. 230-236.

(253) Cerquiglini-Toulet (J.), *La Couleur de la mélancolie*, Paris, Hatier, 1993, p. 130-140.

(254) Mela (Ch.), *La Reine et le Graal*, Paris, Seuil, 1984, p. 311-313; Chênerie, *op. cit.*, p. 191-192.

(255) Roux, *op. cit.*, p. 42-46, 160-164.

(256) Doiron (N.), in Beugnot (B.) (ed.), *Voyages: récits et imaginaire*, Paris et Tübingen, Biblio 17, 1984, p. 15-31.

(257) Richard, *op. cit.*, 1981, p. 55.

(258) Perrone, *op. cit.*, p. 79.

(259) Costa Lima (L.), *Pensando nos tropicos*, Rio de Janeiro, Rocco, 1991, p. 82-88, 97-98.

(260) Heers (J.) et Groer (G. DE) (eds), *Itinéraire d'Anselme Adorno en Terre sainte*, Paris, CNRS, 1978, p. 11.

(261) Mollat, *op. cit.*, 1984, p. 31.

(262) Mollat, *op. cit.*, 1984, p. 32.

(263) Peloso (S.), *La voce e il tempo*, Viterbe, Sette città, 1992, p. 79-95.

(264) Deluz (Ch.), in *Voyage, Quête, Pèlerinage dans la littérature et la civilisation m, Senefiance*, 2 (numéro spécial), 1976.

(265) Guilhoti (A. C.), «A imagem visual: descoberta, conquista e museificaçao da America», San Paulo, *Revista Usp*, 1992, p. 22-32.

(266) Costa Lima, *op. cit.*, p. 87, 92; Mollat, *op. cit.*, 1984, p. 99-102参照 ; Richard, *op. cit.*, 1981, p. 22.

(267) Certeau, *op. cit.*, p. 215-287.

(268) Friedmann, *op. cit.*, 1981, p. 154-162; Ménard, *op. cit.*, 1986.

(269) Armstrong (J. C. W.), *Champlain*, Toronto, McMillan, 1987で再録.

(270) Richard, *op. cit.*, 1981, p. 35.

(271) Micha (A.), «Le pays inconnu dans l'œuvre de Chrétien de Troyes», in *Studi in onore di I. Siciliano*, Florence, Olschki (2 vol.), 1966; Kappler, *op. cit.*, 1980, p. 98-104.

(272) Kappler, *op. cit.*, 1980, p. 50-51; Roux, *op. cit.*, p. 225-226; Cardini, *op. cit.*, p. 202-203.

(273) G.-G. Duboisの研究発表, décembre 1991.

(274) Marin (L.), *Utopiques, jeux d'espace*, Paris, Minuit, 1973, p. 133-154［ルイ・マラン／梶野吉郎訳『ユートピア的なもの』法政大学出版局, 1995］; Wunenberger, *op. cit.*, p. 21-22参照.

(275) Eliade, *op. cit.*, p. 28-29.

(276) Ollier (M.-L), «Utopie et roman arthurien», *Cahiers de civilisation m*, XXVII,

3, 1984; Zaganelli, *op. cit.*, p. 13, 21; Libéra, *op. cit.*, p. 239.

(277) Le Goff, *op. cit.*, 1985, p. 239.

(278) Choay (F.), *L'Urbanisme: utopie et réalités*, Paris, Seuil, 1965, p. 16-20.

(279) Marin, *op. cit.*, p. 291-296.

(280) Kish (G.), *La Carte, image des civilisations*, Paris, Seuil, 1980; Kupcik (I.), *Cartes géographiques anciennes*, Paris, Gründ, 1981; Roncière et Mollat, *op. cit.*; Arentzen, *op. cit.*; Harley (J. B.) et Woodward (D.) (eds), *The History of Cartography*, I, Chicago University Press, 1987; Tooley et Bricker, *op. cit.*; Jacob (Ch.), «Géométrie, graphisme, figuration: pour une esthétique des cartes anciennes», in *Encyclopedia universalis*, 1990.

(281) Kupcik, *op. cit.*, p. 26-27, 60-63, 70; Tooley et Bricker, *op. cit.*, p. 23-24; Hirsch, *op. cit.*, 71-77.

(282) Brincken (A. M. von Den), *Kartographische Quellen,* Tournai, Brepols, 1988, p. 33, 54-57, 79.

(283) Jacob (Ch.), *op. cit.*, 1990, p. 319.

(284) Lecoq (D.), in Duchet-Suchaux (G.) (ed.), *Iconographie M*, Paris, CNRS, 1990, p. 237.

(285) Arnaut (P.), in *Espaces du Moyen-Age*, p. 46-48.

(286) Kiss-Rothenbeck et Moehler, *op. cit.* 1984b, p. 62-63.

(287) Rey, *op. cit.*, p. 338.

(288) Moralejo (S.), in Godinho, *op. cit.*

(289) Kupcik, *op. cit.*, p. 65-68.

(290) *Ibid.*, p. 45-47; Jacob, *op. cit.*, 1990, p. 299; Brincken (A. M. von Den), *op. cit.*, 1988, p. 63-65.

(291) Brincken, *op. cit.* 1988, p. 75; Kupcik, *op. cit.*, p. 119-121.

(292) Brincken, *op. cit.*, 1988, p. 39-41.

(293) Gauthier-Dalché (P.), in *Espaces du Moyen-Age*, p. 11-12.

(294) Rocière et Mollat, *op. cit.*, figures 79, 83, 87.

(295) Kupcik, *op. cit.*, p. 87; Tooley et Bricker, *op. cit.*, p. 31-35.

(296) Iwanczak (W.), in *Espaces du Moyen-Age*; Kupcik, *op. cit.*, p. 87.

(297) Kupcik, *op. cit.*, p. 47-51; Rey, *op. cit.*, 1981, p. 553.

(298) Arentzen, *op. cit.*, p. 325-326; Jacob, *op. cit.*, 1990, p. 325.

(299) Brincken, *op. cit.*, 1988, p. 64.

(300) Brincken, *op. cit.*, 1988, p. 29より引用.

(301) Jacob, *op. cit.*, 1990, p. 318.

(302) Kupfer (M.), «The lost *mappamundi* of Chalivoy-Milon», *Speculum*, 66, 3, 1991, p. 568-570; Friedmann, *op. cit.*, 1981, p. 79-83.

(303) White, *op. cit.*, p. 275-276.

(304) Arentzen, *op. cit.*, p. 296-300, 328-331, et fig. 69-74; Mollat, *op. cit.*, 1987, p. 182-183.

(305) Camille (M.), *The Gothic Idol: Ideology and Image Making in M Art*, Cambridge University Press, 1989; Ayres (L.), «Problems of sources for the iconography: the lyre drawings», *Speculum*, 49, 1, 1974.

(306) Bechmann, *op. cit.*, 1991, p. 311, note 194.

(307) Guilhoti, *op. cit.*, p. 28-29.

(308) Mâle, *op. cit.*, I, p. 30-35; Garnier, *op. cit.*, 1982, p. 13-17, 37-42.

(309) Pastoureau (M.), *Traité d'héraldique*, Paris, Picard, 1979, p. 198-204［ミシェル・パストゥロー／村松剛監訳『紋章の歴史——ヨーロッパの色彩とかたち』創元社，1997］.

(310) Damisch (H.), in Noël (H.) et Minot (G.), *L'Espace et le Temps aujourd'hui*, Paris, Seuil, 1983, p. 236-240.

(311) Ciociola (Cl.), «Visibile parlare», *Rivista di letteratura italiana*, VII, 1, 1989, p. 12-13.

(312) Illich, *op. cit.*, p. 121.

(313) Baxandall (M.), *Les Humanistes à la découverte de la composition en peinture*, Paris, Seuil (original anglais de 1971), 1989, p. 151-171.

(314) Carani (M.) (ed.), «Perspectives», *Protée* (Québec), 16, 1-2, 1988; Damisch, *op. cit.*, p. 30-31参照 ; Michel (P.), *La Fresque romane*, Paris, Gallimard, 1961, p. 185-187.

(315) Panofsky, *op. cit.*, 1975, p. 115-117.

(316) Damisch, *op. cit.*, p. 67-75, 113-115; Edgerton (S.), *The Renaissance Discovery of Linear Perspective*, New York, Icon, 1976, chap. 7-8.

(317) Comparetti (D.), *Virgilio nel M*, Florence, Nuova Italia (2 vol.), 1941, II, p. 212-215, 250-251.

(318) Illich, *op. cit.*, p. 70-71.

(319) Zumthor (P.), *Langue, Texte, Enigme*, Paris, Seuil, 1975, p. 25-54.

(320) Zumthor (P.), *Le Masque et la Lumière: la poétique des grands rhétoriqueurs*, Paris, Seuil, 1978, p. 233-280.

(321) Zumthor, *op. cit.*, 1975, p. 25-35; Rypson (P.), «The labyrinth poem», *Visible Language*, XX, 1, 1986, p. 65-96.

(322) Guidoni, *op. cit.*, 1978, p. 127-129.

(323) Zumthor, *op. cit.*, 1978, p. 248-256, et *Anthologie des grands rhétoriqueurs*, Paris, 10/18, 1979, p. 206-209.

(324) Hamon (Ph.), «Texte et architecture», *Poétique*, 73, 1988, p. 3-4, 14-15.

(325) Collot (M.), «L'espace des figures», *Littérature*, 65, 1987, p. 84-95.

(326) Baxandall, *op. cit.*, p. 151-171.

(327) Genette (G.), *Figures II*, Paris, Seuil, 1969, p. 43-48［ジェラール・ジュネット／花輪光監訳『フィギュール　2』書肆風の薔薇，1988］.

(328) Zumthor (P.), *Essai de poétique m*, Paris, Seuil, 1972, p. 65-74.

(329) Charles (M.), *Rhétorique de la Lecture*, Paris, Seuil, 1977, とくに p. 86-87.

(330) Mazzotta (G.), in Brownlee (M. et K.) et Nichols (S.), *The New Medievalism*, Baltimore, Johns Hopkins University Press, 1991, p. 51.

(331) Foucault (M.), *La Pensée du dehors*, Montpellier, Fata Morgana, 1986; Blanchot (M.), *L'Espace Littéraire*, Paris, Gallimard, 1955［モーリス・ブランショ／粟津則雄・出口裕弘訳『文学空間』現代思潮社，1969］, とくに chap. 2, 3, 7参照.

(332) Likhatschov (D.), *Poétique historique de la littérature russe*, Lausanne, L'Age d'homme (original russe de 1967-1974), 1988, p. 74.

(333) Suard (F.), «La chanson de geste comme système de représentation du monde», in *Actes du XIe Congrès international de la société Rencesvals* (t. 22), Barcelone, Acad. de buenas letras, 1990, p. 245-249.

(334) Guidot (B.), *Recherches sur la chanson de geste au XIIIe siècle*, Université d'Aix-en-Provence, 1986, p. 675-679.

(335) Laffont (R.), *La Geste de Roland*, Paris, L'Harmattan (2 vol.), 1991, II, p. 85-190.

(336) Hatzfeld (H.), «Style roman dans les littératures romanes», in *Studi in onore di I. Siciliano*, Florence, Olschki (2 vol.), 1966.

(337) Brusegan (R.), «Alto/basso e aperto/chiuso: colpa e innocenza nella casa m», *Paragone*, 386, 1982 et «La représentation de l'espace dans les fabliaux», *Reinardus*, 4, 1991.

(338) Guidot, *op. cit.*, p. 686-704.

(339) Ruiz Capellan (R.) et Aramburu-Riera (F.), «Substratos miticos en el cantar de Roldan», *Cuadernos de investigacion* (Logrono), XII-XIII, 1987.

(340) Ruiz Capellan (R.), *Tristan e Iseo*, Madrid, Catedra, 1985, p. 21-55.

(341) Winter (J.), «Considérations on the M and the renaissance concept of space», in Runte (H.) (ed.), *Jean Misrahi Memorial Volume*, Columbia (Caloline du Sud), French Literature Publications Company, 1977, p. 346.

(342) Illich, *op. cit.*, p. 35より引用.

(343) Bruyne (E. DE), *Etudes d'esthétique m*, Bruges, Tempel (3 vol.), 1946, III, chap. 3, 4; Gourevitch, *op. cit.*, p. 93.

(344) Zumthor (P.), *Introduction à la poésie orale*, Paris, Seuil, 1983, p. 218-221 et *op. cit.*, 1987, p. 63-64.

(345) Frappier (J.), *Histoire, Mythes et Symboles*, Genève, Droz, 1976, p. 149-153, 165-167; Notz, *op. cit.*, p. 508-540.

(346) Frappier, *op. cit.*, p. 151.

(347) Garnier, *op. cit.*, 1989, p. 223-225.

(348) Dubois (Cl.-G.), in Godinho, *op. cit.*, p. 15.

(349) Eco (U.), *Art and Beauty in the M*, New Haven, Yale University Press (original italien de 1959), 1986, chap. 3［ウンベルト・エコ／谷口伊兵衛訳『中世美学史』而立書房，2001］; Gourevitch, *op. cit.*, p. 14, 66参照 ; Bruyne, *op. cit.*, I., chap. 1, 2, III, chap. 2.

(350) Bechmann, *op. cit.*, 1991, p. 33-40, 52-53, 315-317; Damisch (H.), in Noël et Minot, *op. cit.*, p. 241.

(351) Obrist (B.), «La Figure géométrique dans l'œuvre de Joachim de Flore», *Cahiers de civilisation m*, XXXI, 4, 1988.

(352) Schwartz, Carrie et Ludwig, *op. cit.*, p. 23, 110.

(353) Mâle, *op. cit.*, I, p. 35-47; Rykwert, *op. cit.*, 1976a, p. 142-150.

(354) In *GRLMA*, X, 1, p. 59-62.

(355) Fonagy (I.), *La Vive Voix*, Paris, Payot, 1983, p. 145-149; Pavesi (D.), in Berthier (P.) et Ringger (K.) (eds), *Littérature et Opéra*, Grenoble, PUG, 1987; Ugo (V.), «L'espace de la sonorité», *Critique*, 487, 1987.

(356) Sahlin (M.), *Etude sur la Carole m*, Uppsala, Almqvist, 1940, p. 82-109; Laffont (R.), *Le Chevalier et son désir*, Paris, Kimé, 1992, p. 43-48; Julian (M.) et Le Vot (G.), *op. cit.*

(357) Serres (M.), *Le Contrat naturel*, Paris, Bourin, 1990, p. 51-84［ミシェル・セール／及川馥・米山親能訳『自然契約』法政大学出版局，1994］; Wunenberger, «Approches des danses m», *Ballet-Danse* (novembre-janvier), 1981, p. 28.

(358) Libéra, *op. cit.*, p. 247.

(359) Toffler, *op. cit.*, p. 89-91, 100-102; Duvignaud, *op. cit.*, p. 18, 36-39.

参考文献追加分

Alfonso (R. D'), «Popoli e paesi nella cultura alto m», *Intersezioni*, I, 2, 1981.

Anquetil (J.), *La Route de la soie*, Paris, Lattès, 1992.

Ariew (R.) et Duhem (P.), *Medieval Cosmology* (traduction abrégée), Chicago University Press, 1987.

Armstrong (J. C. W.), *Champlain*, Toronto, McMillan, 1987.

Attari (J.), *1492*, Paris, Fayard, 1991［ジャック・アタリ／斎藤広信訳『歴史の破壊　未来の略奪——キリスト教ヨーロッパの地球支配』朝日新聞社，1994］.

Aubrun (M.), *La Paroisse en France, des origines au XVe siècle*, Paris, Picard, 1986.

Idem, *Au carrefour des routes d'Europe: la chanson de geste*, Aix-en-Provence, Cuerma, 1987.

Bachet (J.), «Images du désordre et ordre de l'image», *Médiévales*, 4, 1983.

Balard (M.) (ed.), *Etat et Colonsation au M et à la Renaissance*, Lyon, La Manifacture, 1989.

Baltrusaitis (J.), *Anamorphose*, Paris, Flammarion, 1984［ユルギス・バルトルシャイティス／高山宏訳『アナモルフォーズ』国書刊行会，1992］.

Barasch (M.), *Giotto and the Language of Gesture*, Cambridge University Press, 1987.

Bartlett (R.) et Mackay (A.), *Medieval Frontier Societies*, Oxford, Clarendon, 1989.

Bauer (G.), *Claustrum animae: Untersuchungen zur Geschichte der Metapher vom Herzen als Kloster*, Munich, Fink, 1973.

Baumgartner (E.), «Troie et Constantinople dans quelques textes du XIIe et du XIIIe siècle», in *La Ville: histoire et mythe*, Nanterre, Publidix, 1982.

Idem, «L'écriture romanesque et son modèle scripturaire», in *L'Invitation*, Paris, la Documentation française, 1985.

Idem, «La terre estrange», *Perspectives médiévales*, 15, 1990.

Bechmann (R.), *Des arbres et des hommes. La forêt au M*, Paris, Flammarion, 1984.

Bender (K.) et Kleber (H.) (eds.), *Les Epopées de la croisade*, Stuttgart, Steiner, 1987.

Benton (J. F.), *Town Origins. The Evidence from M England*, Boston, Eath, 1968.

Bernheimer (R.), *Wild Men in the M*, Cambridge (Mass.), Harvard University Press, 1952.

Bezzola (G. A.), *Die Mongolen in abendländischer Sicht*, Berne, Franke, 1974.

Blumenberg (H.), *The Genesis of the Copernician World*, Cambridge (Mass.), MIT

Press, 1987［ハンス・ブルーメンベルク／後藤嘉也・小熊正久・座小田豊訳『コペルニクス的宇宙の生成』全3巻，法政大学出版局，2002〜］.
Blumenkranz (B.), *Juifs et Chrétiens dans le monde occidental*, Paris, Mouton, 1960.
Boudon (P.), «Recherches sémiotiques sur le lieu», *Semiotica*, VII, 3, 1973.
Idem, «Vers une poétique de l'architecture», *Poétique*, 55, 1983.
Boulnois (L.), *La route de la soie*, Genève, Olizane, 1986.
Bourin (M.) (ed.), *Villes, bonnes villes, cités et capitales*, Presses universitaires de Tours, 1989.
Bourin (M.) et Durand (R.), *Vivre au village au M. Les solidarités paysannes*, Paris, Temps actuels, 1984.
Branciotto (G.), «Le fabliau et la ville», in Goossens (J.) et Sodmann (T.) (eds), *Proceedings of the Third International Beast Epic, Fable and Fabliau Colloquium*, Cologne et Vienne, Böhlau, 1981.
Brevart (F.), «The German Volkskalender of the 15th Century», *Speculum*, 53, 2, 1988.
Brincken (A. M. von Den), «Mappa mund; und Chronogrophia», *Deutsches Archiv,* 24, 1968.
Brunet (R.), *La Carte: mode d'emploi*, Paris, Fayard, 1987.
Bryant (M.), *The King and the City in the Parisian Royal Entry*, Genève, Droz, 1986.
Bur (M.) (ed.), *La Maison forte au M*, Paris, CNRS, 1986.
Burke (P.), *Cultura popolare nell' Europa moderna*, Milan, Mondadori (original anglais de 1978), 1980［ピーター・バーク／中村賢二郎・谷泰訳『ヨーロッパの民衆文化』人文書院，1988］.
Burns (R. I.), *M Colonialism: Postcrusade Exploitation of Islamic Valencia*, Princeton University Press, 1975.
Campbell (M. B.), *The Witness and the Other World: Exotic European Travel Writing*, Ithaca (New York), Cornell University Press, 1988.
Campbell (T.), *The Earliest Printed Maps*, Berkeley, University of California Press, 1988.
Cantor (L.), *The English Medieval Landscape*, Londres, Croom-Helm, 1982.
Capitani (O.), «Il M: una mentalità del molteplice», *Intersezioni*, III, 1, 1983.
Chandeigne (M.) (ed.), *Lisbonne hors les murs (1413-1580): l'invention du monde par les navigateurs potugais*, Paris, Autrement, 1990.
Charles (M.), *Rhétorique de la lecture,* Paris, Seuil, 1977.
Charmasson (T.), *Recherches sur une technique divinatoire: la géomancie dans l'Occident m*, Genève, Droz, 1980.
Chastel (A.), «Homo architector», in *Grand Atlas de l'architecture*, Paris, Encyclopedia universilis, 1982.
Idem (ed.), *L'Eglise et le Château*, Bordeaux, Editions Sud-Ouest, 1988.

Chevalier (J.) et Gheerbrandt (A.), *Dictionnaire des symboles*, Paris, Seghers (4 vol.), 1973-1974.

Chiapelli (F.) (ed.), *First Images of America. The Impact of the New World on the Old*, Berkeley, University of California Press (2 vol.), 1976.

Christiansen (E.), *The Northern Crusades*, Londres, McMillan, 1980.

Christin (A.-M.), «Rhétorique et typographie», *Revue d'esthétique*, 1, 1979.

Idem (ed.), *Espaces de la lecture*, Paris, Retz, 1988.

Clanchy (M. T.), *From Memory to Written Record*, Cambridge (Mass.), Harvard University Press, 1979.

Cohen (K.), *Metamorphosis of a Death Symbol: the Transi Tomb in the late M*, Berkeley, University of California Press, 1974.

Cohn (N.), *The Pursuit of the Millenium in the M*, Londres, Paladin (1re édition 1957), 1970.

Collot (M.) et Mathieu (J.-Cl.) (eds), *Espace et Poésie*, Paris, ENS, 1987.

Comito (T.), *The Idea of the Garden in the Renaissance*, New Brunswick, Rutgers University Press, 1978.

Corti (M.), «Models and antimodels in M culture», *New Literary History*, X, 2, 1979.

Coulet (N.), *Aix-en-Provence: espace et relations d'une capitale*, Université d'Aix-en-Provence, 1988.

Dales (R. C.), *M Discussions of the Eternity of the World*, Leyde, Brill, 1990.

Daumas (M.) (ed.), *Histoire générale des techniques*, I, Paris, PUF, 1962.

Descamps (M. A.), *Le Langage du corps et la Communication corporelle*, Paris, PUF, 1989.

Dickinson (O. P.), *The Myth of the Savage*, Edmonton, University of Alberta Press, 1984.

Dubois (Cl.-G.), *L'Imaginaire de la Renaissance*, Paris, PUF, 1985.

Dubost (F.), *Aspects fantastiques de la littérature m*, Paris, Champion, 1991.

Dubruck (E.) et McDonald (W.) (eds), *Le Théâtre et la Cité dans l'Europe m*, Stuttgart, Heinz, 1988.

Duby (G.), *Guerriers et Paysans,* Paris, Gallimard, 1973a.

Durosay (D.), «Le livre et les cartes», *Littérales*, 2, 1988.

Eastwood (B. S.), *Astronomy and Optics from Pliny to Descartes*, Londres, Variorum, 1989.

Ehrmann (J.), «Le dedans et le dehors», *Poétique*, 9, 1872.

Elias (N.), *La Civilisation des mœurs*, Paris, Calmann-Lévy (original allemand de 1969), 1973［ノルベルト・エリアス／赤井慧爾・中村元保・吉田正勝・波田節夫・溝辺敬一・羽田洋・藤平浩之訳『文明化の過程』(上・下) 法政大学出版局，1997-98］.

Ennen (E.), *The M Town*, Amsterdam, North Holland Publishing Company, 1978［エーディト・エネン／佐々木克巳訳『ヨーロッパの中世都市』岩波書店，1987］.

Espace (L') optique du livre, 1988, *Littérales*, 3 (numéro spécial).

Espaces du M, 1990, *Médiévales*, 18 (numéro spécial).

Etranger (De l') à l'étrange (Mélanges M. Rossi), Aix-en-Provence, Cuerma, 1988.

Europe (L') et l'Océan au M, Paris, Cid Editions, 1988.

Exclus et Systèmes d'exclusion dans la littérature et la civilisation m, 1978, *Senefiance*, 5 (numéro spécial).

Façade romane (La), 1991, *Cahiers de civilisation m*, XXXIV, 3-4 (numéro spécial).

Fasoli (G.), «La conscienza civica nelle Laudes civitatis», in *La conscienza cittadina nei communi del Duecento*, Todi, CSSM, 1972.

Fernandez-Armesto (F.), *Before Columbus: Exploration and Colonization from the Mediterranean to the Atlantic*, Philadelphie, University of Pennsylvania Press, 1987.

Fernandez Zoila (A.), «Micro-espace littéraire et espace textuel priginel», *Littérature*, 65, 1987.

Flahaut (F.), *La Parole intermédiaire*, Paris, Seuil, 1978.

Flocon (A.) et Taton (R.), *La Perspective*, Paris, PUF (1re édition 1963), 1990.

Focillon (H.), *Vie des formes*, Paris, PUF (1re édition 1943), 1983.

Folz (R.), *L'Idée d'empire en Occident du Ve au XIVe siècle*, Paris, Montaigne, 1953.

Francastel (P.), *La Réalité figurative*, Paris, Gauthier, 1957［P. フランカステル／西野嘉章訳『形象の解読』新泉社，1981］.

Frank (J.), «La forme spatiale dans la littérature moderne», *Poétique*, 10 (original anglais de 1945), 1972.

Friedmann (D.), *Florentine New Towns. Urban Design in the Late M*, Cambridge (Mass.), MIT Press, 1988.

Frugoni (C.), *Una Lontana città. Sentimenti e immagini nel M*, Turin, Einaudi, 1983.

Gobriel (Z.), «Towards a theory of space in narrative», *Poetics Today*, 5, 2, 1984.

Gallais (P.), «*Terre* chez les romanciers français du M», *Prisma*, II, 1986.

Gallais (P.) et Thomas (J.), «L'arbre et la forêt dans l'*Enéide* et l'*Eneas*», *Prisma*, VI, 2, 1990.

Galletti (A. I.), «Luoghi Carolingi» in Galletti (A. I.) et Roda (R.) (eds), *Sulle orme di Orlando*, Padoue, Interbooks, 1987.

Gardiner (E.), *Visions of Heaven and Hell before Dante*, New York, Italica Press, 1989.

Gauthier-Dalcher (P.), *La descriptio mappe mundi de Hugues de Saint-Victor*, Paris, Etudes augustiniennes, 1988.

Gellrich (J. M.), *The Idea of the Body in the M*, Ithica (New York), Cornell University

Press, 1985.
Genette (G.), «L'idéogramme généralisé», *Poétique*, 13, 1973.
Idem, *Seuils*, Paris, Seuil, 1987［ジェラール・ジュネット／和泉涼一訳『スイユ──テクストから書物へ』水声社，2001］.
George (P.), «Cinquante ans qui ont transformé les rapports avec l'espace», *Communications*, 41, 1985.
Gimpel (J.), *Les Bâtisseurs de cathédrales*, Paris, Seuil, 1961［ジャン・ジャンペル／飯田喜四郎訳『カテドラルを建てた人びと』鹿島出版社，1969］.
Gobert (M.-H.), *Les Nombres sacrés*, Paris, Stock, 1982.
Gomez (M.-Ch.), «L'espace optique des récits de pèlerinage», *Littérales*, 3, 1988.
Goss (V.) (ed.), *The Meeting of Two Worlds*, Kalamazoo, Medieval Institute, 1986.
Grimm (R. R.), *Paradisus Caelestis, Paradisus Terrestrsis*, Munich, Fink, 1977.
GRLMA (Grundriss der Romanischer Literaturen des M) 1972 *sq.*, Heidelberg, C. Winter (en cours).
Guiraud (P.), *Le Langage du corps*, Paris, PUF, 1980.
Guyot (L.) et Gibassier (P.), *Histoire des fleurs*, Paris, PUF, 1961.
Halbwachs (M.), *La Mémoire collective*, Paris, PUF, 1950［モーリス・アルバックス／串田孫一訳『集合的記憶』（文庫クセジュ）白水社，1965；小松和彦編『記憶的民俗社会』所収，人文書院，2000］.
Halloway (J. B.), *Pilgrim and the Book*, New York, P. Lang, 1987.
Hammerstein (R.), *Tanz und Musik des Todes*, Berne, Francke, 1980.
Hazard (H.) et Zacour (N.), *The Impact of the Crusades on Europe*, Madison, University of Wisconsin Press, 1989.
Heers (J.), *Espaces publics, Espaces privés dans la ville*, Paris, CNRS, 1984.
Hellgardt (P.), *Zum Problem symmbolbestimmter und formallästhetischer Zahlenkomposition*, Munich, Beck, 1973.
Heuclin (J.), *Aux origines monastiques de la Gaule du Nord: ermites et reclus*, Presses universitaires de Lille, 1989.
Hill (C.), «Recherches linguistiques et orientation spatiale», *Communications*, 53, 1991.
Homet (J.-M.), «De la carte-image à la carte-instrument», Montréal, *Etudes françaises*, 21, 2, 1985.
Hommage à J.-Ch. Payen: Farai chansoneta nueva, Université de Caen.
Homme (L') et l'Espace, Dijon, Crop, 1988.
Homme (L') et la Route en Europe occidentale, Auch, Centre de Flaran, 1982.
Hooke (D.) (ed.), *M Villages: a Review of Current Work*, Oxford University Press, 1985.
Hooykaas (R.), *Humanism and the Voyages of Discovery in the 16th Century*,

Amsterdam, North Holland Publishing Company, 1979.
Hoskins (G. W.), *The Making of the English Landscape*, Londres, Hoddes, 1955.
Howard (D. K.), *Writers and Pilgrims*, Berkeley, University of California Press, 1980.
Idea di città (Un'), 1992, *50 rue de Varenne (nuovi arugumenti)*, Milan, Mondadori (numéro spécial).
Image (Pour l'), 1992, *Médiévales*, 22-23 (numéro spécial).
Image de la ville dans la littérature et l'histoire m, 1979, Presses universitaires de Nice.
Jacob (Ch.), «Lectures antiques de la carte», Montréal, *Etudes françaises,* 21, 2, 1985.
Janssen (W.) et Lohrmann (D.) (eds), *Villa-Curtis-Grangia*, Munich, Artemis, 1983.
Joergensen (B.), «La composition du tympan de Moissac», *Cahiers de civilisation m*, XV, 1972.
Jones (G.), *The Norse Atlantic Saga*, Oxford University Press (1re édition 1964), 1986.
Judice (N.), *O espaço do conto no texto m*, Lisbonne, Vega, 1991.
Kahn (J.-Cl.), *Les Moines messagers*, Paris, Lattès, 1987.
Kelly (D.), «Le lieu du temps, le temps du lieu», in *Le Nombre du Temps* (Mélanges P. Zumthor), Paris, Champion, 1988.
Koehler (E.), *L'Aventure chevaleresque*, Paris, Gallimard (original allemand de 1955), 1970.
Kuesters (V.), *Der Verschlossene Garten*, Düsseldorf, Droste, 1985.
Lamiroy (B.), «Les verbes de mouvement: emplois figurés et métaphoriques», *Langue française*, 76, 1987.
Lapacherie (J.-G.), «Ecriture et lecture du calligramme», *Poétique*, 50, 1982.
Lecouteux (Cl.), «Les cynocéphales: étude d'une tradition tératologie», *Cahiers de civilisation m*, XXIV, 2, 1981.
Le Don (G.), «Structure et signification de l'imagerie m de l'enfer», *Cahiers de civilisation m*, XXII, 4, 1979.
Lefebvre (H.), *Le Droit à la ville*, Paris, Seuil, 1974［アンリ・ルフェーヴル／森本和夫訳『都市への権利』筑摩書房，1969］.
Legros (H.), «Variations sur un même thème: *locus amoenus*», in *Hommage à J.-Ch. Payen*, Université de Caen, 1989.
Leighton (A. C.), *Transport and Communication in Early Modern Europe*, New York, Barnes-Noble, 1972.
Leroy-Gourhan (A.), *Le Geste et la Parole*, Paris, Albin Michel (2 vol.), 1964.
Idem, *L'Homme et la Matière*, Paris, Albin Michel, 1971.
Lewis (A. R.), *Nomads and Crusaders ad 1000-1368*, Bloomington, Indiana University Press, 1988.
Lewis (A. R.) et Runyan (T.), *European Naval and Maritime History*, Bloomington, Indiana University Press, 1985.

Lieu (Le) du Temple: Géographie sacrée et Initiation, Paris, Question de, 73, Albin Michel, 1988.

Lurcat (L.), *L'Enfant et L'Espace*, Paris, PUF, 1976.

Mary (G.), «Jeux d'espaces», *Poétique*, 86, 1990.

Mathieu (V.), «La fusione dell'uomo con l'ambio», *Quaderni di San Giorgio*, 34, 1973.

May (G.), «Voyages imaginaires, découvertes réelles», *Corps écrit*, 27, 1988.

Mayr (N.), *Die Reiselieder und Reisen Oswalds von Wolkenstein*, Innsbruck, Institut für Anglistik, 1961.

Mcdannel (C.) et Lang (B.), *Heaven: a History*, New Haven, Yale University Press, 1988.

McGee (T. J.), *M Instrumental Dances*, Bloomington, Indiana University Press, 1989.

Meiert (Ch.) et Ruberg (U.) (eds), *Text und Bild*, Wiesbaden, Wiss. Buchgesellsch, 1980.

Merleau-Ponty (M.), *Signes*, Paris, Gallimard, 1960［M. メルロ－ポンティ／竹内芳郎監訳『シーニュ』みすず書房，1969］.

Idem, *Le Visible et l'Invisible*, Paris, Gallimard, 1964［M. メルロ－ポンティ／中島盛夫監訳『見えるものと見えざるもの』法政大学出版局，1994］.

Meyer (H.), *Die Zahlenallgorese im M*, Munich, Fink, 1975.

Meyer (H.) et Suntrup (R.), *Lexikon der m Zahlenbedeutung*, Minich, Fink, 1987.

Milner (J.-Cl.), «L'espace, le temps et la langue», in Noël (E.) et Minot (G.), *L'Espace et le Temps aujourd'hui*, Paris, Seuil, 1983.

Modèles (Les) du récit de voyage, 1990, *Littérales*, 7 (numéro spécial).

Morgan (A.), *Dante and the M Other World*, Cambridge University Press, 1990.

Morisot (J.-Cl.), *Jean de Léry, voyage en la terre du Brésil*, Genève, Droz, 1975.

Moureau (F.) (ed.), *Métamorphoses du récit de voyage*, Paris, Champion, 1986.

Nicholas (D.), *The Metamorphosis of a M City*, Lincoln, University of Nebraska Press, 1987.

Ohler (N.), *I viaggi nel M*, Milan, Garzanti, 1988［ノルベルト・オーラー／藤代幸一訳『中世の旅』法政大学出版局，1989］.

Olland (H.), «La France de la fin du M: l'Etat et la Nation», *Médiévales*, 10, 1986.

Ollier (M.-L.) (ed.), *Masques et Déguisements dans la littérature m*, Presses universitaires de Montréal, 1988.

Oursel (R.), *Les Pèlerins du M: les hommes, les chemins, les sanctuaires*, Paris, Fayard (1re édition 1963), 1978［レーモン・ウルセル／田辺保訳『中世の巡礼者たち，人と道と聖堂と』みすず書房，1987］.

Panofsky (E.), *Architecture gothique et Pensée scholastique*, Paris, Minuit (original anglais de 1946 et 1951), 1967［アーウィン・パノフスキー／前川道郎訳『ゴシック建築とスコラ学』平凡社，1987］.

Pastoureau (M.), *Couleurs, Images, Symboles*, Paris, Le Léopard d'or, 1989.
Pauli (L.), *Die Alpen in Frühzeit und M*, Munich, Beck, 1980.
Peden (A. M.), «Macrobius and M Dream Literature», *Medium Aevum*, LIV, 1985.
Perret (M.), «De l'espace romanesque à la matérialité du livre», *Poétique*, 50, 1982.
Idem, «Le système d'opposition *ici, là, là-bas* en référence situationnelle», in *Etudes ... à la mémoire de A. Lerond*, Paris, L'Espace européen, 1991.
Piaget (A.) et Inhelder (B.), *La Représentation de l'espace chez l'enfant*, Paris, PUF, 1948.
Pinto (J. R.), *A viagem: memoria e espaço, 1497-1500*, Lisbonne, Sa da Costa, 1989.
Pirenne (H.), *Les Villes du M*, Paris, PUF, 1971［アンリ・ピレンヌ／佐々木克巳訳『中世の都市』創文社，1970］.
Piltz (E.), «De la Scanvinavie à Byzance», *Médiévales*, 12, 1987.
Platz (J.) (ed.), *Vom Spiegel als Symbol*, Mari-Laach, Ars Liturgica, 1961.
Ploetz (R.) (ed.), *Europäische Wege der Santiago Pilgerfahrt*, Tübingen, Gunter, 1990.
Poirion (D.), *La Chronique et l'Histoire au M*, Paris, Presses de la Sorbonne, 1984.
Idem, *Milieux universitaires et Mentalité urbaine au M*, Paris, Presses de la Sorbonne, 1987.
Popoli e paesi nella cultura alto m, Spoleto, Istituto alto medievale (2 vol.), 1983.
Pottier (B.), «Temps et espace», *Tralili*, XVIII, 1, 1980.
Pouchelle (M.-Ch.), *Corps et Chirurgie à l'agogée du M*, Paris, Flammarion, 1983.
Poulet (G.), *Les Métamorphoses du cercle*, Paris, Plon, 1961.
Poulle (E.), *Les Sources astronomiques*, Tournai, Brepols, 1981［ジョルジュ・プーレ／岡三郎訳『円環の変貌』（上・下）国文社，1973-74］.
Prawer (J.), *The Crusaders' Kingdom: European Colonialism in the Middle East*, New York, Praegaer, 1972.
Pryor (J. H.), *Studies in the Maritime History of the Mediterranean, 649-1571*, Cambridge University Press, 1988.
Raftis (J. A.), *Warboys: Two Hundred Years in the Life of an English Village*, Toronto University Press, 1974.
Récits (Les) de voyage, Paris, Nizet, 1986.
Redding (Ch. M.) et Clark (W. W.), M Architecture, *M Learning*, New Haven, Yale University Press, 1992.
Renier (A.) (ed.), *Espace et Représentation*, Paris, Editions de La Villette, 1982.
Reyerson (K.) et Powe (F.) (eds), *The M Castle: Romance and Reality*, Dubuque, Kendall-Hunt, 1984.
Richard (J.), *La Papauté et les Missions d'Orient au M*, Ecole française de Rome, 1977.
Riley-Smith (J.), *The First Crusade and the Idea of Crusading*, Londres, Athlone,

1986.

Ritter (R.), *L'Architecture militaire du M*, Paris, Fayard, 1974.

Roberts (C. H.) et Skeat (T. C.), *The Birth of the Codex*, Oxford University Press, 1983.

Rocacher (J.), *Rocamadour et son pèlerinage*, Toulouse, Privat (2 vol.), 1976.

Rogers (F. M.), *The Quest for Eastern Christians*, Minneapolis University Press, 1962.

Rose (E.), *A Razor for a Goat: Problems in the History of Witchcraft*, Toronto University Press, 1989.

Ross (D. J. A.), *Alexander Historiatus: a Guide to M Alexander Literature*, Francfort, Athenaeum, 1988.

Ross (K.), *The Emergence of Social Space*, Minneapolis University Press, 1988.

Rotter (E.), *Abendland und die Sarazenen*, Berlin, de Gruyter, 1986.

Rykwert (J.), *An Idea of a Town: Anthropology of an Urban Form*, Londres, Faber-Faber, 1976b［ジョゼフ・リクワート／前川道夫訳『まちのイデア――ローマと古代世界の都市の形の人間学』みすず書房，1971］.

Sahlins (M.), *Des îles dans L'histoire*, Paris, Seuil (original anglais de 1985), 1989［マーシャル・サーリンズ／山本真鳥訳『歴史の島々』法政大学出版局, 1993］.

Saint-Martrin (F.), *Sémiologie du langage visuel*, Presses universitaires du Québec, 1987.

Scaglia (G.) (ed.), *Il pellegrinaggio a Santiago de Compostela e la letteratura jacopea*, Université de Pérouse, 1985.

Schmidt (C.), *Land und Meer*, Cologne, Hohenheim, 1981［カール・シュミット／生松敬三・前野光弘訳『陸と海と』福村出版，1971］.

Schmitt (J.-Cl.), *La Raison des gestes dans l'Occident m*, Paris, Gallimard, 1990［ジャン＝クロード・シュミット／松村剛訳『中世の身ぶり』みすず書房，1996］.

Sennett (R.), *Les Tyrannies de l'intimité*, Paris, Seuil (original anglais de 1974), 1979.

Serres (M.), «L'axe du cadran solaire», Montréal, *Etudes françaises*, 24, 2, 1988.

Simon (E.) (ed.), *The Theater of M Europe*, Cambridge University Press, 1991.

Sivery (G.), *Terroirs et Communautés rurales de l'Europe occidentale au M*, Presses universitaires de Lille, 1990.

Skubiszewski (P.), «Ecclesia, christianitas, regnum et sacerdotium dans l'art des Xe et XIe siècles», *Cahiers de civilisation m*, XXVIII, 2-3, 1985.

Smith (P.-J.), *Voyage et écriture: étude sur le Quart Livre de Rabelais*, Genève, Droz, 1987.

Soares Pereira (M.), *A navegaçao de 1501 ao Brasil*, Rio, Artes Graficas, 1984.

Stacey (R. C.), «The conversion of Jews to Christianity in 13th Century England», *Speculum*, 67, 2, 1992.

Stengers (I.) (ed.), *D'une science l'autre: des concepts nomades*, Paris, Seuil, 1987.

Stopani (R.), *Le grandi vie del pelegrinaggio nel M*, Florence, Salimbeni, 1986.
Struyf (M.-C.), «Symbolique des villes et demeures dans les romans de Jean Renart», *Cahiers de civilisation m*, XXX, 3, 1987.
Talmy (L.), «How language structures space», in Pick (H. L.) (ed.), *Spatial Orientation*, New York, Plenum, 1980.
Taylor (Ch.), *Village and Farmstead*, Londres, Phlipp, 1983.
Te Brake (W. H.), *M Frontier*, College Station, University of Texas Press, 1985.
Therien (G.) (ed.), *Les Figures de l'Indien*, Montréal, Université du Québec, 1988.
Thompson (J. A. F.) (ed.), *Towns and Town People in the 15th Century*, Gloucester, A. Sutton, 1988.
Tiliette (J.), «La chambre de la comtesse Adèle», *Romania*, 102, 1987.
Todorov (T.), *Nous et les Autres*, Paris, Seuil, 1989［ツヴェタン・トドロフ／小野潮訳『われわれと他者』法政大学出版局，2001］.
Toubert (H.), *Un art dirigé: rèforme grégorienne et iconographie*, Paris, Le Cerf, 1990.
Trinkhaus (Ch.), «Coluccio Salutati's critique of astrology», *Speculum*, 64, 1, 1989.
Urban (W.), *The Baltic Crusade*, De Kalb, North Illinois University Press, 1975.
Varvaro (A.), «L'Espagne et la géographie épique romane», *Medioevo romanzo*, XIV, 1, 1989.
Vergers et Jardins dans l'Occident m, *Senefiance*, 28 (numéro spécial).
Vielliard (J.), *Le Guide du pèlerin de Saint-Jacques de Compostelle*, Paris, Vrin (1re édition 1938), 1984.
Weinreich (M.), *A History of the Yiddish Language*, Chicago University Press, 1980.
Wernli (F.), *Die Entstehung der Schweizerischen Eidgenossenschaft*, Uznach, Oberholzer, 1972.
Wilkinson (J.), *The Jerusalem Pilgrims before the Crusades*, Warminster (Angleterre), Aris-Philipps, 1977.
Wilkinson (K.), Hill (J.) et Ryan (W.) (eds), *Jerusalem Pilgrimage 1099-1185*, Londres, Hakluyt Society, 1988.
Wilson (D.-M.) (ed.), *Les Mondes nordiques*, Paris, Taillandier, 1980.
Wolfzettel (F.), «Cavalleria esemplare o cavalleria problematica», *L'immagine riflessa*, XII, 1, 1989.
Wood (M.), *The English M House*, Londres, Phoenix, 1965.
Zorzi (A.), *Marco Polo e l'Oriente*, Milan, Electra, 1981.